Des principes de l'économie politique et de l'impôt

David Ricardo

ISBN : 978-1511897648

10 9 8 7 6 5 4 3 2 1

Des principes de l'économie politique et de l'impôt

David Ricardo

Table de Matières

Préface de l'auteur

Les produits de la terre, c'est-à-dire tout ce que l'on retire de sa surface par les efforts combinés du travail, des machines et des capitaux, se partage entre les trois classes suivantes de la communauté ; savoir : les propriétaires fonciers, - les possesseurs des fonds ou des capitaux nécessaires pour la culture de la terre, - les travailleurs qui la cultivent.

Chacune de ces classes aura cependant, selon l'état de la civilisation, une part très-différente du produit total de la terre sous le nom de rente, de profits du capital et de salaires, et cette part dépendra, à chaque époque, de la fertilité des terres, de l'accroissement du capital et de la population, du talent, de l'habileté de cultivateurs, enfin des instruments employés dans l'agriculture.

Déterminer les lois qui règlent cette distribution, voilà le principal problème en économie politique. Et cependant, quoique Turgot, Stuart, Smith, Say, Sismondi et d'autres auteurs aient répandu beaucoup de lumière sur cette science, leurs écrits ne renferment rien de bien satisfaisant sur la marche naturelle des rentes, des profits et des salaires.

En 1815, la véritable doctrine de la rente fut publiée à la fois par M. Malthus, dans un écrit intitulé : *Recherches sur la nature et le progrès de la rente,* et par un membre du collège de l'Université d'Oxford dans son *Essai sur l'emploi du capital en agriculture.* Sans une connaissance profonde de cette doctrine, il est impossible de concevoir les effets de l'accroissement de la richesse sur les profits et les salaires, ou de suivre d'une manière satisfaisante les effets des impôts sur les différentes classes de la société, surtout lorsque les choses imposées sont des produits immédiats de la terre. Adam Smith, et les autres écrivains distingués dont j'ai fait mention, n'ayant pas envisagé avec justesse le principe de la rente, ont, ce me semble, négligé beaucoup de vérités importantes, dont on ne peut acquérir la connaissance qu'après avoir approfondi la nature de la rente.

Pour combler ce vide, il faudrait, je le sais, avoir un talent bien supérieur au mien ; mais, après avoir médité profondément sur cette matière, après avoir profité de tout ce qu'ont écrit les auteurs distingués déjà cités, et après le grand nombre de faits précieux que l'expérience des dernières années a fournis à la génération actuelle, j'ose espérer qu'on ne me taxera pas de présomption si je publie mon opinion sur les principes qui règlent les profits et les salaires, et sur l'influence des impôts. Si l'on reconnaissait que ces principes, qui me paraissent vrais, le sont en effet, ce serait alors à d'autres écrivains plus habiles que moi à développer toutes les conséquences qui en découlent.

En combattant des opinions reçues, j'ai cru devoir plus particulièrement examiner certains passages des ouvrages d'Adam Smith qui ne s'accordent pas avec ma manière de voir ; j'espère néanmoins qu'on ne me soupçonnera pas pour cela de ne point partager avec tous ceux qui reconnaissent l'importance de l'Économie politique, l'admiration si justement due à l'ouvrage profond de cet auteur célèbre.

La même remarque est applicable aux excellents écrits de M. Say, qui a été le premier ou un des premiers parmi les écrivains du continent à savoir apprécier et appliquer les principes de Smith, et qui, non-seulement, a fait plus que tous les auteurs étrangers pour inculquer aux nations de l'Europe les principes d'un système aussi lumineux qu'utile, mais encore a réussi à disposer cette science dans un ordre plus méthodique et plus instructif en l'enrichissait en même temps de recherches originales, exactes et profondes. Le cas que je fais des écrits de M. Say ne m'a cependant pas empêché d'examiner avec la franchise que les intérêts de la science exigent les passages de son *Traité d'Économie politique* qui ne s'accordent pas avec mes opinions.

Avertissement

POUR LA TROISIÈME ÉDITION.

parue en 1821.

Je me suis efforcé, dans cette édition, d'expliquer plus nettement que dans les précédentes mon opinion sur le problème important et difficile de la valeur : j'ai donc fait quelques additions au premier chapitre. J'ai aussi introduit un nouveau chapitre sur la question des machines, recherchant ainsi l'effet que des perfectionnements mécaniques produisent sur la situation des différentes classes de la société. Dans le chapitre consacré aux propriétés distinctives de la valeur et des richesses, j'ai interrogé et examiné les doctrines de M. Say sur ce sujet, doctrines qu'il a d'ailleurs corrigées dans la quatrième édition de son ouvrage. Dans le dernier chapitre, je me suis appliqué à faire ressortir plus nettement que jamais ce principe qui veut qu'un pays soit apte à payer des impôts additionnels en argent, alors même que l'ensemble de la valeur pécuniaire de ses marchandises vient à baisser, soit par une diminution dans la quantité de travail nécessaire pour produire le blé indigène, soit par la possibilité d'obtenir une portion du blé qu'il consomme à des prix moins élevés au dehors, et cela, au moyen de l'exportation de ses produits fabriqués. Cette considération a un intérêt immense, car elle s'allie directement au système de la libre importation des blés étrangers, fait capital, surtout dans les pays qui plient sous le faix d'une dette nationale énorme. J'ai essayé de montrer que la faculté d'acquitter des impôts ne dépend ni de la valeur vénale de l'ensemble des marchandises, ni du revenu net en argent des capitalistes et des propriétaires, mais de *la valeur en argent du revenu de chacun, comparée à la valeur en argent des objets qu'il consomme habituellement.*

26 mars 1821.

Chapitre I.
DE LA VALEUR.

Section I.

La valeur d'une marchandise, ou la quantité de toute autre marchandise contre laquelle elle s'échange, dépend de la quantité relative de travail nécessaire pour la produire et non de la rémunération plus ou moins forte accordée à l'ouvrier.

Adam Smith a remarqué que le mot Valeur a deux significations différentes, et exprime, tantôt l'utilité d'un objet quelconque, tantôt la faculté que cet objet transmet à celui qui le possède, d'acheter d'autres marchandises. Dans un cas la valeur prend le nom de *valeur* en usage ou d'utilité : dans l'autre celui de valeur en échange. «Les choses, dit encore Adam Smith, qui ont le plus de valeur d'utilité n'ont souvent que fort peu ou point de valeur échangeable ; tandis que celles qui ont le plus de faveur échangeable ont fort peu ou point de valeur d'utilité.» L'eau et l'air, dont l'utilité est si grande, et qui sont même indispensables à l'existence de l'homme, ne peuvent cependant, dans les cas ordinaires, être donnés en échange pour d'autres objets. L'or, au contraire, si peu utile en comparaison de l'air ou de l'eau, peut être échange contre une grande quantité de marchandises.

Ce n'est donc pas l'utilité qui est la mesure de la valeur échangeable, quoiqu'elle lui soit absolument essentielle. Si un objet n'était d'aucune utilités, ou, en d'autres termes, si nous ne pouvions le faire servir à nos jouissances, ou en tirer quelque avantage, il ne posséderait aucune valeur échangeable, quelle que fit d'ailleurs sa rareté, ou quantité de travail nécessaire pour l'acquérir.

Les choses, une fois qu'elles sont reconnues utiles par elles-mêmes, tirent leur valeur échangeable de deux sources, de leur rareté, et de la quantité de travail nécessaire pour les acquérir.

Il y a des choses dont la valeur ne dépend que de leur rareté. Nul travail ne pouvant en augmenter la quantité, leur valeur ne peut baisser par suite d'une plus grande abondance. Tels sont les tableaux précieux, les statues, les livres et les médailles rares, les vins d'une qualité exquise, qu'on ne peut tirer que de certains terroirs très-peu étendus, et dont il n'y a par conséquent qu'une quantité très-bornée, enfin, une foule d'autres objets de même nature, dont la valeur est entièrement indépendante de la quantité de travail qui a été nécessaire à leur production première. Cette valeur dépend uniquement de la fortune, des goûts et du caprice de ceux qui ont envie de posséder de tels objets.

Ils ne forment cependant qu'une très-petite partie des marchandises qu'on échange journellement. Le plus grand nombre des objets que l'on désire posséder étant le fruit de l'industrie, on peut les multiplier, non-seulement dans un pays, mais dans plusieurs, à un degré auquel il est presque impossible d'assigner des bornes, toutes les fois qu'on voudra y consacrer l'industrie nécessaire pour les créer.

Quand donc nous parlons des marchandises, de leur valeur échangeable, et des principes qui règlent leurs prix relatifs, nous n'avons en vue que celles de ces marchandises dont la quantité peut s'accroître par l'industrie de l'homme, dont la production est encouragée par la concurrence, et n'est contrariée par aucune entrave.

Dans l'enfance des sociétés la valeur échangeable des choses, ou la règle qui fixe la quantité que l'on doit donner d'un objet pour un autre, ne dépend que de la quantité comparative de travail qui a été employée à la production de chacun d'eux.

"Le prix réel de chaque chose, dit Adam Smith, ce qu'elle coûte réellement à la personne qui a besoin de l'acquérir, est l'équivalent de la peine et de l'embarras qu'il a fallu pour l'acquérir. Ce que chaque chose vaut réellement pour celui qui l'a acquise, et qui cherche à en disposer, ou à l'échanger pour quelque autre objet, c'est la peine et l'embarras que cette chose peut lui épargner, et qu'elle a le pouvoir de rejeter sur d'autres personnes. Le travail a été le premier prix, la monnaie primitive avec labelle tout a été payé[⊠].» Et dans un autre endroit il ajoute : «Dans cet état grossier des sociétés naissantes, qui précède l'accumulation des capitaux, et l'appropriation des terres, le rapport entre la quantité de travail nécessaire pour acquérir chaque objet parait la seule donnée qui puisse conduire à poser une règle pour l'échange des uns contre les autres. Par exemple, si dans une nation de chasseurs il en coûte ordinairement deux fois autant de travail pour tuer un castor que pour tuer un daim, on donnera naturellement deux daims pour un castor, ou, en d'autres termes, un castor vaudra deux daims. Il est tout simple que ce qui est d'ordinaire le produit de deux journées ou de deux heures de travail, vaille le double de ce qui n'exige ordinairement qu'un jour ou une heure de travail [1].»

Il importe essentiellement en économie politique de savoir si telle est en réalité la base de la valeur échangeable de toutes les choses, excepté de celles que l'industrie des hommes ne peut multiplier à volonté ; car il n'est point de source d'où aient découlé autant d'erreurs, autant d'opinions diverses, que du sens vague et peu précis qu'on attache au mot *valeur*.

Si c'est la quantité de travail fixée dans une chose, qui règle sa valeur échangeable, il s'ensuit que toute augmentation dans la quantité de ce travail doit nécessairement augmenter la valeur de l'objet auquel il a été employé ; et de même que toute diminution du même travail doit en diminuer le prix [2].

Adam Smith , après avoir défini avec tant de précision la source primitive de toute valeur échangeable, aurait dû, pour être conséquent, soutenir que tous les objets acquéraient plus ou moins de valeur selon

1 Livre I, chap. 16, p. 65, édit. Guillaumin.

2 M. Ricardo me semble à tort ne considérer ici qu'un des éléments de la valeur des choses, c'est-à-dire le travail, ou, pour parler plus exactement, l'étendue des sacrifices qu'il faut faire pour les produire. Il néglige le premier élément, le véritable fondement de la valeur, l'utilité. C'est l'utilité qui occasionne la demande qu'on fait d'une chose. D'un autre côté, le sacrifice qu'il faut faire pour qu'elle soit produite, en d'autres mots, ses frais de production font sa rareté, bornent la quantité de cette chose qui s'offre à l'échange. Sa valeur s'élève d'autant plus qu'elle est plus demandée et moins offerte, et s'élève d'autant moins qu'elle est moins demandée et plus offerte. Ce principe est fondamental en économie politique ; il est confirmé par une expérience constante ; il est expliqué par le raisonnement. (Voyez mon Traité d'Economie politique , liv. II, chap. I.) Ce ne sont donc pas tes frais de production seuls, ce que M. Ricardo, d'après Smith, appelle le prix naturel d'une chose, qui règle sa valeur échangeable, son prix courant, si l'on veut exprimer cette valeur en monnaie. Lorsque les frais de production augmentent, pour que la valeur échangeable augmentât aussi, if faudrait que le rapport de l'offre et de la demande restât le même ; il faudrait que la demande augmentât aussi ; et il est de fait qu'elle diminue ; il est impossible, toutes ces circonstances étant d'ailleurs les mêmes, qu'elle ne diminue pas. La valeur échangeable ne peut donc pas monter comme les frais de production. C'est pour avoir perdu de vue ce fait constant, et par conséquent ce principe fondamental, que M. Ricardo a été entraîné, je crois, dans quelques erreurs, que je prendrai la liberté de relever dans l'intérêt de la science, et sans m'écarter des égards que mérite l'auteur par ses qualités personnelles autant que par ses talents. J.-B. Say.

que leur production coûtait plus ou moins de travail. Il a pourtant créé lui-même une autre mesure de la valeur, et il parle de choses qui ont plus ou moins de valeur selon qu'on peut les échanger contre plus ou moins de cette mesure. Tantôt il dit que c'est la valeur du blé, et tantôt il assure que c'est celle du travail ; non pas du travail dépensé dans la production d'une chose, mais de celui que cette chose peut acheter ; - comme si c'étaient là deux expressions équivalentes, et comme si parce que le travail d'un homme est devenu deux fois plus productif, et qu'il peut créer une quantité double d'un objet quelconque, il s'ensuivait qu'il doit obtenir en échange une double rétribution.

Si cela était vrai, si la rétribution du travailleur était toujours proportionnée à sa production, il serait en effet exact de dire que la quantité de travail fixée dans la production d'une chose, et la quantité de travail que cet objet peut acheter, sont égales ; et l'une ou l'autre indifféremment pourrait servir de mesure exacte pour les fluctuations des autres objets: Mais ces deux quantités ne sont point égales : la première est en effet très-souvent une mesure fixe qui indique exactement la variation des prix des autres objets ; la seconde, au contraire, éprouve autant de variations que les marchandises ou denrées avec lesquelles on peut la comparer. C'est ainsi qu'Adam Smith, après avoir, avec beaucoup de sagacité, démontré combien une mesure variable, telle que l'or et l'argent, était insuffisante pour servir à déterminer le prix variable des autres objets, a lui-même adopté une mesure tout aussi variable, en choisissant pour cela le blé ou le travail.

L'or et l'argent sont sans doute sujets à des fluctuations de valeur par la découverte de mines nouvelles et plus riches, mais ces découvertes sont rares, et leurs effets, quoique importants, se bornent à des époques d'une durée comparativement courte. Leur valeur peut aussi éprouver des variations par l'effet des améliorations introduites dans l'exploitation des mines et dans les machines qui y sont employées, ces améliorations produisant avec le même travail plus de métal. Enfin l'épuisement graduel des mines qui fournissent les métaux précieux, peut encore déterminer certaines fluctuations sur les marchés. Mais est-il une seule de ces causes de fluctuation à laquelle le blé ne soit également sujet ? Sa valeur ne varie-t-elle pas par les améliorations dans l'agriculture, dans les instruments aratoires, par le perfectionnement des machines, ainsi que par la découverte de nouveaux terrains fertiles, qui, livrés à la culture dans d'autres pays, ne peuvent manquer d'influer sur le prix des grains dans tout marché où l'importation sera libre ? D'ailleurs, le blé n'est-il pas sujet à hausser, par les prohibitions, par l'accroissement des richesses et de la population, et par la difficulté plus grande d'extraire un plus fort approvisionnement de blé des mauvais terrains dont la culture exige beaucoup plus de travail ?

La valeur du travail n'est-elle pas également variable ; et n'est-elle pas modifiée, ainsi que toutes choses, par le rapport entre l'offre et la demande, rapport qui varie sans cesse avec la situation du pays ? n'est-elle pas encore affectée par le prix variable des subsistances et des objets de première nécessité, à l'achat desquels l'ouvrier dépense son salaire?

Dans un même pays, pour produire une quantité déterminée d'aliments ou d'objets de première nécessité, il faut peut-être dans un temps le double du travail qui aurait suffi dans une autre époque éloignée ; et il se peut néanmoins que les salaires des ouvriers ne soient que fort peu diminués. Si l'ouvrier recevait pour ses gages, à la première époque, une certaine quantité de nourriture et de denrées, il n'aurait probablement pu subsister si on la lui avait diminuée. Les substances alimentaires et les objets de première nécessité auraient, dans ce cas, haussé de cent pour cent, en estimant leur valeur par la *quantité* de travail nécessaire à leur production, tandis que cette valeur aurait à peine augmenté si on l'eût mesurée par la quantité de travail contre laquelle s'échangeraient ces substances.

On peut faire la même remarque à l'égard de deux ou de plusieurs pays. L'on sait qu'en Amérique et en Pologne, sur les dernières terres mises en culture, le travail d'une année donne plus de blé qu'en Angleterre. Or, en supposant que toutes les autres denrées soient dans les trois pays à aussi bon marché, ne serait-ce pas une grande erreur de conclure que la quantité de blé payée à l'ouvrier doit être dans chaque pays proportionnée à la facilité de la production.

Si la chaussure et les vêtements de l'ouvrier pouvaient être fabriqués par des procédés nouveaux et perfectionnés, et exiger seulement le quart du travail que leur fabrication demande actuellement, ils devraient baisser probablement de soixante-quinze pour cent ; mais loin de pouvoir dire que par là l'ouvrier au. lieu d'un habit et d'une paire de souliers, en aura quatre, il est au contraire certain que son salaire, réglé par les effets de la concurrence et par l'accroissement de la population, se proportionnerait à la nouvelle valeur des denrées à acheter. Si de semblables perfectionnements s'étendaient à tous les objets de consommation de l'ouvrier, son aisance se trouverait probablement augmentée, quoique la valeur échangeable de ces objets, comparée à celle des objets dont la fabrication n'aurait éprouvé aucun perfectionnement remarquable , se trouvât considérablement réduite, et qu'on les obtint par une quantité bien moindre de travail.

Il n'est donc pas exact de dire avec Adam Smith ; «que puisque le même travail peut quelquefois *acheter* une plus grande, et quelquefois une plus petite quantité de marchandises, c'est la valeur des marchandises qui change, et non celle du travail.» Et par conséquent, «que la valeur du travail étant la seule qui soit invariable, elle seule peut servir de mesure fondamentale et exacte au moyen de laquelle on puisse en tout temps et en tout lieu estimer et comparer la valeur de toutes les denrées ou marchandises.» Il est cependant exact de dire, ainsi que Smith l'avait avancé auparavant, «que les quantités proportionnelles de travail nécessaires pour obtenir chaque objet, paraissant offrir la seule donnée qui puisse conduire à poser une règle pour l'échange des uns contre les autres ;» ou, en d'autres mots, que c'est la quantité comparative de denrées que le travail peut produire, qui détermine leur valeur relative présente ou passé, d non les quantités comparatives de denrées qu'on donne à l'ouvrier en échange, ou en paiement de son travail.

Deux marchandises varient, je suppose, dans leur valeur relative, et nous désirons savoir celle qui a subi cette variation, cette transformation. En comparant l'une d'elles avec des souliers, des bas, des chapeaux, du fer, du sucre et toutes les autres marchandises, on trouve que sa valeur échangeable est restée la même ; en comparant l'autre avec les mêmes objets nous trouvons, au contraire, que sa valeur échangeable a varié ; cela seul nous autorise suffisamment à dire que la variation porte sur cette marchandise déterminée et non sur tous les autres objets avec lesquels on l'a comparée. Si, en pénétrant plus avant dans toutes les circonstances relatives à la production de ces différents objets, nous reconnaissons qu'il faut la même quantité de travail et de capital pour produire des souliers, des bas, des chapeaux, du fer, du sucre, etc. ; mais que la production de telle marchandise désignée est devenue moins coûteuse et moins lente, la probabilité se change en certitude. On peut dire alors hardiment que a variation de valeur retombe uniquement sur cette marchandise, et on découvre ainsi la cause de cette variation.

Si je trouve qu'une once d'or s'échange pour une quantité moindre de marchandise, et que, cependant, la découverte de mines nouvelles et plus fertiles ou l'emploi de machines plus parfaites permet d'obtenir une quantité déterminée d'or avec moins de travail, je suis autorisé à dire que les causes des variations de la valeur de l'or, relativement à celle des autres marchandises, sont, à la fois, une économie de main d'œuvre et un travail plus facile, plus rapide. De même, si le travail venait à baisser considérablement de valeur relativement aux autres objets, si l'on reconnaissait que cette baisse vient d'une abondance extrême de blé, de sucre, de bas, abondance résultant de moyens de production plus actifs, il serait exact de dire que le blé et les autres objets nécessaires à l'existence ont perdu de leur valeur par suite d'une diminution dans la quantité de travail consacré à les produire, et que ce que l'ouvrier gagne en se procurant plus facilement les moyens d'existence, il le perd par la baisse que subit bientôt le prix de son travail. «Non, non, s'écrient aussitôt Adam Smith et M. Malthus : vous aviez sans doute raison de dire, en parlant de l'or, que ses fluctuations se traduisent en réalité par un abaissement de valeur, parce que ni le blé ni le travail n'avaient encore varié ; et de plus, commet l'or achèterait une moins grande quantité de denrées, on pouvait en conclure hardiment que toutes les denrées étaient restées invariables, et que l'or seul avait changé. Mais, lorsque le blé et le travail, - les deux choses que nous avons adoptées comme mesure des valeurs, malgré toutes les variations auxquelles nous les reconnaissons assujetties, - lorsque, dis-je, le blé et le travail baissent, on aurait tort d'en tirer les mêmes conclusions : pour être dans le vrai, il faudrait dire alors que le travail et le blé sont restés stationnaires en face du renchérissement des autres choses.

Or, c'est précisément contre ce langage que je proteste. Je crois que la cause des variations survenues entre le blé et les autres objets, se trouve, comme pour l'or, dans une économie de main d'œuvre : aussi suis-je logiquement entraîné à considérer ces variations comme le résultat d'une baisse dans la valeur du travail et du blé, et non comme un renchérissement des choses contre lesquelles on les échange. Supposons que je loue pour une semaine le travail d'un ouvrier, et qu'au lieu de dix schillings je lui en donne seulement huit ; si, d'ailleurs, il n'est survenu aucune variation dans la valeur de l'argent, il se pourra que cet ouvrier obtienne avec son salaire réduit plus d'aliments et de vêtements qu'auparavant : mais ceci, il faut l'attribuer à un abaissement dans la valeur des objets de consommation de l'ouvrier, et non, comme l'ont avancé Adam Smith et M. Malthus, à une hausse réelle dans la valeur de son salaire. Et pourtant, c'est pour avoir caractérisé ce fait, en disant qu'il constitue, au fond, une baisse dans la valeur du travail, qu'on m'accuse d'avoir adopté un langage nouveau, inusité, et qu'on ne saurait concilier avec les véritables principes de la science. Quant à moi, je crois que les termes inusités sont précisément ceux dont se servent mes adversaires.

Admettons qu'un ouvrier reçoive par semaine un boisseau de blé à une époque où le prix du blé est de 80 sch. par quarter (2 h. 90 l), et que le prix descendant à 40 sch., on lui en donne un boisseau et un quart. Admettons encore qu'il consomme chaque semaine, dans sa famille, un demi-boisseau de blé, et qu'il échange le surplus contre d'autres objets, tels que le combustible, le savon, la chandelle, le thé, le sucre, le sel, etc., etc. ; si les trois quarts de boisseau qui lui resteront dans ce cas ne peuvent lui procurer autant de jouissances et de bien-être que le demi-boisseau dont il disposait autrement, dira-t-on encore que son travail a haussé de valeur ? Adam Smith insiste sur cette hausse, parce que son criterium est le blé, et que l'ouvrier reçoit plus de blé par semaine : mais Adam Smith eût dû y voir, au contraire, une baisse, «parce que la valeur d'une chose dépend de la faculté que transmet cette chose d'acheter les autres marchandises,» et que, dans l'hypothèse supposée, le travail a perdu de cette faculté.

Section II.

La rémunération accordée à l'ouvrier varie suivant la nature du travail ; mais ce n'est pas là une des causes qui font varier la valeur relative des différentes marchandises.

Cependant, quoique je considère le travail comme la source de toute valeur, et sa quantité relative comme la mesure qui règle presque exclusivement la valeur relative des marchandises, il ne faut pas croire que je n'aie pas fait attention aux différentes espèces de travail et à la difficulté de comparer celui d'une heure ou d'un jour consacré à un certain genre d'industrie, avec un travail de la même durée consacré à une autre production. La valeur de chaque espèce de travail est bientôt fixée, et elle l'est avec assez de précision pour satisfaire aux nécessités de la pratique : elle dépend beaucoup de la dextérité comparative de l'ouvrier, et de l'activité avec laquelle il a travaillé. L'échelle comparative une fois établie, elle n'est sujette qu à peu de variations. Si la journée d'un ouvrier en bijouterie vaut plus que celle d'un ouvrier ordinaire, cette proportion reconnue et déterminée depuis longtemps conserve sa place dans l'échelle des valeurs [1].

En comparant donc la valeur d'un même objet à des époques différentes, on peut se dispenser d'avoir égard à l'habileté et à l'activité comparatives de l'ouvrier, car elles influent également aux deux époques. Des travaux de la même nature exécutés dans différents temps se comparent entre eux ; et si un dixième, un cinquième ou un quart a été ajouté ou ôté à leur prix, il en résultera un effet proportionné dans la valeur relative de l'objet. Si une pièce de drap valant actuellement deux pièces de toile, venait à valoir dans dix ans quatre pièces de toile, nous serions fondés à conclure en toute sécurité qu'il faut plus de travail pour fabriquer le drap, ou qu'il en faut moins pour faire de la toile, ou même que ces deux causes ont agi en même temps.

Les recherches sur lesquelles je voudrais porter l'attention du lecteur, ayant pour objet l'effet produit par les variations survenues dans la valeur relative des marchandises, et non dans leur valeur absolue, il est peu important de comparer les prix qu'on accorde aux différentes espèces de travail. Nous pouvons présumer que le rapport entre les différents prix reste à peu près le même d'une génération à l'autre, ou au

---

1 Quoique le travail soit la mesure réelle de la valeur échangeable de toute marchandise, ce n'est pas celle d'après laquelle on l'estime ordinairement. Il est souvent difficile de déterminer la proportion qui existe entre deux différentes quantités de travail. Le temps employé à exécuter deux différentes espèces d'ouvrage n'est pas toujours suffisant pour déterminer cette proportion. Il faut encore tenir compte des différents degrés de fatigue que l'ouvrier a endurée et de la dextérité qu'il a montrée. Un travail violent d'une heure peut-être beaucoup plus pénible que celui de deux heures employées à un ouvrage aisé ; et il peut y avoir beaucoup plus de travail dans une heure d'application à un métier qu'il a fallu dix ans de peines pour apprendre, que dans un mois de travail appliqué à une occupation ordinaire et aisée. Mais il n'est point aisé de trouver une mesure exacte du degré de fatigue ou de dextérité. Il est vrai qu'en échangeant les différents produits de différentes sortes de travail les uns contre les autres, on en tient compte ordinairement jusqu'à un certain point. Cependant cela ne se règle pas par une mesure exacte, et n'est que le résultat du débat entre le vendeur qui exige et l'acheteur qui marchande, et qui se décide d'après cette espèce d'égalité approximative, qui, quoiqu'inexacte, suffit cependant dans les transactions ordinaires de la vie." *Richesse des Nations*, liv. I, chap. 10. (Edit. Guillaumin.)

moins que les variations qu'ils éprouvent d'une année à l'autre sont peu sensibles, quelque inégalité qui ait pu s'y trouver dans l'origine, et quels que soient la capacité, l'adresse ou le temps nécessaires pour acquérir la dextérité manuelle dans les différentes branches de l'industrie. Ces légères variations ne sauraient donc avoir, à des époques rapprochées, aucun effet notable sur la valeur relative des choses.

«Le rapport entre les taux différents des salaires et des profits dans les différents emplois du travail et des capitaux, ne parait pas être modifié d'une manière sensible, ainsi que nous l'avons déjà remarqué, par la richesse ou la misère, ni par les progrès ou la décadence des sociétés. De telles révolutions dans l'État doivent, en effet, influer sur le taux général des salaires et des profits, mais elles finissent par modifier également les uns et les autres dans tous leurs différents emplois. Leurs rapports mutuels doivent donc rester les mêmes, et peuvent à peine subir une grande variation tant soit peu durable, par la suite de semblables révolutions.»

Section III.

La valeur des marchandises se trouve modifiée, non-seulement par le travail immédiatement appliqué à leur production, mais encore par le travail consacré aux outils, aux machines, aux bâtiments qui servent à les créer.

Même dans cet état primitif des sociétés dont il est question dans Adam Smith, le chasseur sauvage a besoin d'un capital quelconque, créé peut-être par lui-même et qui lui permette de tuer le gibier. S'il n'avait aucune espèce d'arme offensive, comment tuerait-il un castor ou un daim ? La valeur de ces animaux se composerait donc d'abord du temps et du travail employés à leur destruction, et ensuite du temps et du travail nécessaires au chasseur pour acquérir son capital, c'est-à-dire l'arme dont il s'est servi.

Supposons que l'arme propre à tuer le castor exige, pour sa fabrication, beaucoup plus de travail que celle qui suffit pour tuer le daim, en raison de la difficulté plus grande d'approcher du premier de ces animaux, et de la nécessité d'être par conséquent muni d'une arme propre à porter un coup assuré. Dans ce cas, il est probable qu'un castor vaudra plus que deux daims, précisément parce que, tout considéré, il faudra plus de travail pour tuer le premier.

Tous les instruments nécessaires pour tuer les castors et les daims pourraient aussi n'appartenir qu'à une seule classe d'hommes, une autre classe se chargeant du travail de la chasse ; mais leur prix comparatif serait toujours proportionné au travail employé, soit pour se procurer le capital, soit pour tuer ces animaux. Que les capitaux fussent abondants ou rares par rapport au travail ; qu'il y eût abondance ou disette des aliments et autres objets de première nécessité, les personnes qui auraient consacré une valeur égale de capital à un de ces deux emplois, pourraient retirer une moitié, un quart, ou un huitième du produit, le reste servant de salaire à ceux qui auraient fourni leur travail. Mais cette division d'intérêts ne saurait affecter la valeur réelle des produits ; en effet, soit que les profits du capital s'élèvent à cinquante, à vingt, ou à dix pour cent, soit que les salaires des ouvriers s'élèvent ou s'abaissent, l'effet en sera le même dans les deux emplois différents.

Qu'on suppose les occupations de la société plus étendues, en sorte que les uns fournissent les canots, les filets et les appareils nécessaires à la pèche ; et les autres, les semences et les instruments grossiers dont on se sert en commençant une culture : il sera toujours vrai de dire cependant que la valeur échangeable des objets produits est proportionnée au travail employé à leur production, et je ne dis pas seulement à leur production immédiate, mais encore à la fabrication des instruments et machines nécessaires à l'industrie qui les produit.

Si nous envisageons un état de société *encore plus avancé*, où les arts et le commerce fleurissent, nous verrons que c'est toujours le même principe qui détermine les variations dans la valeur des marchandises. En estimant, par exemple, la valeur échangeable des bas de coton , nous verrons qu'elle dépend de la totalité du travail nécessaire pour les fabriquer et les porter au marché. Il y a d'abord le travail nécessaire à la culture de la terre où l'on a récolté le coton brut ; puis celui qui a servi à le transporter dans le pays où l'on doit fabriquer les bas, - ce qui comprend une partie du travail employé à la construction du navire qui doit porter le coton, et qui est payé dans le fret des marchandises. Puis, vient le travail du fileur et du tisserand, et une partie de celui de l'ingénieur, du serrurier, du charpentier, qui a construit les bâtiments et les machines ; enfin les services du détaillant et de plusieurs autres personnes qu'il serait inutile d'énumérer. La somme totale de toutes ces sortes de travaux détermine la quantité des divers objets qui doit être échangée contre ces bas ; et une pareille estimation de tout le travail employé à la production de ces objets eux-mêmes, réglera également la quantité qui doit en être donnée pour les bas.

Pour nous convaincre que c'est là le fondement réel de toute valeur échangeable, supposons qu'il ait été fait un perfectionnement qui abrége le travail dans une des différentes opérations que le coton brut doit subir, avant que des bas de coton puissent être apportés au marché pour être échangés contre d'autres objets ; et observons quels en seraient les effets. S'il fallait effectivement moins de bras pour cultiver le coton et pour le récolter ; si l'on employait moins de matelots pour manœuvrer, ou moins de charpentiers pour construire le navire qui doit nous le porter ; si moins de personnes étaient employées à construire les bâtiments et les machines ; ou si après leur construction on en augmentait la puissance, les bas baisseraient infailliblement de prix, et par conséquent on ne pourrait plus les échanger que pour une moindre quantité d'autres objets. Ils baisseraient de prix, parce qu'une moindre portion de travail suffirait pour les produire, et ils ne pourraient plus être donnés en échange que pour une quantité moindre d'articles dans la fabrication desquels il ne se serait point opéré une pareille économie de main-d'œuvre.

Une économie dans le travail ne manque jamais de faire baisser la valeur relative d'une marchandise, - que cette économie porte sur le travail nécessaire a la fabrication de l'objet même, ou bien sur le travail nécessaire à la formation du capital employé dans cette production. Qu'il y ait moins de blanchisseurs , de fileurs et de tisserands directement employés à la fabrication des bas, ou moins de matelots, de charretiers, d'ingénieurs, de forgerons occupés indirectement à la même production : dans l'un et l'autre cas, le prix devra baisser. Dans le premier, toute l'économie de travail porterait entièrement sur les bas auxquels cette portion de travail était uniquement consacrée ; dans le second, une partie seulement de cette épargne porterait sur les bas, - l'autre retombant sur tous les autres objets à la production desquels contribuaient les bâtiments, les machines et les moyens de transport.

Supposons que dans un état de société peu avancé les arcs et les flèches du chasseur aient une valeur et une durée pareilles à celles du canot et des instruments du pêcheur, - les uns et les autres étant, d'ailleurs, le produit de la même quantité de travail. Dans un tel état de choses, la valeur du gibier, produit de la journée de travail du chasseur, sera exactement la même que celle du poisson pris par le pêcheur dans sa journée. Le rapport entre la valeur du poisson et celle du gibier se trouvera entièrement déterminé par la quantité de travail dépensé pour se procurer l'un et l'autre, quelle que soit la quantité de chacun des produits, et indépendamment du taux plus ou moins élevé des salaires ou des profits en général. Si, par exemple le pêcheur avait un canot et des instruments de pêche pouvant durer dix ans, et ayant une valeur de 100 liv. st. ; s'il employait dix hommes dont le salaire serait de 100 liv. st. et dont le travail donnerait chaque jour vingt saumons ; si, d'un autre côté, le chasseur, possédant des armes d'une égale valeur et d'une égale durée, employait aussi dix hommes dont le salaire serait de 100 liv. st. et dont le travail lui procurerait dix daims par jour, le prix naturel d'un daim devrait être de deux saumons, - que la portion du produit total accordée aux travailleurs qui l'ont pris fût , d'ailleurs, grande ou petite. La proportion de ce qui a pu être payé comme salaire est de la plus haute importance pour la question des profits ; car il est évident qu'ils doivent être forts ou faibles selon que les salaires sont élevés ou à bas prix ; mais cela ne peut nullement affecter la valeur relative du poisson et du gibier, le prix des journées devant être au même taux dans les deux genres d'industrie. Dans le cas où le chasseur voudrait exiger que le pêcheur lui donnât plus de poisson pour chaque pièce de gibier, en alléguant qu'il a dépensé une plus grande partie de sa chasse, ou de ce que vaut sa chasse, pour payer les journées de ses chasseurs, le pêcheur lui répondrait qu'il se trouve précisément dans le même cas. Par conséquent tant qu'une journée de travail continuera à donner à l'un la même quantité de poisson, à l'autre la même quantité de gibier, le taux naturel de l'échange sera de un daim pour deux saumons, quelles que soient d'ailleurs les variations de salaires et de profits et l'accumulation du capital.

Si avec le même travail on obtenait moins de poisson ou plus de gibier, la valeur du premier hausserait par rapport à celle du second. Si, au contraire, on prenait avec le même travail moins de gibier ou plus de poisson, le gibier renchérirait par rapport au poisson.

S'il existait quelque autre objet d'échange dont la valeur fût invariable, et que l'on pût se procurer dans tous les temps et dans toutes les circonstances avec la même quantité de travail, nous pourrions, en comparant à cette valeur celle du poisson et du gibier, déterminer avec précision quelle portion de cette inégalité doit être attribuée à la cause qui change la valeur du poisson , et quelle portion à la cause qui change la valeur du gibier.

Supposons que l'argent soit cette mesure invariable. Si un saumon vaut une livre sterling, et un daim deux livres, un daim vaudra deux saumons ; mais un daim pourra acquérir la valeur de trois saumons, 1° dans le cas où il faudrait plus de travail pour se rendre maître des daims ; 2° dans le cas où il faudrait moins de travail pour pêcher. du saumon ; 3° dans le cas où ces deux causes agiraient simultanément. Si une pareille mesure, invariable, fidèle, existait, on pourrait aisément évaluer l'effet de chacune de ces causes. Si le saumon continuait à se vendre au prix d'une. livre sterling, tandis que le daim en vaudrait trois, nous pourrions conclure qu'il faut plus de travail pour se procurer des daims. Si les daims restaient au prix de 2 liv. st. pendant que le saumon aurait baissé à 13 s. 4 d., il faudrait certainement en conclure que moins de travail est nécessaire pour avoir du saumon ; et si le prix des daims haussait à 2 liv. 10 s., le saumon baissant 16 s. 8 d., nous devrions en conclure que les deux causes ont opéré conjointement pour produire ce changement dans la valeur relative de ces deux objets.

Il n'est pas de variations dans les salaires de l'ouvrier qui .puissent influer sur la valeur relative des marchandises, car, en supposant même qu'ils s'élèvent, il ne s'ensuit pas que ces objets doivent exiger plus de travail. Seulement, ce travail se paiera plus cher, et les mêmes motifs qui ont engagé le chasseur et le pêcheur à hausser le prix du gibier et du poisson, détermineront le propriétaire d'une mine à élever la valeur de son or. Ces motifs agissant avec la même force sur tous les trois, et la situation relative des trois personnes étant 1a même avant et après l'augmentation des salaires, la valeur relative du gibier, du poisson et de l'or n'auront éprouvé aucun changement. Les salaires pourraient monter de 20 pour cent, les

profits diminuant par conséquent dans une proportion plus ou moins grande, sans causer le moindre changement dans la valeur relative de ces marchandises.

Supposons maintenant qu'avec le même travail et le même capital on pût avoir plus de poisson, mais non pas plus d'or ou de gibier ; dans ce cas, la valeur relative du poisson tomberait par rapport à celle de l'or ou du gibier. Si, au lieu de vingt saumons le travail d'un jour en rapportait vingt-cinq, le prix d'un saumon serait de 16 shellings au lieu de 1 livre sterling, et deux saumons et demi, au lieu de deux, seraient donnés en échange contre un daim ; mais le prix des daims se maintiendrait toujours à 2 liv. comme auparavant. Pareillement, si avec le même capital et le même travail on n'obtenait plus autant de poisson, sa valeur comparative hausserait. alors, et le poisson augmenterait ou diminuerait de valeur échangeable, en raison seulement du plus ou moins de travail nécessaire pour en avoir une quantité déterminée ; mais jamais cette hausse ou cette baisse ne pourrait dépasser le rapport de 1'augment. ation ou de la diminution du travail nécessaire.

Si nous possédions une mesure fixe, au moyen de laquelle on pût estimer les variations dans les prix des marchandises, nous verrions que la dernière limite de la hausse est en raison de la quantité additionnelle de travail nécessaire à leur production ; et que cette hausse ne peut provenir que d'une production qui exige plus de travail. Une hausse dans les salaires n'augmenterait point le prix des marchandises en argent, ni même leur prix relativement à ces marchandises, dont la production n'exigerait pas une augmentation de travail, ou de capital fixe et circulant. Si la production d'un de ces objets exigeait plus ou moins de travail, nous avons déjà montré que cela causerait à l'instant un changement dans sa valeur relative ; mais ce changement serait dû à la variation survenue dans la quantité de travail nécessaire, et non à la hausse des salaires.

Section IV.

L'emploi des machines et des capitaux fixes modifie considérablement le principe qui veut que la quantité de travail consacrée à la production des marchandises détermine leur valeur relative.

Dans la précédente section, nous avons admis que les instruments et les armes nécessaires pour tuer le daim et le saumon avaient une durée égale, et étaient le résultat de la même quantité de travail. Nous avons reconnu en même temps que les variations dans la valeur relative du daim et du saumon dépendaient uniquement des différentes quantités de travail consacrées a les obtenir ; mais à tous les âges de la société les instruments, les outils, les bâtiments, les machines employés dans différentes industries peuvent varier quant à leur durée et aux différentes portions de travail consacrées à les produire. De même les proportions dans lesquelles peuvent être mélangés les capitaux qui paient le travail, et ceux engagés sous forme d'outils, de machines, de bâtiments, varient à l'infini. Cette différence dans le degré de persistance des capitaux fixes, et cette variété dans les proportions, où ils peuvent être combinés avec les capitaux engagés, font apparaître ici une nouvelle cause propre à déterminer les variations survenues dans la valeur relative des marchandises. Cette cause, qui se joint a la somme de travail consacrée à la production des marchandises, est l'abaissement ou l'élévation de la valeur du travail.

La nourriture et les vêtements qui servent à l'ouvrier, les bâtiments dans lesquels il travaille, les outils qui facilitent son travail sont tous d'une nature périssable. Et cependant il existe des différences énormes dans le degré de permanence de ces divers capitaux. Une machine à vapeur durera plus longtemps qu'un vaisseau, un vaisseau plus que les vêtements d'un ouvrier, ces vêtements eux-mêmes auront une durée considérable, relativement à celle de la nourriture qu'il consomme.

Suivant que le capital disparaît rapidement et exige un renouvellement perpétuel, ou qu'il se consomme lentement, on le divise en deux catégories qui sont : le capital fixe et le capital circulant. Un brasseur dont les bâtiments et les machines ont une valeur et une durée notables, est considéré comme employant une grande quantité de capital fixe. Au contraire, un cordonnier dont le capital se dissipe principalement en salaires qui servent à procurer à l'ouvrier sa nourriture, son logement et d'autres marchandises moins durables que les bâtiments et les machines, ce cordonnier est considéré comme employant une grande partie de ses capitaux sous forme de capital circulant.

Il faut encore observer que le capital non engagé peut rester plus ou moins longtemps dans la circulation, avant de rentrer aux mains du chef d'industrie. Ainsi, le blé que le fermier achète pour semer ses champs est un capital fixe, comparativement au blé qu'achète le boulanger pour faire son pain. Le premier le dépose dans la terre, et ne l'en retire qu'au bout d'un an ; le second peut le faire moudre, le vendre aux consommateurs sous forme de pain, retrouver tout entier son capital au bout d'une semaine, et le consacrer à d'autres productions.

Il peut donc arriver que deux industries emploient la même somme de capital ; mais ce capital peut aussi se diviser d'une manière très-différente sous le rapport de la portion engagée et de la portion qui circule. Dans une de ces industries, on peut n'employer qu'une faible fraction de capital sous forme de salaire, c'est-à-dire comme fonds circulant : le reste peut avoir été converti en machines, instruments, bâtiments, toutes choses qui constituent un capital comparativement fixe et durable. Dans une autre industrie, au contraire, la plus grande

partie du capital sera peut-être consacrée a défrayer le travail, le reste servant à l'achat des bâtiments, des instruments et des machines. Il est évident, dès lors, qu'une hausse dans les salaires influera d'une manière bien différente sur les marchandises, selon qu'elles auront été produites sous telles et telles conditions.

Il y a plus. Deux manufacturiers peuvent employer la même somme de capital fixe et de capital circulant, et cependant avoir un capital fixe d'une durée très-inégale. L'un peut avoir des machines à vapeur coûtant 10,000 liv. st. l'autre des vaisseaux de la même valeur.

Si les hommes, privés de machines, produisaient par le seul effort de leur travail, et consacraient à la création des marchandises qu'ils jettent sur le marché, le même temps, les mêmes efforts, la valeur échangeable de ces marchandises serait précisément en proportion de la quantité de travail employée.

De même, s'ils employaient un capital fixe de même valeur et de même durée, le prix des marchandises produites serait le même, et varierait seulement en raison de la somme de travail plus ou moins grande consacrée à leur production.

Tout ceci est parfaitement démontré pour les marchandises produites dans des circonstances semblables. Celles-ci ne varieront, relativement les unes aux autres, que dans le rapport de l'accroissement ou de la diminution du travail nécessaire pour les produire. Mais, si on les compare avec d'autres marchandises qui n'auraient pas été créées avec la même somme de capital fixe, on voit qu'elles subissent l'influence de l'autre cause que j'ai énoncée, et qui est une hausse dans la valeur du travail : et cela, alors même que l'on aurait consacré à leur production la même somme d'efforts. L'orge et l'avoine continueront, quelles que soient les variations survenues dans les salaires, à conserver entre elles les mêmes rapports. Il en sera de même pour les étoffes de coton et de laine, si elles ont été produites dans des circonstances identiques ; mais une hausse ou une hausse des salaires survenant, l'orge pourra valoir plus ou moins, relativement aux étoffes de coton, et l'avoine, relativement aux draps.

Supposons que deux individus emploient chacun annuellement cent hommes à construire deux machines, et qu'un troisième individu emploie le même nombre d'ouvriers à cultiver du blé : chacune des deux machines vaudra, au bout de l'année, autant que le blé récolté, parce que chacune aura été produite par la même quantité de travail. Supposons maintenant que le propriétaire d'une des machines l'emploie, avec le secours de cent ouvriers, à fabriquer du drap, et que le propriétaire de l'autre machine l'applique, avec le même nombre de bras, à la production de cotonnades ; le fermier continuant de son côté à faire cultiver du blé à ses cent ouvriers. A la seconde année il se trouvera qu'ils auront. tous utilisé la même somme de travail : mais les marchandises et les machines du fabricant de cotons et du fabricant de draps seront le résultat du travail de deux cents hommes pendant un an ou de cent hommes pendant deux ans. Le blé, au contraire, n'aura exigé que les efforts de cent ouvriers pendant un an ; de sorte que, si le blé a une valeur de 500 liv. st., les machines et les produits créés par les deux manufacturiers devront avoir une valeur double. Cette valeur sera même de plus du double, car le fabricant de cotonnades et le fabricant. de draps auront tous deux ajouté à leur capital les profits de la première année, tandis que le fermier aura consommé les siens. .II arrivera donc, qu'à raison de la durée plus ou moins grande des capitaux, ou, ce qui revient au même, en raison du temps qui doit s'écouler avant que les différentes espèces de marchandises puissent être amenées sur le marché, leur valeur ne sera pas exactement proportionnelle à la quantité de travail qui aura servi à les produire. Cette valeur dépassera un peu le rapport de deux à un, afin de compenser ainsi le surcroît de temps qui doit s'écouler avant que le produit le plus cher puisse être mis en vente.

Supposons que le travail de chaque ouvrier coûte annuellement 50 liv. st., ou que le capital engagé soit de 500 liv. st., et les profits de 10 pour cent, la valeur de chacune des machines, ainsi que celle du blé, sera au bout de l'année de 5,500 liv. st. La seconde année, les manufacturiers et le fabricant emploieront encore 500 liv. st. chacun en salaires, et vendront par conséquent encore leurs marchandises au prix de 5,500 liv. st. Mais, pour être de pair avec le fermier, les fabricants ne devaient pas seulement obtenir 5,500 liv. st. en retour des 5,000 liv. st. employées à rémunérer du travail : il leur faudra recueillir de plus une somme de 550 liv. st., à titre d'intérêts, sur les 5,500 liv. st. qu'ils ont dépensées en machines, et leurs marchandises devront donc leur rapporter 6,050 liv. st. On voit donc ainsi que des capitalistes peuvent consacrer annuellement la même quantité de travail à produire des marchandises, sans que ces mêmes marchandises aient la même valeur, et cela, en raison des différentes quantités de capitaux fixes et de travail, accumulés dans chacune d'elles. Le drap et les cotonnades out la même valeur, parce qu'ils résultent d'une même somme de travail et de capital engagé. Le blé diffère de valeur, parce qu'il a été produit dans des conditions autres.

Mais, dira-t-on, comment une hausse dans les salaires pourra-t-elle influer sur leur valeur relative ? Il est évident que le rapport entre le drap et les cotonnades ne variera pas, car, dans l'hypothèse admise, ce qui atteint l'un atteint également l'autre. De même, la valeur relative du blé et de l'or ne changera pas, parce que ces deux denrées sont produites dans des conditions identiques, sous le double rapport du capital fixe et du capital circulant : mais le rapport qui existe entre le blé et le drap ou les cotonnades devra nécessairement se modifier sous l'influence d'une hausse dans le prix du travail.

Toute augmentation de salaire entraîne nécessairement une baisse dans les profits. Ainsi, si le blé doit être réparti entre le fermier et l'ouvrier, plus grande sera la portion de celui-ci, plus petite sera celle du premier. De même, si le drap ou les étoffes de coton se divisent entre l'ouvrier et le capitaliste, la part du dernier ne s'accroîtra qu'aux dépens de celle du premier. Supposons, dès lors, que, grâce à une augmentation de salaires, les profits tombent de 10 à 9 pour cent ; au lieu d'ajouter au prix moyen de leurs marchandises, et, pour les profits de leur capital fixe, une somme de 556 liv. st., les manufacturiers y ajouteront 495 liv. st. seulement, ce qui portera le prix de vente à 5,995 liv. st., au lieu de 6,050 liv. st. Mais comme le prix du blé resterait à 5,500 liv. st., les produits manufacturés, où il entre une plus grande somme de capitaux fixes, baisseraient relativement au blé ou à toute autre denrée. L'importance des variations qui surviennent dans la valeur relative des marchandises par suite d'une augmentation de salaires, dépendrait alors de la proportion qui existerait entre le capital fixe et la totalité des frais de production. Toutes les marchandises produites au moyen de machines perfectionnées, dans des bâtiments coûteux et habilement construits, toutes celles, en d'autres termes, qui exigent beaucoup de temps et d'efforts avant de pouvoir être livrées sur le marché, perdraient de leur valeur relative, tandis que celles qui, produites uniquement, ou principalement, avec du travail, peuvent être rapidement jetées dans la circulation, augmenteraient de valeur.

Le lecteur remarquera cependant que cette cause n'a qu'une faible influence sur les marchandises. Une augmentation de salaires qui entraînerait une baisse de 1 pour cent dans les profits, ne déterminerait, dans la valeur relative des produits, qu'une variation de 1 pour cent : cette valeur descendrait donc de 6,050 liv. st. à 5,995 liv. st. L'effet le plus sensible qui pût être produit par un accroissement de salaires sur le prix des marchandises, ne dépasserait pas 6 ou 7 pour cent, car on ne saurait admettre que les profits, dans quelque circonstance que ce soit, pussent subir d'une manière générale et permanente une dépression plus forte.

Il n'en est pas de même de cette autre cause modificative de la valeur, que nous avons reconnue être l'augmentation ou la diminution de la quantité de travail nécessaire pour créer des marchandises. S'il fallait pour produire du blé quatre-vingts hommes au lieu de cent, la valeur du blé descendrait de 5,500 liv. st. à 4,400 liv. st., c'est-à-dire de 20 pour cent : dans la même hypothèse, le prix du drap s'abaisserait de 6,050 liv. st. à 4,950 liv. st. De plus, toute altération profonde et permanente dans le taux des profits, dépend d'une série de causes qui n'agissent qu'à la longue, tandis que les variations qui surviennent dans la quantité de travail nécessaire pour créer des marchandises, sont des phénomènes de chaque jour. Chaque progrès dans les machines, les outils, les bâtiments, la production des matières premières épargne du travail, permet de créer une marchandise avec plus de facilité, et tend, par conséquent, à en réduire la valeur. En énumérant donc ici toutes les causes qui font varier la valeur des marchandises, on aurait tort, sans doute, de négliger l'influence réservée au mouvement des salaires ; mais on aurait tort aussi d'y attacher une trop grande importance. C'est pourquoi, tout en tenant compte de cette influence dans le cours de cet ouvrage, je considérerai cependant les grandes oscillations qu'éprouve la valeur relative des marchandises, comme résultant de la quantité de travail plus ou moins grande nécessaire à leur production.

Je crois à peine utile d'ajouter que les marchandises dont la production à coûté la même somme d'efforts , différeront néanmoins de valeur échangeable si on ne peut les amener sur le marché dans le même espace de temps.

Supposons que pendant un an je consacre 1,000 liv. st. à rétribuer le travail de vingt hommes occupés à créer une marchandise. Supposons encore que l'année suivante j'emploie vingt hommes à terminer, perfectionner le même produit pour des salaires égaux. Si les profits sont de 10 pour cent, ma marchandise livrée sur le marché au bout de ces deux années devra se vendre 2,310 liv. st. ; car j'y ai consacré la première année un capital de 1,000 liv. st., et la seconde année un capital de 2,100 liv. st. Un autre individu emploie la même quantité de travail, mais dans une seule année : il paie 2,000 liv. st. de salaires à quarante ouvriers. A la fin de l'année, le prix de la marchandise, y compris 10 pour cent de profits, ne dépassera pas 2,200 liv. st. Voilà donc deux marchandises produites par une quantité égale de travail et dont l'une se vend 2,310 liv. st., l'autre 2,200 liv. st.

Ce dernier cas semble différer du précédent, mais au fond il est parfaitement le même. Ainsi on y reconnaît, comme toujours, que l'accroissement de valeur d'une marchandise naît du temps plus ou moins considérable que nécessitent sa production et son transport sur le marché. Dans notre première hypothèse, les machines et le drap ont valu plus de deux fois ce que vaut le blé, quoiqu'ils eussent seulement exigé le double de travail ; dans le second cas, la somme de travail reste la même, et cependant. il y a accroissement de valeur. Cette différence dans la valeur des marchandises naît de ce que, dans les deux cas, les profits se sont joints au capital et réclament, conséquemment, une compensation équitable.

De tout ceci, il résulte que les différentes proportions de capital fixe et de capital circulant employés dans les diverses branches de l'industrie, modifient considérablement la règle qui s'applique aux époques où la production n'exige que du travail. Cette règle générale voulait que la valeur des marchandises fût dans le rapport du travail consacré à les produire ; les considérations présentées dans cette section démontrent que sans variations aucunes dans la quantité de travail employée, la hausse des salaires suffit pour déterminer une baisse dans la valeur échangeable des marchandises dont la production exige une certaine somme de capital fixe : plus grand sera le montant du capital engagé, plus importante sera la baisse.

Section V.

Le principe qui veut que la valeur ne varie pas avec la hausse ou la baisse des salaires, se trouve encore modifié par la durée du capital et par la rapidité plus ou moins grande avec laquelle il retourne à celui qui l'a engagé dans la production.

Dans la section précédente nous avons supposé deux sommes de même importance engagées dans deux industries différentes et inégalement subdivisées en capital fixe et capital circulant ; supposons maintenant que cette subdivision soit la même, mais que la différence se trouve être dans la durée de ces capitaux. Plus un capital se consomme rapidement et plus il se rapproche de la nature des capitaux circulants ; il disparaît pour reparaître bientôt et retourner au manufacturier. Nous venons de voir que plus le rapport du capital fixe domine dans une manufacture et plus la valeur des marchandises qui y sont produites tend, sous l'influence d'une augmentation de salaires, à s'abaisser relativement aux marchandises créées dans des fabriques où l'on trouve plus de capital circulant. Il en résulte donc. que la même cause produira les mêmes effets avec d'autant plus d'intensité que le capital se consommera plus rapidement et se rapprochera davantage die la nature des capitaux circulants.

Si le capital engagé est d'une nature périssable, il faudra chaque année de grands efforts pour le maintenir dans son intégrité ; mais ce travail de reconstitution peut-être considéré comme servant réellement a la production des marchandises, et devra se retrouver dans leur valeur. Si j'avais une machine de 20,000 liv. st., susceptible de produire certaines marchandises avec le secours d'un faible travail ; si la détérioration graduelle de cette machine était peu importante, et le taux des profits de 10 pour cent, je me contenterais d'ajouter 2,000 liv. st. au prix de mes produits, comme compensation de l'emploi de ma machine. Mais si la détérioration était rapide et sérieuse, s'il fallait pour la conserver le travail de cinquante hommes tous les ans, j'ajouterais au prix de mes marchandises un excédant égal à l'excédant obtenu par tout autre manufacturier qui n'aurait pas de machines et qui emploierait cinquante hommes à créer d'autres produits.

Un accroissement de salaires agira donc d'une manière inégale sur la valeur des marchandises produites au moyen de machines qui s'usent rapidement et celles produites au moyen de machines d'une grande durée. Dans un cas, il entrerait une grande portion de travail dans les produits fabriqués, dans l'autre, il en entrerait fort peu. C'est pourquoi toute augmentation de salaires ou, ce qui est la même chose, tout abaissement dans le taux des profits tend à affaiblir la valeur relative des marchandises produites avec un capital durable et à élever proportionnellement au contraire la valeur de celles produites avec un capital d'une nature périssable. Une diminution de salaires aurait l'effet précisément contraire.

J'ai déjà dit que le capital fixe peut avoir une durée plus ou moins considérable. Supposons maintenant une machine se détruisant au bout d'une année, et accomplissant dans une certaine branche d'industrie le travail de cent hommes. Supposons encore que la machine coûte 5,000 liv. st., et que les salaires payés aux cent ouvriers s'élèvent à 5,000 liv. st., il est évident qu'il importera fort peu au manufacturier d'acheter la machine ou d'employer les cent hommes. Mais admettons maintenant que le prix du travail s'élève et atteigne 5,500 liv. st., nul doute alors que le manufacturier ne trouve son intérêt à acheter la machine et économiser ainsi 5,000 liv. st. sur la fabrication. On dira peut-être : les salaires haussant, il se peut que le prix de la machine hausse en même temps et atteigne 5,000 liv. st. C'est ce qui arriverait en effet si elle n'avait exigé l'emploi d'aucun fonds et s'il n'avait fallu payer au constructeur une certaine somme de profits. Ainsi, la machine étant le produit du travail de cent ouvriers, occupés pendant un an a raison de 50 liv. st. chacun, sa valeur serait naturellement de 5,000 liv. st. ; les salaires venant à atteindre 55 liv. st., le prix de la machine devrait être alors de 5,500 liv. st. ; mais il n'en saurait être ainsi. Il faut nécessairement que la machine ait été créée par moins de cent ouvriers, car dans le prix primitif de 5,000 liv. st. doivent être compris les profits sur le capital qui a servi à payer les ouvriers. Supposons donc que quatre-vingts hommes seulement aient été employés à raison de 50 liv. st. par an, soit 4,250 liv. st. par an, l'excédant de 750 liv. st. que donnerait la vente de la machine, en dehors des salaires dépensés, représenterait alors les profits du mécanicien, et les salaires venant à hausser de 10 pour cent, il serait obligé d'employer un capital additionnel de 425 liv. st., ce qui porterait ses frais de production à 4,675 liv. st., au lieu de 4,250 liv. st. En continuant à vendre sa machine 5,000 liv. st., son profit ne dépasserait donc pas 325 liv. st. Or ceci s'applique à tous les manufacturiers et à tous les capitalistes ; la hausse des salaires les atteint tous indistinctement. Aussi dans le cas où le fabricant de machines élèverait ses prix en raison de l'augmentation des salaires, les capitaux afflueraient bientôt dans cette branche de la production pour ramener, par voie de concurrence, les profits à leur taux ordinaire [1]. Nous voyons donc ainsi que l'accroissement des salaires n'aurait pas pour effet de déterminer une hausse dans la valeur des machines.

Cependant le manufacturier qui, au milieu d'une hausse générale des salaires, se servirait d'une machine qui n'accroîtrait pas ses frais de production, jouirait nécessairement de trois grands avantages s'il pouvait continuer à vendre ses marchandises au même prix ; mais, comme nous l'avons déjà vu, il serait obligé d'abaisser les prix, sous peine de voir son industrie inondée par un immense afflux de capitaux dont l'effet serait de ramener ses profits au niveau général. C'est ainsi que la société en masse profite de l'introduction des machines ; ces agents muets et infatigables sont toujours le produit d'un travail moins considérable que celui qu'ils déplacent, même quand ils ont la même valeur vénale. Ils ont pour effet de faire sentir à un plus petit nombre d'individus l'accroissement de valeur que prennent les subsistances et qui se reflète dans les salaires. Dans le cas cité plus haut cette hausse n'atteint que quatre-vingt-cinq ouvriers, et l'économie de main-d'œuvre qui en résulte se révèle par la modicité du prix de la marchandise fabriquée. Ni les machines, ni les produits créés par les machines ne prennent une valeur réelle plus considérable ; tous ces produits, au contraire, baissent et baissent proportionnellement à leur destructibilité.

Il ressort donc de ceci, qu'aux premiers jours de toute société, avant qu'on n'ait mis en œuvre une grande quantité de machines et de capital fixe, les marchandises produites au moyen de sommes égales auront

1 Ceci nous indique pourquoi les vieilles sociétés sont constamment entraînées à employer des machines et les sociétés jeunes à employer surtout du travail : à chaque nouvelle difficulté que présente la nourriture, l'entretien des hommes, le travail hausse nécessairement et cette hausse est un stimulant pour la création et la mise en œuvre de machines. Or, cette difficulté agit constamment dans les nations déjà avancées : tandis que la population peut se développer subitement dans un pays neuf sans amener de hausse dans les salaires. Il peut être, en effet, aussi facile de pourvoir à la subsistance de 7, 8 ou 9 millions d'individus qu'à celle de 3 ou 4 millions.

à peu près la même valeur ; mais ces faits disparaissent aussitôt après l'introduction de ces coûteux agents. Les marchandises produites avec les mêmes capitaux pourront avoir une valeur bien différente, et tout en étant exposées à hausser ou à baisser relativement les unes aux autres en raison de la quantité de travail consacrée à les produire, elles restent soumises à une autre influence, celle de la hausse ou de la baisse des salaires et des profits. Dès que des marchandises qui se vendent 5,000 liv. st. pourront être le produit d'un capital équivalent à celui qui a servi à créer d'autres marchandises se vendant 10,000 liv. st., les profits du manufacturier seront les mêmes ; mais ces profits deviendront inégaux toutes les fois que le prix des produits ne variera pas avec la hausse ou la baisse des profits.

Il paraît encore que la valeur relative des marchandises auxquelles on a consacré un capital durable varie proportionnellement à la persistance de ce capital et en raison inverse du mouvement des salaires. Cette valeur s'élèvera pendant que baisseront les salaires ; elle fléchira au moment où s'accroîtra le prix du travail. Pour les marchandises, au contraire, qui ont surtout été créées avec du travail et peu de capital fixe, ou du moins, avec un capital fixe d'une nature plus fugitive que celle de l'étalon des valeurs, elles baisseront et hausseront parallèlement aux salaires.

Section VI.

D'une mesure invariable des valeurs.

Les marchandises variant dans leur valeur relative, il est à désirer que l'on trouve les moyens de déterminer quelles sont celles dont la valeur réelle s'élève ou s'abaisse. Pour cela, il faudrait les comparer, séparément, avec un étalon invariable, un criterium qui serait inaccessible a toutes les fluctuations qu'éprouvent les autres marchandises. Or, il est impossible de se procurer cette mesure type, par la raison qu'il n'est pas de marchandise qui ne soit elle-même exposée aux variations qui atteignent les objets dont il s'agirait de calculer la valeur : en d'autres termes, il n'en est aucune qui ne nécessite pour sa création des quantités variables de travail. Mais, si même il était possible d'annuler pour un étalon déterminé toutes les oscillations de valeur ; s'il était possible de consacrer toujours, par exemple, la même somme de travail à la fabrication de notre monnaie, on ne serait pas encore parvenu à obtenir un type parfait, une mesure invariable. Comme je l'ai déjà indiqué, en effet, il faudrait encore tenir compte de l'influence produite par les mouvements des salaires, par les différentes proportions de capital fixe nécessaire pour créer cette mesure et les autres marchandises dont on voudrait déterminer les variations de valeur, enfin, par la durée plus ou moins grande du capital fixe, et le temps nécessaire pour amener les marchandises sur le marché ; - toutes circonstances qui enlèvent un objet quelconque la faculté de servir comme type exact et invariable.

Ainsi, on ne saurait prendre l'or comme étalon, car l'or, comme toute autre marchandise, est produit par une certaine quantité de travail unie à un certain capital fixe. Des améliorations peuvent être introduites dans les procédés qui servent à le produire, et ces améliorations peuvent déterminer une baisse dans sa valeur relative avec les autres objets.

En supposant même que l'or fit disparaître cette cause de variation, et que la même quantité de travail fût toujours nécessaire pour obtenir la même quantité d'or, il resterait encore comme obstacle les différences entre les proportions de capital fixe et le capital circulant qui concourent à la production des autres marchandises : - à quoi il faudrait ajouter encore la durée plus ou moins grande des capitaux, le temps, plus ou moins long, nécessaire pour livrer l'or sur le marché. L'or pourrait donc être une mesure parfaite des valeurs pour toutes les choses produites dans des circonstances exactement semblables, mais pour celles-là seules. Si, par exemple, il était créé dans les mêmes conditions que celles nécessaires pour produire du drap ou des cotonnades, il déterminerait fort exactement la valeur de ces objets ; mais pour le blé, le charbon, mille autres produits où ont été enfouies des portions plus ou moins grandes de capital fixe, il serait inhabile à les mesurer. Nous avons démontré, en effet, que toute altération dans le taux des profits influe sur la valeur relative des marchandises, indépendamment même de la somme de travail consacrée à les produire. Il en résulte donc que ni l'or, ni aucun autre objet ne peuvent servir à mesurer exactement la valeur des marchandises ; mais je me hâte de répéter ici que les variations qui surviennent dans le taux des profits, agissent faiblement sur le prix relatif des choses. L'influence la plus manifeste appartient aux différentes quantités de travail nécessaires à la production : aussi, si nous admettons que l'on soit affranchi de cette influence, aurons-nous acquis un criterium aussi approximatif qu'on puisse le désirer en théorie. Ne peut-on considérer l'or, en effet, comme le résultat d'une combinaison de capitaux circulants et de capitaux fixes, équivalente à celle qui sert à produire les autres marchandises ? Et ne peut-on supposer en même temps cette combinaison également éloignée des deux extrêmes, c'est-à-dire, du cas où l'on emploie peu de capital fixe, et de celui, au contraire, où il faut une faible quantité de travail ?

Si, à tous ces titres, je puis me considérer comme possédant un étalon des valeurs qui se rapproche beaucoup d'un criterium invariable, j'aurai cet énorme avantage de pouvoir indiquer les variations des autres objets, sans m'inquiéter sans cesse des variations survenues ou à survenir dans la valeur de l'agent qui sert à mesurer tous les prix.

Pour faciliter nos recherches je supposerai l'or invariable, tout en reconnaissant, d'ailleurs, que la monnaie faite avec ce métal est soumise aux mêmes variations que les autres objets. Toutes les altérations de prix, je les considérerai donc comme provenant des variations survenues dans la valeur de la marchandise dont je m'occuperai.

Avant de quitter ce sujet, je crois devoir faire observer qu'Adam Smith et tous les écrivains qui l'ont suivi, sans exception aucune, ont soutenu que toute hausse dans le prix du travail a pour effet nécessaire d'élever le prix des marchandises. J'espère avoir démontré que cette opinion ne s'appuie sur rien et que les seules choses susceptibles de hausse seraient celles qui auraient exigé moins de capital fixe que l'étalon par lequel s'évaluent les prix. Quant à celles qui en exigeraient davantage, leur prix baisserait parallèlement à la hausse des salaires. Le contraire aurait lieu dans le cas où les salaires diminueraient.

Je n'ai pas dit, et il est essentiel de se le rappeler, que par cela seul que le travail consacré à une marchandise s'élève à 1000 1. st. et celui consacré à une autre marchandise à 2000 1. st., la valeur de ces deux objets doive être nécessairement de 1000 1. st. et de 2000 1. st. : j'ai dit simplement que cette valeur serait dans le rapport de 1 à 2, et que ces marchandises s'échangeraient d'après ce rapport. Il importe fort peu à la vérité de notre théorie, que l'un de ces produits se vende a raison de 1100 1. st. ou de 1500 1. st., l'autre à raison de 2200 1. st. ou de 3000 1. st. Je n'examinerai même pas cette question en ce moment ; ce que j'affirme seulement, c'est que leur valeur relative se règle sur les quantités relatives de travail consacré à leur production.

Section VII.

Des différentes conséquences produites par les oscillations dans la valeur de la monnaie ou dans celle des marchandises que la monnaie, - ce symbole des prix, - sert à acheter.

Quoique je me sois décidé à reconnaître, en général, à la monnaie une valeur invariable, afin de pouvoir déterminer d'une manière plus nette les variations que subissent les autres marchandises, je crois devoir indiquer ici les conséquences très-diverses qu'entraînent les altérations de valeur produites par les différentes quantités de travail nécessaires pour créer les marchandises et les variations produites par des changements dans la valeur de la monnaie elle-même.

La monnaie étant une marchandise variable, la hausse des salaires en argent devra résulter souvent d'une baisse dans la valeur de la monnaie. Toute augmentation de salaire, produite par cette cause, sera nécessairement accompagnée d'une hausse correspondante dans le prix des marchandises ; mais il sera facile de voir alors que le travail et les autres marchandises n'ont pas varié et que les changements se rapportent uniquement à l'argent.

Par cela seul que la monnaie nous vient du dehors, qu'elle forme l'agent intermédiaire des échanges entre tous les pays civilisés, qu'elle se distribue parmi ces pays, dans des proportions qui varient constamment avec les progrès de l'industrie et du commerce, et avec les difficultés toujours croissantes que l'on éprouve pour entretenir une population ascendante ; par cela seul, dis-je, la monnaie est soumise à d'incessantes variations: En déterminant les principes qui règlent la valeur échangeable et les prix, il nous faudra donc faire une profonde distinction entre les variations qui viennent de la marchandise elle-même, et celles qui naissent des perturbations que subit l'étalon des valeurs et des prix.

Une hausse dans les salaires, qui provient d'une altération dans la valeur de la monnaie, produit un effet général sur les prix, mais n'agit pas sur les profits. Au contraire, une hausse des salaires, qui indiquerait qu'une rémunération plus large a été accordée à l'ouvrier ou que les objets de première nécessité sont devenus plus rares, plus coûteux, aurait, en général, pour effet d'abaisser les profits ; dans ce cas, en effet, le pays consacrerait à l'entretien des ouvriers une plus grande somme de travail annuel, ce qui n'arriverait pas dans l'autre.

C'est d'après la répartition du produit total d'une exploitation agricole entre le propriétaire, le capitaliste, l'ouvrier, que l'on juge de l'accroissement ou de la diminution de la rente, des profits et des salaires : ce n'est pas, ce ne saurait être d'après la valeur qu'aurait ce produit si on le comparait a une mesure type, reconnue variable, mobile, inconstante.

C'est par la quantité de travail nécessaire pour créer un produit, et non par la portion attribuée aux différentes classes de la société, que l'on peut juger exactement du taux des profits, de la rente et des salaires. Des améliorations introduites en agriculture ou en industrie pourront doubler l'importance des produits ; mais si les salaires, la rente, les profits ont doublé en même temps, ils conserveront entre eux les mêmes rapports, et paraîtront n'avoir subi aucune variation. Mais s'il arrivait que les salaires ne grandissent pas dans la même proportion ; si au lieu de doubler ils augmentaient seulement de 50 p. %, et si la rente s'accroissait seulement de 75 p. %, laissant aux profits le reste de l'excédant obtenu, il me paraîtrait fort correct de dire que la rente et les salaires ont baissé tandis que s'élevaient les profits. En effet, si nous avions une mesure type qui nous permît de mesurer la valeur de ce produit, nous verrions que la part échue aux ouvriers et aux propriétaires est moins grande, et celle attribuée aux capitalistes plus forte qu'auparavant. Ainsi nous verrions, par exemple, que tout en doublant, la quantité absolue des marchandises se trouve être précisément le produit de la même somme de travail. Si chaque centaine de chapeaux, d'habits et de quarters de blé se distribuait avant dans les proportions suivantes :

Aux ouvriers	25
Aux propriétaires	25
Aux capitalistes	50
	100

et si, la quantité de marchandises venant à doubler, cette distribution s'effectuait de la manière suivante :

Aux ouvriers	22
Aux propriétaires	22

j'en conclurais que les salaires et la rente ont haussé tandis que les profits ont au contraire diminué : et cela, alors même que, par suite de l'abondance des marchandises, la quantité attribuée à l'ouvrier et au propriétaire aurait grandi daris la proportion de 625 à 44. Les salaires doivent s'estimer d'après leur valeur réelle, c'est-à-dire d'après la quantité de travail et de capital consacrés à les produire, et non d'après leur valeur nominale, soit en habits, soit en chapeaux, en monnaie ou en blé. Dans les circonstances que j'ai supposées, les marchandises auraient perdu la moitié de leur valeur, et aussi la moitié de leur prix, si la monnaie n'avait pas varié. Si donc il était bien constaté que les salaires en argent ont baissé, cette baisse n'en serait pas moins réelle, alors même que l'ouvrier pourrait se procurer une plus grande somme de marchandises qu'auparavant.

Quelque grande que soit cependant une variation dans la valeur de la monnaie, elle n'influe en rien sur le *taux* des profits : car supposons que les produits du manufacturier haussent de 1000 1. st. à 2000 1. st. ou de 100 p. % ; si son capital, que les variations monétaires modifient aussi puissamment que la valeur de ces produits, si ses bâtiments, ses machines haussent aussi de 100 p. %, le taux de ses profits restera le même, et il pourra acheter la même somme de travail, ni plus, ni moins.

Si, avec un capital d'une certaine valeur, il peut par de l'économie dans la main-d'œuvre, doubler la masse des produits et abaisser les prix de moitié, les mêmes rapports subsisteront entre le capital et le produit, et, conséquemment, le taux des profits ne variera pas.

Si au moment où il multiplie les produits en accroissant la puissance du même capital, la valeur de la monnaie fléchit de moitié sous l'influence de tel ou tel événement, le prix de ces objets doublera ; mais le capital, consacré à leur création, prendra aussi une valeur monétaire double. C'est pourquoi, le rapport entre la valeur du produit et celle du capital restera le même : et alors même que le produit doublerait la rente, les salaires et les profits suivraient uniquement, dans leurs variations, les diverses portions attribuées a chacune des classes qui se les partagent.

Chapitre II.
DE LA RENTE DE LA TERRE [1].

1 Nous n'avons pas hésité à substituer, dans tout le cours de ce chapitre, le mot *rente* au mot fermage qui a servi à la plupart des écrivains, pour rendre l'expression anglaise *rent*. On a craint, avant nous, d'introduire dans la nomenclature scientifique un terme inusité et qui commanderait la méditation ; comme si la première crainte ne devait pas être de vicier une démonstration par le vague, l'ambiguïté du langage. Chaque idée nouvelle dans les sciences, dans les arts, apporte avec elle sa forme, ses expressions ; et il serait aussi insensé de chercher à construire l'économie politique actuelle avec la nomenclature de Montchrétien, de Quesnay et de l'abbé Baudeau, que de faire de la chimie avec la langue de Bacon ou de Paracelse, et de bâtir nos cathédrales avec des blocs Cyclopéens. D'ailleurs, si nous n'avons pas hésité ici, c'est qu'en réalité nous n'avions pas à hésiter, c'est qu'à tout prix il fallait rejeter l'ancien mot de fermage, contre lequel protestent et le sens et la lettre de Ricardo. En effet, qu'entend-on en économie politique par le mot fermage ? C'est la somme payée par celui qui cultive et exploite une terre, a celui qui la possède. Qu'entend-on maintenant par le mot rente ? C'est, d'après la définition même de Ricardo, cette portion du produit de la terre qu'on donne au propriétaire pour avoir le droit d'exploiter *les facultés productives et impérissables du sol*. Et la différence est ici manifeste, essentielle, tellement essentielle même que l'auteur a consacré toute une série d'arguments à la faire ressortir. Il fait plus : après avoir bien établi qu'on ne saurait donner le nom de *rente* à la portion de produit attribuée au propriétaire pour 1'intérêt des capitaux consacrés à l'amélioration des terres, à la construction des granges, fermes, etc., il trace, entre ses idées et les idées générales, une ligne de démarcation profonde en disant que dans le langage vulgaire, *on donne le nom de rente à tout ce que le fermier paie annuellement au propriétaire, et qu'Adam Smith a souvent sacrifié à cette erreur du plus grand nombre*. Ainsi donc, la rente est une redevance attachée au sol lui-même, au droit de propriété, par une fiction nécessaire, je le sais, mais analogue à celle qui faisait jadis du travail un droit domanial ; - c'est en effet la faculté d'exploiter leur terre que vendent les propriétaires à l'instar des rois du moyen âge et du Sultan. Dès le moment où des placements de capitaux, des défrichements s'interposent et viennent modifier la valeur de la terre, la rente se combine avec l'intérêt, les profits, et s'absorbe alors dans le fermage, qui tantôt la dépasse et tantôt lui est inférieure. De là des complications qui voilent souvent la notion de la rente : mais une analyse sévère la fait bientôt dégager et il suffit de quelque réflexion pour retrouver, au milieu des autres incidents économiques, cette portion du produit qui retourne, suivant l'auteur, au propriétaire uniquement comme propriétaire. Sans cette distinction fondamentale, qui doit se refléter dans les termes de notre traduction, la théorie de Ricardo serait impossible et nous dirons même absurde. Quelque novateur qu'on soit et amoureux de systèmes inconnus, il faut s'arrêter devant des extravagances outrées que repoussent tous les esprits ; et nous placerions la théorie de Ricardo au nombre de ces extravagances, s'il avait voulu établir que le fermage, y compris l'intérêt des capitaux engagés dans la terre, n'accroît pas les frais de production. Tout devient clair, au contraire, sinon incontestable, si l'on admet avec l'auteur que la *rente* est indépendante de cet intérêt, et n'existe même que par la différence des frais de production sur des terrains de qualités diverses. Ceci est donc plus qu'une rectification lexicographique, c'est, avant tout, une rectification scientifique. On disait jadis : Donnez-moi trois lignes d'un homme et je le fais pendre

Il reste à considérer si l'appropriation des terres et la création subséquente de la rente, peuvent causer quelque variation dans la valeur relative des denrées, abstraction faite de la quantité de travail nécessaire pour les produire. Pour bien comprendre cette partie de notre sujet il faut étudier la nature de la rente et rechercher quels sont les principes qui en règlent la hausse et la baisse.

La rente est cette portion du produit de la terre que l'on paie au propriétaire pour avoir le droit d'exploiter les facultés productives et impérissables du sol. Cependant on confond souvent la rente avec l'intérêt et le profit du capital, et dans le langage vulgaire on donne le nom de rente h tout ce que le fermier paie annuellement au propriétaire.

Supposons deux fermes contiguës, ayant une même étendue, et un sol d'une égale fertilité, mais dont l'une, pourvue de tous les bâtiments et instruments utiles à l'agriculture, est de plus bien entretenue, bien fumée, et convenablement entourée de haies, de clôtures et de murs, tandis que tout cela manque à l'autre. Il est clair que l'une s'affermera plus cher que l'autre ; mais dans les deux cas on appellera rente la rémunération payée au propriétaire. Il est cependant évident qu'une portion seulement de l'argent serait payée pour exploiter les propriétés naturelles et indestructibles du sol, le reste représenterait l'intérêt du capital consacré à amender le terrain et à ériger les constructions nécessaires pour assurer et conserver le produit. Adam Smith donne parfois au mot rente le sens rigoureux dans lequel je cherche à le restreindre, mais le plus souvent il l'emploie dans le sens vulgairement usité. Ainsi il dit que les demandes toujours croissantes de bois de construction dans les pays méridionaux de l'Europe, faisant hausser les prix, furent cause que l'on commença à affermer des forêts en Norwège, qui auparavant ne produisaient pas de rente. N'est-il pas clair cependant que celui qui consentit à payer ce qu'il appelle rente, n'avait d'autre but que d'acquérir les arbres précieux qui couvraient le terrain, afin d'obtenir par leur vente le remboursement de son argent, plus des bénéfices ? Si après la coupe et l'enlèvement du bois on continuait à payer au propriétaire une rétribution pour la faculté de cultiver le terrain, soit pour y planter de nouveaux arbres, soit dans tout autre but,

: on pourrait presque dire, en général : Donnez-moi trois lignes d'un auteur à traduire, et je le rends incompréhensible. En substituant dans tout ce chapitre le mot *rente* de la terre au mot fermage, nous croyons avoir évité cette faute, et nous aurions même des autorités à invoquer, s'il en était besoin lorsqu'on a pour soi la nécessité logique.
- A. F.

on pourrait alors en effet l'appeler rente, parce qu'elle serait payée pour la jouissance des facultés productives du sol ; mais dans le cas cité par Adam Smith, cette rétribution était payée pour avoir la liberté d'enlever et de vendre le bois, et nullement pour la faculté de planter de nouveaux arbres [1].

En parlant aussi de la rente perçue pour les mines de charbon et les carrières de pierre, auxquelles s'appliquent les mêmes observations, il dit que la rémunération payée pour les mines ou les carrières représente lai valeur du charbon ou des pierres qui en ont été extraits, et n'a aucun rapport avec les facultés naturelles et indestructibles du sol. Cette distinction est d'une grande importance dans toute recherche relative à la rente et aux profits ; car on verra que les causes qui influent sur la hausse de la rente sont entièrement différentes de celles qui déterminent l'augmentation des profits, et qu'elles agissent rarement dans le même sens. Dans tous les pays avancés en civilisation, la rétribution qu'on paie annuellement au propriétaire foncier, participant à la fois de la nature de la rente et de celle des profits, reste parfois stationnaire, et parfois augmente ou diminue selon que prédominent telles ou telles causes. C'est pourquoi quand je parlerai de rente dans la suite de cet ouvrage, je ne désignerai sous ce mot que ce que le fermier paie au propriétaire pour le droit d'exploiter les facultés primitives et indestructibles du sol.

Lorsque des hommes font un premier établissement dans une contrée riche et fertile, dont il suffit de cultiver une très-petite étendue pour nourrir la population, ou dont la culture n'exige pas plus de capital que n'en possèdent les colons, il n'y a point de rente ; car qui songerait à

---

1 Si les forêts du propriétaire norvégien étaient en coupe réglée, c'est-à-dire s'il s'était arrangé pour que sa terre lui fournît toujours le même revenu en arbres, les arbres qu'il vendait, ou que le fermier de ses forêts vendait pour lui, formaient bien en réalité le profit résultant du pouvoir productif de son fonds. Si la pousse annuelle ne remplaçait pas la vente annuelle, alors il vendait chaque année une portion du capital dont ses terres étaient couvertes.
Smith me paraît au surplus fondé à considérer comme faisant partie du fonds de terre le capital qui s'y trouve répandu en améliorations, en bâtiments d'exploitation, etc., et comme faisant partie du profit des terres ou des fermages, l'intérêt que le propriétaire retire de ce capital. Je sais qu'il est susceptible d'altération, de destruction absolue, tandis que le pouvoir productif du sol ne peut pas se détruire. Mais quant aux profits, quant aux loyers, ce capital suit le sort de la terre elle-même. Les améliorations faites à une terre ne peuvent être transportées à une autre ; elles augmentent son pouvoir productif, et leur effet est en tout semblable aux effets du pouvoir productif indestructible de la terre elle-même. - J.-B. SAY.

acheter le droit de cultiver un terrain, alors que tant de terres restent sans maître, et sont par conséquent la disposition de quiconque voudrait les cultiver ?

Par les principes ordinaires de l'offre et de la demande, il ne pourrait être payé de rente pour la terre, par la même raison qu'on n'achète point le droit de jouir de l'air, de l'eau, ou de tous ces autres biens qui existent dans la nature en quantités illimitées. Moyennant quelques matériaux, et à l'aide de la pression de l'atmosphère et de l'élasticité de la vapeur, on peut mettre en mouvement des machines qui abrégent considérablement le travail de l'homme ; mais personne n'achète le droit de jouir de ces agents naturels qui sont inépuisables et que tout le monde peut employer. De même, le brasseur, le distillateur, le teinturier, emploient continuellement l'air et l'eau dans la fabrication de leurs produits ; mais comme la source de ces agents est inépuisable, ils n'ont point de prix [1]. Si la terre jouissait partout des mêmes propriétés, si son étendue était sans bornes, et sa qualité uniforme, on ne pourrait rien exiger pour le droit de la cultiver, à moins que ce ne fût là où elle devrait à sa situation quelques avantages particuliers. C'est donc uniquement parce que la terre varie dans sa force productive, et parce que, dans le progrès de la population, les terrains d'une qualité inférieure, ou moins bien situés, sont défrichés, qu'on en vient à payer une rente pour avoir la faculté de les exploiter. Dès que par suite des progrès de la société on se livre à la culture des terrains de fertilité secondaire, la rente commence pour ceux des premiers, et le taux de cette rente dépend de la différence dans la qualité respective des deux espèces de terre.

Dès que l'on commence à cultiver des terrains de troisième qualité, la rente s'établit aussitôt pour ceux de la seconde, et est réglée de même par la différence dans leurs facultés productives. La rente des terrains de première qualité hausse en même temps, car elle doit se maintenir toujours au-dessus de celle de la seconde qualité, et cela en raison de la différence de produits que rendent ces terrains avec une quantité

1 La terre, ainsi que nous l'avons déjà vu, n'est pas le seul agent de la nature qui ait un pouvoir productif ; mais c'est le seul, ou à peu près, que l'homme ait pu s'approprier, et dont, par suite, il ait pu s'approprier le bénéfice. L'eau des rivières et de la mer, par la faculté qu'elle a de mettre en mouvement nos machines, de porter nos bateaux, de nourrir des poissons, a bien aussi un pouvoir productif ; le vent qui fait aller nos moulins, et jusqu'à la chaleur du soleil, travaillent pour nous ; mais heureusement personne n'a pu dire : *Le vent et le soleil m'appartiennent, et le service qu'ils rendent doit m'être payé.*» *Économie politique*, par J.-B. Say, *liv. II, chap. 9.*

donnée de travail et de capital. A chaque accroissement de population qui force un peuple à cultiver des terrains d'une qualité inférieure pour en tirer des subsistances, le loyer des terrains supérieurs haussera.

Supposons que des terrains n°s 1, 2, 3, rendent, moyennant l'emploi d'un même capital, un produit net de 100, 90 et 80 quarters (2 h. 907) de blé. Dans un pays neuf, où il y a quantité de terrains fertiles, par rapport à la population, et où par conséquent il suffit de cultiver le n° 1, tout le produit net restera au cultivateur, et sera le profit du capital qu'il a avancé. Aussitôt que l'augmentation de population sera devenue telle qu'on soit obligé de cultiver le n° 2, qui ne rend que 90 quarters, les salaires des laboureurs déduits, la rente commencera pour les terres n° 1 ; car il faut, ou qu'il y ait deux taux de profits du capital agricole, ou que l'on enlève dix *quarters* de blé, ou leur équivalent, du produit n° 1 pour les consacrer à un autre emploi. Que ce soit le propriétaire ou une autre personne qui cultive le terrain n° 1, ces dix quarters en constitueront toujours la rente, puisque le cultivateur du n° 2 obtiendrait le même résultat avec son capital, soit qu'il cultivât le n° 1, en payant dix quarters de blé de rente, soit qu'il continuât à cultiver le n° 2 sans payer de loyer. De même, il est clair que lorsqu'on aura commencé à défricher les terrains n° 3, la rente du n° 2 devra être de dix quarters de blé ou de leur valeur, tandis que la rente du n° 1 devra atteindre vingt quarters ; le cultivateur du n° 3 ayant le même profit, soit qu'il cultive le terrain n° 1 en payant vingt quarters de rente, soit qu'il cultive le n° 2 en en payant dix, soit enfin qu'il cultive le n° 3 sans payer de rente.

Il arrive assez souvent qu'avant de défricher les n°s 2, 3, 4, ou les terrains de qualité inférieure, on peut employer les capitaux d'une manière plus productive dans les terres déjà cultivées. Il peut arriver qu'en doublant le capital primitif employé dans le n° 1, le produit, quoiqu'il ne soit pas double ou augmenté de cent quarters, augmente cependant de quatre-vingt-cinq quarters, quantité qui surpasse ce que pourrait rendre ce capital additionnel, si on le consacrait à la culture du terrain n° 3.

Dans ce cas, le capital sera employé de préférence sur le vieux terrain, et constituera également une rente : - la rente étant toujours la différence entre les produits obtenus par l'emploi de deux quantités égales de capital et de travail. Si avec un capital de 1000 1. st. un fermier retirait de sa terre cent quarters de blé, et que par l'emploi d'un second capital de 1000 1. st. il eût un surcroît de produits de 85 quarters, son propriétaire serait en droit, à l'expiration du bail, d'exiger de lui quinze quarters, ou une valeur équivalente, à titre d'augmentation de rente ; car il ne peut pas y avoir deux taux différents pour les profits. Si le fermier consent à payer quinze quarters de blé en raison de l'augmentation de produits obtenue par l'addition de 1000 1. st. de capital, c'est parce qu'il ne saurait en faire un emploi plus profitable. Ce serait là le taux courant proportionnel des profits ; et si l'ancien fermier n'acceptait pas la condition, un autre se présenterait bientôt, prêt à payer au propriétaire un excédant de rente proportionné au profit additionnel qu'il pourrait retirer de sa terre.

Dans ce cas, comme dans le précédent, le dernier capital employé ne donne pas de rente. Le fermier paie, à la vérité, quinze quarters de rente, eu égard à l'augmentation du pouvoir productif des premières 1000 1. st. ; mais pour l'emploi des secondes 1000 1. st. il ne paie pas de rente. S'il venait à employer sur la même terre un troisième capital de 1000 1. st. produisant en retour soixante-quinze quarters de plus, il paierait alors, pour le second capita1 de 1000 l. st., une rente qui serait égale à la différence entre le produit des deux capitaux, c'est-à-dire à dix quarters ; la rente des premières 1000 l. st. hausserait de quinze à vingt-cinq quarters ; et les dernières 1000 1. st. ne paieraient point de rente.

S'il y avait donc beaucoup plus de terres fertiles qu'il n'en faut pour fournir les subsistances nécessaires à une population croissante, ou s'il était possible d'augmenter le capital employé à la culture des vieux terrains sans qu'il y eût aucune diminution de produits, la hausse des rentes deviendrait impossible, la rente étant l'effet constant de l'emploi d'une plus grande quantité de travail donnant moins de produits.

Les terres les plus fertiles et les mieux situées seraient les premières cultivées, et la valeur échangeable de leurs produits serait réglée, comme celle des autres denrées, par la somme de travail nécessaire à leur production et à. leur transport jusqu'au lieu de la vente.

La valeur échangeable d'une denrée quelconque, qu'elle soit le produit d'une manufacture, d'une mine, ou de la terre, n'est jamais réglée par la plus petite somme de travail nécessaire pour sa production dans des circonstances extrêmement favorables, et qui constituent une sorte de privilèges. Cette valeur dépend au contraire de la plus grande quantité de travail industriel que sont forcés d'employer ceux qui n'ont point de pareilles facilités, et ceux qui, pour produire, ont à lutter contre les circonstances les plus défavorables. Nous entendons par circonstances les plus défavorables, celles sous l'influence desquelles il est plus difficile d'obtenir la quantité nécessaire de produits.

C'est ainsi que dans un établissement de bienfaisance où l'on fait travailler les pauvres au moyen de dotations, le prix des objets qui y sont fabriqués sera, en général, réglé, non d'après les avantages particuliers accordés à cette sorte d'ouvriers, mais d'après les difficultés ordinaires et naturelles que tout autre ouvrier aura a surmonter. Le fabricant qui ne jouirait d'aucun de ces avantages pourrait, à la vérité, n'être plus en état de soutenir la concurrence, si ces ouvriers favorisés pouvaient suppléer tous les besoins de la société ; mais s'il se décidait à continuer son industrie, ce ne serait qu'autant qu'il retirerait toujours de son capital les profits ordinaires, ce qui ne pourrait arriver s'il ne vendait ses articles à un prix proportionné à la quantité de travail industriel consacré à leur production [1].

1 M. Say n'a-t-il pas oublié dans le passage suivant que ce sont les frais de productions qui règlent définitivement les prix ? - "Les produits de l'industrie agricole ont même cela de particulier, qu'ils ne deviennent pas plus chers en devenant plus rares, parce que la population décroît toujours en même temps que les produits alimentaires diminuent ; et que, par cons6quent, la quantité de ces produits qui est *demandée* diminue en même temps que la quantité *offerte*. Aussi ne remarque-t-on pas que le blé soit plus cher là où il y a beaucoup de terres en friche, que dans un pays complètement cultivé. L'Angleterre, la France, étaient beaucoup moins bien cultivées au moyen âge que de nos jours : elles produisaient beaucoup moins de céréales, et néanmoins, autant qu'on en peut juger par comparaison avec quelques autres valeurs, le blé ne s'y vendait pas plus cher. Si le produit était moindre, la population l'était aussi : la faiblesse de la demande compensait la faiblesse de l'approvisionnement.» *Liv. III, Chap. 8.* M. Say, persuadé que le prix du travail était le régulateur de celui des denrées, et supposant avec raison que les établissements de charité de toute espèce tendent à augmenter la population au delà de ce qu'elle serait devenue si elle était livrée à elle-même, et par conséquent à faire baisser les salaires, dit : «Je soupçonne que le bon marché des marchandises qui viennent d'Angleterre tient en partie à la multitude d'établissements de bienfaisance qui existent dans ce pays.» *Liv. III, chap. 6.* Cette opinion est conséquente dans un auteur qui soutient que les salaires règlent les prix.

Je ne pense point que ce soient les frais de production qui définitivement règlent le prix des choses ; car, lorsqu'une chose coûte trop cher à faire, elle ne se rend point. Le prix s'établit en raison directe de la *quantité demandée*, et en raison inverse de la *quantité offerte*. Lorsque le prix courant paie peu généreusement les producteurs *, la quantité produite, c'est-à-dire offerte, diminue ; le prix monte, et en même temps un certain nombre de consommateurs renoncent à se porter demandeurs ; et lorsque le prix monte au point d'excéder les facultés des plus riches amateurs, la production et la vente de cette espèce de produit cessent complètement. (*Note de l'Auteur.*)

Relativement à l'influence que les secours donnés aux indigents exercent sur

A la vérité, les meilleurs terrains auraient toujours continué à donner le même produit avec le même travail qu'auparavant, mais leur valeur aurait haussé pair suite des produits comparativement moindres obtenus par ceux qui auraient consacré un travail additionnel, ou de nouveaux capitaux à des terrains moins fertiles. Et quoique les avantages d'un terrain fertile sur un autre moins productif ne soient jamais perdus, et ne fassent que passer des mains du cultivateur et du consommateur dans celles du propriétaire, comme il faut employer

plus de travail à la culture des terrains inférieurs, ces terres, seules, pouvant fournir l'approvisionnement additionnel de produits, la valeur comparative de ces produits se maintiendra constamment au-dessus de son ancien niveau, et s'échangera contre plus de chapeaux, de draps, de souliers, etc., etc. , toutes choses dont la production n'exigera point une augmentation de travail.

Ce qui fait donc hausser la valeur comparative des produits naturels, c'est l'excédant de travail consacré aux dernières cultures, et non la rente qu'on paie au propriétaire. La valeur du blé se règle d'après la quantité de travail employée a le produire sur les dernières qualités de terrains ou d'après cette portion de capital qui ne paie pas de rente. Le blé ne renchérit pas, parce qu'on paie une rente ; mais c'est au contraire parce que le blé est cher que l'on paie une rente ; et l'on a remarqué,

---

les salaires, et par suite sur le prix des produits, on sait qu'en Angleterre les paroisses viennent au secours des ouvriers qui gagnent trop peu pour soutenir leurs familles. Sans un tel secours ces familles ne pourraient pas s'entretenir et se perpétuer. La classe des ouvriers deviendrait moins nombreuse et plus chère. Il est permis de croire qu'alors leurs produits renchériraient et soutiendraient moins favorablement la concurrence dans l'étranger. Au surplus, je crois, avec M. Ricardo, que la valeur des salaires, dans la plupart des cas, influe, sinon point du tout, au moins faiblement, sur la valeur des produits. Toute augmentation dans les frais de production diminue l'avantage que l'entrepreneur d'un certain produit en particulier trouve à le produire, diminue par conséquent la quantité de ce produit qui est apportée sur le marché, et, par suite, en fait monter le prix ; mais, d'un autre côté, à mesure que le prix monte, la demande diminue de son côté. C'est ce qui fait que les producteurs ne peuvent jamais faire supporter au consommateur la totalité de l'augmentation de leurs frais. Pour ne point diminuer la quantité qui se consomme, ils aiment mieux altérer leurs qualités qu'élever leurs prix. C'est ce qui fait que plus les marchandises montent et moins elles sont bonnes. S'il fallait faire les soieries aussi substantielles qu'elles l'étaient il y a cinquante ans, la consommation en cesserait presque entièrement. - J-B. SAY.

* Dans les producteurs, je comprends toujours, outre ceux qui fournissent le travail, ceux qui fournissent les fonds de terre et le capital. qui ne sont pas moins indispensables que le travail.

avec raison, que le blé ne baisserait pas, lors même que les propriétaires feraient l'entier abandon de leurs rentes. Cela n'aurait d'autre effet que de mettre quelques fermiers dans le cas de vivre en seigneurs, mais ne diminuerait nullement la quantité de travail nécessaire pour faire venir des produits bruts sur les terrains cultivés les moins productifs [1].

---

1 De ce que le prix du blé ne baisserait pas quand même tous les fermiers seraient débarrassés de leurs propriétaires, il ne s'ensuit pas que le prix du blé ne paie aucun profit en raison du droit de propriété. Qui ne voit que, dans ce cas, les fermiers se substitueraient aux propriétaires, et empocheraient leurs profits ? La terre est un atelier chimique admirable où se combinent et s'élaborent une foule de matériaux et d'éléments qui en sortent sous la forme de froment, de fruits propres à notre subsistance, de lin dont nous tissons nos vêtements, d'arbres dont nous construisons nos demeures et nos navires. La nature a fait présent gratuitement à l'homme de ce vaste atelier, divisé en une foule de compartiments propres à diverses productions ; mais certains hommes entre tous s'en sont emparés, et ont dit : A moi ce compartiment, a moi cet autre ; *ce qui en sortira sera ma propriété exclusive*. Et, chose étonnante ! ce privilège usurpé, loin d'avoir été funeste à la communauté, s'est trouvé lui être avantageux. Si le propriétaire d'une terre n'était pas assuré de jouir de ses fruits, qui voudrait faire les avances de travail et d'argent nécessaires pour sa culture ? Les non-propriétaires eux-mêmes, qui maintenant du moins peuvent être passablement vêtus et se procurer leur subsistance avec le produit de leur travail, seraient réduits, comme cela se pratique dans la Nouvelle-Zélande, ou bien à Nootka-Sound, à se disputer perpétuellement quelques pièces de poisson ou de gibier, à se faire, tout nus, une guerre éternelle, et à se manger les uns les autres, faute d'un aliment plus honnête.

C'est ainsi qu'un fonds de terre a pu fournir une quantité décuple, centuple, de produits utiles à l'homme. La valeur de ces produits une fois créée a formé le revenu, 1° du propriétaire foncier ; 2° du capitaliste qui a fourni les avances (soit qu'il se trouve être le propriétaire lui-même ou bien le fermier) ; 3° des cultivateurs, maîtres et ouvriers dont les travaux ont fertilisé le sol. - Qui a payé cette valeur dont s'est formé le revenu de tous ces gens-là ? -L'acheteur, le consommateur des produits du sol. - Et je dis que le produit du sol a payé tout cela ; car s'il avait été insuffisant, une partie de ces moyens de production, ne recevant point d'indemnité pour son concours, se serait retirée de la production ; que le propriétaire lui-même n'aurait plus voulu louer son atelier (le terrain), puisque cette location ne lui aurait rien rapporté. Dès lors plus de garantie, plus de certitude de recueillir les produits ; le terrain serait resté en friche, et la quantité offerte des produits territoriaux devenant moins grande, serait remontée au taux nécessaire pour que le propriétaire fût payé. (Il est entendu que cet effet aurait eu lieu, toutes choses d'ailleurs égales, et dans un état donné de la société.)

Je conviens que ce profit du propriétaire foncier supporte, plus que les profits du capital et de l'industrie, les inconvénients du local ; car une certaine portion du capital et les travaux ne sont pas aussi immobiles que la terre ; ils peuvent petit à petit changer d'objets, tandis que le fonds de terre ne pouvant ni se transporter dans un lieu où ses produits auraient plus de valeur, ni donner d'autres produits que ceux auxquels la nature l'a rendu propre, n'a pu composer ses profits que de la valeur qui, dans ses produits, excède les profits du cultivateur qui n'est pas propriétaire.

Rien n'est plus commun que d'entendre parler des avantages que possède la terre sur toute autre source de production utile, et cela, en raison du surplus qu'on en retire sous la forme de rente. Et cependant, à l'époque où les terrains sont le plus fertiles, le plus abondants, le plus productifs, ils ne donnent point de rente ; et ce n'est qu'au moment où ils s'appauvrissent, - le même travail donnant moins de produit, - qu'on détache une partie du produit primitif des terrains de premier ordre, pour le paiement de la rente. Il est assez singulier que cette qualité de la terre, qui aurait dû être regardée comme un désavantage, si on la compare aux agents naturels qui secondent le manufacturier, ait été considérée au contraire comme ce qui lui donnait une prééminence marquée. Si l'air, l'eau, l'élasticité de la vapeur, et la pression de l'atmosphère pouvaient avoir des qualités variables et limitées ; si l'on pouvait, de plus, se les approprier, tous ces agents donneraient une rente, qui se développerait a mesure que l'on utiliserait leurs différentes qualités. Plus on descendrait dans l'échelle des qualités, et plus hausserait la valeur des produits fabriqués avec ces agents, parce que des quantités égales de travail industriel donneraient moins de produits. L'homme travaillerait plus de son corps, la nature ferait moins, et la terre ne jouirait plus d'une prééminence fondée sur la limitation de ses forces.

Si l'excédant de produit qui forme la rente des terres est réellement un avantage, il est à désirer alors que, tous les ans, les machines récemment

Voilà pourquoi de certaines terres ne rapportent que 20 sous l'arpent à leur propriétaire, tandis que d'autres se louent 100 fr , 200 fr., et davantage.

La proportion entre l'offre et la demande fixe le prix des produits territoriaux comme de tout autre produit. Sur ces prix l'industrie et les capitaux dont le concours a été nécessaire, retirent des profits proportionnés aux risques, aux talents, et au taux ordinaire des profits dans tout autre genre de production. Les surplus forment le revenu du propriétaire foncier, le profit annuel de son utile usurpation. En cela nous sommes d'accord avec M. Ricardo ; mais lorsqu'il prétend que, n'y eut-il point de propriétaires, le prix du blé resterait le même, nous ne pouvons le croire.

Lorsque, soit à cause de la médiocrité du terrain, soit à cause de la pesanteur des impôts, le travail et le capital employés à la culture coûtent plus que ne vaut le produit qui en résulte, alors non-seulement il n'y a pas de profits, de revenu, pour le propriétaire du fonds ; mais il n'y en a point non plus sur ce même fonds pour les capitaux ni l'industrie ; ils se consomment ou s'enfuient ; les terres restent en friche ; la population décroît, la civilisation s'altère, et la barbarie revient. C'est l'observation que Volney a faite sur la Syrie, et qu'on pourrait faire, quoique à un moindre degré, sur de certaines parties de l'Italie et de l'Espagne, qui ont été mieux cultivées et plus populeuses qu'elles ne le sont à présent.

Il m'a paru plus simple d'exposer ce que je crois être le véritable état des choses, que de combattre, paragraphe par paragraphe, la doctrine de M. Ricardo. - J.-B. SAY.

construites deviennent moins productives que les anciennes. Cela donnerait, en effet, plus de valeur aux marchandises fabriquées, non-seulement avec ces machines, mais avec toutes celles du pays ; et l'on paierait alors une rente à tous ceux qui posséderaient les machines plus productives.

La hausse des rentes est toujours l'effet de l'accroissement de la richesse nationale, et de la difficulté de se procurer des subsistances pour le surcroît de population : c'est un signe, mais ce n'est jamais une cause de la richesse; car la richesse s'accroît souvent très-rapidement pendant que la rente reste stationnaire, ou même pendant qu'elle baisse. La rente hausse d'autant plus rapidement, que les terrains disponibles diminuent de facultés productives. Là où la richesse augmente avec le plus de vitesse, c'est dans les pays où les terres disponibles sont le plus fertiles, où il y a le moins de restrictions à l'importation, où, par des améliorations dans l'agriculture, on peut multiplier les produits sans aucune augmentation proportionnelle dans la quantité de travail, et où, par conséquent, l'accroissement des rentes est lent.

Si le prix élevé du blé était l'effet et non la cause de la rente, il varierait en raison de l'accroissement ou de la diminution de la rente qui se trouverait former ainsi une portion intégrante des prix. Mais c'est le blé qui a exigé pour sa production le plus de travail qui est le régulateur du prix des grains ; et la rente n'entre pas et ne peut entrer pour rien dans les éléments du prix du blé [1]. Adam Smith a donc tort quand il suppose que le principe qui dans l'origine a réglé la valeur échangeable des denrées, c'est-à-dire la quantité comparative de travail nécessaire à leur production, peut être modifiée par l'appropriation des terrains et le paiement d'une rente. Il entre dans la composition de presque toutes les marchandises une certaine source de produits agricoles, dont la valeur, aussi bien que celle du blé, est réglée par la faculté productive de la dernière portion de capital engagée dans la terre, de celle qui ne paie pas de rente. La rente n'est donc point un élément du prix des denrées ⊠.

Nous avons jusqu'ici étudié les effets du progrès naturel de la richesse et de la population sur la rente dans un pays dont les terres ont différents degrés de force productive, et nous avons vu qu'à chaque portion additionnelle de capital qu'on est obligé d'employer à la culture, et dont le produit est moins profitable, la rente hausse. Il résulte des

1 La parfaite intelligence de ce principe me paraît une chose de la plus haute importance en économie politique. (*Note de l'Auteur.*)

mêmes principes que si, par quelques modifications dans l'état social, il devenait inutile d'employer autant de capital à l'agriculture, les dernières portions qui y auraient été consacrées, donneraient plus de profit, et les rentes baisseraient. Toute réduction considérable dans le capital national, qui diminuerait d'une manière sensible les fonds destinés à payer le travail, aurait naturellement le même effet. La population se proportionne toujours au capital destiné à payer le travail, et, par conséquent, doit s'accroître ou diminuer selon que ce capital augmente ou diminue. Toute réduction dans le capital est donc nécessairement suivie d'une moindre demande de blé, d'une baisse de prix, et d'une diminution de culture. La diminution des capitaux abaisse ainsi la rente par une influence contraire a celle de leur accumulation. Les terrains les moins productifs seront successivement abandonnés, la valeur échangeable de leurs produits tombera, et on ne cultivera en dernier lieu que les terrains les plus fertiles, qui alors ne paieront plus de rentes.

Le même résultat aurait encore lieu dans le cas où l'accroissement de richesse et de population dans un pays serait accompagné de si grandes améliorations dans l'agriculture, qu'il n'y eût plus besoin de cultiver des terrains d'une qualité inférieure, ou de dépenser autant de capital à la culture des terrains plus fertiles.

Supposons qu'une population donnée ait besoin pour sa nourriture d'un million de quarters de blé, qu'on récolte sur des terrains des qualités n°s 1, 2, 3. Si l'on vient à découvrir un moyen perfectionné par lequel les terrains n°s 1 et 2 suffisent pour donner la quantité requise sans avoir recours au n° 3, il est clair que dès lors il y aura baisse de la rente ; car c'est le n° 2 au lieu du n° 3 qui sera alors cultivé sans payer de rente et celle du n° 1, au lieu d'être la différence entre le produit du n° 3 et du n° 1, ne représentera plus que la différence entre les n°s 2 et 1. La population restant la même, il ne saurait y avoir de demande pour une quantité plus forte de blé ; le capital et le travail employés jadis à la culture du n° 3 seront consacrés à la production d'autres objets utiles à la société, et ne contribueraient à la hausse de la rente que dans le cas où les matières premières qui entrent dans leur composition ne pourraient s'acquérir que par un emploi moins avantageux du capital consacré à l'agriculture. Or, dans ce cas, on reprendrait la culture du n° 3.

Il est hors de doute que la baisse du prix relatif des produits naturels par suite d'améliorations agricoles ou d'une économie dans la production, doit naturellement conduire à une plus forte accumulation ; car les profits du capital doivent s'être accrus de beaucoup. Cette accumulation de capital fera naître une plus forte demande d'ouvriers, fera hausser leurs salaires, et augmentera la population ; il y aura ainsi, demande croissante de produits agricoles, et, par suite, augmentation de culture. Mais ce n'est qu'après l'augmentation de la population que les fermages pourront s'élever à leur ancien taux, c'est-à-dire après que les terres n° 3 auront été soumises à la culture ; et il se sera écoulé dans cet intervalle un espace de temps assez considérable, signalé par une diminution réelle des rentes.

Les améliorations en agriculture sont de deux espèces : les unes augmentent la force productive de la terre, et les autres nous font obtenir ses produits avec moins de travail. Toutes deux tendent à faire baisser le prix des matières premières ; toutes deux influent sur la rente, mais pas également. Si elles ne faisaient pas baisser le prix des matières premières, elles ne seraient plus des améliorations ; car leur caractère essentiel est de diminuer la quantité de .travail qui était nécessaire auparavant pour la production d'une denrée, et une telle diminution ne saurait s'effectuer sans être suivie de la baisse de son prix ou de sa valeur relative.

Les améliorations qui augmentent les pouvoirs productifs de la terre, comprennent les assolements et de meilleurs engrais. Par ces améliorations l'on peut retirer le même produit d'une moindre étendue de terrain. Si au moyen d'une rotation de turneps je puis en même temps nourrir mes moutons et avoir une récolte de blé, le terrain qui servait auparavant à nourrir mes moutons deviendrait inutile, et j'obtiendrais la même quantité de produits bruts en employant une moindre quantité de terrain. Si je découvre un engrais qui fasse produire au même terrain 20 pour cent en plus de blé, je puis retirer une partie du capital qui se trouve employé à la partie la plus improductive de ma ferme. Mais, comme je l'ai déjà remarqué, il n'est pas nécessaire, pour faire baisser la rente, de soustraire des terres à la culture : il suffit pour cela qu'on emploie des portions successives de capital dans la même terre avec des résultats différents, - la portion qui donne le moins de profit étant retirée. Si par l'introduction de la culture des turneps ou par l'usage d'engrais plus riches, je puis avoir le même produit moyennant le même capital ; et sans changer la différence qui existe entre les rendements des portions successives de capital, je ferai baisser la rente, car cette portion, qui est la plus productive, sera celle qui servira de mesure pour estimer toutes les autres. Supposons, par exemple, que les portions successives de capital produisent 100, 90, 80, 70 : ma rente pendant que j'emploierai ces quatre portions, sera de 60 ou de toute la différence entre

<table>
<tr><td>70 et 100 - 30</td><td rowspan="4">Tandis que le produit serait de 310</td><td>100</td></tr>
<tr><td>70 et 90 - 20</td><td>90</td></tr>
<tr><td>70 et 80 - 10</td><td>80</td></tr>
<tr><td>60</td><td>70</td></tr>
<tr><td></td><td></td><td>340</td></tr>
</table>

et tant que j'emploierai ces portions, la rente restera toujours la même, quoique le produit de chacune d'elles éprouve un accroissement égal. Si, au lieu de 100, 90, 80, 70, les produits s'élevaient à 125, 115 , 105, 95, la rente serait toujours de 60, qui est la différence entre

<table>
<tr><td>95 et 125 - 30</td><td rowspan="4">Tandis que le produit s'élèveraient à 440</td><td>125</td></tr>
<tr><td>95 et 115 - 20</td><td>115</td></tr>
<tr><td>95 et 105 - 10</td><td>105</td></tr>
<tr><td>60</td><td>95</td></tr>
<tr><td></td><td></td><td>440</td></tr>
</table>

Mais ave une telle augmentation de produits, sans accroissement dans la demande, il ne pourrait y avoir aucune raison pour consacrer tant de capital à la terre; on en retirerait une portion, et, par conséquent, la dernière portion de capital rapporterait 105 au lieu de 95, et la rente baisserait à 30, ou à la différence entre

<table>
<tr><td>105 et 125 - 20</td><td rowspan="3">Tandis que le produit serait toujours en rapport avec les besoins de la population, car il serait de 345 quarters, ou</td><td>125</td></tr>
<tr><td>105 et 115 - 10</td><td>115</td></tr>
<tr><td>30</td><td>105</td></tr>
</table>

345

la demande n'étant que de 340 quarters.

Maïs il est des améliorations qui peuvent faire baisser le prix relatif des produits et la rente en argent, sans faire baisser la rente en blé. De telles améliorations n'augmentent pas, à la vérité, les forces productives de la terre, mais elles font obtenir le même produit avec moins de travail. Elles influent plutôt sur la formation du capital employé à la terre, que sur la culture même de la terre. Des perfectionnements dans les instruments de l'agriculture, tels que les charrues et la machine à battre le blé, l'économie dans le nombre des chevaux employés à l'agriculture, et des connaissances plus étendues dans l'art du vétérinaire, sont de cette nature. Moins de capital, ce qui est la même chose que moins de travail, sera consacré à la terre ; mais pour obtenir le même produit, il faudra toujours cultiver autant de terrain. Pour reconnaître si des améliorations de cette espèce influent sur la rente, il faudra examiner si la différence entre le produit obtenu par l'emploi de différentes portions de capital, augmente, diminue, ou reste la même. Si l'on consacre quatre portions de capital à la terre, 50, 60, 70, 80, chacune donnant les mêmes résultats, et que, par quelque amélioration favorable à la formation de ce capital, on en puisse retirer 5 de chaque portion, en sorte qu'elles restent à 45, 55, 65 et 75, la rente des terres à blé ne subira aucune altération ; mais si les améliorations sont de nature à permettre de faire sur la plus forte portion de capital, l'économie de la totalité de la portion employée d'une manière moins productive, la rente baissera à l'instant, car la différence entre le capital le plus productif et celui qui l'est le moins, se trouvera diminuée, et c'est cette différence qui constitue la rente.

Je ne multiplierai pas les exemples, et j'espère en avoir dit assez pour prouver que tout ce qui diminue l'inégalité entre les produits obtenus au moyen de portions successives de capital employées sur le même ou sur de nouveaux fonds de terre, tend à faire baisser la rente, tandis que tout ce qui augmente cette inégalité produit l'effet opposé, et tend à la faire hausser [1].

---

1 C'est après avoir fait, dans son cours d'Economie politique, une magnifique et séduisante exposition de la *théorie de la rente,* que M. Rossi, partageant l'enthousiasme de M. Culloch et de la plupart des économistes anglais, a consacré à Ricardo ces paroles

En parlant de la rente du propriétaire, nous l'avons considérée dans ses rapports avec le produit total, sans avoir le moindre égard à sa valeur échangeable ; mais puisque la même cause - qui est la difficulté de produire, - fait hausser la valeur échangeable des produits naturels, en augmentant aussi la proportion de ces produits, donnés au propriétaire en paiement de sa rente, il est clair que celui-ci tire un double avantage de la difficulté de produire. En effet il obtient d'abord une portion plus forte, et puis il est payé en denrées dont la valeur est plus considérable.

---

qui sont une véritable couronne scientifique: : «Telle est la base de cette théorie si neuve et si capitale, qui est, disons-le, la gloire de l'économie politique moderne et qui donne l'explication des faits économiques les plus importants et les plus compliqués.» - Nous ne savons pas jusqu'à quel point cette théorie est moderne, puisque, déjà bien avant Ricardo et Malthus, elle avait été nettement esquissée par Anderson et E. West : mais nous sommes certain qu'elle ne constitue pas *la gloire* de l'économie politique actuelle. On n'y retrouve pas ces larges et fortes conséquences, ces arguments puissants qui font changer de face les questions et les science: C'est à la faveur d'hypothèses, d'analyses contestables et contestées, que Ricardo déroule la chaîne de ses aphorismes ; et tout cela pour aboutir à prouver que la rente, cette dîme passablement aristocratique, n'ajoute rien aux frais de production , c'est-à-dire, pour aboutir à une logomachie ou à une erreur. Qu'on le sache bien, la gloire de Ricardo, comme celle de l'économie politique, n'est pas là : il faut la chercher, la trouver ailleurs, et c'est ce que nous avons fait. -A. F.

Chapitre III.
DU PROFIT FONCIER DES MINES.

On obtient les métaux, ainsi que tous les autres objets, par le travail. La nature les produit, à la vérité ; mais c'est le travail de l'homme qui les arrache du sein de la terre, et qui les prépare pour notre usage.

Les mines, ainsi que les terres, rendent en général un profit au propriétaire. Et ce profit, qui quelquefois est affermé, aussi bien que celui des fonds de terre, est l'effet, et n'est jamais la cause du renchérissement des produits.

S'il y avait quantité de mines également. riches, que chacun pût exploiter, elles ne donneraient pas de rente ; la valeur de leurs produits dépendrait uniquement de la quantité de travail nécessaire pour tirer le métal de la mine et le porter au marché.

Mais les mines sont de qualité différente, et, avec la même quantité de travail, chacune donne un résultat différent. Le métal, retiré de la mine la plus pauvre parmi celles qui sont exploitées, doit avoir au moins une valeur échangeable, non-seulement suffisante pour payer l'habillement, la nourriture et les autres objets indispensables à l'entretien de ceux qui travaillent à l'exploitation et au transport du métal, mais il doit aussi rapporter le profit ordinaire et général à celui qui avance le capital nécessaire à l'entreprise. La rentrée avec profit du capital de la mine la plus pauvre, de celle qui ne peut payer aucun profit, aucune rente au propriétaire du sol, sert à régler la rente de toutes les autres mines plus productives. On suppose que cette mine rend l'intérêt ordinaire des avances ; et tout ce que les autres mines produisent de plus que celle-ci, sera nécessairement payé au propriétaire pour le profit du fonds. Ce principe étant précisément le même que celui que nous avons posé par rapport à la terre, il serait inutile de nous y arrêter davantage.

Il suffira de remarquer que la même règle générale qui détermine la valeur des produits agricoles et des objets manufacturés, s'applique également aux métaux. Leur valeur ne dépend ni du taux des profits, ni de celui des salaires, ni de la rente des mines, mais de la quantité totale de travail nécessaire à l'extraction du métal et à son transport.

Comme celle de toute autre marchandise, la valeur des métaux éprouve des variations. Il peut se faire dans les instruments et dans les machines consacrées à l'exploitation des mines, des améliorations au moyen desquelles il y ait une grande diminution de travail ; on peut découvrir de nouvelles mines plus productives, qui, avec le même travail, donnent plus de métal, ou bien on peut rendre les transports plus faciles. Dans tous les cas, les métaux baisseraient de valeur, et ne s'échangeraient plus que contre une moindre quantité d'autres articles. Au contraire, si la difficulté d'obtenir le métal devenait plus grande par la nécessité d'exploiter la mine à une plus grande profondeur, par l'affluence des eaux ou par tout autre accident, sa valeur, par rapport à celles des autres objets, pourrait hausser de beaucoup.

C'est donc avec raison que l'on a dit que les monnaies d'or et d'argent, avec quelque scrupuleuse exactitude qu'elles soient fabriquées d'après le type national, sont toujours sujettes à des variations de valeur non-seulement accidentelles et passagères, mais même permanentes, comme toute autre marchandise.

La découverte de l'Amérique, et celle des riches mines qu'elle renferme, produisit un effet remarquable sur le prix naturel des métaux précieux. Il y a des personnes qui croient que cet effet se prolonge encore. Il est cependant probable que toute l'influence produite par la découverte de l'Amérique sur la valeur des métaux a cessé depuis longtemps ; et si, depuis quelques années, les métaux précieux ont éprouvé quelque déchet dans leur valeur, on ne doit l'attribuer qu'aux progrès qu'on a faits dans l'exploitation des mines.

Quelles qu'aient été les causes qui l'ont produit, il est certain que l'effet a été si lent, si graduel, qu'on a éprouvé bien peu d'inconvénients d'avoir adopté l'or et l'argent comme intermédiaires dans les échanges, et comme appréciateurs de toutes les autres marchandises. Quoiqu'ils constituent une mesure de la valeur essentiellement variable, les métaux sont peut-être, de toutes les marchandises, celle qui est la moins sujette à éprouver des variations. Cet avantage, ainsi que ceux qui résultent de la durée, de la malléabilité, de la divisibilité et de beaucoup d'autres propriétés des métaux précieux, leur ont assuré, a juste titre, la préférence qu'on leur a donnée dans tous les pays civilisés, pour servir de monnaie.

Après avoir reconnu que l'or et l'argent sont une mesure imparfaite des valeurs, en raison du plus ou moins de travail qui peut être nécessaire, suivant les circonstances, pour se procurer ces métaux, qu'il nous soit permis maintenant de supposer pour un moment que tous ces inconvénients disparaissent, et qu'avec la même quantité de travail on puisse se procurer dans tous les temps une quantité égale d'or d'une mine qui ne paie pas de rente. L'or serait alors une mesure invariable de la valeur. Sa quantité augmenterait sans doute par la demande croissante ; mais sa valeur resterait invariable, et ce serait une mesure on ne peut mieux calculée pour estimer la valeur variable de toutes les autres choses. J'ai déjà, dans un chapitre précédent de cet ouvrage, supposé que l'or était doué de cette uniformité de valeur, et je continuerai à faire, dans le chapitre suivant, la même supposition. Lors donc que je parlerai de prix variables, cette variation devra toujours s'entendre de la marchandise, et jamais de la monnaie qui sert de mesure pour l'estimer.

Chapitre IV.
DU PRIX NATUREL ET DU PRIX COURANT.

Nous avons regardé le travail comme le fondement de la valeur des choses, et la quantité de travail nécessaire h leur production, comme la règle qui détermine les quantités respectives des marchandises qu'on doit donner en échange pour d'autres ; mais nous n'avons pas prétendu nier qu'il n'y eût dans le prix courant des marchandises quelque déviation accidentelle et passagère de ce prix primitif et naturel.

Dans le cours ordinaire des événements, il n'y a pas de denrées dont l'approvisionnement continue pendant un certain temps à être précisément aussi abondant que l'exigeraient les besoins et les désirs des hommes, et par conséquent il n'y en a pas qui n'éprouvent des variations de prix accidentelles et momentanées.

Ce n'est qu'en raison de pareilles variations que des capitaux sont consacrés précisément dans la proportion requise, et non au delà, à la production des différentes marchandises pour lesquelles il y a demande. Par la hausse ou la baisse du prix, les profits s'élèvent au-dessous de leur niveau général, et par là les capitaux se rapprochent ou s'éloignent des industries qui viennent d'éprouver l'une ou l'autre de ces variations.

Chacun étant libre d'employer son capital comme il lui plaît, il est naturel qu'il cherche à le placer de la manière la plus avantageuse ; il ne se contentera pas d'un profit de 10 pour cent, si, par un autre emploi, il peut en tirer 15 pour cent. Ce désir inquiet, qu'a tout capitaliste, d'abandonner un placement moins lucratif pour un autre qui le soit davantage, tend singulièrement à établir l'égalité dans le taux de tous les profits, ou à en fixer les proportions de telle sorte que les individus intéressés puissent estimer et compenser entre elles tout avantage que l'un aurait ou paraîtrait avoir sur l'autre. Il est peut-être assez difficile de retracer la marche par laquelle ce changement s'est opéré ; cela tient probablement à ce qu'un manufacturier ne change pas absolument l'emploi de son capital, et se borne à en retrancher une portion. Dans tous les pays riches, il y a un certain nombre d'hommes qu'on appelle capitalistes ; ils ne font aucun commerce, et ils vivent de l'intérêt de leur argent, qui est employé à escompter des effets de commerce, ou qui est prêté à la classe la plus industrieuse de l'État. Les banquiers consacrent aussi une grande partie de leurs capitaux aux mêmes opérations. Ces fonds, ainsi employés, forment un capital circulant très-considérable, qui est employé en quantités plus ou moins grandes dans tous les genres d'industrie. Il n'est peut-être pas de manufacturier, quelque riche qu'il soit, qui circonscrive ses opérations dans le cercle que ses propres fonds lui permettent. Il a toujours une certaine portion de capital flottant dont la somme augmente ou diminue, selon que la demande pour ses produits est plus ou moins active. Quand il y a grande demande de soieries, celle des draps diminuant, le fabricant de draps ne détourne pas son capital vers le commerce de la soierie ; il renvoie quelques-uns de ses ouvriers, et cesse d'emprunter de l'argent aux banquiers et aux capitalistes. Le fabricant de soieries se trouve dans une situation tout opposée ; et a besoin d'employer plus d'ouvriers, et par conséquent le besoin d'argent s'accroît pour lui ; il en emprunte en effet davantage, et le capital est ainsi détourné d'un emploi vers un autre, sans qu'un seul manufacturier soit forcé de suspendre ses travaux ordinaires. Si nous portons les yeux sur les marchés des grandes villes, nous verrons avec quelle régularité ils sont pourvus de toutes sortes de denrées nationales et étrangères dans la quantité requise. Quelque variable qu'en soit même la demande par l'effet du caprice, du goût, ou des variations survenues dans la population, il arrive rarement qu'on ait à signaler soit un engorgement par un approvisionnement surabondant, soit une cherté excessive, par la faiblesse de l'approvisionnement comparée à la demande. On doit donc convenir que le principe qui distribue le capital à chaque branche d'industrie, dans des proportions exactement convenables, est plus puissant qu'on ne le suppose en général.

Le capitaliste qui cherche un emploi plus profitable pour ses fonds, doit naturellement peser tous les avantages qu'un genre d'industrie peut avoir sur un autre. Par cette raison, il pourrait renoncer à un emploi plus profitable de son argent, pour un autre emploi qui lui offrirait plus de sûreté, de propriété, de commodité, ou tout autre avantage réel ou imaginaire.

Si, par de telles considérations, les profits des capitaux étaient réglés de manière à ce que dans un genre d'industrie ils fussent de 20, dans un autre de 25, et dans un troisième de 30 pour cent, ils continueraient toujours à présenter cette même différence relative, qui ne saurait augmenter : car si, par une cause quelconque, les profits d'un de ces genres d'industrie venaient à hausser de 10 pour cent, cette hausse serait momentanée, et ils reviendraient promptement à leur taux ordinaire, ou les profits des autres commerces s'élèveraient dans la même proportion.

Supposons que toutes les marchandises soient à leur prix naturel, et par conséquent que le taux des profits du capital reste le même dans toutes les industries ; ou bien supposons que les profits ne diffèrent que parce que ces marchandises ont, dans l'esprit des parties intéressées, quelque avantage réel ou imaginaire dont on jouit ou auquel on renonce. Supposons ensuite qu'un changement dans la mode augmente la demande des soieries et diminue celle des étoffes de laine : leur prix naturel restera le même, car la quantité de travail nécessaire a leur production n'aura pas changé ; mais le prix courant des soieries haussera, et celui des étoffes de laine baissera. Par conséquent les profits du fabricant de soieries se trouveront au-dessus, et ceux du fabricant d'étoffes de laine, au-dessous du taux ordinaire des profits ; et ce changement survenu dans les profits s'étendra au salaire des ouvriers. Cependant la demande extraordinaire des soieries serait bientôt satisfaite, au moyen des capitaux et de l'industrie détournés des manufactures de draps vers celles de soieries ; et alors les prix courants des étoffes de soie et de laine se rapprocheraient de nouveau de leurs prix naturels, et chacune de ces branches de manufactures ne donnerait plus que les profits ordinaires.

C'est donc l'envie qu'a tout capitaliste de détourner ses fonds d'un emploi déterminé vers un autre plus lucratif, qui empêche le prix courant des marchandises de rester longtemps beaucoup au-dessus ou beaucoup au-dessous de leur prix naturel. C'est cette concurrence qui établit la valeur échangeable des marchandises, de telle sorte qu'après le paiement des salaires pour le travail nécessaire à leur production, et après les autres dépenses indispensables pour donner au capital engagé toute sa faculté de production, l'excédant de valeur est dans chaque espèce de manufacture en raison de la valeur du capital employé.

Dans le premier chapitre de la *Richesse des Nations*, tout ce qui a rapport à cette question est traité avec beaucoup de sagacité. Quant à nous, après avoir pleinement reconnu les effets qui, dans certains emplois du capital, peuvent modifier accidentellement le prix des denrées, celui des salaires et les profits des fonds sans avoir aucune influence sur le prix général des denrées, des salaires ou des profits ; après avoir, dis-je, reconnu ces effets qui se font également sentir à toutes les époques de la société, nous pouvons les négliger entièrement en traitant des lois qui règlent les prix naturels, les salaires naturels et les profits naturels, toutes choses indépendantes de ces causes accidentelles. En parlant donc de la valeur échangeable des choses, ou du pouvoir qu'elles ont d'en acheter d'autres, j'entends toujours parler de cette faculté qui constitue leur prix naturel, toutes les fois qu'elle n'est point dérangée par quelque cause momentanée ou accidentelle [1].

1 La distinction entre le prix naturel et le prix courant que M. Ricardo admet après Smith, paraît être tout à fait chimérique. Il n'y a que des prix courants en économie politique. En effet, que voyons nous dans toute espèce de production ? 1° des services productifs fonciers (l'action productive de la terre), dont le *prix courant* s'établit comme la valeur de toute autre chose, en raison composée de la quantité de ce service, offerte et demandée en chaque lieu ; 2° des services rendus par des capitaux productifs dont le *prix courant*, le loyer, se règle sur les mêmes motifs ; 3° enfin des travaux de tout genre, dont le *prix courant* dépend des mêmes causes.

Qu'est-ce qui établit la demande du service productif de ces divers agents ? la demande qu'on fait du produit qui doit en résulter. Et qu'est-ce qui établit la demande de ce produit ? le besoin qu'on en a, l'utilité dont il est.

Mais comme on n'achète un produit qu'avec un autre produit *, et que le produit qui achète n'ai pu exister de son côté que par des services productifs analogues à ceux qui ont donné naissance au premier, les hommes qui composent la société ne font , dans la réalité, qu'offrir les services productifs propres à un genre de production, en échange des services productifs propres à un autre genre, propres à créer le produit dont ils ont besoin, - et par services productifs j'entends non-seulement les services que rend le travail que l'auteur aurait dû nommer industrie, mais de plus les services que rendent les capitaux et les terres.

Il en résulte, pour chaque genre, une quantité d'offres et de demandes qui règle la valeur courante, le *prix courant* de tous ces différents services. Il n'y a point là de *prix naturel*, de taux commun et fixe, parce qu'il n'y a rien de fixe dans ce qui tient aux valeurs.

Ce n'est pas un prix que le taux auquel une chose ne se vend pas; et si elle se vend à ce taux, ce taux devient son prix courant.

Tout le reste est hypothétique et de peu d'usage dans la pratique. - J.-B. SAY.

* L'argent ou la monnaie ne sont qu'un intermédiaire qui ne reste pas entre les mains des contractants. L'argent qui paie un produit n'a été acquis que par la vente d'un autre. On a vendu son blé pour acheter son drap ; c'est comme si l'on avait échangé du blé contre du drap. L'argent qui a servi à cet échange est allé ailleurs.

Chapitre V.
DES SALAIRES.

Le travail, ainsi que toutes choses que l'on peut acheter ou vendre, et dont la quantité peut augmenter ou diminuer, a un prix naturel et un prix courant. Le prix naturel du travail est celui qui fournit aux ouvriers, en général, les moyens de subsister et de perpétuer leur espèce sans accroissement ni diminution. Les ressources qu'a l'ouvrier pour subvenir à son entretien et à celui de la famille nécessaire pour maintenir le nombre des travailleurs, ne tiennent pas à la quantité d'argent qu'il reçoit pour son salaire, mais à la quantité de subsistances et d'autres objets nécessaires ou utiles dont l'habitude lui a fait un besoin, et qu'il peut acheter avec l'argent de ses gages. Le prix naturel du travail dépend donc du prix des subsistances et de celui des choses nécessaires ou utiles à l'entretien de l'ouvrier et de sa famille. Une hausse dans les prix de ces objets fera hausser le prix naturel du travail, lequel baissera par la baisse des prix.

Plus la société fait de progrès, plus le prix naturel tend à hausser, parce qu'une des principales denrées qui règlent le prix naturel tend à renchérir, en raison de la plus grande difficulté de l'acquérir. Néanmoins ; les améliorations dans l'agriculture, la découverte de nouveaux marchés d'où l'on peut tirer des subsistances, peuvent, pendant un certain temps, s'opposer à la hausse du prix des denrées, et peuvent même faire baisser leur prix naturel. Les mêmes causes produiront un semblable effet sur le prix naturel du travail.

Le prix naturel de toute denrée, - les matières primitives et le travail exceptés, - tend à baisser, par suite de l'accroissement des richesses et de la population ; car quoique, d'un côté, leur valeur réelle augmente par la hausse du prix naturel des matières premières, ce renchérissement est plus que compensé par le perfectionnement des machines, par une meilleure division et distribution du travail, et par l'habileté toujours croissante des producteurs dans les sciences et dans les arts.

Le prix courant du travail est le prix que reçoit réellement l'ouvrier, d'après les rapports de l'offre et la demande, le travail étant cher quand les bras sont rares, et à bon marché lorsqu'ils abondent. Quelque grande que puisse être la déviation du prix courant relativement au prix naturel du travail, il tend, ainsi que toutes les denrées, à s'en rapprocher. C'est lorsque le prix courant du travail s'élève au-dessus de son prix naturel que le sort de l'ouvrier est réellement prospère et heureux, qu'il peut se procurer en plus grande quantité tout ce qui test utile ou agréable à la vie, et par conséquent élever et maintenir une famille robuste et nombreuse. Quand, au contraire, le nombre des ouvriers s'accroît par le haut prix du travail, les salaires descendent de nouveau à leur prix naturel, et quelquefois même l'effet de la réaction est tel, qu'ils tombent encore plus bas.

Quand le prix. courant du travail est au-dessous de son prix naturel, le sort des ouvriers est déplorable, la pauvreté ne leur permettant plus de se procurer les objets que l'habitude leur a rendu absolument nécessaires. Ce n'est que lorsqu'à force de privations le nombre des ouvriers se trouve réduit, ou que la demande de bras s'accroît, que le prix courant du travail remonte de nouveau à son prix naturel. L'ouvrier peut alors se procurer encore une fois les jouissances modérées qui faisaient son bonheur.

Malgré la tendance qu'ont les sa!aires à revenir à leur taux naturel, leur prix courant peut cependant, dans la marche de la civilisation, et pendant un temps indéterminé, se maintenir constamment plus haut ; car à peine l'impulsion, donnée par une augmentation de capital, a-t-elle augmenté la demande d'ouvriers, qu'une nouvelle augmentation peut produire le même effet. Et si cet accroissement de capital est graduel et constant, le besoin de bras continuera à servir d'encouragement à la population.

Le capital est cette partie de la richesse d'une nation qui est employée à la production. Il se compose des matières alimentaires, des vêtements, des instruments et ustensiles, des machines, des matières premières, etc., nécessaires pour rendre le travail productif.

Le capital peut augmenter à la fois en quantité et en valeur. Une nation peut avoir plus de subsistances et de vêtements, et demander peut-être plus de travail encore qu'auparavant pour produire cette quantité additionnelle. Dans ce cas, le capital ne sera pas seulement plus considérable, il aura plus de valeur.

Le capital peut augmenter en quantité sans augmenter de valeur ; il peut même s'accroître pendant que sa valeur éprouve une baisse. Ainsi une nation peut posséder plus de subsistances et de vêtements ; mais cette augmentation peut provenir de l'emploi des machines, sans qu'il y ait aucune augmentation, et même avec diminution réelle dans la quantité proportionnelle de travail nécessaire à leur production. La masse de capital peut s'accroître sans qu'il augmente de valeur, soit dans sa totalité, soit dans une de ses parties.

Dans le premier cas, le prix naturel des salaires haussera ; car il est toujours réglé par le prix de la nourriture, de l'habillement et des autres objets nécessaires. Dans le second, il restera stationnaire, ou il baissera : mais, dans l'un comme dans l'autre cas, le prix courant des salaires doit monter ; car la demande des bras augmentera en raison de l'augmentation du capital. Plus il y aura d'ouvrage a faire, plus on aura besoin d'ouvriers.

Dans les deux cas, le prix courant du travail montera même au-dessus de son prix naturel, ou tendra à s'en rapprocher ; mais c'est surtout dans le premier que se manifestera cet accord des deux prix. Le sort de l'ouvrier sera amélioré, mais faiblement ; car la cherté des vivres et des autres objets de nécessité absorbera une grande partie de son salaire, quoiqu'il soit plus fort. Par conséquent le manque de travail ou une légère augmentation de la population auront l'effet de réduire bientôt le prix courant du travail au taux naturel, momentanément élevé.

Dans le second cas, le sort de l'ouvrier s'améliorera singulièrement ; il recevra un bien plus fort salaire en argent, tandis qu'il pourra acheter les objets dont il a besoin pour lui et pour sa famille aux mêmes conditions, et peut-être même à plus bas prix; et il faudra qu'il y ait un grand surcroît de population pour ramener de nouveau le prix courant du travail à son prix naturel déprécié.

C'est donc ainsi que toute amélioration dans la société, et toute augmentation de capital feront hausser le prix courant des salaires ; mais la permanence de cette hausse dépendra d'un accroissement simultané dans le taux naturel, et cette hausse tient à son tour à celle qui survient dans le prix naturel des denrées à l'achat desquelles l'ouvrier emploie son salaire.

On aurait tort de croire que le prix naturel des salaires est absolument fixe et constant, même en les estimant en vivres et autres articles de première nécessité; il varie à différentes époques dans un même pays, et il est très-différent dans des pays divers [⊠]. Cela tient essentiellement aux mœurs et aux habitudes du peuple. L'ouvrier anglais regarderait son salaire comme au-dessous du taux naturel, et insuffisant pour maintenir sa famille, s'il ne lui permettait d'acheter d'autre nourriture que des pommes de terre, et d'avoir pour demeure qu'une misérable hutte de terre ; et néanmoins cela paraît suffisant aux habitants des contrées où «la vie est a bon marché,» et où l'homme n'a que des besoins aussi modérés que faciles à satisfaire.

Il y a bien des choses qui constituent aujourd'hui le bien-être du paysan anglais, et qu'on aurait regardées comme des objets de luxe à des époques reculées de notre histoire.

Les progrès de la société faisant toujours baisser le prix des articles manufacturés, et hausser celui des matières premières, il s'opère à la longue une telle disproportion dans leur valeur relative, que, dans les pays riches, un ouvrier peut, moyennant le sacrifice d'une petite quantité de sa nourriture, satisfaire amplement tous ses autres besoins.

Indépendamment des variations dans la valeur de l'argent, qui influent nécessairement sur les salaires, mais dont nous avons négligé les effets, - ayant supposé que la valeur de l'argent était invariable, - les salaires peuvent hausser ou baisser par les deux causes suivantes :

1° L'offre et la demande de travail;

2° Le prix des denrées à l'achat desquelles l'ouvrier consacre son salaire.

A des époques différentes de la société, l'accumulation des capitaux ou des moyens de payer le travail, est plus ou moins rapide, et dépend toujours de la puissance plus ou moins productive du travail. Le travail est, en général, le plus productif, lorsqu'il y a abondance de terrains fertiles. A ces époques l'accumulation est souvent si rapide, que le capital ne saurait trouver assez de bras à employer.

On a calculé que, dans des circonstances favorables, la population pouvait doubler dans vingt-cinq ans. Mais, dans des circonstances tout aussi favorables, le capital national pourrait fort bien avoir doublé en moins de temps. Dans ce cas, les salaires, pendant toute cette époque, tendront à hausser, parce que le nombre des bras sera toujours insuffisant pour le besoin qu'on en aura.

Dans des colonies nouvelles où l'on introduit les arts et les connaissances des pays plus avancés en civilisation, il est probable que les capitaux tendent à s'accroître plus vite que l'espèce humaine

; et si des pays plus peuplés ne suppléaient au manque de bras, cette tendance élèverait considérablement le prix du travail. A mesure que ces établissements deviennent plus peuplés, et que l'on commence à défricher des terrains de mauvaise qualité, les capitaux n'augmentent plus si rapidement ; car l'excédant des produits sur les besoins de la population doit nécessairement être proportionné à la facilité de la production, c'est-à-dire au petit nombre de personnes qui y sont employées. Quoiqu'il soit donc probable que, dans les circonstances les plus favorables, la production devance la population, cela ne saurait continuer longtemps ; car, l'étendue du sol étant bornée, et ses qualités étant différentes, à chaque nouvel emploi de capital, le taux de la production diminuera, tandis que les progrès de la population resteront toujours les mêmes.

Dans les pays où il y a des terres fertiles en abondance, mais où les habitants sont exposés, par leur ignorance, leur paresse et leur barbarie, à toutes les horreurs de la disette et de la famine, et où on a pu dire que la population se dispute les moyens d'alimentation, il faudrait y remédier autrement que dans les États depuis longtemps civilisés, et où la diminution des subsistances entraîne tous les maux d'une population excessive. Dans le premier cas, le mal vient d'un mauvais gouvernement, de l'instabilité de la propriété, de l'ignorance générale. Pour rendre ces populations plus heureuses, il suffirait d'améliorer le gouvernement, d'étendre l'instruction ; on verrait alors l'augmentation du capital dépasser nécessairement l'accroissement de la population, et les moyens de production iraient au delà des besoins de la nation. Dans l'autre cas, la population grandit plus lite que le fonds nécessaire a son entretien : et il arrivera que chaque nouvel effort de l'industrie, à moins d'être suivi d'une diminution dans les rangs du pays, ne fera qu'ajouter au mal : - la production ne pouvant, marcher aussi rapidement que les naissances.

Pour un pays où l'on se dispute les subsistances, les seuls remèdes sont, ou un affaiblissement de la population ou une accumulation rapide de capital. Dans les pays riches, où toutes les terres fertiles ont été déjà mises en culture, le dernier remède n'est ni très-praticable ni très-désirable, car le résultat serait, au bout de quelque temps, de réduire toutes les classes de la société à la même indigence. Mais dans ces contrées pauvres, où existent d'immenses moyens de production, enfouis dans des terres fertiles et incultes, l'augmentation du capital est le seul moyen efficace et sûr de combattre le mal, car il en résultera dans la situation de toutes les classes de la société une amélioration sensible.

Tous les amis de l'humanité doivent désirer que les classes laborieuses cherchent partout le bien-être, les jouissances légitimes, et soient poussées, par tous les moyens légaux, à les acquérir. On ne saurait opposer un meilleur frein à une population exubérante. Dans les pays où les classes pauvres ont le moins de besoins, et, se contentent de la plus chétive subsistance, les populations sont soumises aux misères et aux vicissitudes les plus terribles. Elles n'ont aucun abri contre les calamités sociales : elles ne sauraient chercher un refuge dans une situation plus humble : elles sont déjà si abaissées, si malheureuses, qu'il ne leur reste même plus la triste faculté de descendre encore. Elles ne peuvent remplacer que par de rares succédanés leurs aliments ordinaires et principaux, et la disette entraîne pour elles presque tous les maux attachés à la famine.

Dans la marche naturelle des sociétés, les salaires tendront à baisser en tant qu'ils seront réglés par l'offre et la demande ; car le nombre des ouvriers continuera à s'accroître dans une progression un peu plus rapide que celle de la demande. Si, par exemple, les salaires étaient réglés sur un accroissement annuel de capital, représenté par 2 pour cent, ils tomberaient lorsque le capital n'augmenterait plus qu'à raison de 1 et demi pour cent. Ils baisseraient encore davantage quand cet accroissement ne serait plus que de 1 ou de demi pour cent ; et cette baisse continuerait jusqu'à ce que le capital devînt stationnaire. Les salaires le deviendraient aussi, et ils ne seraient que suffisants pour maintenir la population existante. Je soutiens que, dans de pareilles circonstances, les salaires doivent baisser, par le seul effet de l'offre et la demande des bras ; mais il ne faut pas oublier que le prix des salaires tient aussi a celui des denrées que l'ouvrier a besoin d'acheter.

A mesure que la population augmente, ces denrées iront toujours en augmentant de prix, - plus de travail devenant nécessaire à leur production. Si les salaires, payés en argent à l'ouvrier, viennent à baisser pendant que toutes les denrées à l'achat desquelles il dépensait le produit de son travail haussent de prix, il se trouvera doublement atteint, et il n'aura bientôt plus de quoi subsister. C'est pourquoi, au lieu de baisser, les salaires en argent hausseraient, au contraire, mais pas suffisamment pour permettre à l'ouvrier d'acheter autant de choses nécessaires ou utiles qu'il pouvait le faire avant le renchérissement de ces denrées. Si ses salaires étaient annuellement de 24 liv. st., ou de six quarters de blé quand le blé valait 4 livres le quarter, il ne recevrait probablement plus que la valeur de cinq quarters, lorsque le blé serait à 5 livres. Mais ces cinq quarters coûteraient 25 liv.; il recevrait donc des gages plus forts en valeur, et cependant il ne pourrait plus acheter une quantité de blé et d'autres denrées égale à celle qu'il était dans l'habitude de consommer auparavant, lui et sa famille [1].

1 Il est impossible de ne pas protester hautement contre des conclusions presque fatidiques et qui emporteraient condamnation de tout notre système économique. Il a fallu même bien du calme a Ricardo pour n'avoir pas été saisi de vertige, n'avoir pas senti trembler sa main au spectacle du sort que l'avenir réserve, selon lui, aux travailleurs. A ses yeux, les classes ouvrières marchent fatalement vers un abîme que la civilisation couvre habilement de fleurs, mais au fond duquel est la mort : à nos yeux, au contraire, elles s'élèvent à des destinées meilleures et se font chaque jour une place plus large dans le pouvoir et le bien-être répartis aux sociétés. Ricardo, frappé de la somme de douleurs et de privations qui accable, au milieu des splendeurs de notre industrie, les mains généreuses et fortes qui exécutent l'œuvre de la production entière ; étonné de voir tant de haillons à côté de tant de luxe, et tant de crises à côté de tant de progrès, s'est pris à désespérer de l'avenir, et, suivant son habitude, ce désespoir que tant d'autres mettent en élégies et en philippiques, il l'a mis en formules, ce qui est plus net, mais tout aussi injuste, tout aussi réfutable. Et d'abord le résultat immédiat, nécessaire de cette croyance au malheur futur des travailleurs, devrait être de suspendre tout à coup le mouvement social, de faire volte-face, et de reprendre en sous-œuvre toutes les théories, toutes les données que les siècles semblent avoir consacrée. Il n'est personne, en effet, doué de quelque prévision, mu par quelque générosité, qui ne frémisse devant cet avertissement sombre, dernier mot de la science de Ricardo : *Chaque jour abaisse le salaire réel de l'ouvrier et grandit le prix des subsistances* : - ce qui équivaut à dire que chaque jour la société doit s'anéantir par un supplice incessant, que chaque jour doit retrancher un battement au cœur du pauvre et exagérer pour lui le supplice de Tantale en éloignant de plus en plus les fruits et l'eau de ses lèvres avides. Le devoir de tout penseur, de tout législateur, serait donc de faire prendre à la société d'autres routes et de ne pas permettre que la subsistance des masses passât dans le corps des riches, comme passaient la chaleur et la vie des vierges dans les corps débiles et disloqués des vieux rois de la Bible. Mais il n'en est rien, et le bilan de notre société suffirait, sans autres considérations, pour combattre le pessimisme de Ricardo. Ainsi le développement de l'industrie n'a-t-il pas mis à la portée de tous les objets qui constituaient il y a cent ans un luxe ruineux, impossible ? La guimpe délicate qui entoure le sein de nos villageoises, les chauds vêtements qui couvrent nos paysans et nos ouvriers sont d'institution toute récente et témoignent d'un bien-être croissant. Des voies de communication plus parfaites ont permis aux hommes, aux idées, aux choses, du rayonner de toutes parts et de moraliser les populations : des écoles, des salles d'asile, des hôpitaux, des hospices, des crèches s'ouvrent de toutes parts devant l'intelligence qui va éclore, l'enfant qui va naître, le vieillard qui va mourir; l'air, la lumière, l'eau commencent à circuler dans les rues, grâce à nos institutions municipales, et pour résumer tous ces faits en un seul fait

décisif, la moyenne de la vie humaine s'est accrue depuis cinquante années, hâtons-nous de le dire, ailleurs que dans les colonnes élastiques et torses de la statistique.

Et il n'en saurait être autrement. L'évolution économique suit nécessairement l'évolution politique, et l'influence que gagne chaque jour la démocratie, - cet évangile systématisé et démontré, - doit se refléter et se reflète dans la prospérité générale. Le premier mouvement d'une nation qui se sait indépendante est de se vouloir heureuse, riche ; d'organiser les intérêts et les individus en vue de ce bien-être, et, par conséquent, de progresser, d'aller en avant. Or, la tendance moderne des peuples est vers l'indépendance, et on ne saurait faire un procès a notre époque, sous le rapport industriel, saris y joindre un procès politique, sans souffleter, comme l'ont fait les socialistes et les pessimistes de toutes les sectes, la liberté sur la joue de l'économie politique.

Et d'ailleurs la théorie, la logique démontrent tout cela bien avant les faits. Quel est ici-bas le capital du prolétaire ? le travail. Quel principe règle la valeur du travail, en fixe la rémunération ? l'offre et la demande des bras. Entre quelles limites extrêmes oscille cette rémunération ? entre le point où les salaires prélèveraient sur les profits une part trop large et qui mettrait le chef d'industrie dans l'impossibilité de continuer son œuvre, - danger peu redoutable, avouons-le : - et, d'un autre côté, le point où les salaires deviendraient insuffisants pour nourrir l'ouvrier. Le problème consiste donc à accroître constamment la somme de travail à répartir, afin d'élever la valeur de ce travail, et par conséquent de grossir le revenu du pauvre : il consiste encore à élargir la zone où il puise sa consommation, les marchés où se vendent les céréales, les bestiaux, les étoffes, afin de le faire participer au bénéfice de la concurrence la plus complète, la plus absolue. Laissez circuler le travail, laissez circuler les produits, toute la question est là, et, avec elle, le bonheur des classes laborieuses. Pour affaiblir entre les mains des propriétaires ce monopole formidable que couvre d'une sanction nécessaire, - sinon sacro-sainte, comme on l'a bien voulu dire, - le pacte social, il suffit de mettre à la disposition de tous, la terre qui appartient à tous, et de laisser se développer librement cette grande loi économique qui divise le travail parmi les nations, et fait cultiver par l'Indien ou l'Américain le sucre qui doit s'échanger contre les produits de l'Européen. L'espèce humaine a besoin d'un espace illimité pour entretenir ses membres toujours plus nombreux : c'est un flot qui grandit sans cesse, et à qui il faut les plages les plus vastes, sous peine de désordres, de calamités. Les quelques esprits égarés qui, par conviction, veulent le maintien de nos restrictions commerciales, c'est-à-dire l'appauvrissement de l'ouvrier par l'action combinée d'un travail moins actif et de subsistances moins abondantes ; les esprits égarés, dis-je, qui n'ont pas compris la fécondité des principes de liberté commerciale, et ceux qui, au contraire, plus nombreux, plus audacieux, ne veulent pas de ces principes, parce qu'ils en comprennent trop bien la grandeur, ne sauraient nier cependant qu'il faut à l'expansion naturelle des générations une sphère immense, où se nivelleront les besoins, les intérêts, les capitaux. L'univers est une immense ruche où les travailleurs doivent circuler librement de cellule en cellule. Tandis que sur les districts manufacturiers, agités par la fièvre de la production et par les crises financières, s'agglomèrent aujourd'hui des légions d'ouvriers qui les surchargent et les épuisent, d'énormes superficies de terrain restent incultes et désertes, attendant les capitaux et le travail pour épancher des monceaux de produits. Croit-on, par exemple, que si nos lois et les lois anglaises sur les céréales eussent été abolies, tout le territoire de la

Et cependant, quoique l'ouvrier fût réellement moins bien payé, cette augmentation de salaires diminuerait nécessairement les profits du manufacturier ; car il ne pourrait pas vendre sa marchandise plus cher, quoique les frais de production fussent augmentés. Nous reviendrons là-dessus lorsque nous examinerons les principes qui règlent les profits.

Il paraîtrait donc que la cause qui fait hausser les rentes est aussi celle qui fait hausser les salaires, l'une et l'autre tenant à la difficulté croissante d'obtenir une plus grande quantité de subsistances moyennant la même quantité proportionnelle de travail. Par conséquent si l'argent avait une valeur invariable, les rentes ainsi que les salaires tendraient toujours à la hausse dans un état d'accroissement progressif de la richesse et de la population.

Mais entre la hausse de la rente et celle des salaires il y a une différence essentielle. La hausse des rentes estimées en argent est accompagnée d'une part plus considérable des produits. Non-seulement le propriétaire foncier reçoit plus d'argent de son fermier, mais il en reçoit aussi plus de blé ; il aura plus de blé, et chaque mesure de cette

---

Pologne, de la Hongrie., de l'Ukraine , de l'Égypte, de l'Amérique, ne se fût pas couvert, comme par enchantement, de moissons qui, déversées sur l'Europe, eussent à la fois abaissé le prix des aliments, excité le travail de nos manufactures, la valeur du travail , et réfuté par l'éclat des résultats la décourageante hypothèse de Ricardo ? A quoi servirait donc de découvrir des Amériques et des Océanies, si ce n'était pour y aller chercher les ressources qui nous manquent, la place que demandent nos cités encombrées ? Avec le système de l'affranchissement commercial, les civilisations sont constamment jeunes, constamment vigoureuses. Lorsqu'un sol a été épuisé, on va chercher ailleurs une sève nouvelle, et la société se trouve ainsi constamment maintenue dans cette période active, où la somme de travail dépasse la homme de bras et se joint au bas pris des subsistances pour améliorer le sort de l'ouvrier. Plus un arbre est élevé, plus il faut à ses racines de l'espace pour se nourrir : il en est de même des nations, et s'il est encore ici-bas tant de souffrances et tant de crises, il faut encore en chercher la cause aussi bien dans l'isolement absurde des centres de production, que dans les vestiges d'aristocratie ou de privilèges politiques qui déshonorent les constitutions européennes. Sans doute la question de population, l'excès des travailleurs se dresseront toujours à nos yeux comme une menace lointaine : mais que de mines fécondes encore à exploiter, que de plaines a fertiliser, de fleuves à traverser, de richesses à puiser de toutes parts ! Nous ne sommes qu'au début de la production, de l'industrie, de l'agriculture, et, sans prendre la liberté du commerce pour une panacée infaillible, il est permis de dire que tout irait mieux, du jour où on laisserait la concurrence des capitalistes et des propriétaires s'organiser en présence de celle des ouvriers. Ricardo a raisonné dans l'hypothèse d'un déplorable *statu quo* : nous raisonnons dans l'hypothèse d'un affranchissement qui déjà commence. Il a désespéré, et tout nous conduit au contraire à espérer dans l'avenir. A . F

denrée s'échangera contre une plus grande quantité de toutes les autres marchandises qui n'ont pas haussé de valeur. Le sort de l'ouvrier sera moins heureux; il recevra, à la vérité, plus d'argent pour son salaire, mais ces salaires vaudront moins de blé ; et non-seulement il en aura moins à sa disposition, mais sa condition empirera sous tous les rapports, parla difficulté plus grande qu'il rencontrera de maintenir le taux courant des salaires au-dessus de leur taux naturel. Quand le prix du. blé haussera de 10 pour cent, les salaires hausseront toujours dans une proportion moindre, et la rente, au contraire, dans un rapport plus considérable. La condition de l'ouvrier empirera en général, tandis que celle du propriétaire foncier s'améliorera.

Le blé étant à 4 liv. st. le quarter, supposons que le salaire de l'ouvrier soit de 24 livres par an, ou d'une valeur égale à six quarters de blé, et supposons qu'il en dépense la moitié pour l'achat du blé, et qu'il en emploie l'autre moitié, ou 12 livres, à d'autres objets, il recevrait

<table>
<tr><td>l. 24. 14.</td><td rowspan="4">Le blé étant à</td><td>l. 4. 4. 8</td><td rowspan="4">Ou la valeur de</td><td>5. 83</td><td rowspan="4">Quarters,</td></tr>
<tr><td>l. 25. 10</td><td>l. 4. 10.</td><td>5. 66</td></tr>
<tr><td>l. 26. 8.</td><td>l. 4. 16.</td><td>5. 50</td></tr>
<tr><td>l. 27. 8. 6</td><td>l. 5. 2. 10</td><td>5. 33</td></tr>
</table>

et moyennant ces salaires il pourrait vivre aussi bien, mais pas mieux que par le passé ; car, lorsque le blé serait à 4 liv. le quarter,

il dépenserait pour trois quarters de blé	l. 12
et à l'achat d'autres objets	l. 12
	l. 24
Quand le blé vaudra 4 l. 4 s. 8 d., les trois quarters que lui et sa famille consomment lui coûteront	l. 12 14
et les autres articles	l. 12
	l. 24 14
Les trois quarters à 4 l. 10 s. lui coûteront	l. 13 10
et les autres articles	l. 12
	l. 25 10

A 4 l. 16 s., les trois quarters lui coûteraient	l. 14 8
et les autres objets	l. 12
	l. 26 8
et à 5 l. 2. 10 il paierait les trois quarters	l. 15 8 6
et les autres objets	l. 12
	l. 27 8 6

A mesure que le blé renchérit, les salaires en argent augmenteront, mais les salaires en nature diminueront, et le bien-être de l'ouvrier se trouvera être, par la supposition précédente, exactement le même. Mais d'autres articles auront haussé de prix, en raison de la quantité de matière première qui entre dans leur composition, et il lui faudra payer davantage pour les obtenir. Quoique le thé, le sucre, le savon, la chandelle et le loyer de sa maison ne lui coûtent peut-être pas plus cher, le lard, le fromage, le beurre, le linge, la chaussure et l'habillement lui coûteront davantage ; et par conséquent, malgré l'augmentation des salaires, sa position sera devenue comparativement plus mauvaise. On pourrait m'objecter que je considère toujours l'effet des salaires sur les prix, en partant de la supposition que l'or et les métaux qui servent à frapper les monnaies sont un produit du pays où il y a variation dans les salaires, et que les conséquences que j'en tire s'accordent mal avec l'état actuel des choses, parce que l'or est un métal que nous tirons de l'étranger. Mais de ce que l'or est le produit de l'étranger, il ne s'ensuit pas que l'argument soit moins vrai ; car l'on peut démontrer que les effets seraient, en dernière analyse, les mêmes, soit que l'on trouvât l'or dans le propre pays, soit qu'on le retirât de l'étranger.

Lorsque les salaires haussent, c'est que l'augmentation de la richesse et des capitaux augmente en général la demande de bras, qui doit infailliblement être suivie d'une production plus considérable de denrées. Pour mettre dans la circulation ce surcroît de denrées, même aux anciens prix, il faudra plus d'argent, plus de cette matière tirée de l'étranger, dont on fabrique la monnaie, et que l'on ne peut se procurer que par l'importation. Toutes les fois que la demande d'un article devient plus forte, sa valeur relative hausse par rapport aux autres objets avec lesquels on l'achète. Si l'on demandait plus de chapeaux, leur prix hausserait, et l'on donnerait plus d'or en échange. Si c'est l'or dont la demande est plus forte, l'or haussera, et les chapeaux baisseront de prix, car il faudra une plus grande quantité de chapeaux et d'autres articles pour acheter la même quantité d'or. Mais dire, dans le cas supposé, que les denrées haussent en raison de la hausse des salaires, ce serait une contradiction manifeste ; car nous dirions d'abord que l'or hausse de valeur relative par suite de la demande, et ensuite que sa valeur relative doit baisser, parce que les prix haussent, - deux phénomènes absolument incompatibles. Dire que les denrées haussent de prix, c'est dire que la valeur relative de la monnaie baisse ; car ce sont les denrées qui servent à estimer la valeur relative de l'or. Si le prix de toutes les denrées haussait, l'or étranger ne viendrait certainement pas les acheter pendant qu'elles seraient chères ; il sortirait, au contraire, du pays pour être avantageusement employé, à l'étranger, à l'achat de denrées qui sont à meilleur marché. Il ne paraît donc pas que la hausse des salaires puisse faire hausser le prix des denrées, soit que les métaux qui servent à la fabrication des monnaies se trouvent dans le pays, soit qu'ils viennent de l'étranger. Il ne peut y avoir une hausse dans toutes les denrées à la fois, sans qu'il y ait en même temps une augmentation de monnaie ; et cette quantité additionnelle, on ne saurait l'obtenir dans le pays même, ainsi que nous l'avons déjà prouvé, et l'on ne pourrait pas non plus la tirer du dehors. En effet, pour pouvoir acheter une plus grande quantité d'or, à l'étranger, il faut absolument que les denrées, chez nous, soient à bon marché. L'importation de l'or, et la hausse du prix de toutes les productions nationales, moyennant lesquelles on obtient ou on achète l'or, sont des effets d'une incompatibilité absolue. L'usage très-étendu du papier-monnaie ne change rien à la question ; car tout papier-monnaie se règle ou doit se régler par la valeur de l'or, et se trouve par conséquent sous l'influence des causes mêmes qui influent sur la valeur de ce métal.

Voilà donc les lois qui règlent les salaires et qui régissent le bonheur de l'immense majorité de toute société. Ainsi que tout autre contrat, les salaires doivent être livrés à la concurrence franche et libre du marché, et n'être jamais entravés par l'intervention du Gouverneur.

La tendance manifeste et directe de la législation anglaise sur les indigents est diamétralement en opposition avec ces principes, qui sont de toute évidence. Ces lois, bien loin de répondre au vœu bienfaisant du législateur, qui ne voulait qu'améliorer la condition des pauvres, n'ont d'autre effet que d'empirer à la fois et celle du pauvre et celle du riche ; - au lieu d'enrichir les pauvres, elles ne tendent qu'à appauvrir les riches. Tant que nos lois actuelles sur les pauvres seront en vigueur, il est dans l'ordre naturel des choses que les fonds destinés à l'entretien des indigents s'accroissent progressivement, jusqu'à ce qu'ils aient absorbé tout le revenu net du pays, ou au moins tout ce que le Gouvernement pourra nous en laisser après qu'il aura satisfait ses demandes perpétuelles de fonds pour les dépenses publiques.

La tendance funeste de ces lois n'est plus un mystère depuis qu'elle a été dévoilée par la plume habile de M. Malthus, et tous les amis des pauvres devraient désirer ardemment de les voir abolies. Par malheur , elles sont établies depuis si longtemps, et les pauvres ont contracté de telles habitudes sous leur influence, qu'il faudrait beaucoup de précautions et d'adresse pour pouvoir les extirper sans danger de notre système politique. Ceux même qui sont le plus résolus à abolir ces lois, conviennent qu'il faut opérer lentement, graduellement, si l'on veut empêcher ceux en faveur de qui ces lois furent faites mal à propos, d'être accablés par la misère [1].

C'est une vérité incontestable, que l'aisance et le bien-être des pauvres ne sauraient être assurés, à moins qu'ils ne cherchent eux-mêmes, ou que la législature ne les conduise à diminuer la fréquence des mariages entre des individus jeunes et imprévoyants. Le système de la législation sur les pauvres a agi dans un sens tout à fait opposé. Il a rendu toute contrainte superflue ; et l'on a séduit la jeunesse imprudente en lui offrant une portion des récompenses dues à la prévoyance et à l'industrie.

La nature du mal en indique le remède. En circonscrivant graduellement les lois des pauvres, et en cherchant à faire sentir aux indigents le prix de l'indépendance, en leur montrant qu'ils ne doivent plus compter sur les secours d'une bienfaisance systématique ou casuelle, et qu'ils n'ont d'autre ressource que celle de leur travail ; en leur prouvant enfin que la prudence est nécessaire et la prévoyance utile, on marchera par degrés

1 Cette vieille législation des pauvres, criblée d'abus, et ruineuse pour la Grande-Bretagne, au point d'avoir absorbé, en 1818, 7,870,801 livres sterlings, et, en 1832, le chiffre colossal de 8,739,882 livres sterlings, a été complètement réformée par l'acte de 1834 auquel on a donné le nom par trop modeste d'amendement. Dans le fond, il y a eu substitution d'un système entièrement nouveau dans les annales de la charité légale. Ce système est celui des Work-Houses ou ateliers de charité qui s'ouvrent comme un refuge devant les ouvriers inoccupés, et leur distribuent la nourriture, le vêtement, le logement en échange de leur travail. - Voyez, pour l'esquisse de cette nouvelle législation, le chapitre XVIII : *Des Taxes pour les pauvres.* A. F.

vers un état de choses plus stable et plus salutaire.

Toute modification des lois sur les pauvres, qui n'aurait pas pour but leur abolition, ne mérite aucune attention ; et celui-là sera le meilleur ami des pauvres et de l'humanité qui pourra indiquer les moyens d'y parvenir de la manière à la fois la plus sûre et la moins violente. Ce n'est point en changeant d'une manière quelconque le mode actuel de lever les fonds pour l'entretien des pauvres, que le mal peut être diminué. Au lieu d'être une amélioration, cela ne ferait qu'aggraver encore les maux que nous voudrions détruire, si par là on levait un fonds plus considérable, ou s'il était prélevé, ainsi que quelques personnes l'ont proposé dernièrement, comme une contribution générale sur toute la nation. La manière actuelle de lever et d'appliquer cet impôt a contribué à mitiger ses funestes effets. Chaque paroisse lève un fonds pour l'entretien de ses pauvres. Par cette méthode, l'on est plus intéressé à modérer le taux de cette contribution, et cela devient plus praticable que si l'on imposait une contribution générale pour secourir les pauvres de tout le royaume. Une paroisse a bien plus d'intérêt à mettre de l'économie dans le mode de prélever les sommes imposées et dans la distribution des secours, - toute épargne étant pour elle un profit, - que si des centaines de paroisses avaient à partager ces fonds.

Et c'est cette cause qui a empêché le fonds des pauvres d'avoir déjà absorbé tout le revenu net du royaume ; c'est à la rigueur que l'on met dans l'exécution de ces lois, que nous sommes redevables de ce qu'elles ne sont pas encore devenues oppressives outre mesure. Si la loi assurait à tout indigent. les moyens de s'entretenir, et si les secours étaient suffisants pour qu'il pût vivre assez agréablement, l'on serait conduit, par la théorie, à affirmer que tous les autres impôts ensemble pourraient paraître légers, comparés avec le seul impôt des pauvres. Les lois de la gravitation ne sont pas plus certaines que ne l'est la tendance qu'auraient de pareilles lois à changer la richesse et la puissance en misère et en faiblesse, en faisant renoncer l'homme à tout travail qui n'aurait pas pour unique but celui de se procurer des subsistances. Il n'y aurait plus de distinctions relevant des facultés intellectuelles ; l'esprit ne serait occupé que du soin de satisfaire les besoins du corps, jusqu'a ce qu'à la fin toutes les classes fussent en proie à une indigence universelle. Il est heureux que ces lois aient été en vigueur à une époque de prospérité toujours croissante, pendant laquelle les fonds pour le paiement du travail ont régulièrement augmenté, et ont sollicité un accroissement de population. Mais si nos progrès devenaient plus lents, si nous nous trouvions dans un état stationnaire - dont j'espère que nous sommes encore bien éloignés, - c'est alors que la nature pernicieuse de ces lois deviendrait plus manifeste, plus alarmante ; et c'est alors aussi que leur abolition rencontrerait bien plus d'obstacles et de difficultés.

Chapitre VI.
DES PROFITS [1].

Ayant déjà montré que les profits des capitaux dans les différentes branches de la production, gardent toujours entre eux une même proportion, et tendent tous à éprouver des variations dans le même degré et dans un même sens, il nous reste à rechercher la cause des variations permanentes dans la taux des profits, et les modifications qui en résultent toujours dans le taux de l'intérêt.

Nous avons vu que le prix du blé [2] se règle par la quantité de travail nécessaire pour le produire, au moyen de cette portion du capital qui ne paie pas de rente. Nous avons vu aussi que tous les articles manufacturés haussent et baissent de prix à mesure qu'il faut, pour les produire, plus ou moins de travail. Ni le fermier qui cultive cette espace de terres dont la qualité règle les prix courants, ni le manufacturier qui fabrique des marchandises, ne réservent aucune portion du produit pour la rente. La valeur entière de leurs articles se partage en deux seules portions, dont l'une constitue les profits du capital, et l'autre est consacrée au salaire des ouvriers.

En supposant que le blé et les objets manufacturés se vendent toujours au même prix, les profits seront toujours élevés ou réduits, selon la hausse ou la baisse des salaires. Mais si le prix du blé hausse, parce que sa production exige plus de travail, cette cause ne fera point hausser le prix des objets manufacturés dont la fabrication n'exige point de travail additionnel. Dans ce cas, si les salaires restent les mêmes, les profits ne changeront pas ; mais comme il est indubitable que les salaires montent par la hausse du blé, les profits alors doivent nécessairement baisser.

Si un fabricant donnait toujours ses marchandises pour la même somme d'argent, pour 1,000 liv. st., par exemple, ses profits dépendraient

---

1 Les auteurs anglais entendent par ce mot les bénéfices que tout entrepreneur d'industrie fait dans sa profession, quelle qu'elle soit, sans distinguer dans ces bénéfices ce qui peut être considéré comme *profit du capital* de cet entrepreneur de ce qui peut être considéré comme le prix de ses conceptions et de son activité. Dans mon Traité, j'ai cru devoir mettre eu garde contre cette confusion. - J.B. SAY.

2 Le lecteur est prié de se rappeler que dans le but d'être plus clair, j'ai considéré l'argent, ou la monnaie, comme invariable dans sa valeur; et par conséquent toute variation de prix comme l'effet d'un changement dans la valeur de la marchandise seulement. (*Note de l'Auteur.*)

du prix du travail nécessaire pour leur fabrication. Ils seraient moindres avec des salaires de 800 livres qu'avec d'autres de 600 livres. A mesure donc que les salaires hausseraient, les profits diminueraient. Mais si le prix des produits agricoles augmente, l'on pourrait demander si du moins le fermier n'aura pas les

mêmes profits, quoiqu'il paie de plus forts salaires. Certainement non ; car non-seulement il aura, ainsi que le manufacturier, à payer plus de gages à chacun des ouvriers qu'il emploie, mais il sera obligé de payer une rente, ou d'employer un plus grand nombre d'ouvriers, pour obtenir le même produit. La hausse des produits agricoles ne sera que proportionnée à cette rente ou au nombre additionnel des ouvriers employés, et elle ne saurait le dédommager de la hausse des salaires.

Si le manufacturier et le fermier employaient chacun dix hommes, et si les salaires haussaient de 24 livres à 25 livres st. par an, pour chaque homme, il leur en coûterait à chacun 250 livres au lieu de 240 livres par an. Voilà tout ce qu'il en coûtera de plus au manufacturier pour avoir la même quantité de marchandises ; mais le fermier d'un terrain neuf aura probablement besoin d'employer un homme de plus, et par conséquent de débourser pour ses gages 25 l. de plus ; et le fermier d'un vieux fonds de terre sera forcé de payer pour rente précisément cette même somme additionnelle de 25 liv. : car, sans cette augmentation de travail, le blé n'aurait pas pu hausser. L'un et l'autre auront à débourser 275 livres ; l'un, uniquement pour payer les salaires, et l'autre, pour les salaires et la rente ; et chacun d'eux dépensera 25 livres de plus que le manufacturier. Ils seront remboursés de ces 25 livres par la hausse du prix des produits de la terre, et, par conséquent, leurs profits seront toujours dans le même rapport avec ceux du manufacturier. Comme cette proposition est intéressante, je vais tâcher de l'éclaircir davantage.

Nous avons déjà montré que, dans l'enfance de la société, la part qui revient au propriétaire foncier et au laboureur, sur la valeur totale du produit de la terre, n'est que bien faible, et que cette part augmente en raison du progrès des richesses et de la difficulté de se procurer de la nourriture. Nous avons montré également que, quoique la valeur de la part de l'ouvrier doive augmenter par le haut prix des subsistances, cette part se trouvera réellement diminuée ; tandis que celle du propriétaire foncier se trouvera augmentée à la fois en valeur et en quantité.

Le surplus du produit de la terre, après que le propriétaire et les travailleurs sont payés, appartient nécessairement au fermier, et constitue les profits de son capital. Mais, dira-t-on, quoique, par le développement progressif de la société, la part du fermier soit diminuée, comme elle augmente de valeur, il pourra, aussi bien que le propriétaire et l'ouvrier, recevoir une plus forte valeur.

On peut dire, par exemple, que lors de la hausse du blé de 4 liv. à 10 livres, les cent quatre-vingts quarters récoltés sur le meilleur fonds de terre rapporteraient 1,800 liv. au lieu de 720 liv., et que par conséquent, quoiqu'il soit prouvé que le propriétaire et l'ouvrier reçoivent une plus forte valeur en fermage et en gages, les profits du fermier peuvent aussi s'accroître. Cela est cependant impossible, ainsi que je vais essayer de le démontrer.

D'abord le prix du blé ne hausserait qu'en proportion de la plus grande difficulté de la culture sur un terrain d'une moins bonne qualité.

J'ai déjà fait observer que si le travail de dix hommes, sur une terre d'une qualité donnée, rendait cent quatre-vingts quarters de blé, valant 4 livres le quarter, ou 720 liv., et si le travail de dix hommes de plus ne produisait qu'un surcroît de cent soixante-dix quarters, le blé devrait hausser de 4 liv. à 4 liv. 4 s. 8 d. ; car 170 : 180 :: 4 liv. : 4 liv. 4 s. 8 d. En d'autres termes, puisque, dans un cas, il faut le travail de dix hommes pour avoir cent soixante-dix quarters de blé, tandis que, dans l'autre , celui de 9.44 suffit, la hausse doit être dans le rapport de 9.44 à 10, ou dans celui de 4 liv. à 4 liv. 4 s. 8 d. On pourrait démontrer de même que si le travail de dix autres hommes ne produisait que cent soixante quarters, le prix hausserait encore à 4 liv. 10 s., s'il ne produisait que cent cinquante, à 4 liv. 16 s., et ainsi de suite.

Mais lorsque la terre qui ne paie pas de rente donnait cent quatre-vingts quarters à 4 liv. le quarter, le blé rapportait

l. 720

Et quand la même terre, ne payant pas de rente, donnait cent soixante-dix quarters, le blé ayant atteint 4 liv. 4 s. 8 d. rapportait

l. 720

De sorte que cent cinquante quarters, à 4 l. 10 s., rapportent

l. 720

Et cent cinquante quarters, à 4 1. 16 s., donnent la même somme de

l. 720

Or, il est évident que, sur ces trois valeurs différentes, le fermier étant obligé à une époque de payer des salaires réglés d'après le prix du blé à 4 liv., et dans d'autres temps à de plus hauts prix, le taux de ses profits doit diminuer en proportion de la hausse du prix du blé.

Dans ce cas, il me paraît clairement démontré que toute hausse du prix du blé qui augmente le salaire en argent de l'ouvrier diminue la valeur en argent des profits du fermier.

La situation du fermier de l'ancien et meilleur fonds de terre sera exactement la même ; il devra aussi payer de plus forts salaires, et il ne pourra jamais lui rester sur la valeur des produits, quelque élevé qu'en soit le prix, plus de 720 l., pour être partagées entre lui et le nombre toujours égal de ses travailleurs. Or, plus ils gagneront, moins il leur en restera.

Quand le prix du blé était à 4 l., la totalité des cent quatre-vingts quarters appartenait au cultivateur, qui le vendait 720 l. Quand le blé est monté à 4 l. 4 s. 8 d., il s'est trouvé forcé de payer, sur ces cent quatre-vingts quarters la valeur de dix quarters pour la rente, et par conséquent les cent soixante-dix restants ne lui ont plus rapporté que 720 l. Quand le blé est monté à 4 1. 10 s., il a dû payer vingt quarters, ou leur valeur, pour le fermage, et il ne lui est resté que cent soixante quarters, qui lui rapportaient la somme de 720 l.

C'est pourquoi, quelle que soit la hausse dans le prix du blé, la nécessité d'employer plus de travail ou plus de capital pour obtenir un surcroît donné de production, rend cette hausse égale en valeur à l'augmentation de la rente ou à celle du travail employé ; en sorte que le fermier ne retire de ce qui reste après le paiement du fermage, que la même valeur réelle, soit qu'il vende 4 l., 4 1. 10 s., ou bien 5 1. 2 s. 10 d. le quarter de blé. Que le produit appartenant au fermier soit de cent quatre-vingts, cent soixante-dix, cent soixante ou cent cinquante quarters, il n'en tire jamais que 720 1. ; le prix augmentant en raison inverse de la quantité.

La rente, à ce qu'il parait, retombe donc toujours sur le consommateur, et jamais sur le fermier ; car si le produit de sa ferme est constamment de cent quatre-vingts quarters, le prix haussant, il garderait pour lui une moindre valeur et en donnerait une plus forte à son propriétaire ;

mais cette déduction serait toujours telle, qu'elle lui laisserait la même somme de 720 l.

On voit aussi que, dans tous les cas, cette même somme de 720 l. doit se partager entre les salaires et les profits. Si la valeur du produit brut de la terre s'élève au delà de cette valeur, cet excédant appartient à la rente, quel qu'en soit le montant. S'il n'y a pas de surplus, il n'y aura pas de rente. Que les salaires ou les profits éprouvent une hausse ou une baisse, c'est toujours cette somme de 720 l. qu'il fournira aux deux. D'un côté, jamais les profits ne sauraient hausser au point d'absorber une si forte portion de ces 720 l. qu'il n'en restât plus assez pour fournir aux ouvriers de quoi se procurer l'absolu nécessaire, et, de l'autre côté, les salaires ne sauraient hausser au point de ne rien laisser sur cette somme pour les profits.

C'est ainsi que les profits de l'agriculture, comme ceux des manufactures, sont toujours diminués par la hausse des matières premières, lorsqu'elle est accompagnée de la hausse des salaires [1]. Si le fermier n'obtient pas une plus forte valeur pour le blé qui lui reste après le paiement de la rente, si le manufacturier n'en retire pas une plus forte de ses articles, et s'ils sont tous deux forcés de payer une plus forte somme en salaires, peut-il y avoir rien de plus clairement démontré que la baisse infaillible des profits par suite de la hausse des salaires ?

Et cependant le fermier, quoiqu'il ne paie à son propriétaire aucune part de la rente, - celle-ci étant toujours réglée par le prix des produits, et retombant invariablement sur le consommateur, - le fermier, dis-je, a toujours un grand intérêt à maintenir la rente, ou plutôt le prix naturel des produits, à un taux peu élevé. En sa qualité de consommateur des matières premières et des articles dans la composition desquels il entre de ces matières, il a, ainsi que tous les autres consommateurs, un intérêt commun à la modicité du prix. Mais le haut prix du blé, qui influe sur les salaires, le touche de plus près ; car, à chaque hausse, il aura à payer, sur cette somme invariable de 720 l., une part additionnelle pour les salaires des dix hommes qu'il emploie constamment, comme nous l'avons supposé. En traitant des salaires, nous avons déjà vu qu'ils haussaient

1 Le lecteur doit s'apercevoir que nous faisons abstraction des variations accidentelles qui proviennent des bonnes ou mauvaises saisons, et de l'augmentation ou de la diminution de la demande par suite de quelque changement soudain dans l'état de la population. Nous voulons parler du prix naturel et constant du blé, et non de son pris accidentel et variable. (*Note de l'Auteur.*)

constamment par suite de la hausse du prix des produits immédiats du sol. En prenant pour base du calcul celle que nous avons posée page 174, on voit que, le blé étant à 4 1. le quarter, les salaires doivent être à 24 1. par an. Et

	l.	s.	d.		l.	s.	d.
quand le blé est à	4	4	8	Les salaires doivent être à	24	14	0
	4	10	0		25	10	0
	4	16	0		26	8	0
	5	2	10		27	8	6

et sur le fonds invariable de 720 liv. qui doit être partagé entre les ouvriers et les fermiers,

	l.	s.	d.		l.	s.		l.	s.	d.
quand le blé est à	4	0	0	l'ouvrier recevra	240	0	le fermier recevra	480	0	0
	4	4	8		247	0		473	0	0
	4	10	0		255	0		465	0	0
	4	16	0		264	0		456	0	0
	5	2	10		274	5		445	15	[1]

Si l'on suppose le capital primitif du fermier de 3,000 l., les profits étant, dans le premier cas, de 480 l., donneraient un taux de 16 pour cent. Quand les profits baissent à 473 l., le taux descend à 15.7 pour cent.

à 465 l.	15. 5
à 456 l.	15. 2
à 445 l.	14. 8

Mais le taux des profits doit baisser encore davantage ; car le capital du fermier, comme nous l'avons dit, se compose principalement de matières brutes, telles que ses meules de blé et de foin, son blé et son orge en gerbes, ses chevaux et ses vaches, qui doivent tous hausser de prix par le renchérissement des produits. Son produit absolu tombera de 480 1. à 445 1. 15 s. Mais si, d'après les causes que je viens d'exposer, son capital augmentait de 3,000 1. à 3,200 1., le taux de ses profits, le blé étant à 5 1. 2 s. 10 d., serait au-dessous de 14 pour cent.

Si un manufacturier employait de même 3,000 1. sur sa fabrique, il serait forcé, par la hausse des salaires, d'augmenter son capital pour pouvoir être à même de continuer son commerce. Si sa marchandise se vendait auparavant 720 1., elle continuerait à rapporter le même prix ; mais les salaires du travail, qui montaient d'abord à 240 l., hausseront, quand le blé sera à 5 1. 2 s. 10 d., à 274 1. 5 s. Dans le premier cas, il aurait un profit de 480 1. sur 3,000 1. ; dans le second, ce bénéfice ne monterait qu'à 445 1. 15 s. sur un capital augmenté, et par conséquent ses profits se rapprocheraient du changement survenu dans ceux du fermier.

Il est peu de denrées qui ne changent plus ou moins de prix par la hausse des matières premières, parce qu'il entre dans la composition de la plupart des marchandises une certaine portion des produits bruts du sol. Les étoffes de coton, les toiles et les draps, haussent tous de prix par la cherté du blé ; mais ils renchérissent en raison de la plus grande quantité de travail employé à la production des matières premières dont ils sont fabriqués, et non en raison de ce que le manufacturier a payé plus cher les ouvriers employés à la fabrication de ces étoffes.

Les marchandises haussent toujours parce qu'il faut plus de travail pour leur production, et jamais en raison de la cherté du travail qu'elles exigent. Les ouvrages de bijouterie, de fer, d'argenterie et de cuivre, n'éprouveront pas de hausse, attendu qu'il n'entre dans leur composition aucun produit brut provenant de la culture de la terre.

On dira peut-être que j'ai posé en principe que les salaires en argent doivent hausser par la cherté des produits bruts du sol, sans qu'il y ait là une conséquence nécessaire ; car l'ouvrier peut se contenter d'une moindre aisance. Il faut convenir que les salaires peuvent arriver d'abord à un taux élevé, pour subir ensuite quelque diminution. Dans ce cas, il n'y aura pas réduction des profits ; mais il est impossible de concevoir comment le prix en argent des salaires pourrait baisser ou rester stationnaire pendant que celui des objets de première nécessité hausserait graduellement. On peut donc regarder comme une chose démontrée que dans les cas ordinaires il n'arrive point de hausse permanente dans le prix des articles de première nécessité qui ne cause une hausse des salaires, ou qui ne soit l'effet d'une hausse survenue auparavant.

L'effet qu'éprouveront les profits sera le même, ou à peu près, s'il y a une hausse quelconque dans les prix des autres articles de première nécessité que l'ouvrier achète avec ses salaires, - les aliments exceptés. La nécessité où il se trouverait de les payer plus cher le forcerait à exiger une plus forte rémunération ; et tout ce qui augmente les salaires réduit les profits. Mais supposons que le prix des soieries, des velours, des meubles, ou de tout autre article dont l'ouvrier n'a pas besoin, vienne à hausser par suite de l'excédant de travail nécessaire à la fabrication de ces objets, les profits ne s'en ressentiraient-ils pas ? Non assurément ; car rien ne modifie les profits, si ce n'est la hausse des salaires ; et les soieries, les velours n'étant point consommés par l'ouvrier, le renchérissement de ces articles ne saurait faire hausser les salaires.

Je ne parle que des profits en général. J'ai déjà averti que le prix courant d'une denrée pouvait surpasser son prix naturel ou absolu ; car cette denrée peut avoir été produite en quantité moindre que ne l'exige le surcroît de la demande. Cet effet cependant n'est que passager. Les beaux profits retirés du capital employé à la production de cette denrée porteront bientôt des capitaux vers cet emploi ; et aussitôt que les fonds seront suffisants, et que la quantité de la denrée se trouvera assez augmentée, elle baissera de prix, et les profits de ce genre de commerce se nivelleront avec tous les autres. La baisse du taux général des profits n'est nullement incompatible avec la hausse partielle des bénéfices d'une branche particulière d'industrie ; c'est en raison de l'inégalité des profits que les capitaux passent d'un emploi à un autre. C'est ainsi que pendant la baisse des profits en général, et pendant qu'ils tendent graduellement vers un niveau plus bas, par suite de l'augmentation des salaires et de la difficulté croissante de pourvoir à la subsistance du surcroît de population ; c'est ainsi, dis-je, que les profits du fermier peuvent se maintenir pendant quelque temps au-dessus de leur ancien taux. Il peut se faire aussi qu'une branche particulière de commerce étranger et colonial se trouve à une époque extraordinairement encouragée ; mais ce fait, que nous admettons, ne saurait invalider la théorie. Il sera toujours vrai que les profits dépendent de la cherté ou du bas prix des salaires ; que les salaires sont réglés par le prix des denrées de première nécessité, et que le prix de ces dernières tient principalement à celui des aliments ; car la quantité de toutes les autres choses peut être augmentée d'une manière presque illimitée.

L'on devrait se rappeler que le prix courant. varie toujours, et varie d'abord par le rapport de l'offre et la demande. C'est ainsi que du drap qu'on peut donner 40 s. l'aune en prélevant les profits ordinaires sur le capital, pourrait hausser jusqu'à 60 ou 80 s., en raison des exigences de la mode, ou par suite de quelque autre cause, qui tout à coup, et sans qu'on s'y attendit, en augmenterait la demande ou en diminuerait l'approvisionnement. Les fabricants de draps feront, pendant quelque temps, des profits extraordinaires ; mais les capitaux afflueront vers ce genre de fabrique jusqu'à ce que l'offre soit au niveau de la demande, et alors le prix du drap baissera de nouveau à 40 s., qui est son prix naturel et absolu. De même des demandes de blé plus considérables peuvent en élever le prix assez haut pour que le fermier en retire plus que les profits ordinaires. S'il y a bon nombre de terrains fertiles, le prix du blé baissera bientôt à son ancien niveau, après que la quantité nécessaire de capital aura été employée sur ces terrains, - les profits restant d'ailleurs les mêmes. Mais s'il n'y avait pas assez de terres fertiles ; et si, pour produire ce surcroît de blé, il fallait plus que la quantité ordinaire de travail et de capital, le blé ne baisserait plus à son ancien niveau. Son prix naturel s'élèverait, et le fermier, au lieu d'obtenir constamment de plus grands profits, se verrait forcé de se contenter du taux diminué qui est la suite inévitable de la hausse de main-d'œuvre, hausse causée par celle des choses nécessaires.

Les profits tendent naturellement à baisser, parce que, dans le progrès de la société et de la richesse, le surcroît de subsistances nécessaires exige un travail toujours croissant. Cette tendance, ou, pour ainsi dire, cette gravitation des profits, est souvent et heureusement arrêtée par le perfectionnement des machines qui aident à la production des choses nécessaires, ainsi que par l'effet des découvertes agronomiques, qui nous donnent le moyen d'épargner une portion de travail, et de diminuer ainsi le prix des articles de première nécessité pour la consommation de l'ouvrier. Le renchérissement des articles de première nécessite et des salaires a cependant des bornes ; car aussitôt que les salaires auront monté (comme dans le cas que nous avons déjà posé) à 720 l., total de la recette du fermier, il ne pourra plus y avoir d'accumulation, puisque aucun capital ne saurait plus donner de bénéfices ; on n'aura pas besoin alors d'une augmentation de travail, et la population aura atteint son maximum. Bien avant ce terme même, la réduction des profits aura arrêté toute accumulation ; et la presque-totalité des produits du pays, les ouvriers une fois payés, appartiendra aux propriétaires fonciers et aux collecteurs des dîmes et des autres impôts.

En prenant donc pour base de mon calcul la supposition ci-dessus, très-inexacte d'ailleurs, il paraîtrait que le blé étant à 20 1. st. le quarter, tout le revenu net du pays sera entre les mains des propriétaires fonciers ; car, dans ce cas, la même quantité de travail qu'il a fallu employer primitivement pour produire cent quatre-vingts quarters, deviendrait nécessaire pour n'en produire que trente-six ; puisque 20 1. : 4 1. : 180 : 36. C'est pourquoi le fermier qui dans l'origine récoltait cent quatre-vingts quarters (si toutefois il en existait, car les anciens et les nouveaux capitaux se trouveraient tellement confondus, qu'il n'y aurait plus moyen de les distinguer), le fermier, disons-nous, vendrait les :

180 quarters à 20 l. le quarter ou l. 3,600

la valeur de 144 muids (payés en fermage au propriétaire, et

constituant la différence entre 36 et 80 muids) l. 2,880

36 l. 720

la valeur de 36 muids payée aux dix ouvriers l. 720

ne laissant, par conséquent, rien pour son profit.

A ce prix de 20 l. les ouvriers continueraient à consommer chacun trois quarters de blé par an, ou

l. 60

et ils dépenseraient sur d'autres articles l. 12

72 par ouvrier ;

par conséquent dix ouvriers coûteront 720 1. par an.

N'ayant cherché dans tous ces calculs qu'à éclaircir le principe, il est presque inutile de dire que je suis parti d'une base prise au hasard, uniquement pour servir d'exemple. Quoique les résultats aient pu varier en degré, ils seraient restés les mêmes en principe, quelque exactitude que j'eusse pu mettre en évaluant la différence dans le nombre des ouvriers nécessaires pour obtenir les quantités successives de blé qu'exige la consommation d'une population croissante. Mon but a été de simplifier la question ; c'est pourquoi je n'ai point tenu compte du renchérissement des choses nécessaires, autres que les subsistances. Ce renchérissement, suite de l'augmentation dans la valeur des matières premières dont ces articles sont fabriqués, ferait encore baisser. les profits, en faisant hausser davantage les salaires.

J'ai déjà dit que longtemps avant que cet état des prix soit devenu permanent, il n'y aurait plus de motif pour accumuler ; car on n'accumule qu'en vue de rendre cette accumulation productive ; et ce n'est que lorsqu'elle est ainsi employée qu'elle a un effet sur les profits. Il ne saurait y avoir d'accumulation sans motif, et par conséquent un tel état des prix ne peut jamais persister. Il est aussi impossible au fermier et au manufacturier de vivre sans profits, qu'à l'ouvrier d'exister sans salaires. Le motif qui les porte à accumuler diminuera à chaque diminution des profits, et il cessera entièrement quand ils seront tellement minimes qu'ils ne leur offriront plus un dédommagement suffisant de leur peine, et du risque qu'ils courent nécessairement en employant leur capital d'une manière productive.

Je dois aussi avertir que le taux des profits devra baisser encore plus rapidement que je ne l'ai estimé dans mon calcul ; car la valeur des produits étant telle que je l'ai supposée, celle du capital du fermier augmentera de beaucoup, puisque ce capital se compose en grande partie des choses nécessaires qui ont haussé de valeur. Avant que le blé ait pu hausser de 4 1. à 12 l., le fermier aura probablement doublé la valeur échangeable de son capital qui vaudrait 6,000 1. au lieu de 3,000 1. Et si son profit était de 180 1. ou de 6 pour cent sur son capital primitif, les profits ne se trouveraient alors réellement qu'à un taux de 3 pour cent ; car 6,000 1. à 3 pour cent rendent 180 1. ; et c'est à ces seules conditions qu'un nouveau fermier possédant 6,000 1. pourrait et voudrait entreprendre la culture des terres.

Plusieurs autres branches d'industrie tireraient de la même source un avantage plus ou moins grand. Le brasseur, le distillateur, le fabricant de draps et celui de toiles, trouveraient une compensation d'une partie de la diminution de leurs profits dans l'augmentation de la valeur de leur capital en matières premières et en articles ouvragés ; mais le fabricant de quincailleries, de joailleries, et beaucoup d'autres, ainsi que ceux dont le capital serait en argent, verraient diminuer les profits sans aucune compensation.

On serait aussi porté à croire que, quelle que soit la diminution des profits du capital occasionnée par l'accumulation des capitaux consacrés à la terre, et par la hausse des salaires, la somme totale des profits doit cependant augmenter. Supposons que par l'accumulation renouvelée souvent d'un capital de 100,000 1. le taux des profits tombe successivement de 20 à 19, à 18, à 17 pour cent, toujours en diminuant, on croirait que la somme totale des profits retirés par les possesseurs de ces capitaux successifs, doit toujours être progressive, et qu'elle sera plus forte lorsque le capital est de 200,000 1. que quand il n'est que de 100,000 l., et plus forte encore quand il est de 300,000 l., en continuant ainsi à augmenter, quoique dans une proportion moindre, par suite de toute nouvelle augmentation de capital. Cette progression, cependant, n'est exacte que pendant un certain temps ; car 19 pour cent sur 200,000 1. sont plus que 20 pour cent sur 100,000 1. ; et 18 pour cent sur 300,000 1. sont plus que 19 pour cent sur 200,000 1. Mais lorsqu'une grande somme de capital a été déjà accumulée et que les profits ont baissé, une nouvelle accumulation diminue la somme totale des profits. Supposons, par exemple, que l'accumulation soit de 1,000,000 1. et les profits de 7 pour cent, la totalité des profits montera à 70,000 1. ; qu'on ajoute ensuite à ce million un capital de 100,000 1. et que les profits baissent à 6 pour cent, les capitalistes ne recevront plus que 66,000 l., c'est-à-dire 4,000 1. de moins, quoique le capital se trouve porté de.1 ,000,000 1. à 1,100,000 1.

Tant que le capital donne un profit quelconque il ne peut y avoir aucune accumulation qui ne soit suivie d'une augmentation dans la quantité et la valeur des profits. Par l'emploi de 100,000 1. de capital additionnel, aucune portion de l'ancien capital ne deviendra moins productive. Les produits du sol et de l'industrie nationale devront s'accroître, et leur valeur s'élèvera non seulement en raison de l'augmentation de la quantité des produits, mais aussi en raison de la nouvelle valeur que donne à tous les anciens produits du sol la difficulté croissante de la culture sur les dernières qualités de terres, et c'est cette nouvelle valeur qui devient le prix de la rente. Néanmoins, lorsque l'accumulation des capitaux devient très-considérable, malgré cette augmentation de valeur, elle se trouve distribuée de telle sorte qu'il en est attribué une moindre part aux profits et une plus forte part au contraire à la rente et aux salaires. Ainsi, par l'addition successive de 100,000 1. au capital, le taux des profits baissant de 20 à 19, à 18 et à 17 pour cent, etc., les produits annuels augmenteront eu quantité, et dépasseront la totalité de la valeur additionnelle que le nouveau capital est susceptible de produire. De 20,000 1. le produit haussera à plus de 39,000 l., puis à plus de 57,000 l., et quand le capital employé sera d'un million, ainsi que nous l'avons déjà supposé, si on y ajoute encore 100,000 l., quoique la totalité des profits soit moindre que par le passé, le revenu national sera cependant augmenté de plus de 6,000 1. ; mais l'augmentation portera sur cette partie du revenu qui appartient aux propriétaires fonciers et aux ouvriers : ils obtiendront plus que le produit additionnel, et par leur position ils pourront même empiéter sur les profits antérieurs du capitaliste. C'est ce que nous allons voir.

Supposons que le b!é soit a 4 1. le quarter, et que par conséquent, ainsi que nous l'avons déjà calculé, sur les 720 1. qui restent au fermier, la rente payée, il en garde 480 1. pour lui, en payant 240 1. à ses ouvriers. Si le blé monte à 6 1. le quarter, il sera obligé de donner 300 1. aux ouvriers, et il n'aura pour profit que 450 1. Supposons maintenant que le capital employé soit assez fort pour rapporter cent mille fois 720 1. ou 72,000,000 l., le total des profits sera alors de 48,000,000 1. quand le blé sera à 4 1 . ; et si par l'emploi d'un plus grand capital on obtenait cent cinq mille fois 720 1. le blé étant à 6 1. soit 75,000,000 l., les profits baisseraient alors de 48,000,000 1. à 44,100,000 1., ou à cent cinq mille fois 420 1. ; tandis que le montant des salaires s'élèverait de 24,000,000 1. à 31,500,000 1. Les salaires doivent monter, parce qu'il faudra plus d'ouvriers en proportion du capital. Chaque ouvrier recevra plus d'argent ; mais sa condition, comme nous l'avons déjà montré, sera moins heureuse, en ce qu'il ne pourra plus se procurer qu'une moindre quantité des produits nationaux. Les propriétaires gagneront à cet état de choses ; ils recevront de plus fortes rentes, d'abord parce que les produits auront plus de valeur, et ensuite parce qu'ils recevront une plus grande quantité de ces produits. Quoique une plus grande valeur soit produite, une plus grande partie de ce qui en reste après le paiement de la rente, est consommée par les producteurs ; et c'est cette portion seule qui règle les profits. Pendant que la terre produit abondamment, les salaires peuvent hausser pour un temps, les producteurs ayant les moyens de consommer plus qu'ils ne faisaient habituellement ; mais l'encouragement que cela doit donner à la population, forcera bientôt les ouvriers à s'en tenir à leur ancienne consommation. Toutefois, lorsqu'on commence à défricher des terrains peu fertiles, ou lorsque plus de capital et de travail sont consacrés aux vieux terrains avec un moindre retour de produits, cet effet est alors permanent. Une plus grande part de la portion du produit qui reste, après le paiement de la rente, pour être partagée entre les propriétaires du capital et les ouvriers, revient alors à ces derniers. Chacun d'eux en a vraisemblablement une moindre quantité absolue ; mais comme il y a plus d'ouvriers employés en proportion du produit total gardé par le fermier, les salaires absorbent une part plus grande sur la valeur du produit total, et par conséquent il en reste moins pour les profits. Les lois de la nature rendraient ces phénomènes permanents en mettant des bornes à la force productive du sol.

Nous voilà donc arrivés aux conclusions mêmes que nous avons déjà cherché à établir : - que dans tous les pays et dans tous les temps, les profits dépendent de la quantité de travail nécessaire pour fournir les denrées de première nécessité aux ouvriers sur des terres et avec des capitaux qui ne donnent pas de rente. Les effets de l'accumulation doivent donc être différents selon les pays, et, surtout, selon la fertilité du sol. Quelque étendu que soit un pays dont le sol est peu fertile, et où l'importation des subsistances est prohibée, les moindres accumulations de capital y produiront de grandes réductions dans le taux des profits, et causeront une hausse rapide de la rente. Au contraire, dans un pays peu étendu, mais fertile, il peut y avoir un grand fonds de capital accumulé sans diminution notable dans le taux des profits, ou sans une forte hausse de la rente des terres, surtout si la libre importation des vivres y est permise. Dans le chapitre des Salaires, j'ai essayé de prouver que le prix métallique des denrées ne saurait hausser par la cherté de la main-d'œuvre, que l'on suppose l'or, - mesure constante du numéraire, - produit dans le pays, ou tiré de l'étranger. Mais s'il en était autrement et que le prix des denrées s'élevât constamment par la hausse des salaires, il serait encore exact de dire que la cherté des salaires atteint constamment les personnes qui emploient des ouvriers, et les prive d'une portion de leurs profits réels. Que le chapelier, le marchand de bas et le cordonner, soient obligés de payer chacun 10 1. de plus à leurs ouvriers pour la fabrication d'une quantité donnée de produits, et que le prix des chapeaux, de bas et des souliers monte assez pour rembourser les fabricants de ces 10 l., leur condition ne sera pas meilleure qu'avant cette hausse. Si le marchand de bonneterie vend ses bas 110 l. au lieu de

100 l., il aura exactement le même profit en argent ; mais comme il aura en échange de cette même somme un dixième de moins en chapeaux, en souliers, et en autres articles, et comme il pouvait avec le montant de ses épargnes employer auparavant moins d'ouvriers chèrement payés , et acheter moins de matières premières à des prix élevés, sa situation ne sera pas meilleure que si, les prix restant les mêmes, ses profits en argent étaient réellement diminués. J'ai cherché à prouver ainsi, 1° que la hausse des salaires ne peut faire hausser le prix des denrées, mais qu'elle doit constamment diminuer les profits ; 2° que, si le prix des denrées pouvait hausser, l'effet sur les profits serait toujours le même. Le fait est que l'argent seul, mesure des prix et des profits, pourrait baisser.

Chapitre VII.
DU COMMERCE EXTÉRIEUR.

Le commerce extérieur, quelle que soit son importance, ne saurait augmenter tout à coup les valeurs nationales, quoiqu'il contribue puissamment à accroître la masse des choses utiles, et par conséquent celle des jouissances. Comme la valeur de toute marchandise étrangère ne s'estime que par la quantité des produits de notre sol et de notre industrie que nous donnons en échange, lors même qu'en échange d'une quantité donnée de nos marchandises nous obtiendrions, dans les marchés nouvellement ouverts, le double en marchandises étrangères, nous ne recevrions cependant pas une valeur plus considérable. Si, par l'emploi d'une valeur de 1,000 l. st. en marchandises anglaises, un négociant peut obtenir en retour des marchandises étrangères qui rapportent, en Angleterre, 1,200 l., il gagnera 20 pour cent par cet emploi de capital ; mais ni son bénéfice, ni la valeur des marchandises importées n'augmenteront ou ne diminueront par le retour plus ou moins fort en marchandises étrangères. Qu'il importe vingt-cinq ou cinquante pipes de vin, ses intérêts n'en souffriront nullement, si à deux époques différentes les vingt-cinq, comme les cinquante pipes, lui rapportent également 1,200 1. Dans l'un comme dans l'autre cas, il aura un bénéfice de 200 l., ou de 20 pour cent sur son capital, et une valeur égale aura été importée en Angleterre. S'il tire plus de 1,200 1. de ses cinquante pipes, ce marchand fera un profit supérieur au taux général, et un commerce aussi lucratif attirerait bientôt les capitaux, jusqu'à ce que la baisse dans le prix du vin eût tout ramené à l'ancien niveau.

On a néanmoins prétendu que les gros bénéfices que retirent certains négociants du commerce étranger, font hausser le taux général des profits dans le pays, et que les capitaux que l'on détourne d'autres emplois pour les consacrer à cette nouvelle branche lucrative du commerce extérieur, doit faire hausser les prix, et, par suite, les profits. Les écrivains les plus estimés ont émis cette opinion : Si, disent-ils, le capital consacré à la culture du blé, à la fabrication du drap, à celle des chapeaux, des souliers, etc., est diminué, tandis que la demande de ces articles reste la même, le prix de ces objets haussera tellement, que le fermier, le chapelier, le fabricant de draps et le cordonnier auront de plus forts profits, ainsi que le négociant qui fait le commerce étranger[⊠].

Ceux qui soutiennent cette proposition conviennent avec moi que les profits des divers emplois de capital tendent à se rapprocher entre eux, à hausser ou à baisser ensemble. Nous ne différons qu'en ceci : ils prétendent que la hausse générale des profits doit en amener l'égalité ; et moi, je soutiens que les profits de la branche de commerce favorisée doivent retomber promptement au niveau général.

Car, d'abord, je n'admets pas qu'il y ait nécessairement moins de capital employé à la culture du blé, à la fabrication des draps, des chapeaux, des souliers, etc., à moins que la demande de ces articles n'ait diminué ; et si cela était, ils ne baisseraient point le prix. Pour acheter les marchandises étrangères, il faudra employer une quantité égale, plus faible ou plus forte des produits du sol et de l'industrie de l'Angleterre. Si l'on emploie une portion égale, la demande de draps, de souliers, de blé et de chapeaux, sera la même que par le passé, et la même quantité de capital sera consacrée à leur production. Si, par suite du meilleur marché des marchandises étrangères, on consacre à leur achat une moindre portion du produit annuel du sol et de l'industrie de l'Angleterre, il en restera davantage pour d'autres objets. Si la demande de chapeaux, de souliers, de blé, etc., devient plus forte, comme cela peut arriver, les consommateurs des marchandises étrangères ayant une plus grande portion de leur revenu de disponible, le capital destiné auparavant à acheter les articles de l'étranger lorsqu'ils avaient une plus forte valeur, deviendra également disponible. Ainsi donc, tandis que la demande de blé, de souliers, etc., aura augmenté, il y aura en même temps plus de moyens de les payer, et par conséquent il ne peut y avoir de hausse permanente ni dans les prix, ni dans les profits.

Si une plus forte portion du produit du sol et de l'industrie de l'Angleterre est employée à l'achat des marchandises étrangères, on ne pourra pas en dépenser autant à d'autres objets, et par conséquent la demande de chapeaux, de souliers, etc., diminuera ; mais en même temps qu'on aura détourné des capitaux de la fabrication des chapeaux, des souliers, etc., on en aura versé davantage dans les manufactures qui fabriquent les articles avec lesquels on achète les marchandises étrangères. Ainsi donc, la demande des produits étrangers et nationaux réunis est, quant à la valeur, bornée par le revenu et par le capital de la nation. Si l'un augmente, l'autre doit diminuer. Si la quantité des vins qu'on importe en échange de la même quantité de marchandises anglaises est doublée, la nation anglaise pourra, ou consommer deux fois plus de vin, ou la même quantité de vin jointe à plus de marchandises nationales. Si, ayant 1,000 1. de revenu, j'achète tous les ans une pipe de vin au prix de 100 l., et que j'emploie 900 1. à l'achat d'une certaine quantité d'articles du pays, lorsque la pipe de vin ne coûtera que 50 l., je pourrai employer les 50 1. épargnées à acheter plus de produits anglais. Si j'achetais plus de vin, et que tout consommateur en fit autant, le commerce extérieur n'éprouverait aucun changement ; on exporterait la même quantité de produits anglais pour les échanger contre du vin, dont nous recevrions une double quantité, sans cependant en recevoir une valeur double. Mais si les autres consommateurs de vin et moi-même nous nous contentions de la même quantité de vin que par le passé, les exportations de l'Angleterre diminueraient, les buveurs de vin ayant à leur choix de consommer les produits que l'on exportait auparavant, ou ceux qui leur conviendraient davantage. Le capital nécessaire à leur production serait fourni par celui qu'on détournerait du commerce étranger.

Le capital s'accroît de deux manières : par l'augmentation du revenu, ou par l'affaiblissement de la consommation. Si mes profits s'élèvent de 1,000 1, à 1,200, pendant que ma dépense reste la même, j'amasse 200 1. par an de plus que je ne le faisais auparavant ; si j'épargne 200 1. sur ma dépense pendant que mes profits sont les mêmes, j'obtiens le même résultat, et j'ajoute 200 1. par an à mon capital. Le négociant qui importait du vin alors que les profits s'étaient élevés de 20 à 40 pour cent, au lieu de payer ses marchandises anglaises 1,000 l., n'en donnera que 857 1. 2 s. 10 d., et vendra cependant toujours le vin importé 1,200 1. ; ou bien, s'il payait les marchandises anglaises 1,000 l., il faudrait qu'il vendit son vin 1,400 1. : son capital lui rapporterait alors 40 au lieu de 20 pour cent. Mais si, en raison du bas prix de tous les articles auxquels lui, ainsi que les autres consommateurs, employaient tout leur revenu, ils peuvent épargner 200 1. sur chaque 1,000 1. de leur dépense antérieure, ils augmenteront la richesse réelle du pays. Dans l'un des deux cas, l'épargne viendrait de l'augmentation du revenu ; dans l'autre, de la diminution de la dépense.

Si l'introduction des machines opérait une baisse de 30 pour cent dans la valeur de toutes les marchandises auxquelles mon revenu est employé, j'épargnerais autant que si mon revenu s'était accru de 20 pour cent ; mais, dans l'un de ces cas, le taux des profits serait resté stationnaire ; et, dans l'autre, il aurait haussé de 20 pour cent.

Si, par l'introduction de marchandises étrangères a bas prix, je puis épargner 20 pour cent sur ma dépense, le résultat sera précisément le même que si les frais de production eussent été diminués au moyen des machines; mais le taux des profits ne haussera pas.

Ce n'est donc point en raison de l'étendue du débouché que le taux des profits augmente, quoique cette extension augmente la masse de nos produits, et nous donne le moyen d'augmenter les fonds destinés à payer le travail industriel, et à multiplier les matières premières susceptibles d'être travaillées. Il importe tout autant au bonheur des hommes d'augmenter leurs jouissances par une meilleure distribution de travail, que de parvenir au même but par un accroissement dans le taux des profits, et cette distribution est toujours meilleure lorsque chaque pays produit les choses qui s'accordent le mieux avec son climat, sa situation et ses autres avantages naturels ou artificiels, et lorsqu'il les échange pour les marchandises des autres pays.

Dans tout le cours de cet ouvrage, j'ai cherché à prouver que le taux des profits ne peut jamais hausser qu'en raison d'une baisse des salaires ⊠, et que cette baisse ne peut être permanente qu'autant qu'il y aura une diminution dans le prix des denrées que l'ouvrier achète avec ses gages. Si, par l'accroissement du commerce étranger, ou par des perfectionnements dans les machines, on peut fournir aux travailleurs la nourriture et les autres objets de première nécessité il plus bas prix, les profits hausseront. Si, au lieu de récolter du blé chez nous, et de fabriquer nous-mêmes l'habillement et les objets nécessaires pour la consommation de l'ouvrier, nous découvrons un nouveau marché où nous puissions nous procurer ces objets à meilleur compte, les salaires devront baisser et les profits s'accroître. Mais, si ces choses que l'on obtient à meilleur compte, soit par l'extension du commerce étranger, soit par le perfectionnement des machines, ne servent qu'à la consommation des riches, le taux des profits n'éprouvera pas de changement. Le taux des salaires ne saurait changer, quoique le vin, les velours, les soieries ; et autres objets de luxe, éprouvent une baisse de 50 pour cent ; et par conséquent les profits resteront les mêmes [1].

---

1 Cette assertion, pour être catégorique, n'en est pas moins parfaitement insoutenable. - Si les prix baissent, c'est que les sommes destinées à acheter ces velours, ces soieries, ces superfluités dont parle Ricardo, ont diminué ou pris une autre direction. Supposez une année de disette où les populations, inquiètes sur leur existence, voient leurs épargnes se dissiper en achats de blé ; une année où les appels de la faim étouffent tous

C'est pourquoi le commerce étranger, très-avantageux pour un pays, puisqu'il augmente le nombre et la variété des objets auxquels on peut employer son revenu, et qu'en répandant avec abondance les denrées à bon marché, il encourage les économies et favorise l'accumulation des capitaux, ce commerce, dis-je, ne tend nullement a accroître les profits du capital, à moins que les articles importés ne soient de la nature de ceux que l'ouvrier consomme.

Ce que je viens de dire du commerce extérieur s'applique également au commerce intérieur. Le taux des profits n'augmente jamais par une meilleure distribution du travail, ni par l'invention des machines, l'établissement des routes et des canaux, ou par tout autre moyen d'abréger le travail, soit dans la fabrication, soit dans le transport des marchandises. Toutes ces causes influent sur les prix, et sont toujours très-avantageuses au consommateur, à qui elles permettent de se procurer avec le même travail, ou avec le même produit, une plus grande quantité de la denrée dont la production a été facilitée par ses perfectionnement ; mais elles n'exercent aucune influence sur les profits. D'un autre côté, toute diminution dans les salaires des ouvriers accroît les profits, mais ne produit aucun effet sur le prix des choses. L'un est avantageux pour tous les membres de la société, car tous sont des consommateurs ; l'autre n'est utile qu'aux producteurs, qui seuls gagnent davantage, tandis que rien ne change de prix. Dans le premier cas, ils reçoivent autant que par le passé ; mais tout ce qu'ils consom-

---

les autres désirs, toutes les autres jouissances : supposez encore un revirement dans le goût des consommateurs, un de ces caprices soudains et inexplicables qui font préférer telle étoffe à telle autre, telle école de coiffure ou de parure à telle autre école, et dans les deux cas vous aboutissez à faire payer par l'industrie les frais de ces anomalies des saisons ou des esprits : - dans les deux cas, c'est le travail qui comble le déficit créé par la famine, les crises financières ou les mobiles décrets de la mode. Or, dès que l'on voit diminuer la somme de travail à répartir entre les ouvriers, dès que s'affaiblit la demande de bras, on peut en conclure hardiment que la valeur du travail, en d'autres termes, les salaires doivent bientôt fléchir. En effet, ce qui constitue la dotation de I'industrie, ce sont les capitaux ; si ces capitaux diminuent par la baisse des prix, il y a atteinte grave portée au budget des travailleurs, et, dès lors, la part de chacun doit s'affaiblir. Les profits de l'entrepreneur s'amoindrissent, et avec eux l'épargne au moyen de laquelle se créent les fortunes, et avec I'épargne, enfin, ces fortunes mêmes qui sont la source d'où naissent les salaires. Dire que les profits peuvent diminuer sans qu'une diminution analogue atteigne ta rémunération de l'ouvrier, c'est donc dire que les sources d'un fleuve peuvent se tarir sans que le niveau du fleuve s'abaisse immédiatement ; c'est commettre une erreur que le souvenir des désastres de Manchester, de Spitalfields, de Coventry et de l'Amérique eût dû épargner à Ricardo. A. F.

ment a diminué de valeur échangeable.

Cependant le même principe qui règle la valeur relative des choses dans un pays, ne règle pas celle des articles échangés entre deux ou plusieurs pays.

Dans un système d'entière liberté de commerce, chaque pays consacre son capital et son industrie à tel emploi qui lui paraît le plus utile. Les vues de l'intérêt individuel s'accordent parfaitement avec le bien universel de toute la société. C'est ainsi qu'en encourageant l'industrie, en récompensant le talent, et en tirant tout le parti possible des bienfaits de la nature, on parvient à une meilleure distribution et à plus d'économie dans le travail. En même temps l'accroissement de la masse générale des produits répand partout le bien-être ; l'échange lie entre elles toutes les nations du monde civilisé par les nœuds communs de l'intérêt, par des relations amicales, et en fait une seule et grande société. C'est ce principe qui veut qu'on fasse du vin en France et en Portugal, qu'on cultive du blé en Pologne et aux États-Unis, et qu'on fasse de la quincaillerie et d'autres articles en Angleterre.

Dans un même pays, les profits sont en général toujours au même niveau, ou ne diffèrent qu'en raison de ce que le capital peut être consacré à un emploi plus ou moins sûr et agréable. Il n'en est pas de même d'un pays à l'autre. Si les profits des capitaux employés dans le Yorkshire surpassaient ceux des capitaux employés à Londres, les fonds passeraient bien vite de Londres dans le Yorkshire, et les profits se nivelleraient. Mais si le sol de l'Angleterre devenait moins productif, ou si l'accroissement des capitaux et de la population venait à faire monter les salaires et à faire baisser les profits, il ne s'ensuivrait pas pour cela que le capital et la population dussent nécessairement abandonner l'Angleterre, et se porter en Hollande, en Espagne ou en Russie, où les profits pourraient être plus élevés.

Si le Portugal n'avait aucune relation commerciale avec d'autres pays, au lieu d'employer son capital et son industrie à faire du vin, avec lequel il achète aux autres nations le drap et la quincaillerie nécessaires pour son propre usage, ce pays se trouverait forcé de consacrer une partie de ce capital à la fabrication de ces articles, qu'il n'obtiendrait plus probablement qu'en qualité inférieure et en quantité moindre.

La masse de vin que le Portugal doit donner en échange pour le drap anglais n'est pas déterminée par la quantité respective de travail que la production de chacun de ces deux articles a coûté ; - ce qui arriverait s'ils étaient tous deux fabriqués en Angleterre ou en Portugal.

L'Angleterre peut se trouver dans des circonstances telles qu'il lui faille, pour fabriquer le drap, le travail de cent hommes par an, tandis que, si elle voulait faire du vin, il lui faudrait peut-être le travail de cent vingt hommes par an : il serait donc de l'intérêt de l'Angleterre d'importer du vin, et d'exporter en échange du drap.

En Portugal, la fabrication du vin pourrait ne demander que le travail de quatre-vingts hommes pendant une année, tandis que la fabrication du drap exigerait le travail de quatre-vingt-dix hommes. Le Portugal gagnerait donc à exporter du vin en échange pour du drap. Cet échange pourrait même avoir lieu dans le cas où on fabriquerait en Portugal l'article importé à moins de frais qu'en Angleterre. Quoique le Portugal pût faire son drap en n'employant que quatre-vingt-dix hommes, il préférerait le tirer d'un autre pays où il faudrait cent ouvriers pour le fabriquer, parce qu'il trouverait plus de profit à employer son capital à la production du vin, en échange duquel il obtiendrait de l'Angleterre une quantité de drap plus forte que celle qu'il pourrait produire en détournant une portion de son capital employé à la culture des vignes, et en l'employant à la fabrication des draps.

Dans ce cas, l'Angleterre donnerait le produit du travail de cent hommes en échange du produit du travail de quatre-vingts. Un pareil échange ne saurait avoir lieu entre les individus du même pays. On ne peut échanger le travail de cent Anglais pour celui de quatre-vingts autres Anglais ; mais le produit du travail de cent Anglais peut être échangé contre le produit du travail de quatre-vingts Portugais, de soixante Russes ou de cent vingt Asiatiques. Il est aisé d'expliquer la cause de la différence qui existe à cet égard entre un pays et plusieurs : cela tient à l'activité avec laquelle un capital passe constamment, dans le même pays, d'une province à l'autre pour trouver un emploi plus profitable, et aux obstacles qui en pareil cas s'opposent au déplacement des capitaux d'un pays à l'autre [1].

---

1 Un pays qui, par sa supériorité dans les machines et l'habileté de ses ouvriers, fabrique avec une plus grande économie de main-d'œuvre que ses voisins, peut, avec les produits de son industrie, faire venir du dehors le blé nécessaire à sa consommation, lors même que son sol serait plus fertile, et que le blé y viendrait avec moins de travail que dans le pays d'où il tirerait son approvisionnement. Supposons deux ouvriers sachant l'un et l'autre faire des souliers et des chapeaux : l'un d'eux peut exceller dans les deux métiers

; mais en faisant des chapeaux il ne l'emporte sur son rival que d'un cinquième, ou de 20 pour cent, tandis qu'en travaillant à des souliers, il a sur lui un avantage d'un tiers, ou de 33 pour cent. Ne serait-il pas de l'intérêt de tous les deux que l'ouvrier le plus habile se livrât exclusivement à l'état de cordonnier, et le moins adroit à celui de chapelier ? (*Note de l'Auteur.*)

Les explications données ici, soit dans le texte, soit dans la note qui précède , tendent de plus en plus à faire sentir la folie du système exclusif qui prohibe les produits étrangers pour favoriser les produits indigènes. Tout ce qu'une nation peut consommer se produit chez elle ; elle ne peut consommer aucune valeur qui n'ait été produite chez elle *. ; car avec quoi peut elle acheter un produit de la Chine, si ce n'est avec un produit qu'elle a créé, ou, ce qui revient au même, avec le prix de vente d'un produit qu'elle a créé ? De même que les Anglais fabriquent leur vin en draps, on peut dire que les Français, en faisant des étoffes de soie, fabriquent du sucre. Et si, par le moyen du commerce, le sucre qui leur vient des îles leur coûte moins que celui qu'ils pourraient tirer de leur sol, il leur convient, il convient à l'État, comme aux particuliers, qu'on le fasse venir du dehors. Ces principes, déjà exposés dans la *Richesse des Nations* de Smith, et dans mon *Traité d'Économie politique*, ne sauraient être trop reproduits sous différentes formes.

Les douanes ne sont donc jamais bonnes pour favoriser l'industrie d'un pays ; mais on peut en prendre la défense comme d'une machine fiscale ; et jusqu'au moment où les hommes auront appris les moyens de se faire gouverner à bon marché, ils doivent supporter de forts droits d'entrée aussi bien qu'un fort impôt sur les terres.**
- J. -B. SAY.

* Sauf les valeurs qu'on lui apporte du dehors sans exiger de retour, comme lorsqu'un homme fait venie dans son pays des revenus acquis au dehors.

** L'illustre économiste ne s'est pas souvenu, en écrivant ces dernières lignes, de ses belles observations sur l'influence délétère des droits élevés. Il est a peu près admis en économie politique, aujourd'hui, que des tarifs qui repoussent les consommateurs, des droits d'entrée qui empêchent ..... l'entrée ne sont pas précisément le moyen le plus efficace de grossir les recettes du trésor : et s'il était même besoin de faits pour prouver l'éclatante vérité de ce principe, nous les pourrions puiser à pleines mains dans l'histoire de la consommation de l'Angleterre depuis trente ou quarante années, et surtout, depuis l'audacieuse tentative de B. Peel, en 1843. Nous y verrions que les importations ont constamment marché eu sens inverse des tarifs : les unes grandissant a mesure que les autres fléchissaient. Le thé, le café, le sucre, présentent des résultats miraculeux et qui ont peut-être encore été dépasses par l'histoire de la réforme postale. Ainsi, le nombre des lettres en circulation qui, sous l'ancienne législation, s'élevait à 75,000,000 en 1835, a atteint pour l'année 1846 le chiffre énorme dé 300,000,000 : dans le district de Londres, l'accroissement a été du double en 5 ans, et ainsi de suite pour les autres villes. Nous avons même presque honte d'insister sur de pareils truismes et surtout d'avoir a les rappeler a un esprit aussi éminent que celui de J.-B. Say. Il est mort sans voir ces magnifiques et courageuses réformes, mais il avait en main assez de faits et de logique pour les prévoir facilement. Il suffit même d'une dose d'intelligence très-médiocre pour comprendre que la masse des consommateurs - celle qui verse dans les trésors royaux ou autres les pluies d'or des budgets - est entachée du péché originel de pauvreté et que c'est la modicité seule des droits qui lui ouvre l'accès des marchandises de toute nature. Il ne peut entrer que dans la cervelle d'un maitôtier ou d'un Algonquin

Dans la supposition que nous venons de faire, les capitalistes de l'Angleterre et les consommateurs des deux pays gagneraient sans doute à ce que le vin et le drap fussent l'un et l'autre faits en Portugal, le capital et l'industrie anglaise passant par conséquent, à cet effet, de l'Angleterre en Portugal.

Dans le cas supposé, la valeur relative de ces deux objets se réglerait d'après le même principe que si l'une était une production de l'Yorkshire et l'autre de Londres ; et dans tout autre cas, si les capitaux affluent librement vers les pays où ils trouvent un emploi plus profitable, il ne pourra exister dans le taux des profits, et dans le prix réel des choses, de différence autre que celle qui proviendrait du surcroît de travail nécessaire pour les porter aux différents marchés.

Nous savons cependant, par expérience, que bien des causes s'opposent à la sortie des capitaux. Telles sont : la crainte bien ou mal fondée de voir s'anéantir au dehors un capital dont le propriétaire n'est pas le maître absolu, et la répugnance naturelle qu'éprouve tout homme à quitter sa patrie et ses amis pour aller se confier à un gouvernement étranger, et assujettir des habitudes anciennes à des mœurs et à des lois nouvelles. Ces sentiments, que je serais fâché de voir affaiblis, décident la plupart des capitalistes à se contenter d'un taux de profits moins élevé dans leur propre pays, plutôt que d'aller chercher dans des pays étrangers un emploi plus lucratif pour leurs fonds.

L'or et l'argent ayant été choisis comme agents de la circulation, la concurrence du commerce les distribue parmi les différentes nations du monde, dans des proportions qui s'accommodent au trafic naturel qui aurait eu lieu si de tels métaux n'existaient pas, et si le commerce de pays à pays se bornait à l'échange de leurs produits respectifs.

C'est pourquoi l'on ne saurait envoyer en Portugal du drap, qu'autant que ce drap y rapporterait plus d'or qu'il n'en a coûté dans le pays qui l'expédie ; et, par la même raison, il faut, pour qu'on puisse importer du vin en Angleterre, que ce vin s'y vende plus cher qu'il n'a coûté en Portugal. Si ce commerce n'était qu'un pur commerce d'échange, il cesserait du jour où l'Angleterre ne pourrait plus fabriquer du drap à assez bon compte, pour obtenir, moyennant une quantité donnée de

---

de couper l'arbre pour avoir les fruits, de tarir les sources pour avoir plus d'eau, de rendre la consommation impossible pour grossir le nombre des consommateurs, de ruiner les contribuables pour augmenter les contributions. Eux seuls peuvent avoir à ce point des yeux pour ne rien voir et des mains pour tout prendre. A. F.

travail consacré à la fabrication du drap, plus de vin qu'elle n'en pourrait obtenir en cultivant la vigne. Il cesserait encore du jour où l'industrie des Portugais ne donnerait plus des résultats inverses.

Supposons maintenant que l'on découvre en Angleterre, pour faire du vin, un procédé tellement avantageux qu'il fût plus profitable à ce pays de le faire avec son propre raisin que de l'importer ; dans ce cas, une partie du capital de l'Angleterre serait détournée du commerce étranger pour être appliquée au commerce intérieur. L'Angleterre cesserait de fabriquer du drap pour l'exportation, et elle ferait du vin pour sa consommation. Le prix en argent de ces articles serait réglé en conséquence. Le vin baisserait en Angleterre, pendant que le drap se maintiendrait à l'ancien prix ; tandis qu'en Portugal il n'y aurait aucun changement dans le prix de l'un ni de l'autre. On continuerait pendant quelque temps à exporter du drap de l'Angleterre en Portugal, où son prix se maintiendrait toujours plus élevé qu'en Angleterre ; les Portugais ne paieraient plus alors en vin, mais en argent, jusqu'à ce que l'abondance de l'argent en Angleterre et sa rareté à l'étranger eussent influé tellement sur la valeur du drap dans les deux pays, que son exportation de l'Angleterre cessât d'être profitable. Si le nouveau procédé pour faire du vin offrait de très-grands avantages, il pourrait convenir aux deux pays de changer d'industrie : à l'Angleterre de faire tout le vin, et au Portugal de fabriquer tout le drap pour la consommation des deux pays. Mais cela ne pourrait avoir lieu sans que, par l'effet d'une nouvelle distribution des métaux précieux, le prix du drap haussât en Angleterre, tandis qu'il baisserait en Portugal. Le prix relatif du vin baisserait en Angleterre, par suite des avantages réels du nouveau procédé pour faire le vin ; c'est-à-dire, que son prix naturel baisserait, et que le prix relatif du drap hausserait dans ce pays par l'effet de l'abondance de l'argent.

Supposons encore qu'avant la découverte du nouveau procédé pour faire du vin en Angleterre, le vin s'y vendît 50 1. la pipe, et que le prix d'une quantité déterminée de drap y fût de 45 1. ; tandis qu'en Portugal la même quantité de vin se vendait 45 l., et la même quantité de drap, 50 1. : le Portugal, dans cette hypothèse, exporterait du vin avec un profit de 5 l., et l'Angleterre, en exportant du drap, aurait un profit pareil.

Maintenant, supposons qu'après l'introduction du nouveau procédé le vin tombe, en Angleterre, à 45 l., le drap conservant l'ancien prix. Comme toutes les transactions commerciales n'ont d'autre but que l'intérêt, tant que le négociant pourra acheter en Angleterre du drap à 45 l. pour le revendre avec les bénéfices ordinaires en Portugal, il continuera à l'exporter du premier pays dans le second. Pour cela, il n'a simplement qu'à acheter du drap en Angleterre, qu'il paie avec une lettre de change sur le Portugal, et qu'il achète avec de l'argent portugais. Ce que son argent devient lui importe peu ; car, en faisant sa remise, il a acquitté sa dette. Son marché est sans doute réglé par les conditions auxquelles il peut se procurer cette lettre de change ; mais il les connaît bien lorsqu'il fait ses arrangements, et il s'occupe fort peu des causes qui peuvent influer sur le prix courant des lettres de change ou sur le cours du change.

Si les prix, dans les deux marchés, sont favorables à l'exportation des vins du Portugal en Angleterre, le négociant exportateur sera vendeur d'une lettre de change qui sera achetée, soit par le négociant qui importe du drap d'Angleterre, soit par la personne qui lui a vendu sa lettre de change. C'est ainsi que les négociants des deux pays, qui exportent des marchandises, en touchent le prix sans qu'il soit besoin de faire passer de l'argent d'un pays à l'autre ; et l'argent que donne, en Portugal, le négociant qui importe le drap, est touché par le négociant portugais qui exporte le vin, quoiqu'il n'y ait entre eux aucune relation directe d'intérêts. En Angleterre, de même, par la négociation d'une pareille lettre de change, le négociant qui exporte le drap est autorisé à en recevoir la valeur du négociant qui importe le vin.

Si, cependant, le prix du vin était tel qu'il ne convînt pas d'en exporter pour l'Angleterre, l'acheteur du drap, en Portugal, serait toujours forcé de se procurer une lettre de change ; mais il la paierait plus cher, parce que la personne qui la lui vendrait ne saurait ignorer qu'il n'y a point dans le marché de contre-lettre moyennant laquelle on puisse définitivement balancer les transactions entre les deux pays. Il pourrait aussi avoir la certitude qu'il lui faudra faire l'envoi de l'or ou de l'argent qu'il aurait reçu pour sa lettre de change, à son correspondant d'Angleterre, afin de lui donner les moyens d'acquitter la somme qu'il aura autorisé une autre personne à réclamer de lui ; et il en résultera qu'il ajoutera au prix de sa lettre de change les frais qu'il doit encourir, indépendamment de son bénéfice ordinaire et équitable.

Si l'agio qu'on paie en Portugal, pour une traite sur l'Angleterre, est égal au profit fait sur le drap importé, toute importation de drap cessera

; mais si l'agio sur la lettre de change n'est que de 2 pour cent, et si, pour solder une lettre de 100 liv. en Angleterre, il faut donner en Portugal 102 liv., pendant que le drap qui se vendait 45 liv. en vaut 50, on continuera à importer ; on achètera pour le payer des traites sur l'Angleterre, et on exportera du numéraire jusqu'à ce que sa diminution en Portugal, et son accumulation en Angleterre, aient amené les prix à un chiffre tel qu'il ne soit plus avantageux de se livrer à ce commerce.

Mais la diminution du numéraire dans un pays, et son augmentation dans un autre, n'affectent pas seulement le prix d'une espèce de marchandises : elles modifient le prix de toutes, et par conséquent le vin, ainsi que le drap, hausseront de prix en Angleterre, tandis qu'ils baisseront tous les deux en Portugal. Le drap qui était à 45 liv. en Angleterre, et à 50 liv. en Portugal , baissera dans ce dernier pays à 49 liv. ou à 48 liv., et haussera, en Angleterre, à 46 liv. ou à 47 liv. ; et son importation en Portugal ne présentera plus un bénéfice assez fort, l'agio de la lettre de change payé, pour décider aucun négociant à faire venir du drap d'Angleterre.

C'est ainsi que chaque pays ne possède que la quantité de numéraire nécessaire pour régler les opérations d'un commerce avantageux d'échange. L'Angleterre exportait du drap en échange pour du vin ; et cette opération rendait son industrie plus productive. Elle avait plus de drap et plus de vin que si elle eût fabriqué l'un et l'autre uniquement pour sa consommation. Quant au Portugal, il importait du drap et exportait du vin, parce que l'industrie portugaise trouvait dans la production du vin un emploi plus avantageux pour les deux pays. Si la production du drap en Angleterre, ou celle du vin en Portugal, venait à éprouver plus de difficulté ; ou s'il devenait plus aisé à l'Angleterre de faire du vin , ou au Portugal de fabriquer du drap, ce commerce cesserait à l'instant même.

Les choses peuvent aussi continuer sur le même pied en Portugal, tandis que l'Angleterre peut trouver plus de profit à consacrer son industrie à la fabrication des vins ; et le commerce d'échange entre les deux pays cessera aussitôt. Et non-seulement l'exportation des vins cessera en Portugal, mais il y aura dans ce pays une nouvelle distribution des métaux précieux, qui arrêtera les importations de drap.

Les deux pays pourraient peut-être trouver de l'avantage à faire le vin, ainsi que le drap, pour leur propre consommation ; mais on aboutirait à ce singulier résultat, qu'en Angleterre, quoique le vin fût à meilleur marché, le drap aurait renchéri, et le consommateur le paierait plus cher ; tandis qu'en Portugal les consommateurs de drap et ceux de vin pourraient acheter les draps et le vin à meilleur marché.

Cet avantage n'est cependant qu'apparent pour le Portugal ; car la quantité totale de vin et de drap fabriqués dans le pays aura diminué, tandis que les produits similaires auront augmenté en Angleterre. Le numéraire aura sensiblement changé de valeur dans les deux pays : il aura baissé en Angleterre, et haussé en Portugal. Le revenu total du Portugal, si on l'estime en argent, aura diminué ; tandis que, d'après le même criterium, le revenu total de l'Angleterre se trouvera augmenté.

Il paraît donc que l'amélioration des manufactures d'un pays tend à changer la distribution des métaux précieux parmi les divers peuples du monde : elle tend à accroître la quantité des denrées, en même temps qu'elle fait en général hausser les prix dans le pays qui profite de cette amélioration.

Pour simplifier la question, j'ai supposé jusqu'ici que le commerce entre deux pays se bornait à deux articles, quoique personne n'ignore combien sont nombreux et variés les objets qui composent la liste des exportations et des importations. Le numéraire, en sortant d'un pays pour aller s'accumuler dans un autre, amène un changement dans le prix de toutes les denrées : cela favorise l'exportation de beaucoup d'articles autres que le numéraire, et rend bien moins sensible l'effet qui eût été produit autrement sur la valeur de l'argent dans les deux pays.

Outre les perfectionnements dans les arts et dans les machines, plusieurs autres causes diverses exercent une influence constante sur le cours naturel du commerce, et dérangent l'équilibre et la valeur relative du numéraire. Les primes d'exportation ou d'importation, de nouveaux droits sur les denrées, troublent le commerce naturel des échanges, parfois directement, parfois indirectement, et rendent nécessaire l'importation ou l'exportation de l'argent, afin de faire accorder les prix avec la marche naturelle du commerce. Et cet effet a lieu, non-seulement dans le pays qui est sous l'influence d'une de ces causes perturbatrices, mais encore d'une manière plus ou moins forte dans toute l'étendue du monde commercial.

Cela explique jusqu'à un certain point la différence dans la valeur de l'argent dans chaque pays, et nous fait voir pourquoi, dans les pays où les manufactures florissent, les denrées nationales, surtout les plus volumineuses, sont, indépendamment d'autres causes, plus chères. Supposons deux pays ayant chacun précisément une population et une étendue semblables, des terres également fertiles en culture, et possédant une égale connaissance de l'agriculture, les produits agricoles seront plus chers dans le pays qui emploiera de meilleures machines et qui déploiera plus d'habileté dans la fabrication des marchandises destinées à l'exportation. Le taux des profits pourra, dans les deux pays, être à peu près égal ; car les salaires ou la récompense réelle du travail peuvent être les mêmes ; mais ces salaires, ainsi que les produits agricoles, seront estimés plus cher en argent dans celui des deux pays qui, en raison de la supériorité de ses machines, et de la plus grande habileté de ses ouvriers, recevra plus de numéraire en échange de ses marchandises.

Si chacun de ces pays excellait dans un genre particulier de manufacture, les métaux précieux ne pourraient affluer vers l'un plutôt que vers l'autre ; - ce qui arriverait infailliblement aussitôt que l'un des deux aurait sur l'autre une supériorité décidée d'industrie.

Au commencement de cet ouvrage nous avons raisonné dans la supposition que l'argent conservait toujours une valeur invariable, et maintenant nous cherchons, au contraire, à prouver qu'outre les variations ordinaires auxquelles l'argent est sujet dans sa valeur, et outre celles qui sont communes à toutes les industries, il est d'autres variations particulières que l'argent éprouve dans chaque pays. Dans le fait, l'argent n'a jamais une même valeur dans deux pays différents, car cette valeur tient aux impôts, à l'industrie, aux manufactures, aux avantages du climat, aux productions naturelles, et à beaucoup d'autres causes qui n'existent jamais au même degré dans deux pays.

Mais quoique l'argent soit continuellement soumis à de telles variations, et qu'il en résulte une grande différence dans le prix des denrées qui sont communes à presque tous les pays, cependant ni l'abondance ni la rareté du numéraire n'agissent sur le taux des profits. L'abondance de l'agent de la circulation n'augmentera pas le capital national. Si la rente que le fermier paie à son propriétaire, et les salaires qu'il donne à ses ouvriers, sont, dans un pays, plus élevés de 20 pour cent que dans l'autre, et si en même temps le capital du fermier a une valeur nominale de 20 pour cent plus grande, il aura précisément le même taux de profits, quoiqu'il vende les produits bruts de sa terre 20 pour cent plus cher.

Les profits, on ne saurait trop le répéter, dépendent des salaires, non des salaires en valeur nominale, mais des salaires réels. Ce n'est pas le nombre de livres sterling que l'on paie annuellement à l'ouvrier, mais le travail du nombre de jours nécessaires pour acquérir cet argent, qu'il faut considérer. Les salaires peuvent donc être sur le même pied dans deux pays et être dans les mêmes rapports avec la rente et avec le produit total des fonds de terre, quoique le travailleur reçoive dans l'un de ces pays 10 schellings, et dans l'autre 12 schellings par semaine. Dans l'enfance des sociétés, quand l'industrie et les manufactures sont encore peu avancées, les produits de tous les pays sont à peu près semblables, et se composent de denrées volumineuses et d'utilité première. La valeur de l'argent dans chacun de ces pays tiendra principalement à la distance à laquelle il pourra se trouver des mines d'où l'on tire les métaux précieux ; mais à mesure que les arts font des progrès, que les améliorations s'introduisent dans la société, et que certaines nations excellent dans des branches particulières d'industrie, quoique la proximité ou l'éloignement des mines influe sur la valeur des métaux précieux, c'est néanmoins la supériorité industrielle qui règle principalement cette valeur.

Supposons que tous les pays produisent du blé, des bestiaux et du drap grossier, et que ce soit par l'exportation de ces objets qu'ils obtiennent, en retour, de l'or des pays qui le produisent, ou des pays qui en sont les maîtres. Dans ce cas, l'or vaudra plus en Pologne qu'en Angleterre, en raison des frais plus considérables que la Pologne aura à supporter pour transporter un article aussi volumineux que le blé dans un voyage plus long, et en raison aussi des frais plus considérables qu'il faudra supporter pour porter de l'or en Pologne.

Cette différence dans la valeur de l'or, ou, ce qui revient au même, cette différence des prix du blé dans les deux pays, subsisterait alors même qu'il serait beaucoup plus aisé de cultiver le blé en Angleterre qu'en Pologne, soit en raison de la plus grande fertilité du sol, soit par l'intelligence plus grande de l'ouvrier, ou la supériorité de ses instruments.

Si cependant la Pologne était la première à perfectionner ses manufactures ; si elle parvenait à fabriquer un article d'un usage général et qui eût une grande valeur sous peu de volume, ou si la nature lui avait accordé la possession exclusive, de quelque production naturelle d'une utilité générale, et qu'aucun autre pays ne possédât la Pologne obtiendrait en échange, pour cette marchandise, une quantité plus forte en or, et cette quantité additionnelle affecterait le prix de son blé, de ses bestiaux et de ses draps grossiers. Le désavantage des distances serait plus que compensé par l'avantage de posséder un produit exportable d'une si grande valeur ; et l'or aurait constamment moins de valeur en Pologne qu'en Angleterre. Si , au contraire, l'avantage de l'habileté et des machines appartenait à l'Angleterre, ce serait encore une raison de plus pour que l'or y eût moins de valeur qu'en Pologne, et pour que le blé, les bestiaux et le drap fussent plus chers en Angleterre.

Voilà, je crois, les deux seules causes qui déterminent la valeur comparative de l'argent dans les différents pays du monde ; car, quoique les impôts dérangent l'équilibre du numéraire, ils ne produisent cet effet qu'en privant le pays qui les supporte d'une partie des avantages attachés à l'habileté, à la dextérité et au climat.

J'ai cherché avec soin à ne pas confondre la valeur dépréciée de l'or avec la valeur élevée du blé, ou de toute autre marchandise avec laquelle on peut comparer le numéraire. On a généralement considéré ces deux expressions comme équivalentes ; mais il est clair que quand le blé monte de 5 schellings a 10 par boisseau, cette hausse peut venir d'une baisse dans la valeur de l'argent; ou d'une hausse dans la valeur du blé. Et nous avons déjà vu que le blé acquiert une valeur plus forte relativement aux autres marchandises, par la nécessité où se trouve un pays de défricher successivement des terrains plus ingrats pour nourrir une population croissante. Si la valeur de l'argent se maintient toujours la même, on en donnera davantage en échange pour du blé ; en d'autres termes, le blé haussera de prix. Tout perfectionnement dans les machines et dans les manufactures, qui rendra la fabrication des objets manufacturés plus aisée et plus avantageuse, déterminera dans le prix du blé une hausse analogue ; car il amènera la surabondance du numéraire, qui, baissant de valeur, s'échangera contre moins de blé.

Mais les effets de la hausse du blé, quand cette hausse provient de l'augmentation de sa valeur ou de la dépréciation du numéraire, sont entièrement différents. Dans les deux cas, le prix métallique des salaires s'élèvera ; mais si la hausse vient de la dépréciation du numéraire, non-seulement les salaires et le blé, mais encore toutes les autres denrées hausseront. Si le manufacturier paie de plus forts salaires, il retirera plus d'argent de ses objets manufacturés, et le taux des profits ne variera pas. Mais lorsque le blé hausse de prix, en raison de la difficulté augmentée de sa production, les profits doivent diminuer ; car le manufacturier sera obligé de payer de plus forts salaires, sans pouvoir s'en dédommager par l'augmentation du prix de ses ouvrages manufacturés.

Tout perfectionnement qui facilite l'exploitation des mines, et au moyen duquel on obtient les métaux précieux avec une économie de travail, doit faire baisser la valeur de l'argent dans tout pays. Partout on obtiendra en échange d'une quantité donnée d'argent, une moindre quantité de marchandises ; mais si un pays excelle en industrie manufacturière, et si par conséquent l'argent y afflue, sa valeur y sera moindre, et les prix du blé et de la main-d'œuvre y seront plus élevés relativement à tout autre pays.

Cette augmentation dans les prix n'affecte pas le cours du change ; car on peut continuer à négocier des lettres de change au pair, quoique les prix du blé et de la main-d'œuvre soient dans un pays 10, 20 ou 30 pour % plus élevés que dans l'autre. Dans un état de choses tel que nous le supposons, une pareille différence dans les prix est dans l'ordre naturel des choses ; et pour que le change reste au pair, il faut qu'il soit introduit une quantité suffisante d'argent dans le pays qui excelle en manufactures, pour y faire hausser le prix du blé et de la main-d'œuvre. Si dans les pays étrangers on prohibait l'exportation du numéraire, et que cette loi prohibitive pût être exactement exécutée, cela pourrait bien empêcher les prix du blé et de la main-d'œuvre de hausser dans le pays de manufactures ; car la hausse, en l'absence d'un papier-monnaie, ne peut s'opérer que par l'affluence des métaux précieux ; mais cette prohibition ne saurait empêcher le change d'être très-défavorable au pays qui l'aurait faite. Si l'Angleterre était le pays de fabriques , et s'il était possible d'empêcher qu'elle ne reçût de numéraire du dehors, son change avec la France, la Hollande et l'Espagne pourrait être de 5, de 10 ou de 20 pour %, contre tous ces pays.

Toutes les fois que la circulation normale du numéraire est arrêtée par des moyens violents, et que l'argent ne peut trouver son vrai niveau, il n'y a plus de bornes aux variations du cours du change ; et il en résulte des effets semblables à ceux qui ont lieu lorsqu'on donne un cours forcé un papier-monnaie qui n'est point échangeable contre des espèces au gré du porteur. Un pareil papier-monnaie ne pouvant avoir cours que dans le pays où l'émission en est faite, il ne saurait se répandre au dehors. Lc niveau de la circulation est détruit, et le change doit inévitablement devenir contraire au pays où cet agent de la circulation se trouve en quantité excessive. La même chose arrivera si, I'agent de la circulation étant métallique, il était possible, par des moyens violents, par des lois qu'on ne pût point éluder, de retenir l'argent dans un pays pendant que le cours du commerce lui donnerait une impulsion vers d'autres.

Quand chaque pays possède précisément la quantité de numéraire qu'il doit avoir, le change doit se trouver au pair, quoique l'argent n'ait pas, à la vérité, une même valeur dans tous les pays, et qu'il puisse même exister dans cette valeur une différence de 5, de 10, et même de 20 pour 100, par rapport à plusieurs denrées. Avec 100 1. st., ou l'argent contenu dans 100 1., on achète une lettre de change de 100 1. qui donne une quantité pareille d'argent en France, en Espagne ou en Hollande [1].

Quand il est question du change et de la valeur comparative de l'argent entre deux pays, il ne faut nullement considérer la valeur relative du numéraire, estimée en denrées. Jamais le taux du change ne peut être déterminé en comparant la valeur de l'argent avec celle du blé, du drap, ou de tout autre produit. L'échange n'est que la valeur de la monnaie d'un pays comparée à la valeur de la monnaie d'un autre pays.

On peut encore connaître le taux du change entre deux pays en comparant la valeur de leur monnaie avec une mesure fixe, et commune

1 Sauf pourtant les frais d'assurance et de commerce nécessaires pour faire passer des métaux précieux d'un pays dans l'autre. Je peux consentir à recevoir quatre-vingt-dix-huit onces d'argent à Paris contre une lettre de change valant cent onces d'argent payable à Londres ; car si je faisais venir en nature les cent onces d'argent qu'on me doit à Londres, il se pourrait qu'elles fussent réduites, par les frais, à quatre-vingt-dix-huit onces. Mais quand il n'y a pas de prohibition, ces frais se réduisent à peu de chose pour l'or et pour l'argent, et même quand il y a des prohibitions, il n'en est pas qu'on élude plus facilement.

Quant aux marchandises encombrantes, elles peuvent, même avec la liberté de commerce, différer beaucoup dans leur valeur en argent d'un pays à l'autre, parce que les frais de transport sont proportionnellement plus considérables pour ces marchandises que pour les métaux précieux. Les différents degrés de difficulté qu'il y a à transporter les marchandises d'un pays dans un autre, soit que la difficulté naisse de la nature des choses ou des lois, sont la seule raison qui établisse une grande différence de prix en argent pour ces marchandises dans les deux pays. - J.-B. SAY.

aux deux pays. Si, par exemple, avec une traite de 100 1. st. sur l'Angleterre on peut acheter en France ou en Espagne une quantité de marchandise égale à celle qu'on achèterait avec une traite de pareille somme sur Hambourg, c'est une preuve que le change entre l'Angleterre et Hambourg est au pair ; mais si avec une traite de 130 1. sur l'Angleterre on n'achète pas plus qu'avec une de 100 1. sur Hambourg, le change sera de 30 pour 100 contre l'Angleterre.

Moyennant 100 l. on peut acheter en Angleterre une lettre de change ou le droit de recevoir 101 1. en Hollande, 102 1. en France, et 105 1. en Espagne. On dit dans ce cas que le change est de 1 pour 100 contre la Hollande, de 2 contre la France, et de 5 contre l'Espagne. Cela annonce qu'il y a proportionnellement plus de numéraire dans ce pays qu'il ne devrait y en avoir, et la valeur comparative du numéraire de chaque pays sera bientôt ramenée au pair si l'on retire l'argent qui est en excès dans les autres pays, et si on le fait passer en Angleterre.

Ceux qui ont soutenu que la monnaie anglaise était dépréciée pendant les dernières dix années, quand le cours du change variait de 20 a 30 pour 100 contre ce pays, n'ont jamais prétendu, comme on les en a accusés, que la monnaie ne pût pas être d'une plus grande valeur dans un pays que dans un autre, comparée aux diverses marchandises. Ils ont seulement soutenu qu'il était impossible d'expliquer, sans admettre cette dépréciation, comment l'Angleterre pouvait retenir 130 l., alors que cette somme, estimée en argent de Hambourg ou de Hollande, ne valait que 100 1.

En remettant à Hambourg 130 1. en bonnes espèces d'Angleterre, même avec 5 1. de frais, je recevrais à Hambourg 125 1. ; comment aurais-je donc pu consentir à donner 130 1. pour une lettre de change qui ne m'aurait produit à Hambourg que 100 l., si mes liv. sterling eussent été de bonnes espèces ? C'est qu'elles étaient dégradées, c'est que leur valeur intrinsèque était devenue moindre que celle des livres sterling de Hambourg, et qu'envoyées aux frais de 5 l., elles n'y valaient que 100 1. Personne ne nie qu'avec mes 130 1. en espèces métalliques je pusse avoir 125 1. à Hambourg ; mais avec des livres sterling en papier-monnaie je ne pouvais obtenir que 100 1. : et l'on voudrait cependant nous faire croire que 130 1. en papier valaient autant que 130 l. en argent ou en or !

D'autres ont soutenu avec plus de raison que 130 l. en papier ne valaient point en effet 130 1. en espèces métalliques ; mais ils prétendent que c'est le numéraire qui avait changé de valeur et non le papier-monnaie ; ils veulent n'appliquer le mot *dépréciation* qu'à une baisse de valeur, et non à une différence comparative entre la valeur de la monnaie et la mesure type d'après laquelle cette valeur est réglée par les lois. Cent livres sterling d'argent anglais valaient autrefois et pouvaient acheter 100 l. en argent de Hambourg ; et dans tout autre pays une lettre de change de 100 1. sur l'Angleterre ou sur Hambourg, pouvait pareillement acheter précisément la même quantité de marchandises. Cette même quantité de marchandises, je ne pouvais, dans les derniers temps, l'acheter que moyennant 130 1. d'argent anglais, tandis que Hambourg l'obtenait pour 100 1. en argent de Hambourg. Si donc l'argent anglais avait eu la même valeur qu'auparavant, il faudrait que l'argent de Hambourg eût haussé de valeur ; et quelle preuve en donne-t-on ? Comment déterminer si c'est l'argent anglais qui avait baissé, ou l'argent de Hambourg haussé ? Il n'y a point de mesure commune pour décider la question. C'est une assertion qui n'est point susceptible de preuves ; on ne peut ni l'admettre ni la combattre d'une manière positive. Tous les peuples de l'univers ont dû s'apercevoir de bonne heure qu'il n'existait point de mesure fixe dans la nature à laquelle on pût s'en rapporter sans crainte d'erreur ; c'est pourquoi ils choisirent un agent de circulation, qui, sous bien des rapports, leur parût moins variable que toutes les autres matières.

Il faut nous conformer à cette mesure des valeurs tant que la loi ne changera pas, et tant qu'on ne découvrira pas quelque autre matière dont l'usage puisse nous fournir une mesure plus parfaite que celle que nous avons établie. Tant que l'or sera cette mesure exclusive en Angleterre, le numéraire y sera déprécié toutes les fois qu'une liv. sterl. ne vaudra pas cinq gros, trois grains d'or pur, soit que l'or augmente, soit qu'il diminue de valeur.

Chapitre VIII.
DE L'IMPÔT.

L'impôt est cette portion du produit de la terre et de l'industrie d'un pays, qu'on met à la disposition du gouvernement. En définitive, cette portion est toujours payée par le capital ou le revenu de la nation.

Nous avons déjà montré comment le capital national était fixe ou circulant selon que la nature en est plus ou moins durable. Il est difficile d'établir strictement la limite qui distingue le capital fixe d'avec le capital circulant, car le degré de durée d'un capital peut varier presque à l'infini. En effet, la nourriture est consommée et reproduite dans un pays au moins une fois par an ; les vêtements de l'ouvrier ne sont probablement consommés et reproduits que tous les deux ans ; tandis que sa maison et ses meubles peuvent durer dix ou vingt ans.

Quand les productions annuelles d'un pays surpassent les consommations annuelles, on dit que le capital augmente ; et quand la consommation annuelle n'est pas tout au moins remplacée par la production annuelle, on dit que le capital national diminue. L'augmentation de capital peut donc être due à un accroissement de production ou à une diminution de consommation.

Lorsque la consommation du gouvernement, augmentée par la levée de nouveaux impôts, est suivie, soit d'une augmentation de production, soit d'une consommation moins forte de la part de la nation, l'impôt ne frappe que le revenu, et le capital national reste intact ; mais s'il n'y a ni augmentation de production ni diminution de consommation dans la nation, l'impôt atteint nécessairement le capital.

A mesure que le capital d'un pays diminue, ses productions diminuent parallèlement., et, par conséquent, si le gouvernement et la nation continuent à faire les mêmes dépenses pendant que la reproduction annuelle décroît , les ressources du peuple et de l'État déclineront avec une rapidité toujours croissante, et la misère, la ruine en seront les suites inévitables.

Malgré l'énorme dépense que le gouvernement anglais a faite pendant les vingt dernières années, il paraît certain que cette déperdition de richesse a été plus que compensée par l'augmentation de la production nationale. Non-seulement le capital national est resté intact, mais encore il s'est accru de beaucoup, et le revenu annuel du peuple, même après avoir payé les impôts, est peut-être plus considérable actuellement qu'il ne l'a jamais été à aucune époque antérieure de notre histoire.

Pour preuve de cela, nous pourrions citer l'accroissement de la population, l'extension de l'agriculture, l'augmentation de la marine marchande et des manufactures, la construction de nos docks, l'ouverture de nouveaux canaux, ainsi qu'une grande quantité d'autres entreprises dispendieuses, qui prouvent toutes l'augmentation du capital national et de la production annuelle.

Et cependant, il faut reconnaître que sans les prélèvements de l'impôt cet accroissement de richesse eût été bien plus rapide. Il est peu de taxes qui n'aient une tendance à diminuer la puissance d'accumulation inhérente aux capitaux. Tout impôt doit nécessairement atteindre le capital ou le revenu. S'il frappe le capital, il diminue proportionnellement le fonds dont l'importance règle le développement que peut recevoir l'industrie d'un pays. S'il atteint le revenu il affaiblit l'accumulation ou force les contribuables à combler, par l'épargne, le vide que fait l'État dans leurs ressources ; et la consommation improductive des objets de luxe, d'agrément ou même de première nécessité diminuera dans le pays. Certaines taxes, plus que d'autres, sont de nature à produire cet effet ; mais les maux qui résultent d'impôts exagérés, se révèlent moins par tels ou tels désordres partiels que par l'influence qu'ils exercent sur l'ensemble de la fortune publique.

L'impôt n'atteint pas nécessairement le capital, par cela seul qu'il est assis sur les capitaux, ni ne porte sur le revenu parce qu'il est assis sur le revenu. Si l'on me fait payer 100 liv. sur un revenu annuel de 1,000 liv., ce sera en effet un impôt sur le revenu si je consens à ne dépenser que les 900 liv. qui me restent ; mais ce sera un impôt sur le capital si je continue à dépenser 1,000 liv.

Le capital, duquel je retire ce revenu de 1,000 liv., peut valoir 10,000 liv. Un impôt de 1 pour cent sur ce capital rapporterait 100 liv.; mais mon capital ne serait pas entamé si, après avoir payé cet impôt, je me contentais de ne dépenser que 900 liv.

Le désir que tout homme a de maintenir son rang dans le monde, et de conserver intacte sa fortune, fait que la plupart des impôts sont payés par le revenu, qu'ils se trouvent, d'ailleurs, assis sur les capitaux ou sur les revenus. Par conséquent, à mesure que les impôts augmentent, ainsi que les dépenses du gouvernement, la dépense annuelle de la nation doit diminuer, à moins que le peuple ne puisse augmenter son capital et son revenu dans les mêmes proportions. Il est de l'intérêt de tout gouvernement d'encourager cette disposition dans le peuple, et de ne jamais lever des impôts qui atteignent inévitablement les capitaux ; car on attaque ainsi le fonds destiné à l'entretien de l'industrie, et on diminue par conséquent la production future du pays [1].

On n'a point suivi ce système en Angleterre, quand on a imposé les pièces probantes des testaments, et qu'on a établi des impôts sur les transmissions de propriété du mort au vif. Si un legs de 1,000 liv. est sujet à un impôt de 100 liv. le légataire regarde son legs comme n'étant que de 900 1. et n'éprouve aucune envie d'épargner le droit de 100 liv. sur sa dépense, et il en résulte que le capital national est diminué. Mais s'il avait réellement reçu 1,000 liv., et qu'on lui fit payer 100 1. d'impôts sur son revenu, sur le vin, sur les chevaux, sur les domestiques, il eût probablement diminué, ou plutôt il n'eût point augmenté sa dépense d'une pareille somme, et le capital national serait resté le même.

«Des impôts sur les transmissions de propriété du mort au vif (dit Adam Smith) tombent ou immédiatement ou définitivement sur la personne à laquelle cette propriété est transmise. Les impôts sur les ventes de terres tombent en totalité sur le vendeur. Le vendeur est presque toujours dans la nécessité de vendre, et est dès lors obligé de prendre le prix qu'il peut avoir. L'acheteur, au contraire, n'est presque jamais dans la nécessité d'acheter, et ne donne par conséquent que le prix qu'il lui plaît de donner. Il calcule ce que la terre lui coûtera tant en achat qu'en impôt : plus il sera obligé de payer comme impôt, moins il sera disposé à donner comme prix.

«De tels impôts tombent donc presque toujours sur une personne qui est déjà dans un état de nécessité, et ils doivent être par conséquent durs et oppressifs. Les droits de timbre et les droits d'enregistrement des obligations et contrats pour argent prêté tombent en entier sur l'emprunteur, et dans le fait ils sont toujours payés par lui. Les droits de la même espèce sur les actes de procédure tombent en entier sur les plaideurs ; ils réduisent, pour les deux parties, la valeur de l'objet en litige. Plus il nous en coûte pour acquérir une propriété, moins elle a

1 Lorsque le gouvernement, comme il arrive en Angleterre, dépense annuellement une forte somme *levée par des emprunts*, alors il dépense évidemment une portion du capital du pays, ou du moins des accumulations de l'année, qui, sans cela, seraient allées grossir le capital productif du pays. - J.-B. SAY.

nécessairement pour nous de valeur nette quand elle est acquise. Tous les impôts établis sur des mutations de toute espèce de propriété, en tant qu'ils diminuent la valeur capitale de cette propriété, tendent à diminuer le fonds destiné à l'entretien du travail productif ; tous sont plus ou moins des impôts dissipateurs qui augmentent le revenu du souverain : or, le souverain entretient généralement des travailleurs improductifs aux dépens du capital du peuple, qui n'entretient, lui, jamais que des ouvriers productifs.»

Mais ce n'est pas là la seule objection contre les impôts sur les transmissions de propriété. Ils empêchent encore le capital national de se distribuer de la manière la plus avantageuse pour la société. Pour la prospérité générale, on ne saurait donner trop de facilité à la transmutation et à l'échange de toutes sortes de propriétés ; car c'est par ce moyen que toute espèce de capital peut arriver à ceux qui l'emploieront le mieux, en augmentant les productions du pays. "Pourquoi, dit M. Say, cet homme veut-il vendre sa terre ? C'est parce qu'il a en vue l'établissement d'une industrie dans laquelle ses fonds lui rapporteront davantage. Pourquoi cet autre veut-il acheter la même terre ? C'est pour placer des fonds qui lui rapportent trop peu ou qui sont oisifs, ou bien parce qu'il la croit susceptible d'améliorations. La transmutation augmente le revenu général, puisqu'elle augmente le revenu des deux contractants. Si les frais sont assez considérables pour empêcher l'affaire de se terminer, ils sont un obstacle à cet accroissement du revenu de la société."

Ces sortes d'impôts sont d'une perception aisée, et bien des personnes paraissent croire que cela compense jusqu'à un certain point les mauvais effets qu'ils produisent.

Chapitre IX.
DES IMPÔTS SUR LES PRODUITS NATURELS.

Ayant déjà, dans une partie précédente de cet ouvrage, établi, - et, j'ose le dire, d'une manière satisfaisante, - ce principe que le prix du blé dépend des frais de production qui ont été faits sur un terrain, ou, plutôt, exclusivement du capital qui ne paie pas de rente, il s'ensuit que tout ce qui peut augmenter les frais de production doit faire hausser le prix. La nécessité de défricher de mauvaises terres, ou de consacrer, en retour de produits moindres, de nouveaux capitaux à la terre déjà cultivée, doit inévitablement faire hausser la valeur échangeable des produits du sol. Les machines nouvellement découvertes et dont l'emploi épargne au cultivateur une partie des frais de production, doit nécessairement diminuer la valeur échangeable de son blé. Tout impôt sur le cultivateur, qu'il soit établi sous forme d'impôt foncier, de dîme ou de taxe sur les produits, augmente les frais de production, et doit par conséquent faire hausser le prix des produits naturels [1].

1 M. Ricardo donne à quelques-unes de ses propositions une généralité de laquelle il est impossible de demeurer d'accord. Par exemple, il dit que le profit des terres, ordinairement représenté par le *fermage*, se règle toujours sur la dernière qualité des terres ; que celles-ci ne paient absolument aucun fermage, parce que leur produit ne fait qu'indemniser le cultivateur des avances et des frais de culture, et il en tire la conséquence que le moindre impôt sur les terres ou sur leur produit immédiat, doit élever le prix de ce produit, ou faire abandonner la culture des terres qui ne paient point de profit foncier à leur propriétaire. Mais les choses ne se passent pas rigoureusement ainsi. Toute terre cultivée paie toujours un fermage, quelque faible qu'il soit. Un propriétaire, ne fût-ce que par mauvaise humeur, ne laisserait pas cultiver sa terre, si elle ne lui rapportait absolument rien. On voit dans les montagnes des Alpes et du Jura une foule de mauvais pâturages sur lesquels il n'y a aucun capital répandu, qui tous rapportent un loyer à leurs propriétaires. S'il y a quelques terres cultivées qui ne rapportent absolument rien à leur propriétaire pour son droit de propriété, elles sont en si petite quantité, que sur un grand pays elles exercent probablement peu d'influence sur la quantité et le prix des produits généraux. Il faudrait qu'un nouvel impôt sur les produits des terres fût considérable au point de faire abandonner des terres actuellement en culture, pour qu'il fît augmenter le prix des blés. Si un tel impôt n'augmente pas sensiblement l'étendue des terrains en friche, on ne voit pas pourquoi le prix des blés augmenterait, puisque l'approvisionnement serait le même. Le gouvernement ou le clergé lèveraient des dîmes en nature, que le prix du blé resterait encore le même, puisque la même quantité de ce produit irait sur le marché, serait jetée dans la circulation par les collecteurs à défaut des cultivateurs. Tout impôt de ce genre, à moins qu'il ne soit exagéré, ne peut donc que diminuer les profits du propriétaire et ceux du cultivateur, sans faire renchérir le produit des terres. - J.-B. SAY.

Si le prix des produits agricoles ne montait pas assez pour dédommager le cultivateur de l'impôt qu'il est tenu de payer, il quitterait probablement un genre d'industrie dans lequel ses profits se trouveraient réduits au-dessous du niveau général. Cela ferait diminuer l'approvisionnement jusqu'à ce que la demande soutenue des produits agricoles les fit hausser au point d'en rendre la culture aussi profitable que serait, en général, l'emploi des fonds dans les autres genres d'industrie.

Ce n'est que par la hausse des prix que le cultivateur pourra payer ses contributions, en continuant à retirer de son capital employé les profits ordinaires. Il ne peut prendre la valeur de ses impôts sur la rente, en forçant ainsi son propriétaire à payer l'impôt, puisqu'il ne paie pas de rente. Il ne peut le prendre sur ses profits, car il n'y aurait aucune raison pour qu'il continuât une industrie si peu lucrative, alors que toutes les autres branches du travail en donneraient de plus considérables. Il est donc indubitable qu'il pourra élever le prix de ses produits bruts d'une valeur égale à celle de l'impôt.

Ainsi donc, l'impôt sur le produit agricole n'est payé ni par le propriétaire ni par le fermier ; c'est le consommateur qui, payant ces denrées plus cher, acquitte l'impôt.

Il faut se rappeler que la rente, ou les profits des fonds de terre, est la différence qui existe entre les produits obtenus par des quantités égales de travail et de capital employées sur des terrains de qualité différente ou semblable. Il faut se rappeler aussi que la rente en argent et la rente en blé ne varient pas dans une même proportion.

Par l'effet d'un impôt sur les denrées agricoles, tel qu'une contribution foncière ou une dîme, la rente en blé changera, tandis que celle en argent restera la même.

Si, comme nous l'avons déjà supposé, la terre en culture est de trois qualités différentes, et que par l'emploi d'un capital pareil on obtienne

180 quarters de blé du terrain n° 1,

170 quarters de blé du terrain n° 2,

160 quarters de blé du terrain n° 3;

le n° 1 paierait, de rente, 20 quarters, qui sont la différence entre le n° 3 et le n° 1 ; le n° 2 paierait 10 quarters, qui sont la différence entre le n° 3 et le n° 2 ; tandis que le n° 3 ne paierait point de rente.

Le quarter de blé étant à 4 l., la rente en argent du n° 1 serait de 80 1., et celle du n° 2 de 40 1.

Supposons maintenant qu'on mette un impôt de 8 schellings par quarter de blé, le prix en haussera alors à 4 1. 8 s. ; et si les propriétaires continuaient à toucher la même rente en blé que par le passé, la rente du n° 1 serait de 88, et celle du n° 2 de 44 1. Ils n'auraient tous les deux qu'une rente égale en blé ; car l'impôt serait plus fort sur le n° 1 que sur le n° 2, et sur le n° 2 que sur le n° 3, parce qu'il serait perçu sur une quantité plus grande de blé. C'est la difficulté de production sur le n° 3 qui règle le prix, et il monte à 4 1. 8 s., afin que les profits du capital employé sur le n° 3 puissent se trouver de niveau avec les profits de tous les autres capitaux en général.

Les produits et l'impôt sur les trois qualités de terre seront donc :

N° 1 rapportant	180	Quarters à 4 l. 8 s. l quarter	l. 792
En déduisant la valeur de	16. 3	A raison de 8 s. par quarter sur 180 quarters	l. 72
Produit net en blé	163. 7	Produit net en argent	l. 720
N° 2 rapportant	170	Quarters à 4. 8 s. le quarter	l. 748
En déduisant la valeur de	15.	4 quarters à 4 l. 8 s., ou 8 s. par quarter sur 170 quarters	l. 68
Produit net en blé	154. 6	Produit net en argent	l. 680
N° 3 rapportant	160	Quarters à 4 l. 8 s.	l. 704
En déduisant la valeur	14. 5	Quarter à 4 l. 8 s., ou 8 s. par quarter sur 160 quarters	l. 64
Produit net en blé	145. 5	Produit net en argent	l. 640

La rente en argent du n° 1 serait toujours de 80 l., qui est la différence entre 640 1. et 720 1. ; et celle du n° 2 serait toujours de 40 l., différence entre 640 1. et 680 l., précisément comme par le passé ; mais la rente en blé serait réduite, sur le n° 1, de 20 quarters à 18, 2 ; et sur le n° 2, de 10 quarters à 9, 1.

Un impôt sur le blé tombe donc sur les consommateurs, et fait augmenter le prix du blé, par rapport à celui des autres denrées, dans un degré proportionné à l'impôt. Et selon qu'il entre plus ou moins de matières premières dans la composition des autres marchandises, la valeur de ces dernières haussera aussi, à moins que les effets de l'impôt ne soient contre-balancés par d'autres causes. Ces marchandises se trouveraient en effet frappées d'un impôt indirect, et leur valeur hausserait à proportion de l'impôt.

Un impôt sur les produits agricoles et sur les objets de première nécessité pour l'ouvrier aurait encore un autre effet, celui de faire hausser les salaires. Par une suite des causes qui règlent la population et qui augmentent l'espèce humaine, les salaires les plus faibles ne se maintiennent jamais beaucoup au-dessus du taux que la nature et l'habitude exigent pour l'entretien des ouvriers. Cette classe d'hommes ne peut jamais supporter aucune portion considérable de l'impôt ; et par conséquent, si elle était tenue de payer 8 schellings de plus par quarter de blé, et un peu moins à proportion pour les autres denrées, elle ne pourrait pas subsister au moyen des anciens salaires. Les salaires doivent donc nécessairement hausser ; et à mesure qu'ils haussent, les profits devront baisser. Le gouvernement percevrait un impôt de 8 sh. par quarter sur tout le blé consommé dans le pays, et une partie de cet impôt serait payée directement par les consommateurs de blé ; l'autre, payée indirectement par les personnes qui emploient des ouvriers, influerait sur les profits de la même manière que si les salaires eussent haussé par la demande plus forte d'ouvriers comparée à l'offre, ou si cette hausse eût été causée par une difficulté croissante d'obtenir la nourriture et les objets nécessaires à l'entretien des travailleurs.

En tant que l'impôt frappe les consommateurs, c'est un impôt égal ; mais il est inégal en tant qu'il affecte les profits, puisqu'il ne pèse ni sur le propriétaire foncier, qui continue à recevoir les mêmes rentes en argent, ni sur le capitaliste, qui retire les mêmes intérêts de son capital. Un impôt sur le produit de la terre opérera donc de la manière suivante :

1° Il fera hausser le prix des produits de la terre d'une somme égale à celle de l'impôt, et devra par conséquent tomber sur chaque consommateur en proportion de sa consommation ;

2° Un tel impôt devra augmenter le prix de la main-d'œuvre, et faire baisser les profits.

On peut donc faire contre cet impôt les objections suivantes :

1° Cet impôt, en faisant hausser le prix de la main-d'œuvre, et en faisant baisser les profits, est un impôt inégal, en ce qu'il atteint le revenu du fermier, du marchand et du manufacturier, sans frapper le revenu du propriétaire foncier, celui du capitaliste, ni celui des personnes qui ont un revenu fixe;

2° Entre la hausse du prix du blé et la hausse des salaires, il se passera un intervalle considérable pendant lequel l'ouvrier sera exposé à une grande gêne [1];

3° Tout ce qui fait hausser les salaires et baisser les profits décourage l'accumulation, et agit d'une manière semblable à la mauvaise qualité naturelle du sol ;

4° En faisant hausser le prix des produits de la terre, l'impôt fera renchérir de même toutes les marchandises dans la composition desquelles ils entrent, et par conséquent on ne pourra plus soutenir la concurrence avec les produits de l'industrie étrangère sur le marché général du monde.

Quant à la première objection, que cet impôt, en faisant hausser le prix de la main-d'œuvre et en faisant baisser les profits, est un impôt inégal, en ce qu'il atteint le revenu du fermier, du marchand et du manufacturier sans frapper le revenu du propriétaire foncier, celui du capitaliste, ni celui des personnes qui ont un revenu fixe : on peut répondre que si l'impôt est inégalement assis, c'est au gouvernement à faire disparaître cette inégalité en imposant directement les profits des fonds de terre, les rentes sur l'État, et les intérêts des capitaux placés. Par là on obtiendrait tous les effets d'un impôt sur le revenu, sans l'inconvénient d'avoir recours à l'expédient odieux d'aller fouiller dans les affaires de chacun, et d'investir des préposés de pouvoirs qui répugnent aux mœurs et aux sentiments d'un peuple libre.

Quant à la seconde objection, qu'il se passerait un intervalle considérable entre la hausse du prix du blé et la hausse des salaires, intervalle pendant lequel les classes inférieures se trouveraient dans un état de grande gêne : je réponds que, dans des circonstances différentes, les salaires suivent le prix des produits agricoles *avec des degrés très-*

1 Ce phénomène des transitions douloureuses que réserve aux ouvriers notre système industriel, est peut-être le p!us grand problème de l'économie politique actuelle. Nous en avons étudié l'importance et la menaçante gravité dans 1'Introduction. A. F.

différents de célérité [1]. Quelquefois la hausse du blé n'a aucun effet sur le prix des salaires, et, dans d'autres cas, la hausse des salaires précède celle du blé ; quelquefois aussi l'effet est lent, et quelquefois, au contraire, assez rapide.

Il me semble que ceux qui soutiennent que c'est le prix des objets de première nécessité qui règle le prix de la main-d'œuvre, eu égard toujours à l'état particulier des progrès de la nation, admettent trop facilement qu'une hausse ou une baisse dans le prix des objets de première nécessité n'est suivie que lentement d'une pareille hausse ou baisse des salaires. Le haut prix des vivres peut provenir de causes très-différentes, et peut par conséquent produire des effets très-différents aussi. Il peut venir :

---

1 Ce sont précisément ces degrés *très-différents de célérité*, qui sollicitent l'attention du penseur, de l'économiste. Cette célérité qui suffit à l'auteur, dont la plume glisse sur ces redoutables problèmes, se traduit en une effrayante et longue agonie pour les classes sur lesquelles retombent les crises financières. Une heure, un jour, une année ne sont rien pour des théories scientifiques dont le domaine est l'infini, dans le temps, dans l'espace ; mais ils suffisent pour décider de l'agonie d'une famille, et de la ruine d'une industrie. A la longue, sans doute, l'équilibre entre les salaires et les subsistances tend à se rétablir, et, à prendre l'histoire de l'industrie par catégories de siècles, on verra croître parallèlement le niveau des salaires et celui des prix ; mais combien de transitions cruelles, cachées sous cette vaste enveloppe des siècles, viennent démentir l'assertion de Ricardo ! combien de convulsions ont démontré la lenteur avec laquelle s'opère la hausse des salaires, et la rapidité avec laquelle, au contraire, ils s'abaissent dans les années de disette. Les faits abondent pour certifier ce douloureux martyrologe. Ainsi, pour chercher nos exemples dans la terre classique des crises industrielles, on a toujours vu, en Angleterre, les époques de grande cherté correspondre avec celles des salaires réduits et insuffisants. En 1804, le prix du blé étant de 44 sh. 10 s., le salaire des agriculteurs s'éleva à 8 sh. En 1817, les prix ayant atteint 100 sh. 5 d., les salaires s'arrêtaient à 12 sh. : - posant ainsi un accroissement de 200 % dans les prix, en face d'un accroissement de 33 % seulement dans les salaires. Adam Smith avait entrevu ce jeu fatal des salaires et des subsistances, et les évènements l'ont mis hors de doute avec une impitoyable rigueur. Il n'a manqué à Ricardo, pour rester convaincu de l'erreur où il s'est laissé entraîner, que d'assister au drame lugubre qui se joua en 1839-40-41, dans les districts manufacturiers de l'Angleterre. Il eût pu voir la réserve de la Banque descendre de 9,362,000 1. à 3,500,000 l., le nombre des faillites s'élever en quatre ans de 800 à 1,500, la taxe des pauvres grandir à Oldham de 159 %, à Bolton, de 304 %, enfin, le pays se dépeupler par l'émigration, la mort et les prisons. Quelques mois suffirent pour répandre ces calamités sur la puissante Albion, et il lui fallut cinq ans d'efforts, de sacrifices pour réparer ses forces, reprendre son aplomb et se remettre en marche avec son énergique mot d'ordre : *All right* ? Que deviennent, en présence de tous ces faits, *les degrés très-différents de célérité* que Ricardo affirme ici pour les combattre un peu plus loin ? A. F.

1° D'un défaut d'approvisionnement ;

2° D'une demande graduellement croissante, qui peut à la longue occasionner une augmentation des frais de production ;

3° D'une baisse dans la valeur de la monnaie ;

4° Des impôts sur les objets de première nécessité.

Ceux qui ont cherché à connaître l'influence de la cherté des objets de première nécessité sur les salaires, n'ont pas su distinguer suffisamment ces quatre causes les unes des autres : nous allons les examiner successivement.

Une mauvaise récolte fera renchérir les denrées alimentaires, et leur cherté est la seule chose qui puisse proportionner la consommation à l'approvisionnement. Si tous les acheteurs de blé étaient riches, le prix du blé pourrait hausser indéfiniment ; mais le résultat subsisterait, et le blé deviendrait à la fin si cher, que les personnes qui seraient moins riches se verraient dans la nécessité d'en retrancher de leur consommation ordinaire une certaine partie ; car il n'y aurait aucun autre moyen de faire descendre la demande au niveau de l'approvisionnement, que de diminuer la consommation. Dans de telles circonstances, rien n'est plus absurde que de vouloir, par des moyens violents, régler le prix en argent des salaires sur celui des subsistances, ainsi que cela se pratique souvent par une fausse application des lois concernant les pauvres. De pareils règlements n'améliorent en rien la condition des masses, car leur effet est de faire hausser encore davantage le prix du blé, et l'ouvrier est enfin obligé de réduire sa consommation au niveau de l'approvisionnement diminué. Dans le cours naturel des choses, une disette produite par de mauvaises récoltes n'occasionnerait pas de hausse dans les salaires, si on ne la provoquait par d'aussi pernicieux règlements. La hausse des salaires n'est que nominale pour celui qui les reçoit ; elle augmente la concurrence entre les vendeurs de blé, et, en dernier résultat, elle ne fait qu'élever les profits des cultivateurs et des marchands de blé. Le salaire du travailleur ne se règle, en effet, que par la proportion qui existe entre l'approvisionnement et la demande des choses de première nécessité, et l'offre et la demande de bras, - la monnaie n'étant que le moyen ou la mesure qui sert à exprimes la valeur de ce salaire. Dans le cas posé, la détresse du travailleur est inévitable, et aucun gouvernement ne peut y remédier autrement que par l'importation d'une plus grande somme de subsistances.

Quand la cherté du blé est due à une plus forte demande, elle est toujours précédée par la hausse des salaires ; car la demande ne peut augmenter qu'autant que le peuple possède plus de moyens de payer ce dont il a envie. L'accumulation des capitaux produit naturellement une concurrence plus active parmi les personnes qui emploient des ouvriers, et par conséquent fait hausser le prix de la main-d'œuvre. Les salaires, ainsi augmentés, ne sont pas dépensés uniquement en nourriture ; ils fournissent d'abord au travailleur les moyens d'augmenter ses autres jouissances. Cependant ce changement heureux dans sa condition le porte à se marier, et le met en état de le faire ; et alors le besoin de plus de nourriture pour soutenir sa famille, le force naturellement à renoncer à la jouissance des autres objets auxquels il employait auparavant une grande partie de ses salaires.

Le blé hausse donc parce que la demande en est plus forte, parce qu'il y a dans la nation des individus qui ont plus de moyens pour le payer ; et les profits du cultivateur hausseront au-dessus du niveau ordinaire des profits, tant que la quantité nécessaire de capital n'aura pas été consacrée à augmenter la production du blé. Mais quand ce fait aura eu lieu, le blé reviendra à son ancien prix ou restera constamment plus cher, selon la qualité des terrains qui auront servi à produire la quantité additionnelle. Si ces terrains ont une fertilité égale à celle des terres qu'on a cultivées les dernières, et si leur culture n'a pas exigé plus de travail, le prix reviendra à l'ancien taux ; mais si les terrains qui ont fourni le surcroît d'approvisionnement sont moins fertiles, le blé se maintiendra constamment plus cher qu'il n'était auparavant. Dans le premier cas, la hausse des salaires venait de la plus grande demande de bras, et comme elle favorisait les mariages, et fournissait à l'entretien des enfants, elle augmentait, en effet, le nombre des travailleurs. Mais aussitôt que le nombre des bras sera en rapport avec la quantité de travail, les salaires reviendront à leur ancien taux, si le blé descend à son ancien prix : les salaires se maintiendront, au contraire, au-dessus de leur ancien taux, dans le cas où des récoltes plus abondantes de blé auront été produites sur des terres d'une moins bonne qualité que celles qui avaient été cultivées les dernières.

Les prix élevés ne sont nullement incompatibles avec un approvisionnement plus abondant ; et les prix, même, sont élevés, non parce qu'une denrée est peu abondante, mais parce qu'elle a exigé plus de frais de production. Il arrive en général que quand un encouragement a été donné à la population, l'effet qui en résulte va au delà de ce que les circonstances exigent ; la population peut augmenter, et augmente réellement en général, à un point tel, que, malgré l'accroissement du travail à accomplir, elle se trouve plus forte par rapport aux fonds destinés à l'entretien des travailleurs qu'elle ne l'était avant l'augmentation du capital. Dans ce cas il y aura réaction, les salaires baisseront au-dessous de leur niveau naturel, et s'y tiendront jusqu'à ce que la proportion ordinaire entre l'offre et la demande soit rétablie. Dans ce cas, la hausse du prix est précédée d'une hausse des salaires, et par conséquent elle n'a aucun effet fâcheux pour l'ouvrier.

Une dépréciation de la monnaie par suite d'une plus grande abondance des métaux précieux tirés des mines, ou par l'abus des privilèges accordés aux banques, est une autre des causes qui font hausser le prix des denrées alimentaires, mais qui ne changent en rien la quantité de leur production. Cela ne change rien non plus au nombre ni à la demande des travailleurs ; car il n'y a ni augmentation ni diminution de capital. La quantité des denrées de première nécessité qui revient au travailleur, est en raison de la demande et de l'approvisionnement de ces denrées comparés avec la demande et l'offre des bras, la monnaie n'étant que l'agent qui sert à: en exprimer la quantité ; et comme l'offre et la demande n'éprouvent aucune variation, les salaires resteront les mêmes. L'ouvrier recevra en monnaie de plus forts salaires, mais ne pourra se procurer absolument que la même quantité de denrées.

Ceux qui ne conviennent pas de ce principe devraient nous expliquer pourquoi une plus grande somme de monnaie n'aurait pas pour effet de hausser les salaires d'un nombre invariable d'ouvriers comme elle le fait pour les souliers, les chapeaux et le blé, lorsque la quantité de ces articles n'a pas augmenté. Le prix courant relatif des souliers et des chapeaux se règle d'après la demande et l'offre des chapeaux comparées avec la demande et l'offre des souliers, et la monnaie n'est que l'expression de leur valeur. Si les souliers doublent de prix, les chapeaux doubleront de même, en conservant leur même valeur comparative. Pareillement si le blé et toutes les denrées nécessaires au travailleur doublent de prix, la main-d'œuvre vaudra aussi le double, et tant que rien n'interrompra la demande et l'offre ordinaires des denrées de première nécessité et de la main-d'œuvre, on ne voit pas pourquoi elles ne conserveraient pas leur valeur relative.

Ni la dépréciation de la monnaie, ni un impôt sur les produits agricoles, quoique tous deux fassent hausser les prix, n'influent *nécessairement* sur la quantité de ces produits, ni sur le nombre des individus qui ont les moyens de les acheter et la volonté de les consommer. Il est très-aisé de voir pourquoi, lorsque le capital d'un pays s'accroît d'une manière irrégulière, les salaires haussent tandis que le prix du blé reste stationnaire, ou baisse dans une moindre proportion, et cela pendant un espace considérable de temps : c'est parce que le travail est une marchandise qu'on ne peut augmenter ou diminuer à volonté. Si dans le marché il y a trop peu de chapeaux pour satisfaire à la demande, leur prix montera, mais ce ne sera que pour peu de temps; car dans le cours d'un an, en consacrant un plus fort capital à cette fabrication, on peut augmenter la fourniture des chapeaux, de telle sorte que leur prix courant n'excède pas longtemps leur prix naturel. Mais il n'en est point de même des hommes ; on ne peut pas en augmenter le nombre dans un ou deux ans, aussitôt qu'il y a une augmentation de capital ; pas plus qu'on ne peut en diminuer le nombre lorsque le capital va en décroissant ; par conséquent le nombre des bras n'augmentant ou ne diminuant que lentement, pendant que les fonds destinés à l'entretien des travailleurs s'accroissent ou diminuent rapidement, il faut nécessairement qu'il y ait un intervalle de temps considérable avant que le prix de la main-d'œuvre soit exactement en rapport avec le prix du blé et des articles de première nécessité Mais dans le cas de la dépréciation de la monnaie ou dans celui d'un impôt sur le blé, il n'y a nécessairement ni excès, ni insuffisance des travailleurs, et pas conséquent il ne peut y avoir de cause pour que l'ouvrier éprouve une diminution de salaire.

Un impôt sur le blé n'en diminue pas nécessairement la quantité ; il ne fait qu'en augmenter le prix en monnaie. Un pareil impôt ne diminue pas nécessairement la demande de bras comparée à l'offre ; pourquoi donc diminuerait-il la part qui est payée au travailleur ? Supposons que cet impôt diminue en effet la part du travailleur, ou, en d'autres termes, qu'il ne fasse pas hausser. ses profits évalués en monnaie, en proportion de la hausse que l'impôt a produite dans le prix du blé que consomme le travailleur; dans ce cas l'approvisionnement ou l'offre de blé n'excéderait-elle pas la demande ? le blé ne baisserait-il pas de prix ? et conséquemment le travailleur n'obtiendrait-il pas sa part ordinaire ? Dans un tel cas, on détournerait à la vérité les capitaux de leur emploi dans l'agriculture ; car si le prix des produits ne haussait pas de tout le montant de l'impôt, les profits du cultivateur deviendraient moindres que le taux général des profits, et les capitaux iraient chercher un emploi plus avantageux [1].

Pour ce qui regarde donc l'impôt sur les produits agricoles, qui est l'objet en question, il me parait qu'entre la hausse du prix de ces produits et celle des salaires, il ne saurait y avoir un intervalle pendant lequel le travailleur se trouve en détresse ; et je pense par conséquent que la classe ouvrière ne souffrirait pas plus de cet impôt que de tout autre; la seule chose à craindre serait que l'impôt n'entamât les fonds destinés à l'entretien des ouvriers, ce qui pourrait suspendre ou diminuer la demande de bras.

Quant à la troisième objection contre les impôts sur les produits agricoles, objection fondée sur ce que la hausse des salaires et la diminution des profits s'opposent a l'accumulation du capital, comme le ferait un sol ingrat, j'ai déjà essayé de prouver, dans une autre partie de cet ouvrage, que les économies peuvent tout aussi bien se faire sur la dépense que sur la production, et par une baisse dans la valeur des denrées aussi bien que par une hausse dans le taux des profits. En élevant mes profits de 1,000 1. à 1,200 1., pendant que les prix restent les mêmes, j'ai le moyen d'augmenter mon capital par des épargnes ; mais je l'augmenterais bien mieux si mes profits restant les mêmes que par le passé, le prix des denrées baissait au point qu'il me suffit de 800 1. pour payer ce qui me coûtait auparavant 1,000.

---

1 Peut-être M. Ricardo ne tient-il pas assez de compte de la difficulté que les capitaux ont, dans beaucoup de cas, pour changer d'emploi. Un très-grand nombre d'entrepreneurs d'industrie (et par cette expression j'entends ceux qui emploient soit dans I'agriculture, soit dans les manufactures, soit dans le commerce, des capitaux qui appartiennent soit à eux-mêmes, soit aux autres) ; un grand nombre d'entrepreneurs d'industrie sont obligés de faire marcher leurs capitaux avec eux, c'est-à-dire de les laisser dans l'emploi où ils restent eux-mêmes. L'agriculture d'un canton a beau devenir moins avantageuse à ceux qui l'exercent que ne le serait toute autre profession, ils n'en restent pas moins agriculteurs, parce que telles sont leurs habitudes, tels sont leur expérience et leurs talents. On en peut dire autant d'un manufacturier. Or, si cet homme reste manufacturier ou cultivateur, il laisse dans son genre d'industrie les capitaux qui marchent nécessairement avec lui, c'est-à-dire ceux qui lui appartiennent, et même les capitaux d'emprunt. Relativement à ceux-ci, il en paie bien toujours l'intérêt, mais il n'y fait point de profit par delà les intérêts ; il peut même en tirer moins de profit qu'il n'en paie d'intérêts, sans cependant interrompre durant de nombreuses années une entreprise qui, à capital égal, à mérite égal dans son entrepreneur, rapporte moins que beaucoup d'autres entreprises. - J.-B. SAY.

L'impôt, sous quelque forme qu'il soit assis, n'offre le choix qu'entre plusieurs maux. S'il ne porte pas sur les profits, il frappe la dépense ; et pourvu que le poids en soit également réparti, et qu'il ne s'oppose point à la reproduction, il importe peu qu'il soit assis sur les profits ou sur la dépense. Des impôts sur la production ou sur les profits du capital, - qu'ils soient assis immédiatement sur les profits, ou bien qu'assis sur la terre ou sur ses produits, ils les affectent indirectement, - ont sur tout autre impôt cet avantage, qu'aucune classe de la société ne peut s'y soustraire, et que chacune y contribue selon ses facultés.

Un avare peut se soustraire aux impôts sur les dépenses ; avec un revenu de 10,000 1. par an, il peut n'en dépenser que 300 1. ; mais il ne saurait échapper aux impôts directs ou indirects sur les profits ; il y contribuera en cédant une partie de ses produits ou une partie de leur valeur ; ou bien, par suite de l'augmentation du prix des objets essentiellement nécessaires à la production, il ne pourra plus grossir son capital dans la même proportion que par le passé. Il conservera un revenu de même valeur, mais il ne pourra pas disposer d'un aussi grand nombre de bras, ni d'une quantité pareille de matériaux propres à employer ces bras.

Si un pays se trouve isolé de tous les autres, n'ayant point de commerce avec ses voisins, il n'aura le moyen de rejeter aucune portion de ses impôts sur les autres nations. Une partie de ses produits territoriaux et industriels sera consacrée au service de l'État, et à moins que les impôts ne pèsent d'une manière inégale sur la classe qui épargne et qui accumule, il importera fort peu, selon moi, qu'ils soient levés sur les profits, sur les produits du sol ou sur ceux des manufactures. Si mon revenu annuel est de 1,000 l., et que je sois tenu de payer 100 1. d'impôts, il m'importera peu de prendre cette somme sur mon revenu, qui se trouvera ainsi réduit à 900 l., ou de payer 100 1. de plus les produits de l'agriculture ou les marchandises manufacturées que je consommerai. Si 100 l. constituent ma quote-part de la dépense publique, la bonté d'un impôt consistera à me faire payer ces 100 1. ni plus ni moins, ce qui ne peut s'effectuer d'une manière aussi sûre qu'au moyen des impôts sur les salaires, les profits et les produits de l'agriculture.

La quatrième et dernière objection dont il me reste à parler, consiste à dire qu'en faisant hausser le prix des produits bruts de la terre, celui de toutes les marchandises dans la composition desquelles ils entrent, haussera également, et que par conséquent nous ne pourrons pas soutenir la concurrence des manufactures étrangères dans les divers marchés.

En premier lieu, le blé et toutes les denrées de l'intérieur ne peuvent hausser de prix d'une manière un peu sensible sans une plus grande affluence des métaux précieux ; car la même quantité d'argent ne peut pas servir à la circulation de la même quantité de marchandises, quand elles sont chères, et quand elles sont à bon marché, et l'on ne peut jamais acheter les métaux précieux avec des marchandises chères. Quand il faut plus d'or, c'est en donnant en échange plus de marchandises, et non en en donnant moins, qu'on achète ce métal ; et on ne saurait suppléer au numéraire par le papier-monnaie, car ce n'est point ce papier qui règle la valeur de l'or, considéré comme marchandise, c'est au contraire l'or qui règle la valeur du papier. A moins donc qu'on ne puisse faire baisser la valeur de l'or, l'on ne saurait ajouter du papier-monnaie à la circulation sans qu'il soit déprécié.

Pour sentir que la valeur de l'or ne saurait baisser, il suffit de réfléchir que sa valeur, comme marchandise, dépendra de la quantité de marchandises qu'on est dans la nécessité de donner en échange aux étrangers pour avoir de l'or. Quand l'or est à bon marché, les denrées sont chères ; quand l'or est cher, les denrées sont à bon marché et baissent de prix. Et, comme on ne voit pas de motif qui puisse engager les étrangers à nous vendre leur or à meilleur marché que d'ordinaire, il ne paraît guère probable qu'il puisse y avoir une importation d'or étranger. Or, sans cette importation, l'or ne peut augmenter de quantité ni baisser de valeur, et le prix général des marchandises ne saurait éprouver de hausse.

L'effet d'un impôt sur les produits naturels serait probablement de faire hausser de prix toutes les marchandises dans la composition desquelles ces matières entrent, mais dans une proportion bien moindre que la valeur de l'impôt ; tandis que les autres marchandises dont les produits immédiats de l'agriculture ne font point partie, tels que les objets fabriqués avec des métaux ou avec des minéraux, baisseraient de prix, et par ce moyen la même quantité de monnaie suffirait aux besoins de la circulation.

Un impôt qui ferait hausser le prix de tous les produits nationaux, ne découragerait l'exportation que pendant un espace de temps assez court. Si, par l'effet de cet impôt, ils renchérissaient dans le pays, on ne pourrait à la vérité les exporter dans le moment même avec profits, parce que les produits nationaux se trouveraient grevés d'un impôt dont ils seraient exempts dans l'étranger. Cet impôt aurait le même effet qu'une altération dans la valeur des monnaies qui ne serait point commune à tous les pays, mais bornée à un seul. Si l'Angleterre était ce pays, elle pourrait être dans l'impossibilité de vendre, mais elle pourrait toujours acheter, parce que les objets d'importation n'auraient point haussé de prix. Dans le cas supposé, on ne pourrait exporter en échange des marchandises étrangères, que du numéraire ; mais un tel commerce ne saurait durer longtemps : on ne peut épuiser le numéraire d'un pays ; car, après qu'une certaine quantité en est sortie, celle qui reste hausse de valeur, et il s'ensuit une telle baisse dans le prix des denrées, qu'elles peuvent de nouveau être exportées avec profit. Aussitôt que le numéraire aura haussé de prix, on aura cessé de l'exporter en échange pour des marchandises du dehors, et on exportera au contraire les mêmes marchandises qui avaient d'abord haussé de prix, par la hausse des produits immédiats de l'agriculture qui entraient dans leur composition, et que l'exportation du numéraire avait ensuite fait baisser de nouveau.

Mais l'on pourrait objecter que le numéraire augmentant ainsi de valeur, augmenterait également par rapport aux marchandises nationales et étrangères, et que par conséquent il n'y aurait plus rien qui pût engager à importer des marchandises du dehors. Supposons, par exemple, que les marchandises importées coûtent à l'étranger 100 1., et qu'elles rapportent dans le pays 120 1. : l'importation cessera aussitôt que, par l'augmentation de la valeur du numéraire, elles ne rapporteront plus que 100 l., ce qui cependant ne peut jamais arriver. Ce qui nous engage à faire venir une marchandise de l'étranger, c'est de savoir qu'elle s'y vend à meilleur marché, c'est la comparaison de son prix naturel au dehors avec son prix naturel dans le pays. Si un pays exporte des chapeaux, et importe du drap, il n'agit ainsi que parce qu'il peut obtenir plus de drap en faisant plus de chapeaux et les échangeant contre du drap, que s'il fabriquait le drap lui-même. Si la hausse des matières premières rendait la fabrication des chapeaux plus chère, elle occasionnerait aussi plus de frais dans la fabrication du drap ; et si les deux articles étaient faits dans le pays, ils hausseraient l'un et l'autre : cependant l'un des deux articles étant une marchandise importée, ne renchérirait ni ne baisserait de prix quand la monnaie hausserait de valeur ; car, en ne baissant pas de prix, le drap reprendrait la valeur relative naturelle qu'il avait par rapport à la marchandise exportée. La hausse des matières premières fait monter le prix des chapeaux de 30 sh. à 33 sh., ou de 10 pour cent : la même cause, si nous fabriquions du drap, le ferait hausser de 20 à 22 schellings par aune. Cette hausse ne détruit pas la relation entre le drap et les chapeaux ; car un chapeau vaudrait encore, comme il valait par le passé, une aune et demie de drap. Mais si nous importons du drap, le prix en restera constamment à 20 schellings l'aune, malgré la première baisse survenue tout d'abord dans la valeur de la monnaie et la hausse qui l'a suivie ; tandis que les chapeaux, qui avaient haussé de 30 sch. à 33 sch., retomberont de 33 sch. à 30 sch., taux auquel le rapport entre le prix du drap et des chapeaux se trouvera rétabli.

Pour simplifier l'objet de cette recherche, j'ai supposé jusqu'ici qu'une hausse dans la valeur des matières premières affecte dans une proportion égale toutes les marchandises nationales, en sorte que si l'une éprouve une hausse de 10 pour cent, toutes les autres haussent également de 10 pour cent. Mais comme la valeur des marchandises se compose de quantités très-différentes de matières premières et de main-d'œuvre, et comme la hausse des produits naturels n'influerait pas sur quelques marchandises, celles, par exemple, qui sont fabriquées avec des métaux, il est évident que la plus grande variété se manifesterait dans les effets produits sur la valeur des marchandises par un impôt sur les produits agricoles. Selon que ces effets seraient plus ou moins sensibles, ils favoriseraient ou gêneraient l'exportation de certaines marchandises , et auraient certainement les mêmes inconvénients qu'un impôt sur les marchandises, en détruisant la relation naturelle entre la valeur de chacune. Ainsi le prix naturel d'un chapeau, au lieu d'être égal à celui d'une aune et demie de drap, pourrait ne plus valoir qu'une aune et un quart, ou bien il pourrait valoir une aune et trois quarts de drap, ce qui donnerait peut-être une autre direction au commerce étranger. Mais, probablement, aucun de ces inconvénients ne dérangerait la valeur des objets exportés ou importés ; ils ne feraient qu'empêcher la meilleure distribution possible du capital dans le monde entier, distribution qui n'est jamais si bien réglée que lorsqu'on laisse chaque marchandise atteindre librement son prix naturel.

On voit donc que, quoique la hausse dans le prix de la plupart des marchandises nationale puisse pendant un certain temps entraver les exportations en général, et quoiqu'elle puisse même empêcher l'exportation d'un petit nombre de marchandises, cette hausse ne dérangerait pourtant pas d'une manière notable le commerce étranger, et ne nous placerait pas dans une position désavantageuse pour ce qui regarde la concurrence dans les marchés étrangers.

Chapitre X.
DES IMPÔTS SUR LES RENTES.

Un impôt sur la rente n'affecterait que la rente, et retomberait entièrement sur les propriétaires fonciers, sans pouvoir être rejeté sur aucune classe de consommateurs. Le propriétaire foncier ne pourrait pas augmenter le prix de sa rente ; car il ne saurait changer la différence qui existe entre le produit obtenu sur les terrains les moins productifs, et celui que l'on retire de tous les autres terrains. Des terres de trois sortes, n°s 1, 2 et 3, sont en culture, et par une quantité égale de travail, elles rendent respectivement cent quatre-vingts, cent soixante-dix et cent soixante quarters de blé ; mais le n° 3 ne paie pas de rente, et n'est par conséquent pas imposé ; la rente du n° 2 ne peut donc pas excéder la valeur de dix quarters, ni celle du n° 1 la valeur de vingt. Un pareil impôt ne saurait faire hausser le prix des produits de l'agriculture ; car le cultivateur du n° 3, qui ne paie ni rente ni impôt, n'a aucun moyen d'élever le prix de ses denrées. Un impôt sur les rentes ne découragerait pas la culture de nouveaux terrains, parce que ces terrains, ne payant pas de rente, ne seraient point imposés. Si on venait à livrer à la culture le n° 4, et que ce terrain produisît cent cinquante quarters de blé, il ne paierait pas d'impôts, mais il créerait une rente de dix quarters de blé pour le n° 3, qui commencerait dès lors à payer l'impôt.

Un impôt sur les rentes, avec la constitution actuelle de la rente, découragerait la culture des terres ; car ce serait un impôt sur les profits du propriétaire foncier. Le mot rente, ainsi que je l'ai déjà observé, s'applique à la valeur de tout ce que le fermier paie à son propriétaire, quoiqu'il n'y ait qu'une partie qui soit strictement la rente ou le profit du fonds de terre. Les bâtiments et autres constructions, ainsi que tous les déboursés du propriétaire constituent strictement une partie du capital de la ferme, et le fermier serait obligé d'en faire les frais, si le propriétaire ne les avait déjà faits pour lui. La rente est ce que le fermier paie au propriétaire foncier pour l'usage de la terre et pour cet usage seul. Ce qu'il paie de plus sous le nom de rente ou de loyer, il le donne pour la jouissance des bâtiments, etc. ; et ce sont là les profits du capital du propriétaire, et non les profits de la terre.

En imposant les rentes, comme il ne serait fait aucune distinction entre la somme payée pour l'usage de la terre, et celle qui est payée pour l'usage du capital du propriétaire, une partie de l'impôt retomberait sur les profits du propriétaire, - ce qui découragerait nécessairement la culture, à moins que le prix des produits agricoles ne s'élevât.

Sur la terre qui ne paierait point de rente, il pourrait être accordé au propriétaire une rétribution, sous le nom de rente, et à titre de loyer de ses bâtiments.

Ces bâtiments ne sauraient être construits, et la terre cultivée, à moins que le prix des produits bruts du sol ne fût suffisant, non-seulement pour couvrir tous les déboursés, mais encore pour payer la charge additionnelle de l'impôt. Cette partie de l'impôt ne tombe ni sur le propriétaire, ni sur le fermier ; elle ne frappe que le consommateur.

Il est très-probable que si l'on imposait les rentes, les propriétaires fonciers trouveraient bientôt le moyen de ne pas confondre ce qui leur est payé pour l'usage de la terre, avec ce qu'ils reçoivent pour l'usage des bâtiments, et pour les bonifications faites au moyen de leur capital.

On appellerait cette seconde rétribution, loyer de la maison et des bâtiments, ou bien, dans des terres nouvellement défrichées, ce serait le fermier et non le propriétaire qui construirait les bâtiments, et qui ferait les bonifications à ses propres frais. Le capital du propriétaire pourrait bien être en effet employé à ces objets ; le fermier pourrait ne le dépenser que nominalement, le propriétaire le lui avançant sous la forme d'un prêt, ou en achetant une annuité pendant le temps que durerait le bail. Qu'on distingue ou non ces deux sortes de rétributions payées par le fermier pour ces deux objets au propriétaire, il est certain qu'il existe une différence bien réelle entre la nature de l'une et de l'autre; et il est indubitable qu'un impôt sur le loyer de la terre tombe entièrement sur le propriétaire ; mais un impôt sur la rétribution que le propriétaire reçoit pour l'usage de son capital dépensé sur la ferme, ne frappe que le consommateur des produits du sol.

Si l'on mettait un impôt sur les fermages sans qu'on prît quelque moyen de distinguer la rétribution payée actuellement par le fermier au propriétaire sous le nom de fermage réel et en loyer du capital, un pareil impôt, en tant qu'il porterait sur le loyer des bâtiments et autres constructions, ne frapperait pas pendant longtemps le propriétaire, et retomberait sur le consommateur. Les fonds dépensés à ces constructions doivent rendre les profits ordinaires des capitaux engagés. Or, ils cesseraient de rapporter ces profits sur les terrains cultivés les derniers, dans le cas où les frais de construction de ces bâtiments ne seraient pas supportés par le fermier ; et si le fermier en faisait les frais, il cesserait de retirer les profits ordinaires de son capital, s'il ne parvenait pas à se faire rembourser sa dépense par le consommateur.

Chapitre XI.
DE LA DÎME.

La dîme est un impôt sur le produit brut de la terre, qui, comme les impôts sur les matières premières, retombe entièrement sur le consommateur. Elle diffère d'un impôt sur les rentes en ce qu'elle frappe des terres que cet impôt ne saurait atteindre, et en ce qu'elle fait hausser le prix des produits agricoles qu'un impôt sur les rentes n'altérerait pas. Les meilleurs comme les plus mauvaises terres paient la dîme, et la paient dans l'exacte proportion de la quantité des produits qu'on retire de chacune. La dîme présente donc tous les caractères de l'égalité.

Si les terrains de la dernière qualité, ou ceux qui ne paient pas de rente, et qui règlent le prix du blé, donnent des produits suffisants pour rapporter au fermier les profits ordinaires du capital, quand le prix du blé est à 4 l. le quarter, il faut que le blé monte à 4 l. 8 sch. Pour qu'il puisse retirer les mêmes profits après le paiement de la dîme ; car pour chaque quarter de blé le cultivateur est tenu de payer huit schellings au clergé.

La seule différence qu'il y ait entre la dîme et l'impôt sur les produits agricoles, c'est que l'un est un impôt pécuniaire variable, et que l'autre est un impôt pécuniaire fixe. Lorsque l'état d'une nation est stationnaire, et qu'il n'y a ni plus ni moins de facilité pour produire du blé, ces deux impôts ont des effets identiques ; car dans un tel état de choses le prix du blé devient invariable comme l'impôt. A une époque de décadence ou de progrès pour l'agriculture, alors que les produits agricoles baisseront de valeur par rapport aux autres machines, la dîme sera moins lourde qu'un impôt permanent en monnaie ; car, si le prix du blé baissait de 4 l. à 3 l., l'impôt devrait baisser de huit à six schellings. Dans un état progressif de civilisation, mais dans lequel, cependant, il ne s'opérerait aucun grand perfectionnement en agriculture, le prix du blé montera, et alors la dîme deviendra un impôt plus lourd que l'impôt permanent en monnaie. Si le blé venait à hausser de 4 1. à 5 l., la dîme sur la même terre s'élèverait de huit à dix schellings.

Ni la dîme, ni un impôt en monnaie ne changeraient rien à la rente en argent du propriétaire, et ces deux impôts auraient un effet sensible sir les rentes en nature. Nous avons déjà vu comment un impôt en monnaie affectait les rentes en blé : un effet pareil serait évidemment le résultat de la dîme, si les terres nos 1, 2 et 3 produisaient respectivement cent quatre-vingts, cent soixante-dix et cent soixante quarters de blé, la rente du n° 1 pourrait être de vingt quarters, et celle du n° 2 de dix ; mais une fois la dîme prélevée, ils ne conserveraient plus ce même rapport entre eux : car si l'on déduit un dixième de chacun de ces produits, ils resteront réduits à cent soixante-deux, cent cinquante-trois, cent quarante-quatre, et par conséquent la rente en blé du n° 1 se trouvera réduite à dix-huit quarters, et celle du n° 2 à neuf quarters. Mais le prix du blé aura haussé de 4 1. à 4 1. 8 sch. 10 ⅔ d.; car neuf quarters sont à 4 1. comme dix quarters sont à 4 1. 8 sch. 10 ⅔ d. ; et par conséquent la rente en monnaie se maintiendrait telle qu'elle était ; car elle serait de 80 1. sur le n° 1, et de 40 1. sur le n° 2.

La principale objection contre la dîme est que ce n'est point un impôt permanent et fixe, et que sa valeur augmente à proportion que la difficulté de produire du blé s'accroît. Si ces difficultés sont telles que le prix du blé soit de 4 l., l'impôt sera de 8 sch. ; si elles le font hausser a 5 l., l'impôt sera de 10 sch. ; et s'il arrive jusqu'à 6 l., l'impôt sera de 12 sch. Non seulement l'impôt augmente en valeur, mais le montant en devient plus considérable, et ainsi, quand le n° 1 était cultivé, l'impôt n'était perçu que sur cent quatre-vingts quarters ; quand le n° 2 a été cultivé, l'impôt a été levé sur 180 + 170 ou 350 quarters ; et quand le n° 3 a été cultivé, il a été levé sur 180 + 170 + 160 ou 510 quarters. Non-seulement l'impôt s'élèvera de

100,000 quarters à 200,000, quand les produits s'élèveront d'un à deux millions de quarters ; mais en raison de l'excédant de travail nécessaire pour produire le second million, la valeur relative des produits du sol aura haussé de manière que les 200,000 quarters, quoiqu'ils ne soient en quantité que le double des 100,000 qu'on payait auparavant, auront cependant une valeur triple.

Si on levait pour le clergé une valeur égale par d'autres moyens qui augmenteraient ainsi que la dîme, à proportion de la difficulté de la culture, l'effet serait le même. Et on se tromperait fort en pensant que les dîmes, parce qu'elles sont prélevées directement sur le sol, découragent plus l'agriculteur que toute autre redevance du même chiffre. Le clergé, dans les deux cas, obtiendrait une portion croissante du produit net du sol et de l'industrie du pays. Dans l'état progressif de la société, le produit net du sol va toujours en diminuant par rapport au produit brut ; mais c'est sur le produit net d'un pays que sont levés, en dernière analyse, tous les impôts, que le pays se trouve en voie de développement ou reste stationnaire. Un impôt qui augmente en même temps que le revenu brut, et qui retombe sur le revenu net, doit être nécessairement un impôt très-onéreux, et extrêmement oppressif. La dîme est le dixième du produit brut, et non le dixième du produit net du sol : et par conséquent à mesure que la société croît en richesse, elle doit progressivement absorber une partie plus considérable du produit net, quoiqu'elle soit toujours égale à une même portion du produit brut.

On peut encore regarder la dîme comme nuisible aux propriétaires fonciers, en ce qu'elle agit comme prime d'importation, en imposant le blé indigène, pendant que celui de l'étranger ne paie aucun impôt. Et si, dans le but de mettre les propriétaires à l'abri de l'avilissement des terres que doit occasionner cette prime, on frappait le blé du dehors d'un impôt pareil, perçu par l'État, il ne pourrait y avoir de mesure plus juste ni plus équitable, puisque tout ce que cet impôt rapporterait à l'État, aurait l'effet de diminuer d'autant les autres impôts que les dépenses du Gouvernement rendent nécessaires. Mais si un pareil impôt n'était consacré qu'à augmenter les revenus du clergé, il pourrait à la vérité augmenter au total la masse des produits, mais il diminuerait la part qui revient aux classes productives.

Si on laissait entièrement libre le commerce des draps, nos manufacturiers pourraient les donner à meilleur marché qu'on ne pourrait les importer. Si on mettait un impôt sur la fabrication des draps du pays, et qu'on n'en mit point sur l'importation, cela pourrait avoir le mauvais effet de détourner les capitaux de la fabrication des draps vers d'autres manufactures, le drap pouvant alors être tiré de l'étranger à meilleur marché que celui qu'on fabriquerait dans le pays. Le consommateur, qui préférait d'abord acheter son drap dans le pays, parce qu'il le payait moins cher que le drap étranger, achèterait pour lors du drap étranger, parce que, ne payant point d'impôts, il serait à plus bas prix que celui du pays, chargé d'un impôt. Mais il reviendrait au drap des fabriques nationales, du jour où l'impôt, pesant également sur la fabrication indigène et étrangère, abaisserait le prix des produits du dedans. C'est dans ce dernier cas que le consommateur donne le plus haut prix pour le drap ; mais tout le surplus de ce qu'il lui coûte, c'est l'État qui la gagne. Dans le second cas, il paie plus que dans le premier

; mais ce surplus n'est point reçu par l'État : c'est une augmentation de prix causée par la difficulté de la production et qu'il est forcé de supporter, parce que le poids de l'impôt a enlevé au pays les moyens de produire à de moindres frais.

DE LA DÎME

Chapitre XII.
DE L'IMPÔT FONCIER.

Un impôt foncier, prélevé proportionnellement à la rente des fonds de terre, et sujet à varier avec elle, est en effet un impôt sur la rente ; et comme un tel impôt ne peut atteindre ni les terres qui ne paient pas de rente, ni le produit du capital employé sur les terres dans le seul but d'en retirer un profit, - capital qui ne paie jamais de loyer, - cet impôt ne peut par conséquent influer aucunement sur le prix des produits du sol, et doit retomber entièrement sur les propriétaires. Un pareil impôt ne différerait en rien d'un impôt sur les rentes. Mais si l'impôt foncier frappe toutes les terres cultivées, alors, quelque modéré qu'il puisse être, il devient un impôt sur la production, et fait par conséquent hausser le prix des produits. Si le n° 3 est le terrain cultivé en dernier lieu, quoiqu'il ne paie pas de rente, il ne peut, après la création de cet impôt, continuer à être cultivé, ni rapporter le taux ordinaire des profits, à moins que le prix des produits ne s'élève parallèlement à l'impôt. Ou l'on détournera de cet emploi les capitaux jusqu'à ce que le prix du blé ait suffisamment haussé, par suite de la demande, pour rapporter les profits ordinaires ; ou, s'il y a un capital déjà employé sur cette terre, on l'en retirera pour le placer d'une manière plus avantageuse. L'impôt ne peut être rejeté sur le propriétaire ; car, dans la supposition que nous avons faite, il ne reçoit pas de rente.

Un pareil impôt peut être proportionné à la qualité des terres et à l'abondance de leurs produits, et dans ce cas il ne diffère nullement de la dîme ; ou bien l'impôt peut être un impôt fixe de tant par arpent de terre cultivée, quelle qu'en soit la qualité.

Un impôt foncier de la nature de ce dernier serait un impôt fort inégal, et il serait en opposition avec l'une des quatre maximes sur les impôts en général, d'après lesquelles, selon Adam Smith, tout impôt devrait être calculé. Voici ces quatre maximes :

«*Première maxime.* Les sujets d'un État doivent contribuer au soutien du Gouvernement, chacun, autant qu'il est possible, en proportion de ses facultés.

Deuxième maxime. La quote-part de l'impôt que chacun est tenu de payer, doit être certaine, et non arbitraire.

Troisième maxime. Tout impôt doit être perçu à l'époque et selon le mode qu'on peut présumer le plus commodes pour le contribuable.

Quatrième maxime. Tout impôt doit être calculé de manière à ce qu'il fasse sortir des mains du peuple le moins d'argent possible au delà de ce qu'il rapporte au trésor de l'État, et en même temps à ce qu'il tienne cet argent le moins longtemps possible hors de la bourse du public. [1]»

1 En regard de ces maximes généreuses qui sont, en quelque sorte, une déclaration des droits du contribuable, nous croyons utile de placer celles que M. de Sismondi - cette âme si forte et si tendre à la fois - a émises sous l'inspiration des idées démocratiques les plus élevées. Cela fait, nous réclamerons l'attention du lecteur pour les choses graves que nous essaierons de dire sur la question des charges publiques.

"1. Tout impôt doit porter sur le revenu et non sur le capital. Dans le premier cas, l'État ne dépense que ce que les particuliers devraient dépenser ; dans le second, il détruit ce qui devait faire vivre et les particuliers et l'État.

2. Dans l'assiette de l'impôt, il ne faut point confondre le produit brut annuel avec le revenu ; car le premier comprend, outre le second, tout le capital circulant : et une partie de ce produit doit demeurer pour maintenir ou renouveler tous les capitaux fixes, tous les travaux accumulés et la vie de tous les ouvriers productifs.

3. L'impôt étant le prix que le citoyen paie pour des jouissances, on ne saurait le demander à celui qui ne jouit de rien : il ne doit donc jamais atteindre la partie du revenu qui est nécessaire à la vie du contribuable.

4. L'impôt ne doit jamais mettre en fuite la richesse qu'il frappe ; il doit donc être d'autant plus modéré que cette richesse est d'une nature plus fugitive. Il ne doit jamais atteindre la partie du revenu qui est nécessaire, pour que ce revenu se conserve.

Ces règles, ajoute l'illustre économiste, doivent être combinées avec celles données par Adam Smith. En les observant, si on ne saurait faire que l'impôt soit un bien, on fera du moins qu'il soit un moindre mal."

(SISMONDI, t. II, livre VI, chap. 8.)

Il y a, comme on le voit, dans les prescriptions de Smith quelque chose de plus pratique, de plus financier ; dans celles de Sismondi, quelque chose de plus social, de plus élevé peut-être ; mais chez les deux penseurs on retrouve le même désir de proportionner les charges publiques à la force de ceux qui les supportent, et de repousser le sens des vieux adages qui faisaient de la gent travailleuse "la gent taillable et corvéable a merci. Dans ce siècle où le genre humain choisit ses guides et ses prophètes dans les rangs des travailleurs, - penseurs, poètes, industriels, artistes, - il était naturel qu'on reconnût à ces créateurs, à ces soutiens de toute civilisation, le droit de n'être plus rançonné à outrance sous prétexte de droit divin, de servage, de prolétariat. Après avoir réhabilité le travail, et la source d'où il s'épanche, le peuple, on était amené forcément à lui reconnaître le droit à la première place dans les jouissances sociales, le droit à la dernière dans les charges publiques : deux nécessités logiques que la Révolution publia par la terrible voix de ses canons, la science sociale par l'éloquente proclamation de Turgot, de Smith, et qui, après s'être imposées aux esprits, s'imposent de nos jours aux faits. Qu'est-ce, en effet, que le morcellement de la propriété, la diffusion des capitaux, la multiplication de ces caisses prévoyantes où l'épargne, comme une urne intarissable, verse les millions dus aux sueurs de l'ouvrier, et, trop souvent aussi, aux fourberies de nos laquais, - scapins éhontés qui déshonorent l'économie, achètent des chemins de fer et commanditent jusqu'à des dynasties espagnoles ou portugaises avec des sous pour livre, des gratifications et des bouts de bougie ? Qu'est-ce que l'abaissement de l'intérêt, et l'accroissement du salaire, si ce n'est un progrès évident vers le bien-être de la masse ? Et que sont, d'un autre côté, ces réformes incessantes dans la répartition des impôts ; ces lois qui dégrèvent les matières premières, ce pain de l'industrie ; les subsistances, ce pain des générations ; les lettres, les écrits, ce pain de l'intelligence et de l'âme ? Que sont ces décrets à l'allure passablement révolutionnaire qui, déplaçant les sources de l'impôt, tendent graduellement à l'asseoir, comme en Angleterre, sur des revenus fixes, des propriétés mollement étalées au soleil, - *income-tax, property-tax,*- et non sur les bases mouvantes et capricieuses du salaire ? Que sont, dis-je, toutes ces choses, si ce n'est l'allégement progressif du travail ?

La première condition d'existence pour une société, c'est une légion innombrable d'ouvriers, toujours prêts à creuser le sol, a battre le fer ; et on s'est aperçu, après tant de siècles d'ignorance et d'iniquité, qu'il était absurde de décimer ou d'affaiblir ces bataillons, vraiment sacrés, en leur enlevant par mille taxes oppressives le sang de leurs veines, la moelle de leurs os. Le prolétaire a besoin de tout son salaire pour retrouver l'immense énergie qu'il déploie chaque jour dans la production : c'est le géant sur lequel repose le monde social ; et Atlas lui-même, qui étayait de ses vastes épaules l'univers ancien, eût succombé sous la tâche, s'il lui avait fallu payer la taxe sur le pain, sur le sel, sur la viande. Il est impossible de remuer cette noble science de l'Économie politique que nous définissons, pour notre part : LA SCIENCE DU TBAVAIL ET DE SA RÉMUNÉRATION, sans se sentir entraîné par une immense sympathie pour tout ce qui pense, agit, crée ici-bas, sans chercher à traduire cette sympathie en formules protectrices et fortes ; et l'on ne doit pas s'étonner si J.-B. Say eut l'insigne honneur d'accumuler sur sa tête toutes les haines de la bureaucratie, par l'impitoyable rigueur avec laquelle il disséqua les budgets d'alors, et si les plaidoyers les plus énergiques contre les maltôtiers modernes sont partis des rangs des économistes. C'est qu'en effet ils sont les défenseurs nés des classes laborieuses et qu'ils ont, plus encore que les réformateurs politiques, ôté la couronne aux hommes de la féodalité pour la donner aux hommes de la paix et de la production : c'est que Ad. Smith, Turgot, Sismondi, en quelques lignes, ont donné la force d'axiomes à ces notions d'égalité qui n'existaient dans les âmes qu'à l'état de sentiment. Pour eux, en effet, la classe taillable et corvéable est, avant tout, surtout, la classe oisive, rentée, aristocratique, et ils se sont parfaitement entendus dans l'émission de cette vérité bien simple : - le seigneur, le financier, le bourgeois, gentilhomme ou non, participant plus largement que l'ouvrier aux joies et aux splendeurs de la civilisation, doivent participer plus largement aussi à ses dépenses.

Il en est de cette répartition des charges publiques comme des taxes que les directeurs de concerts prélèvent sur la curiosité et le dilettantisme. Le même spectacle est ouvert à tous : le même lustre verse sur la scène ses gerbes de lumière ; les mêmes vers, les mêmes harmonies font courir sur tous les fronts le souffle divin du génie ; les mêmes décors, le même fard, les mêmes pirouettes, suivies des mêmes coups de poignard, s'adressent à tous les spectateurs , et cependant lisez le tarif, que de nuances de prix correspondant à combien de places différentes ! Les charges qui pèsent sur chacun sont mathématiquement proportionnées à la dose d'aisance, de commodité dont il jouit, et si nous avions à proposer aux législateurs un modèle pour la péréquation de l'impôt, nous n'en voudrions pas d'autre que cette échelle si habilement graduée par les *impresarios*. La civilisation n'est-elle pas, en effet, une fête immense et perpétuelle que le genre humain se donne à lui-même, et ceux-là qui assistent à cette fête du haut de leurs amphithéâtres somptueusement décorés, n'en doivent-ils pas défrayer les dépenses plus largement que la foule qui gronde dans l'arène poudreuse du parterre, ou qui s'agite, comme l'Irlandais de nos jours et l'Ilote de l'antiquité, sans même entrevoir les splendeurs de ce jubilé ? C'est ainsi que l'on est amené forcément à placer au-dessus du principe qui veut qu'on frappe chaque citoyen dans la mesure de ses ressources, un autre principe plus grand encore, qui porte en lui la solution à la fois mathématique et paternelle du vaste problème de l'impôt et qui n'est que la loi de la solidarité sociale mise en chiffres. Ce principe entrevu par Montesquieu, confirmé par J -B. Say, et formulé dans la théorie de l'impôt proportionnel, veut ceci : La taxe qui atteint cette portion de la richesse du pays qui sert à la satisfaction des premiers besoins, doit être infiniment moins lourde que celle supportée par les consommations de luxe. Ainsi, des esprits que l'on a traités de rêveurs et de révolutionnaires, - et nous nous faisons honneur d'appartenir à cette jacquerie financière, - certains esprits ont eu l'audace de penser et de dire que tout homme doit avoir dans ses ressources une partie inviolable, respectée, celle où il puise son existence matérielle et celle de ses enfants. Ce fonds indispensable, qu'on ne saurait atteindre sans commettre un crime pareil à celui qu'on commettrait en diminuant la somme d'air qu'il faut à ses poumons, la somme de liberté qu'il faut à sa conscience, ce fonds ne relève pas de l'impôt c'est le tribut payé à la faim, à la nature. Le prélèvement de la société commence là où la consommation des individus franchit les lignes sévères du besoin pour entrer dans le domaine infini et varié des choses d'agrément ou de luxe. C'est alors que l'impôt doit frapper, et frapper avec une énergie d'autant plus grande, que la consommation est plus facultative, plus futile : de telle sorte qu'au bas de l'échelle l'homme du peuple ne soit pas obligé de partager avec le fisc le morceau de pain que trempent ses sueurs, et qu'au sommet, au contraire, les grands seigneurs, les prima donna et les vieilles marquises paient fort cher le droit d'avoir des chevaux pur sang, des rivières de perles et des king-charles. En un mot nous ne verrions, avec tant d'autres, aucun inconvénient à ce que la taxe fût de 100 pour 100 pour les mille superfluités qui égaient la vie des privilégiés d'ici-bas, s'il fallait acheter à ce prix le dégrèvement du sel, du vin, des lettres et nous trouverions fort raisonnable une loi qui, établissant une taxe de 2 pour 100 sur un revenu de 500 francs, grèverait de 3 pour 100 un revenu de 1000 francs, de 6 pour 100 un revenu de 10,000 fr., et ainsi de suite. Si même l'on objectait, ce que l'on a constamment objecté, que nous mentons au grand principe de la proportionnalité des charges, que nous oublions les notions les plus simples de l'arithmétique, nous dirions que la science sociale, opérant sur des éléments sensibles et non sur des abstractions, ne doit pas chercher l'équilibre des charges publiques dans des formules mathématiques, fausses à force de vérité, mais bien dans une appréciation intelligente des droits, des besoins, des instincts de chacun. Vouloir que l'ouvrier qui a lentement accumulé à force de sueurs, de privations un revenu de 500 fr., paie au trésor 50 fr., par la raison que le grand propriétaire jouissant d'un revenu de 50,000 fr., paierait 5000 f., c'est vouloir que parce qu'un homme de vingt ans peut soulever un poids de 200 kilogrammes, un enfant de deux ans soulève un poids de 20 kilogrammes qui briserait ses faibles bras ; c'est vouloir l'absurde, I'injuste ; c'est ne tenir compte ni du développement des forces individuelles ni des nécessités sociales. Quoi qu'on dise ou fasse, en effet, il sera toujours plus facile pour le riche de renoncer à des voluptés gastronomiques, que pour le pauvre de renoncer à un pain noir qu'il brise parfois à coups de hache, comme dans les Alpes, comme en Suède, lorsque la faim le presse et que sa dent ne peut l'entamer.

On a dit, il est vrai, - et sans remuer ici la question si vaste et si compliquée des impôts, il nous est permis d'en dresser l'état actuel et les contours généraux, - on a dit que l'impôt ainsi conçu, tendait, sous des apparences spécieuses, à décourager l'accumulation des capitaux par une sorte de maximum dirigé contre ceux qui grossissent leur fortune et leurs revenus : on a ajouté que, fatal sous ce rapport, notre système était de plus inefficace en ce que les consommations de luxe étant purement facultatives, les classes opulentes les délaisseraient pour éviter l'impôt. A la première accusation je réponds par cette simple réflexion, que s'il est bon de ne pas décourager l'accumulation, - ce qu'un impôt bien-établi serait d'ailleurs bien loin de faire, - il est urgent et charitable de ne pas décourager le travailleur en rognant son modique salaire au moyen des octrois, des taxes sur les matières premières, etc. Qui n'aimerait mieux voir s'arrêter dans leur progression géante les fortunes de nos modernes traitants ? qui n'aimerait mieux provoquer le *découragement* chez des millionnaires avides de nouveaux trésors, plutôt que de voir le malheureux canut en lutte avec le fisc ? Quant à l'inefficacité des impôts somptuaires, nous pourrions la réfuter d'un seul mot, en citant l'exemple de l'Angleterre et de quelques autres pays où le trésor prélève des tributs considérables sur la vanité et la frivolité des classes aisées : nous pourrions dire que quelques francs de plus ajoutés par l'impôt à des objets de luxe comme ceux dont nous avons déjà parlé, pèsent bien peu devant la fantaisie d'une grande dame, et qu'un impôt sur les perles n'eût pas empêché Cléopâtre d'en boire ni nos cantatrices d'en porter ; mais nous aimons mieux admettre le fait pour vrai et reconnaître que les revenus déserteraient les objets de haut luxe. Eh bien ! à nos yeux, la société devrait se réjouir d'un tel résultat : car les fonds qui servaient à commanditer les plaisirs et les soupers fins des grandes villes, s'adresseraient à des consommations plus sérieuses, plus vives, et iraient alimenter de vastes usines, de riches ateliers. Sans anathématiser le luxe, comme le fit l'excellent abbé Pluquet, il est permis de contempler sans douleur cette transmigration si peu probable des capitaux, et de songer qu'un jour pourrait venir où les trésors que la noblesse romaine dissipe dans les bals, les fêtes, les processions somptueuses, serviraient à défricher cette campagne de Rome d'où s'exhalent encore de nos jours, avec l'âme des vieux héros, tant de miasmes destructeurs.

Et d'ailleurs le système actuel des impôts dans notre France régénérée et libérale ne réalise même pas le programme rétréci de nos adversaires. Ainsi le vin du pauvre acquitte à la barrière le même droit que le vin des plus riches gourmets ; la taxe sur les bestiaux étrangers pèse aussi lourdement sur les faibles épaules de l'ouvrier que sur les robustes ressources des classes aisées ; et le sel, que Dieu a jeté, comme la manne, en masses inépuisables sur nos côtes et dans les entrailles de la terre, le sel qu'on arrache aux malheureux paludiers, nous rappelle encore les plus mauvais jours de la gabelle, du quint et du requint. Des taxes oppressives, que toute l'indignation des cœurs honnêtes ne peut faire lever, privent l'indigent de cet aliment précieux et retardent les progrès de notre agriculture, tandis que le trésor prélève à peine quelques deniers sur les produits qui ornent les tables aristocratiques. Est-ce là de la justice, de l'égalité, nous le demandons ? et est-il encore besoin de prouver les scandales de ce régime, après les pages énergiques écrites par Ricardo, Sismondi, Say, à ce sujet ; après les protestations ardentes de la tribune et les émouvantes improvisations de MM Rossi, Blanqui et Chevalier, au Conservatoire et au Collège de France ? Vous aurez beau dire que les impôts indirects se recommandent par une admirable souplesse, se paient par parcelles minimes aux époques choisies par le consommateur, et grandissent ou diminuent avec ses ressources : ce sont là des sophismes bons tout au plus à satisfaire les employés de l'octroi, les optimistes et les naïfs. Et d'abord, c'est une bien étrange souplesse que celle d'une institution qui s'aggrave chaque jour et ne s'allège jamais. Un ressort souple est celui qui se détend après avoir été tendu ; or, qui se rappelle avoir vu diminuer et surtout annuler des impôts ? Cette souplesse est donc analogue à celle du knout, et nous la désavouerons en la bafouant, tant que nous verrons des décimes de guerre se perpétuer en pleine paix. Quant à la facilité d'ajourner a volonté l'impôt individuel, nous dirons que là repose encore une erreur grave et dangereuse. Il est bien vrai sans doute que le sacrifice se fait par parcelles ; mais il n'est pas vrai que le consommateur puisse choisir l'époque a laquelle il devra l'acquitter, ni que la taxe grandisse ou diminue avec ses ressources, c'est-à-dire avec la consommation effectuée. En effet, la vie a des exigences quotidiennes qu'il faut satisfaire quotidiennement, et s'il est possible d'ajourner au lendemain un plaisir, ou l'achat de quelque superfluité, il n'en est pas de même des denrées de première nécessité. Celles-là il les faut avoir sous peine de mort, et pour les avoir il faut payer tribut à ce créancier inflexible qui ne fait crédit ni aux larmes ni à la faim, et qu'on appelle l'Octroi. Il faut donc rayer encore de la liste des avantages attachés aux contributions indirectes, ces prétendus accommodements et cette prétendue souplesse. Reste donc maintenant le parallélisme qu'on dit exister entre la consommation elle-même, l'impôt qui la grève, et les ressources de la masse. Rien de plus réel, de plus séduisant au premier coup d'œil, rien de plus faux en réalité. Voici comment :

Étant donnée une taxe de 0,05 c. sur un litre de lait, celui qui achète deux litres paiera 0,10 c., celui qui en achète quatre paiera 0,20 c., et ainsi de suite. Notre intelligence va jusqu'à comprendre cela ; mais cette taxe en sera-t-elle pour cela plus équitable, plus régulière, plus proportionnelle, en un mot ? Nullement. Pour tous les individus jouissant de revenus fixes le sacrifice fait en faveur de la société sera sans doute le même chaque jour : ce n'est qu'à de larges intervalles, en effet, que s'abaissent l'intérêt des capitaux et la rente foncière. Mais quoi de plus mouvant, de plus capricieux que les salaires de l'ouvrier : aujourd'hui, sous l'influence d'une industrie prospère, ils atteindront un niveau élevé et, le lendemain, si des crises financières, des sécessions menacent la grande ruche populaire, ils diminueront, ils s'anéantiront peut-être ! Une taxe que l'ouvrier supportait aisément avec une rétribution de 3 ou 4 francs par jour, lui paraîtra écrasante alors que cette rétribution ne sera plus que de 2 ou de l franc. Or, comme ces variations au tempérament industriel se représentent chaque jour, on voit à quoi se réduit ce rapport tant vanté entre les ressources du citoyen et le tribut qu'il paie à l'État. En réalité ce rapport qui existe pour certaines classes ne l'est pas pour d'autres : il est vrai aujourd'hui, et ne l'est plus le lendemain.

A quoi on a objecté qu'il faut à tout prix des revenus à l'État, que l'égalité réelle et non fictive demandée par nous est tout simplement une chimère, et qu'il est impossible, par exemple, de déboucher toutes les bouteilles de vin pour savoir si on a affaire à du Johannisberg, à du Porto ou a du Surène. II faut des revenus à tout prix, sans doute, excepté au prix de l'injuste et des privations de la classe laborieuse qui a besoin de toutes ses forces pour sa rude et incessante tâche, véritable rocher de Sisyphe, *qui seulement ne retombe pas.* Et quant à l'impossibilité d'asseoir nos contributions sur les données du bon sens, je la récuse d'abord et rajoute que les nations ne doivent pas souffrir de l'impuissance des législateurs, ne peuvent pas se contenter de cette fin de non-recevoir, et qu'elles ont droit d'attendre autre chose de ceux à qui elles remettent le soin de les gouverner. Comment ? il serait impossible de proportionner le droit sur le vin à la fortune de celui qui le consomme ! Mais que fait-on donc à la frontière pour distinguer nettement entre les graisses de cheval, d'ours, de bœuf, entre les dix ou douze espèces de poils qui paient tribut à la protection ? Les douaniers sont-ils doués d'une science universelle en fait de produits, et sauraient-ils classer à l'odorat telle ou telle qualité de graisse, comme un courtier de thés, en Chine, classe par la dégustation les innombrables variétés de cette plante ? Eh bien ! ce qu'on fait pour ces produits et pour tant d'autres, il serait très-facile de le faire, par exemple, pour les vins. Outre que les vases qui les contiennent affectent des formes très-variées, suivant l'origine et la qualité, formes auxquelles la consommation est habituée et qui, pour les vins du Rhin, le Champagne, le Tokay, sont devenues traditionnelles, il est un moyen bien simple ; - en dehors de l'entrée en tonneaux qui a ses inconvénients, - c'est de prélever le droit *ad valorem* sur le montant des factures ou des lettres de voiture. Le procédé, comme on voit, n'a rien de révolutionnaire, rien d'inquisiteur, et il trouverait une garantie puissante dans la pénalité redoutable qui s'attache à toutes les fraudes commises au préjudice du trésor. Ce serait là une réforme transitoire en attendant le moment où, balayées par le souffle du progrès, les barrières de l'octroi tomberaient avec celles de la douane aux applaudissements de tous. Je ne veux pour garants de ces applaudissements, que les passages lumineux que M. Horace Say a consacrés à ce problème des octrois dans ses belles *Études sur l'administration de la ville de Paris* (Paris, 1846, Guillaumin, Éditeur.).

Renoncer aux magnifiques recettes que font les caisses municipales avec leurs désirs d'entrée, est quelque chose qui peut paraître aussi utopique qu'héroïque : mais il faudra bien y venir le jour où les idées que nous venons d'émettre, et que couvre la sanction de maîtres illustres, auront fait irruption dans l'esprit public ; d'ici là il faudra ramener peu à peu les droits sur les denrées de première nécessité à des tarifs qui semblent légers, même aux plus pauvres : d'ici là il faudra faire violence au trésor, par le raisonnement, pour lui faire adopter ces tarifs modérés, qui seraient son honneur et sa richesse s'il savait s'en servir. Et comme les améliorations s'enchaînent, comme le bien a sa logique ainsi que le mal, la nécessité d'alléger le fardeau qui retombe sur les classes pauvres, conduira à la nécessité de diminuer l'ensemble des charges publiques ; de désarmer ces légions de soldats qui sont un véritable anachronisme à une époque où triomphent les théories de la paix ; d'arracher de nos dépenses toutes les branches gourmandes, de nos industries tous les monopoles, de notre régime économique tous les abus. Le licenciement de la moitié de l'armée, suivant le mode prussien, n'ôterait rien de leur héroïsme à nos soldats, restituerait à la production des bras vigoureux, et permettrait de faire à la nation la remise de deux à trois cents millions. Or, ce licenciement que tout rend probable, s'effectuera dès l'instant où comprenant l'amère tristesse de Napoléon à Eylau. on se détournera avec horreur des champs de bataille. La philosophie nous apprend en effet que toutes les fois qu'on creuse la tombe d'un homme on creuse celle d'une richesse matérielle et intellectuelle : la nation perd un citoyen, la famille un ami, l'Économie politique une valeur - et la plus noble de toutes.

Un impôt foncier, assis également sur toutes les terres en culture, sans avoir égard à la différence des qualités, fera hausser le prix du blé en proportion de l'impôt payé par le cultivateur de la terre de la plus mauvaise qualité. Des terres de qualité différente, sur lesquelles des capitaux pareils sont employés, rapporteront des quantités très-différentes de produits bruts. Si la terre, qui, au moyen d'un capital donné, rapporte mille quarters de blé, est imposée à 100 l., le blé haussera de 2 sch. par quarter, pour que le fermier puisse être indemnisé de l'impôt. Mais en employant le même capital sur une terre de meilleure qualité, on peut recueillir deux mille quarters de blé, qui, à 2 sch. d'augmentation par quarter, donneront 200 l., et cependant, l'impôt étant assis d'une manière égale sur l'une comme sur l'autre de ces terres, sera de 100 1. pour la terre fertile de même que pour la terre ingrate. Par conséquent le consommateur de blé aura non-seulement à contribuer pour les dépenses de l'État, mais il paiera encore au cultivateur du meilleur de ces deux terrains, pendant le temps de son bail, 100 sch. qui viendront ensuite s'ajouter à la rente du propriétaire.

Un impôt de cette nature est donc en opposition avec la quatrième maxime d'Adam Smith ; car il tirerait de la poche du peuple une valeur

---

Si maintenant nous voulions résumer en quelques ligues, nos idées sur la répartition de l'impôt, sur le point où il doit cesser et commencer, nous proposerions, en complétant et élargissant les maximes posées par Sismondi, Smith et Ricardo, les règles suivantes :

1° L'impôt, *pour être régulièrement et solidement assis,* doit atteindre surtout les revenus fixes, les propriétés, les différentes branches du travail industriel et commercial, par les contributions directes, les patentes et une application judicieuse de l'*income-tax* (taxe sur les revenus).

2° L'impôt , *pour être équitable,* doit ne s'adresser aux revenus incertains, variables de l'employé, de l'artiste, de l'ouvrier, qu'après avoir épuisé toutes les autres sources de recettes.

3° L'impôt, *pour être réellement proportionnel,* doit effleurer seulement les objets de consommation nécessaire pour peser lourdement sur les matières de luxe et d'ostentation De même, une taxe sur les revenus devra tenir compte non seulement du chiffre des revenus, mais encore de leur destination, et ne pas demander 5 pour cent à un pauvre rentier de 500 fr., comme au Nabab qui reçoit annuellement 500,000 francs.

4° L'impôt, *pour être productif,* doit être modéré, et l'être d'autant plus, qu'il atteindra des objets de consommation générale, qui s'adressent surtout aux humbles, aux pauvres.

De cette manière on attend, pour y puiser, que les richesses du pays soient créées et on n'en tarit pas les sources en accablant le travailleur : de cette manière on est juste tout en étant charitable, charitable tout en étant habile, noble et triple résultat que nous recommandons à nos législateurs. A. F.

plus forte que celle qui entrerait dans les coffres de l'État. La taille, en France, avant la révolution, était un impôt de cette espèce ; il n'y avait de terres imposées que celles des roturiers. Le prix des produits du sol haussa dans la proportion de l'impôt, et par conséquent, ceux dont les terres n'étaient pas *taillées* y gagnèrent une augmentation de rentes.

L'impôt sur les produits immédiats du sol, ainsi que la dîme, n'ont point un semblable inconvénient. Ils augmentent, à la vérité, le prix des produits du sol ; mais il n'est perçu sur chaque espèce de terrain qu'une contribution proportionnée à ses produits actuels, et non une contribution calculée sur le produit du terrain le moins productif.

Le point de vue particulier sous lequel Adam Smith a considéré le loyer de la terre lui fit dire que tout impôt territorial assis sur la terre même, - sous forme d'impôt foncier, ou de dîme -, perçu sur les produits de la terre, ou prélevé sur les profits du fermier, était toujours payé par le propriétaire foncier, qui était dans tous ces cas le seul contribuable, quoique l'impôt fût nominalement avancé par le fermier. Cette opinion vient de ce que Smith n'a pas fait attention que, dans tous pays, il y a des capitaux considérables employés sur des terres qui ne paient pas de rente. «Des impôts, dit-il, sur le produit de la terre sont, dans la réalité, des impôts sur les fermages, et quoique l'avance en soit primitivement faite par le fermier, ils sont toujours définitivement supportés par le propriétaire. Quand il y a une certaine portion du produit à réserver pour l'impôt, le fermier calcule le plus juste qu'il peut le faire à combien pourra se monter, une année dans l'autre, la valeur de cette portion, et il fait une réduction proportionnée dans la rente qu'il consent de payer au propriétaire. Il n'y a pas un fermier qui ne calcule par avance à combien pourra se monter, une année dans l'autre, la dîme ecclésiastique qui est un impôt foncier de ce genre.»

Il est très-certain que le fermier calcule d'avance les frais de toute espèce qu'il aura à supporter, lorsqu'il convient avec son propriétaire du prix qu'il doit lui payer pour sa rente, et si ce qu'il est obligé de payer pour la dîme ecclésiastique ou pour l'impôt sur le produit de terre, ne se trouvait pas compensé par l'augmentation de la valeur relative du produit de sa ferme, il aurait sans doute déduit le montant de ces charges du prix du loyer. Or, voilà précisément le point en discussion, et la question est de savoir si le fermier déduira éventuellement toutes ces charges du montant de la rente, ou bien s'il en sera indemnisé par le plus haut prix des produits de sa ferme. Par les raisons que j'ai déjà données, il me parait certain que l'effet de ces impôts serait de faire hausser le prix des produits, et par conséquent que Adam Smith a considéré. cette question importante sous un faux jour.

Cette manière de voir de Smith est probablement ce qui lui fait dire que «la dîme et tout autre impôt sont, sous l'apparence d'une égalité parfaite, des impôts extrêmement inégaux ; une portion fixe du produit étant, suivant la différence des circonstances, l'équivalent de portions très-différentes du fermage.» Je me suis attaché à montrer que de tels impôts ne pesaient point d'une manière inégale sur les différentes classes des fermiers et des propriétaires, les uns comme les autres se trouvant dédommagés par la hausse du prix des produits du sol, et ne contribuant à l'impôt qu'en proportion de ce qu'ils consomment de ces produits. Il y a même plus ; car, en tant que les salaires éprouvent des variations, et que, par l'effet de ces variations, le taux des profits est changé, la classe des propriétaires, bien loin de fournir tout son contingent pour l'impôt, est précisément la classe qui en est particulièrement exemptée. C'est la part des profits du capital, enlevée par l'impôt, qui retombe sur les cultivateurs, lesquels, par l'insuffisance de leurs fonds, ne peuvent pas payer des impôts. Cette portion pèse exclusivement sur toutes les personnes qui tirent leur revenu de l'emploi d'un capital, et par conséquent elle n'a aucun effet sur les propriétaires.

Il ne faut pourtant pas inférer de cette manière d'envisager l'effet de la dîme et des impôts sur la terre et sur ses produits, que ces impôts ne découragent pas la culture des terres. Tout ce qui augmente la valeur échangeable des denrées de toute espèce pour lesquelles il y a une forte demande générale, tend à décourager la culture, ainsi que la production ; mais c'est là un mal inhérent à tout genre d'impôt, et non un mal particulier aux impôts dont nous nous occupons en ce moment.

On peut en effet considérer ce mal comme l'inconvénient inévitable attaché à tout impôt perçu et dépensé par l'État. Chaque nouvel impôt devient une charge nouvelle sur la production, et augmente le prix naturel des produits. Une portion du travail du pays dont pouvait disposer auparavant le contribuable , est mise à la disposition de l'État. Cette portion peut s'accroître tellement qu'il ne reste plus assez d'excédant de produits pour encourager les efforts des personnes qui , par leurs économies, grossissent d'ordinaire le capital national.

Heureusement les impôts n'ont encore été portés, dans aucun pays libre, assez loin pour faire décroître son capital d'année en année. Une telle surcharge d'impôts ne saurait être supportée

longtemps, car si on l'endurait , l'impôt irait toujours absorbant une si grande partie du produit annuel du pays, qu'il en résulterait un état affreux de misère, de famine et de dépopulation.

«Un impôt territorial (dit Adam Smith) qui est établi comme celui de la Grande-Bretagne, d'après un cens fixe et invariable, a bien pu être égal pour tous à l'époque de son premier établissement ; mais il devient nécessairement inégal dans la suite des temps, en raison de l'amélioration ou du dépérissement de la culture dans les différentes parties du pays. En Angleterre, l'évaluation d'après laquelle a été faite l'assiette de l'impôt foncier sur les différents comtés et paroisses , par l'acte de la quatrième année de Guillaume et Marie, a été fort inégale, même à l'époque de son premier établissement. A cet égard donc, cet impôt choque la première des quatre règles exposées ci-dessus : il est parfaitement conforme aux trois autres; il est on ne peut plus fixe. L'époque du paiement de l'impôt étant la même que celle du paiement des rentes, est aussi commode qu'elle peut l'être pour le contribuable, Quoique le propriétaire soit dans tous les cas le vrai contribuable, l'impôt est, pour l'ordinaire, avancé par le tenancier, auquel le propriétaire est obligé d'en tenir compte dans le paiement de la rente.»

Si le fermier rejette l'impôt, non sur le propriétaire, mais sur le consommateur, alors l'impôt, s'il n'a pas été inégal dès son origine, ne pourra plus l'être ; car le prix des produits ayant été tout d'un coup élevé dans la proportion de l'impôt, ne variera plus dans la suite par cette cause. Cet impôt pourra mécontenter par son inégalité, et j'ai déjà montré qu'il produisait cet effet ; car il est contraire à la quatrième des maximes énoncées ci-dessus ; mais il ne l'est point à la première. Il peut enlever au public plus qu'il ne rapporte au trésor de l'État; mais il ne pèsera inégalement sur aucune classe particulière de contribuables.

M. Say me parait avoir mal saisi la nature et les effets de l'impôt foncier en Angleterre dans le passage suivant :

«Plusieurs écrivains attribuent à cette fixité d'évaluation la haute prospérité où l'agriculture est portée en Angleterre. Qu'elle y ait beaucoup contribué, c'est ce dont il n'est pas permis de douter ; mais que dirait-on si le gouvernement, s'adressant à un petit négociant, lui tenait ce langage : *Vous faites, avec de faibles capitaux, un commerce borné, et votre contribution directe est en conséquence peu de chose. Empruntez et accumulez des capitaux, étendez votre commerce, et qu'il vous procure d'immenses profits : vous ne paierez toujours que la même contribution ; bien plus, quand vos héritiers succéderont a vos profits, et les auront augmentés, on ne les évaluera que comme ils furent évalués pour vous, et vos successeurs ne supporteront pas une plus forte part des charges publiques.*

Sans doute ce serait un grand encouragement donné aux manufactures et au commerce ; mais serait-il équitable ? Leur progrès ne pourrait-il avoir lieu qu'à ce prix ? En Angleterre même, l'industrie manufacturière et commerciale n'a-t-elle pas, depuis la même époque, fait des pas plus rapides encore, sans jouir de cette injuste faveur ?

Un propriétaire, par ses soins, son économie, son intelligence, augmente son revenu annuel de 5,000 fr. Si l'État lui demande un cinquième de cette augmentation de revenu, ne lui reste-t-il pas 4,000 fr. d'augmentation pour lui servir d'encouragement ?»

Si l'on suivait l'idée de M. Say, et que l'État réclamât du fermier le cinquième de son revenu augmenté, cette contribution serait injuste ; elle entamerait les profits du fermier sans affecter les profits des autres branches d'industrie. Toutes les terres seraient également sujettes à l'impôt, celles qui rendent peu et celles qui rapportent beaucoup; et sur les terres qui ne paient pas de rente, il ne pourrait y avoir de compensation à l'impôt dans une réduction de la rente. Un impôt partiel sur les profits ne frappe jamais le genre d'industrie sur lequel il est assis ; car le commerçant quittera son commerce, ou se remboursera de l'impôt. Or, ceux qui ne paient pas de rente, ne pouvant être dédommagés que par la hausse du prix des produits, l'impôt que M. Say propose retomberait sur le consommateur, sans frapper ni le propriétaire ni le fermier.

Si l'on augmentait l'impôt proposé dans le rapport de l'augmentation de la quantité ou de la valeur des produits agricoles, il ne différerait en rien de la dîme, et il serait, de la même manière, rejeté sur le consommateur. Qu'un tel impôt fût donc assis sur le produit brut ou sur le produit net de la terre, ce serait un impôt sur la consommation, qui ne pèserait sur le propriétaire et sur le fermier qu'à la manière de tout autre impôt sur les produits agricoles.

Si l'on n'avait mis aucun impôt sur la terre, et que les sommes nécessaires à la dépense de l'État eussent été levées par tout autre moyen, l'agriculture aurait prospéré pour le moins autant qu'elle l'a fait ; car il est impossible qu'aucun impôt sur la terre soit un encouragement à la culture. Un impôt modéré peut ne pas être et probablement n'est pas un obstacle à la production, mais il ne l'encourage point. Le gouvernement anglais n'a pas tenu le langage que M. Say lui prête. Il ne promit pas d'exempter la classe agricole et leurs successeurs de tout impôt futur, et de lever les fonds qui pourraient devenir nécessaires pour les dépenses de l'État sur les autres classes de la société ; le gouvernement a dit simplement :»Nous ne chargerons plus la terre par ce mode d'impôt ; mais nous nous réservons la plus entière liberté de vous faire payer sous une autre forme tout le montant de votre contingent futur pour défrayer les besoins de l'État.»

En parlant de l'impôt en nature, ou de l'impôt levé en une certaine portion des produits, ce qui est précisément la même chose que la dîme, M. Say dit :

«Cette forme d'impôt paraît la plus équitable de toutes : il n'y en a pas qui le soit moins. Il ne tient nul compte des avances faites par le producteur ; il se proportionne au revenu brut, et non au revenu net.

«Deux agriculteurs ont des cultures différentes : l'un cultive de médiocres terres à blé, ses frais de culture se montent, année commune, à 8,000 fr. ; le produit brut de ses terres est de 12,000 fr. : il a donc 4,000 fr. de revenu net.

«Son voisin a des prairies ou des bois qui rendent brut, tous les ans, 12,000 fr. également, mais qui ne lui coûtent d'entretien que 2,000 fr. : c'est donc, année commune, 10,000 fr. de revenu qui lui restent.

«Une loi commande qu'on lève en nature un douzième des fruits de la terre, quels qu'ils soient. On enlève en conséquence, au premier, des gerbes de blé pour une valeur de 1,000 fr., et au second, des bottes de foin, des bestiaux ou des bois pour une valeur de 1,000 fr. également. Qu'est-il arrivé ? C'est qu'on a pris à l'un le quart de son revenu, qui se montait à 4,000 fr., et à l'autre, le dixième seulement du sien, qui se montait à 10,000 fr.

«Chacun en particulier n'a pour revenu que le profit net qu'il fait après que son capital, tel qu'il était, se trouve rétabli. Un marchand a-t-il pour revenu le montant de toutes les ventes qu'il fait dans une année ? Non, certes ; il n'a de revenu que l'excédant de ses rentrées sur ses avances, et c'est sur cet excédant seul qu'il peut payer l'impôt sans se ruiner.»

L'erreur dans laquelle M. Say est tombé dans ce passage, consiste à supposer que, parce que la valeur du produit de l'une de ces propriétés (après que le capital de l'agriculteur est rétabli) est plus grande que la valeur du produit de l'autre terre, le revenu net de chacun des cultivateurs doit différer dans la même proportion. M. Say a entièrement négligé de tenir compte de la rente que chacun de ces cultivateurs paie. Il ne peut y avoir deux différents taux

de profits dans un même emploi, et par conséquent, quand les produits sont en proportions différentes par rapport au capital, c'est la rente qui diffère et non les profits. Sous quel prétexte pourrait-on souffrir qu'un homme retirât, d'un capital de 2,000 fr., un profit net de 10,000 fr., pendant qu'un autre, avec un capital de 8,000 fr., ne pourrait en retirer que 4,000 fr.?

Que M. Say tienne compte de la rente ; qu'il considère aussi l'effet qu'un semblable impôt aurait sur les prix des différentes espèces de fruits de la terre, il verra que cet impôt n'est point inégal, et que les producteurs eux-mêmes n'y contribuent pas plus que toute autre classe de consommateurs.

Chapitre XIII.
DES IMPÔTS SUR L'OR.

L'impôt, comme toute difficulté ajoutée à la production, amènera toujours à la fin la hausse des denrées ; mais le temps qui peut s'écouler avant que le prix courant devienne conforme au prix naturel, dépendra de la nature de la denrée, de la facilité avec laquelle la quantité peut en être réduite. Si la quantité de la denrée imposée ne peut être réduite ; si, par exemple, le capital du fermier ou celui du chapelier ne pouvaient être détournés vers un autre emploi, il serait fort indifférent que leurs profits fussent réduits au-dessous du niveau général par l'effet d'un impôt. A moins que la demande de leurs marchandises n'augmentât, ils ne pourraient jamais élever le prix courant du blé et des chapeaux jusqu'au niveau de l'augmentation du prix naturel de ces articles. S'ils menaçaient de quitter leur métier, et d'aller employer leurs capitaux dans un commerce plus favorisé, on regarderait cela comme une vaine menace qu'ils ne peuvent pas exécuter ; et par conséquent la diminution de production ne ferait pas hausser le prix.

Mais les denrées de toute espèce peuvent être réduites en quantité, et on peut également détourner les capitaux d'un genre de commerce moins lucratif vers un autre qui l'est davantage, quoique cela se fasse avec plus ou moins de lenteur. Selon que l'approvisionnement d'une denrée est susceptible d'être réduit glus aisément, le prix en augmentera plus vite quand la production sera devenue plus difficile, par l'effet d'un impôt ou de toute autre cause. Le blé étant une denrée indispensablement nécessaire pour tout le monde, l'impôt aura à peine quelque effet sur la demande du blé, et par conséquent l'approvisionnement ne saurait en être longtemps surabondant, alors même que les producteurs éprouveraient de grands obstacles à détourner leurs capitaux de la terre ; le prix du blé montera donc promptement par l'effet de l'impôt, et le fermier aura le moyen d'en rejeter le fardeau sur le consommateur.

Si les mines qui nous fournissent de l'or étaient dans ce pays, et si l'or était imposé, il ne pourrait hausser de valeur par rapport aux autres choses, tant que sa quantité ne serait pas réduite. Cela arriverait surtout si l'on se servait exclusivement de l'or pour fabriquer la monnaie. A la vérité, les mines les moins productives, celles qui ne paient pas de loyer, ne pourraient plus être exploitées ; car, pour rendre le taux général des profits, il faudrait que la valeur relative de l'or haussât d'une somme égale à celle de l'impôt. La quantité de l'or, et par conséquent celle de la monnaie, diminuerait lentement ; la diminution serait faible la première année, plus forte la seconde, et à la longue la valeur de l'or hausserait à proportion de l'impôt. Mais, dans l'intervalle, les capitalistes ou les possesseurs de l'or paieraient l'impôt, qui se trouverait ainsi ne pas peser sur les personnes qui se servent de monnaie. Si sur chaque mille quarters de blé existant actuellement dans le pays, et sur chaque mille quarters de blé qui seraient produits par la suite, le Gouvernement prélevait un impôt de cent quarters, le reste s'échangerait contre la même quantité de marchandises que l'on se procurait auparavant avec les mille quarters. Si l'on en faisait autant par rapport à l'or, et si, sur chaque 1,000 liv. sterl. de numéraire actuellement existant dans le pays, ou qui pourrait y être apporté par la suite, le Gouvernement prélevait un impôt de 100 l., les 900 1. qui restent n'achèteraient qu'une bien petite valeur au delà de ce que les 900 1. auraient pu acheter avant l'impôt. L'impôt retomberait sur celui dont la fortune consisterait en argent, et continuerait à peser sur lui jusqu'à ce que la quantité de l'argent se trouvât réduite en proportion de l'augmentation des frais occasionnés par l'impôt [1].

Cela aurait lieu plus particulièrement pour ce qui regarde un métal servant de monnaie que pour toute autre marchandise ; car il n'y a pas de demande pour une quantité définie de numéraire, comme il y en a pour des objets d'habillement ou de nourriture. La demande de numéraire n'est réglée que par sa valeur, et sa valeur dépend de sa quantité. Si l'or valait le double de ce qu'il vaut, la moitié de la quantité actuelle remplirait les mêmes fonctions dans la circulation ; et si l'or ne valait que la moitié de sa valeur actuelle, il en faudrait le double pour les besoins de la circulation. Si le prix courant du blé augmentait d'un dixième par l'effet de l'impôt ou par la difficulté de la production, il se

---

1 L'auteur met ici en opposition deux impôts supposés ; mais je crains qu'il ne se trompe sur l'effet qu'il leur attribue. Si le gouvernement levait cent quarters de blé sur mille, et continuait à les lever, les neuf cents quarters qui resteraient ne vaudraient jamais plus que neuf cents ; car les cent quarters levés par le gouvernement retourneraient toujours à la consommation, quoique dans l'intérêt du prince. Il y aurait toujours la même quantité produite et le même nombre de consommateurs.

Quant a l'impôt sur l'or, je pense, au contraire, que le gouvernement, en raison du monopole de la fabrication des monnaies, pourrait mettre dans la circulation neuf cents onces d'or en monnaie, et les faire valoir autant que mille en lingots. - J.-B. SAY.

pourrait que la consommation du blé n'éprouvât aucun changement ; car, chacun n'ayant besoin que d'une quantité définie de blé, il continuerait à la consommer tant qu'il aurait les moyens de l'acheter. Mais pour ce qui regarde le numéraire, la demande en est exactement en raison de sa valeur. Personne ne pourrait consommer le double du blé qui lui est ordinairement nécessaire pour sa nourriture ; mais tout le monde, quoique n'achetant et ne vendant que la même quantité de marchandises, peut avoir besoin d'employer deux, trois, ou un plus grand nombre de fois autant d'argent.

L'argument dont je viens de me servir ne s'applique qu'aux pays dont la monnaie est métallique, et où il n'y a point de papier-monnaie. L'or, ainsi que toute autre marchandise, a une valeur courante qui se règle en définitive par le degré comparatif de facilité ou de difficulté de la production ; et quoique, par sa nature durable et par la difficulté d'en diminuer la quantité, il ne soit pas très-sujet à éprouver des variations dans son prix courant, cette difficulté augmente encore beaucoup en raison de ce qu'il sert de monnaie. Si la quantité de l'or, considéré uniquement comme marchandise, n'était, dans le marché, que de dix mille onces, et que la consommation de nos manufactures fût de deux mille onces par an, l'or pourrait hausser d'un quart ou de 25 pour % de sa valeur dans un an, si l'approvisionnement annuel venait a être retiré ; mais si, en raison de ce qu'il sert de monnaie, sa quantité était de cent mille onces, il faudrait dix ans pour que la valeur de l'or pût hausser d'un quart. Comme la monnaie de papier peut être très-facilement réduite en quantité, sa valeur, quoique réglée d'après celle de l'or, augmenterait aussi rapidement que le ferait celle de ce métal, s'il n'avait aucun rapport avec la monnaie.

Si l'or n'était que le produit d'un seul pays, et si ce métal était partout employé comme monnaie, on pourrait mettre sur l'or un impôt très-considérable qui frapperait tous les pays dans la proportion de l'or qu'on y emploierait dans la production. Quant à la portion qui en serait employée comme monnaie, quoiqu'on en retirât un impôt considérable, personne cependant ne le paierait. C'est là une propriété particulière du numéraire. Toutes les autres marchandises dont il n'y a qu'une quantité bornée, et qui ne peut s'accroître par la concurrence, ont une valeur qui tient au goût, au caprice et à la fortune des acheteurs ; mais l'argent est une marchandise qu'aucun pays ne désire augmenter ; car il n'y a pas plus d'avantage à employer vingt millions que dix comme agent de la circulation. Un pays pourrait avoir un monopole de soie ou de vin, et cependant le prix de la soie et du vin pourrait baisser, en raison du caprice, de la mode ou du goût, qui ferait préférer et remplacer ces articles par du drap et de l'eau-de-vie. La même chose pourrait, jusqu'à un certain point, arriver par rapport à l'or, en tant qu'il serait employé dans les manufactures ; mais tant que l'or est l'agent général de la circulation ou des échanges, la demande qui s'en fait n'est jamais une affaire de choix : elle est toujours l'effet de la nécessité. Vous êtes forcé de recevoir de l'or en échange de vos marchandises, et par conséquent on ne peut assigner des bornes à la quantité que le commerce étranger peut vous forcer d'accepter, s'il baisse de valeur ; au contraire, si son prix hausse, il n'est point de réduction dans la quantité de ce métal à laquelle vous ne soyez forcé de vous soumettre. Vous pouvez, à la vérité, remplacer le numéraire par un papier-monnaie ; mais ce moyen ne fera pas diminuer la quantité de la monnaie. Ce n'est que par la hausse du prix des denrées qu'on peut empêcher qu'elles soient exportées d'un pays où l'on peut les acheter pour peu d'argent, dans un autre où elles se vendent plus cher ; et cette hausse ne peut s'effectuer que par l'importation d'espèces métalliques de l'étranger, ou par la création ou l'augmentation du papier-monnaie dans le pays.

Supposons donc que le roi d'Espagne soit le possesseur exclusif des mines d'or, et l'or, le seul métal employé comme monnaie ; s'il mettait un impôt considérable sur l'or, il en ferait hausser beaucoup la valeur naturelle ; et comme le prix courant, en Europe, est en dernière analyse réglé par le prix naturel dans l'Amérique espagnole, l'Europe livrerait une plus grande quantité de marchandises pour une quantité déterminée d'or. Cependant l'Amérique ne produirait plus la même quantité d'or; car sa valeur ne hausserait qu'en proportion de la rareté qui résulterait de l'accroissement des frais de production. L'Amérique n'obtiendrait donc pas plus de marchandises que par le passé, en échange de tout l'or qu'elle exporterait, et on pourrait demander quel serait, dans ce cas, l'avantage que l'Espagne et ses colonies en retireraient. Le voici. S'il y a moins d'or produit, moins de capital aura été employé à la production ; on importera la même valeur en marchandises d'Europe, par l'emploi d'un moindre capital, et par conséquent tous les produits obtenus par l'emploi du capital détourné des mines, sera un avantage que l'Espagne retirera de l'impôt, et qu'elle ne saurait obtenir en aussi grande abondance, ni avec autant de certitude, par la possession du monopole de toute autre denrée. Il ne résulterait de cet impôt, en tant qu'il concerne le numéraire, aucun inconvénient pour les nations européennes ; elles posséderaient la même quantité de marchandises et par conséquent elles auraient les mêmes moyens de jouissance que par le passé : seulement, la circulation de ces marchandises se ferait avec moins de numéraire.

Si, par l'effet de cet impôt, les mines ne rendaient plus qu'un dixième de l'or qu'elles produisent à présent, ce dixième vaudrait autant que les dix dixièmes actuels. Mais le roi d'Espagne n'est pas le possesseur exclusif des mines de métaux précieux , et quand il le serait, l'avantage qu'il pourrait retirer de cette possession et de la faculté de mettre un impôt sur ces métaux, serait réduit de beaucoup par la diminution de la demande et de la consommation en Europe, par suite du papier-monnaie qu'on y substituerait plus ou moins aux métaux précieux. L'accord du prix naturel et du prix courant de toutes les marchandises dépend toujours de la facilité avec laquelle l'approvisionnement peut en être augmenté ou diminué. Cet effet ne peut pas, dans certaines circonstances, s'opérer rapidement pour ce qui regarde l'or, les maisons, les bras et beaucoup d'autres objets. Il n'en est point ainsi des denrées qui sont consommées et reproduites tous les ans, telles que les chapeaux, les souliers, le drap et le blé ; on peut en diminuer l'approvisionnement au besoin, en l'accommodant à l'augmentation des frais de production, et sans qu'il faille pour cela un intervalle de temps bien long.

Un impôt sur les produits agricoles retombe, ainsi que nous l'avons déjà vu, sur le consommateur, et n'affecte nullement la rente, à moins qu'en diminuant les fonds destinés au soutien des travailleurs il ne fasse baisser les salaires, et ne diminue la population ainsi que la demande de blé. Mais un impôt sur le produit des mines d'or doit, en élevant la valeur de ce métal, en réduire nécessairement la demande, et doit par conséquent détourner les capitaux de l'emploi auquel ils étaient consacrés. Alors même que l'Espagne tirerait tous les avantages que nous avons exposés, d'un impôt sur l'or, les propriétaires des mines, dont on aurait détourné les capitaux, en auraient perdu tout leur loyer. Ce serait une perte pour les particuliers, mais non pour la nation : - le loyer n'étant point une richesse créée, mais uniquement une richesse transmise. Le roi d'Espagne et les propriétaires des mines que l'on continuerait à exploiter, recevraient à la fois, non-seulement tout le produit du capital déplacé, mais encore tout ce que les autres propriétaires auraient perdu.

Supposons que les mines de la première, deuxième et troisième qualité soient exploitées, et rapportent respectivement cent, quatre-vingts et soixante-dix livres d'or ; et que par conséquent le loyer du n° 1 soit de trente livres, et celui du n° 2 de dix livres. Supposons maintenant que l'impôt établi soit de soixante-dix livres par an sur chaque mine exploitée, et par conséquent que le n° 1 puisse seul continuer à être exploité ; il est clair que dès cet instant tout loyer des mines cesserait. Avant l'impôt, le n° 1 payait trente livres, sur cent, de loyer, et l'exploiteur de la mine gardait soixante-dix livres, somme égale au produit de la mine la moins productive. La valeur de ce qui reste au propriétaire de la mine n° 1 doit donc être la même que par le passé, sans quoi il ne retirerait pas de son capital les profits ordinaires. Il faut donc qu'après avoir payé soixante-dix livres pour l'impôt sur les cent livres, la valeur des trente livres qui lui restent soit la même que celle des soixante-dix l'était auparavant, et par conséquent que la valeur totale de cent livres devienne égale à celle que deux cent trente-trois livres avaient par le passé. La valeur pourrait être au-dessus, mais elle ne saurait être au-dessous, sans quoi cette mine même cesserait d'être exploitée. Comme c'est une denrée monopolisée, elle pourrait monter au delà de sa valeur naturelle, et payer alors un loyer égal à ce surplus ; mais si la valeur était au-dessous de ce que nous avons supposé, aucun capital ne serait employé à l'exploitation de la mine.

En employant donc le tiers de la main-d'œuvre et le tiers du capital, l'Espagne obtiendrait de ses mines, en retour, assez d'or pour avoir en échange la même, ou à peu près la même quantité de marchandises qu'elle obtenait auparavant. L'Espagne se serait enrichie de tout le produit des deux tiers du capital dégagé des mines. Si la valeur des cent livres d'or devenait égale à celle des deux cent cinquante tirées auparavant, la part du roi d'Espagne, ou soixante-dix livres, équivaudrait à la valeur qu'avaient autrefois cent soixante-quinze livres. Il n'y aurait qu'une petite partie de l'impôt royal qui frapperait les sujets du roi, la plus grande partie étant obtenue par une meilleure distribution des capitaux.

Voici quel serait le compte courant de l'Espagne :

Produit primitif.	
Or, 250 livres valant (par supposition)	10,000 aunes de drap.
Produit actuel.	
Par les deux capitalistes qui ont renoncé à l'exploitation des mines, la valeur de 140 livres d'or, ou de	5,600 d°
Par le capitaliste qui exploite la mine n° 1, 30 livres d'or, augmenté de valeur dans la proportion de 1 à 2 ½, et par conséquent valant	3,000 d°
Impôt au roi, 70 livres, valant actuellement	7,000 d°
Total	15,600 aunes de drap.

Sur les sept mille aunes reçues par le roi, le peuple espagnol contribuerait pour quatorze cents, et cinq mille six cents seraient un profit net résultant de l'emploi du capital dégagé.

Si l'impôt, au lieu d'être une somme fixe levée sur chaque mine exploitée, représentait une certaine portion du produit, la quantité de ce produit ne diminuerait pas en conséquence. Quand on prélèverait pour l'impôt. la moitié, le quart ou le tiers du produit de chaque mine, l'intérêt des propriétaires serait toujours de faire rendre à leurs mines autant de métal qu'auparavant ; mais si la quantité n'en diminuait pas, et que seulement une portion en fût transférée des mains du propriétaire dans les coffres du roi, le métal ne hausserait pas de valeur ; l'impôt tomberait sur les habitants des colonies ; et il n'en résulterait aucun avantage. Un pareil impôt produirait l'effet qu'Adam Smith attribue aux impôts sur les produits agricoles, sur la rente des terres : il tomberait entièrement sur le loyer des mines. Si on le poussait un peu plus loin, non-seulement il absorberait tout le prix du loyer, mais il priverait encore les exploiteurs des mines de tous les profits ordinaires des capitaux, qu'ils détourneraient par conséquent de l'exploitation des mines d'or. Si l'on donnait encore plus d'extension à l'impôt, il absorberait le loyer même des mines les plus riches, et amènerait le retrait de nouveaux capitaux. La quantité de l'or diminuerait continuellement pendant que sa valeur augmenterait, ce qui produirait les effets que nous avons déjà indiqués : c'est-à-dire, qu'une partie de l'impôt serait payée par les habitants des colonies espagnoles, et l'autre partie irait créer de nouveaux produits par l'effet de l'augmentation de la puissance de l'agent employé comme moyen d'échange.

Les impôts sur l'or sont de deux espèces : les uns sont levés sur la quantité actuelle d'or en circulation, et les autres sur la quantité qu'on tire des mines annuellement. Les uns comme les autres tendent à faire diminuer la quantité de l'or et à en augmenter la valeur ; mais ni les uns ni les autres n'augmenteraient la valeur de l'or, si elles n'en réduisaient pas la quantité. Ces impôts, tant que l'approvisionnement de l'or n'est pas diminué, tombent pendant un certain temps sur les capitalistes ; mais en dernière analyse ils finissent par être supportés par les propriétaires des mines, qui en retirent des revenus moindres, et par les acheteurs de cette portion d'or, qui, employée comme marchandise, sert aux jouissances de l'espèce humaine, et n'est point consacrée exclusivement à faire les fonctions d'agent de la circulation.

Chapitre XIV.
DES IMPÔTS SUR LES MAISONS.

Il est encore d'autres objets dont on ne peut pas réduire promptement la quantité. Tout impôt sur ces objets tombe donc sur le propriétaire, si la hausse du prix fait diminuer la demande.

Les impôts sur les maisons sont de cette espèce : quoique levés sur le locataire, ils retombent souvent sur le propriétaire, par la baisse des loyers qu'ils occasionnent. Les fruits de la terre sont consommés et reproduits d'une année à l'autre, et il en arrive de même à l'égard de beaucoup d'autres objets ; leur approvisionnement pouvant être promptement mis au niveau de la demande, ils ne sauraient rester longtemps au-dessus de leur prix naturel. Mais un impôt sur les maisons peut être regardé comme un loyer additionnel payé par le locataire et dont l'effet sera de diminuer la demande des maisons qui paient un pareil loyer, sans en diminuer le nombre. Les loyers baisseront donc, et une partie de l'impôt sera payée indirectement par le propriétaire.

«On peut supposer, dit Adam Smith, le loyer d'une maison divisé, en deux parties, dont l'une constitue proprement le loyer du bâtiment ; l'autre s'appelle communément le loyer du sol ou rente du fonds de terre.

«Le loyer du bâtiment est l'intérêt ou profit du capital dépensé à construire la maison. Pour mettre le commerce d'un entrepreneur au niveau de tous les autres commerces, il est nécessaire que ce loyer soit suffisant, premièrement, pour lui rapporter le même intérêt qu'il aurait retiré de son capital en le prêtant sur de bonnes sûretés ; et, deuxièmement, pour tenir constamment la maison en bon état de réparation, ou, ce qui revient au même, pour remplacer dans un certain espace d'années le capital qui a été employé à la bâtir. S'il arrivait que le commerce d'un entrepreneur de maisons rapportât un profit beaucoup plus grand que celui-ci, à proportion de l'intérêt courant de l'argent, ce commerce enlèverait bientôt tant de capital aux autres branches de commerce, qu'il ramènerait ce profit à son juste niveau. S'il venait, au contraire, à rendre beaucoup moins, les autres commerces lui enlèveraient bientôt tant de capital, que le profit remonterait encore au niveau des autres.

«Tout ce qui excède, dans le loyer total d'une maison, ce qui est suffisant pour rapporter ce profit raisonnable, va naturellement au loyer du sol, et quand le propriétaire du sol et le propriétaire du bâtiment sont deux personnes différentes, c'est au premier, le plus souvent, que se paie la totalité de cet excédant. Cette augmentation de loyer est le prix que donne le locataire de la maison, pour quelque avantage de situation réel ou réputé tel. Dans les maisons des champs, situées à une certaine distance des grandes villes, et où il y a abondance de terrain à choix pour construire, le loyer du sol n'est presque rien, ou n'est pas plus que ce que rendrait le fonds sur lequel est la maison, s'il était mis en culture. Dans les maisons de campagne voisines de quelque grande ville, ce loyer du sol est quelquefois beaucoup plus haut, et on paie souvent assez cher la beauté ou la commodité de la situation. Les loyers du sol sont en général le plus haut possible dans la capitale, et surtout dans ces quartiers recherchés où il se trouve y avoir la plus grande demande de maisons, quelles que puissent être les causes de cette demande, soit raison de commerce et d'affaires, soit raison d'agrément et de société, ou simplement affaire de mode et de vanité.»

Un impôt sur le loyer des maisons peut tomber sur le locataire, sur le propriétaire du terrain ou sur le propriétaire du bâtiment. Dans les cas ordinaires, il est à présumer que c'est le locataire qui paiera l'impôt en dernier résultat, comme il le paie immédiatement.

Si l'impôt est modique, et si le pays se trouve dans un état stationnaire ou progressif, il n'y aurait pas de motif qui pût déterminer le locataire d'une maison à se contenter d'une autre qui

serait moins commode ou agréable. Mais si l'impôt est élevé, ou que d'autres circonstances diminuent la demande de maisons, le revenu du propriétaire en souffrira ; car le locataire se dédommagera en partie de l'impôt par la diminution de son loyer. Il est pourtant difficile de savoir dans quelle proportion la partie de l'impôt que le locataire a épargnée par la diminution de son loyer, portera sur le loyer du bâtiment et sur le loyer du sol. Il est probable que, dans le premier cas, elle porterait sur l'un comme sur l'autre ; mais comme des maisons sont des choses périssables, quoiqu'elles ne se détériorent que lentement, et comme on n'en bâtirait plus jusqu'à ce que le profit de l'entrepreneur de bâtiments fût de niveau avec le profit des autres commerces, le loyer des bâtiments reviendrait, après un certain intervalle de temps, à son prix naturel. L'entrepreneur de bâtiments ne recevant de loyers que tant que la maison est debout, ne peut pas, dans les circonstances les plus désastreuses, payer longtemps une partie quelconque de l'impôt.

Cet impôt pèserait donc en définitive sur le locataire et sur le propriétaire du terrain. Mais «dans quelle proportion (demande Adam Smith) ce paiement final se partagera-t-il entre eux ? C'est ce qui n'est pas très-facile à décider. Ce partage se ferait probablement d'une manière très-différente dans des circonstances différentes ; et un impôt de ce genre, d'après ces circonstances différentes, affecterait d'une manière très-inégale le locataire de la maison et le propriétaire du terrain.»

Adam Smith regarde les loyers du sol comme un objet très-propre à être imposé. «Les loyers du sol, dit-il, et les rentes ordinaires des terres, sont une espèce de revenu dont le propriétaire jouit le plus souvent sans avoir ni soins ni attention à donner. Quand une partie de ce revenu lui serait ôtée pour fournir aux besoins de l'État, on ne découragerait par là aucune espèce d'industrie. Le produit annuel des terres et du travail de la société, la richesse et le revenu réel de la masse du peuple pourraient toujours être les mêmes après l'impôt qu'auparavant. Ainsi le loyer du sol et les rentes ordinaires des terres sont peut-être l'espèce de revenu qui peut le mieux supporter un impôt spécial.»

Il faut convenir que les effets de ces sortes d'impôts seraient tels que le dit Adam Smith ; ce serait pourtant assurément une grande injustice, que d'imposer exclusivement le revenu d'une classe particulière de la société. Les charges de l'État doivent être supportées par tous, et être en raison des facultés de chacun : c'est là une des quatre maximes posées par Adam Smith, et qui doivent servir de règle pour tout impôt. La rente appartient souvent à ceux qui, après bien des années de peines, ont fini par réaliser leurs profits, et ont employé leur fortune à l'achat d'un fonds de terre. Ce serait donc bien certainement au mépris de la sûreté des propriétés, principe qui devrait toujours être sacré, qu'on assujettirait les rentes à un impôt inégal. Il est à regretter que les droits de timbre dont est grevée la mutation des biens-fonds, soient un obstacle si puissant à leur transmission, et les empêche de passer dans les mains de ceux qui pourraient les rendre plus productifs. Et si l'on réfléchit que non-seulement la terre, considérée comme un objet propre à supporter un impôt exclusif, baisserait de valeur pour compenser le risque d'être imposée, mais encore que plus ce risque serait indéfini, plus sa valeur incertaine, et plus les biens-fonds deviendraient un objet de spéculation, un agiotage plutôt qu'un commerce régulier ; si on y réfléchit, dis-je, ou verra combien il est probable que les mains dans lesquelles les terres viendraient à tomber seraient celles des individus qui sont plutôt des agioteurs que des propriétaires prudents, capables de tirer le plus grand parti des fonds de terre.

DES IMPÔTS SUR LES MAISONS

Chapitre XV.
DES IMPÔTS SUR LES PROFITS.

Les impôts sur les choses qu'on nomme en général objets de luxe, ne tombent que sur ceux qui en font usage. Un impôt sur le vin est payé par le consommateur : un impôt sur les chevaux de luxe, ou sur les voitures, est payé par ceux qui se donnent de pareilles jouissances, et dans la proportion exacte de la quantité de ces objets. Des impôts sur les choses de première nécessité n'affectent pas les consommateurs seulement à proportion de la quantité qu'ils en peuvent consommer, mais souvent bien au delà. Un impôt sur le blé, ainsi que nous l'avons déjà remarqué, affecte le manufacturier non seulement en proportion du blé que lui et sa famille peuvent consommer, mais cet impôt change encore le taux des profits du capital, et par conséquent il porte sur le revenu. Tout ce qui augmente les salaires des travailleurs diminue les profits du capital [1], et tout impôt assis sur des objets consommés par le travailleur, tend à faire baisser le taux des profits.

Un impôt sur les chapeaux en fera monter le prix ; un impôt sur les souliers fera renchérir les souliers ; et si cela n'était pas ainsi, l'impôt tomberait en dernier résultat sur le fabricant ; ses profits baisseraient au-dessous du niveau des autres profits, et il serait forcé de quitter le métier. Un impôt partiel sur les profits fera hausser le prix de la marchandise sur laquelle il porte. Par exemple, un impôt sur les profits du chapelier augmentera le prix des chapeaux ; car s'il n'y avait que les profits du chapelier d'imposés, à l'exclusion de tout autre commerce, à moins que le chapelier n'augmentât le prix de ses chapeaux, ses profits seraient au-dessous du taux de tous les autres genres de commerce, et il se verrait forcé de quitter son métier pour un autre.

De la même manière, un impôt sur les profits du fermier ferait hausser le prix du blé ; un impôt sur les profits du fabricant de drap ferait renchérir le drap ; et si on mettait un impôt proportionnel sur tous les commerces, toutes les marchandises hausseraient de prix. Si cependant la mine qui nous fournit le métal dont nous fabriquons notre monnaie se trouvait chez nous, et que les profits de l'exploiteur fussent imposés de même, il n'y aurait point de hausse dans le prix d'aucune denrée ;

1 Nous croyons avoir réfuté cette décourageante doctrine dans un précédent chapitre. A. F.

chacun donnerait une portion pareille de son revenu, et tout resterait comme auparavant.

Si l'on n'impose pas le numéraire, et qu'il puisse par conséquent conserver sa valeur pendant que toutes les autres denrées sont imposées et renchérissent, le chapelier, le fermier et le fabricant de drap, chacun employant un capital égal, qui rapporte des profits pareils, paieront la même quantité de l'impôt. Si cet impôt est de 100 l., la valeur des chapeaux, du drap et du blé augmentera de 100 1. Si le chapelier gagne 1 100 1. sur ses chapeaux, au lieu de 1000 l., il paiera 100 1. d'impôt au gouvernement, et il lui restera toujours 1000 1. à dépenser à des objets de sa propre consommation. Cependant, comme le drap, le blé et toutes les autres denrées auront haussé de prix par la même cause, il n'aura pour ses 1000 1. que ce qu'il pouvait acheter auparavant pour 910 l., et il contribuera ainsi, par la réduction de sa dépense, aux besoins de l'État. En payant cet impôt, il aura mis une portion du produit de la terre et de l'industrie nationale à la disposition du gouvernement, au lieu d'employer cette portion à son propre usage. Si, au lieu de dépenser ses 1000.1, il ajoute cette somme à son capital, il verra par la hausse des salaires et par le renchérissement des matières premières et des machines, que cette épargne de 1000 1. n'est que l'équivalent de ce qu'aurait valu auparavant une épargne de 910 1.

Si l'on impose le numéraire, ou si la valeur en est changée par toute autre cause, pendant que toutes les denrées restent précisément au même prix qu'auparavant, les profits du manufacturier et du fermier seront aussi, comme par le passé, de 1000 1. Chacun d'eux ayant à payer 100 1. au gouvernement, il ne leur restera que 900 l., et ils ne pourront disposer que d'une moindre portion des produits du sol ou de l'indu!trie nationale, qu'ils emploient cette somme au profit d'une industrie productive ou improductive. Ce qu'ils perdent est alors précisément ce que le gouvernement gagne. Dans le premier cas, le contribuable aura pour 1000 1. une quantité aussi grande de marchandises que celle qu'il pouvait acheter auparavant pour 910 1. ; dans le second, il n'en obtiendra que ce qu'il pouvait acheter auparavant pour 900 1. Cela tient à la différence dans la quotité de l'impôt, qui, dans le premier cas, n'est que d'un onzième du revenu, et qui, dans le second est d'un dixième, l'argent ayant dans les deux cas une valeur différente.

Mais quoique le numéraire ne soit pas imposé, et que sa valeur ne change point, toutes les denrées hausseront de prix, mais dans des proportions différentes ; elles ne conserveront plus après l'impôt, les unes par rapport aux autres, la même valeur quelles avaient auparavant. Dans une partie antérieure de cet ouvrage, nous avons examiné les effets du partage du capital en capital fixe et en capital circulant, ou plutôt en capital durable et en capital périssable, sur le prix des denrées. Nous avons fait voir que deux manufacturiers pouvaient employer précisément un capital pareil, en retirer des profits égaux, et cependant vendre les produits de leur industrie pour des sommes d'argent très-différentes, selon que leurs capitaux seraient consommés et reproduits plus ou moins rapidement. L'un pourrait vendre ses marchandises 4,000 l., et l'autre 10,000 l., chacun employant peut-être un capital de 10,000 l., dont l'un comme l'autre retirerait 20 pour cent de profit, ou 2,000 1. La capital de l'un peut se composer, par exemple, de 2,000 1. de capital circulant qui doit se reproduire, et en 8,000 1. de capital fixe, en bâtiments et en machines ; le capital de l'autre, au contraire, pourrait se composer de 8,000 1. de capital circulant, et de 2,000 1. seulement de capital fixe en machines et en bâtiments.

Maintenant, supposons que chacun des ces manufacturiers soit imposé à 10 pour cent de sou revenu, ou à 200 1. L'un, pour retirer de son capital les profits ordinaires que rapportent les autres commerces, doit élever ses marchandises de 10,000 1. à 10,200 1.; et l'autre sera forcé d'élever le prix des siennes de 4,000 1. à 4,200 1. Avant l'impôt, les marchandises vendues par l'un de ces manufacturiers avaient une valeur plus forte deux fois et demie que celle de l'autre : après l'impôt, elles vaudront 2.42 fois davantage ; une espèce de marchandise aura haussé de 2 pour cent, et l'autre de 5 pour cent. Par conséquent, un impôt sur le revenu, tant que l'argent ne change point de valeur, doit changer la valeur et le prix relatif des marchandises.

Cela serait encore vrai si l'impôt, au lieu d'être assis sur les profits, était prélevé sur les marchandises elles-mêmes. Pourvu que les marchandises soient imposées à proportion de la valeur du capital employé à leur production, elles hausseront également, quelle qu'en puisse être la valeur, et par conséquent elles ne conserveront plus la même proportion qu'auparavant. Une denrée qui aurait haussé de 10,000 1. à. 11,000 1., ne conserverait pas le même rapport avec une autre qui aurait haussé de 2,000 1. à 3,000 1. Si, dans de pareilles circonstances, le numéraire haussait de valeur, de quelque cause que cela pût provenir, cette hausse n'affecterait pas le prix des denrées dans la même proportion. La même cause qui pourrait faire tomber le prix d'une denrée de 10,200 1. à 10,000 1. ou moins de 2 pour cent, ferait baisser l'autre de 4,200 1. à 4,000 l., ou de 4 ¾ pour cent. Si elles baissaient dans des proportions autres que celles-ci, les profits ne se trouveraient plus égaux ; car, pour les rendre tels, il faudrait que, quand le prix de la première de ces denrées serait de 10,000 l., celui de la seconde fût de 4,000 l.; et que, quand le prix de la première serait de 10,200 l., le prix de l'autre fût de 4,200 1.

La considération de ce fait doit nous conduire à la connaissance d'un principe très-important, auquel je crois qu'on n'a jamais fait attention. Le voici : - Dans un pays où il n'y aurait point d'impôts, les variations dans la valeur de l'argent, provenant de sa rareté ou de son abondance, doivent produire un effet pareil sur le prix de toutes les denrées ; car si une denrée qui vaut 1,000 1. monte à 1200 1. ou tombe à 800 l., une autre denrée qui vaut 10,000 1. montera à 12,000 1. ou tombera à 8,000 1. : mais dans les pays où les prix haussent artificiellement par l'effet de l'impôt , l'abondance de numéraire par son affluence du dehors, ou sa rareté, par suite de demandes venues de l'étranger, ne modifieront pas dans la même proportion les prix de toutes les denrées ; les unes hausseront ou baisseront de 5, 6 ou 12 pour cent, et les autres de 3, 4 ou 7 pour cent. Dans un pays qui ne paierait point d'impôts, si le numéraire diminuait de valeur, son abondance dans tous les marchés produirait un effet sensible sur tous les marchés. Si la viande haussait de 20 pour cent, le pain, la bière, la chaussure et la main-d'œuvre hausseraient également de 20 pour cent. Il faut qu'il en soit ainsi pour assurer à chaque branche d'industrie le même taux de profits. Mais cela cesse d'être vrai dès qu'une de ces denrées est imposée ; car si, dans ce cas, elles haussaient toutes à proportion de la baisse dans la valeur de l'argent, les profits deviendraient inégaux. Dans le cas où les denrées seraient imposées, les profits s'élèveraient au dessus du niveau général, et le capital passerait d'un emploi à un autre jusqu'à ce que l'équilibre des profits se trouvât rétabli, ce qui ne pourrait arriver qu'après que les prix relatifs seraient changés.

Ce principe n'explique-t-il pas les différents effets que l'on a observés dans le prix des denrées, à la suite du changement dans la valeur du numéraire, pendant la durée de la loi qui autorisait la Banque d'Angleterre à suspendre ses paiements en argent ? On objectait à ceux qui soutenaient que l'agent de la circulation était déprécié par la trop grande abondance de papier-monnaie, que si cela était vrai, toutes les denrées auraient dû hausser dans la même proportion. On remarquait bien que plusieurs d'entre elles avaient varié de prix beaucoup plus que d'autres ; mais on en concluait que la hausse des prix était due à quelque cause qui affectait la valeur même des denrées, et non à un changement quelconque dans la valeur de l'agent de la circulation. Et cependant il semble, d'après ce que nous venons de dire, que dans un pays qui paie des impôts sur les denrées, leur prix ne varie pas dans les mêmes proportions, par suite de la hausse ou de la baisse de la valeur de la monnaie courante.

Si les profits de tout commerce étaient imposés, à l'exception de ceux du fermier, toutes les marchandises, excepté les fruits de la terre, auraient une plus forte valeur en monnaie. Le fermier aurait le même revenu en blé qu'auparavant, et il vendrait son blé également au même prix en monnaie ; mais comme il serait obligé de payer plus cher toutes les denrées autres que le blé, ce serait pour lui un impôt sur sa dépense. Un changement, même dans la valeur de l'argent, n'allégerait en rien le poids de cet impôt ; car ce changement pourrait faire baisser toutes les denrées à leur ancien prix, mais celle qui ne serait point imposée tomberait au-dessous de son ancien niveau ; et par conséquent, quoique le fermier pût acheter les denrées pour sa consommation à leur ancien prix il se trouverait avoir moins d'argent à dépenser pour leur achat.

La position du propriétaire n'aurait pas changé non plus ; il recevrait autant de rente en blé et en argent qu'auparavant, si le prix de toutes les denrées haussait pendant que l'argent conserverait la même valeur. Si toutes les denrées restaient au même prix, il recevrait la même rente en nature, mais moins d'argent. Dans l'un comme dans l'autre cas, quoique son revenu ne fût point imposé directement , il contribuerait pourtant d'une manière indirecte au paiement de la contribution.

Mais supposons que les profits du fermier soient également imposés. Dans ce cas, il se trouvera dans la même position que les autres commerçants ; ses produits agricoles hausseront, et il aura le même revenu en argent après avoir payé l'impôt ; mais il paiera plus cher toutes les marchandises de sa consommation, y compris les produits du sol.

Son propriétaire, cependant, se trouvera dans une position différente. L'impôt mis sur les profits de son fermier lui sera profitable ; car il se trouvera indemnisé du prix plus élevé qu'il sera obligé de donner pour les marchandises manufacturées dont il a besoin, dans le cas où elles hausseraient de prix ; et il jouira du même revenu en argent quand, par l'effet d'une hausse dans la valeur de la monnaie, les denrées reviendront à leur ancien prix. Un impôt sur les profits du fermier n'est pas une contribution proportionnée au produit brut de la terre ; il est assis sur son produit net, la rente, les salaires et les autres charges étant acquittés. Comme les cultivateurs des différentes espèces de terres, n° 1, n° 2 et n° 3, emploient précisément des capitaux pareils, ils auront exactement les mêmes profits, quelle que soit la quantité de produit brut que l'on puisse obtenir de plus que les autres ; et par conséquent ils seront tous imposés sur le même pied.

Supposons que le produit brut de la terre de la qualité n° 1 soit de cent quatre-vingts quarters, celui du n° 2 de cent soixante-dix quarters et celui du n° 3 de cent soixante. Si chacune est imposée à dix quarters, la différence entre le produit du n° 1, du n° 2 et du n° 3, l'impôt acquitté, restera la même qu'auparavant ; car si le n° 1 est réduit à cent soixante-dix, le n° 2 à cent soixante et le n° 3 à cent cinquante quarters, la différence entre le n° 3 et le n° 1 sera, comme auparavant, de vingt quarters, et celle entre le n° 3 et le n° 2, de dix quarters. Si, malgré cela, le prix du blé et de toutes les autres denrées restait le même qu'auparavant, les rentes en nature ou en argent n'éprouveraient aucune variation ; mais si le prix du blé et de toutes les autres denrées haussait par suite de l'impôt, les rentes en argent hausseraient alors dans la même proportion. Si le blé vaut 4 1. st. le quarter, la rente du n° 1 sera de 80 l., et celle du n° 2 de 40 1. ; mais si le blé haussait de 10 pour cent, c'est-à-dire, s'il montait a 4 1. 8 sch., la rente s'élèverait de même de 10 pour cent ; car vingt quarters de blé vaudraient alors 88 l., et dix en vaudraient 44 1. Un pareil impôt ne peut donc, dans aucun cas, affecter le propriétaire.

Un impôt sur les profits du capital n'a jamais d'effet sur la rente en nature ; mais la rente en argent varie selon le prix du blé. Au contraire, un impôt sur les produits immédiats de la terre, ou une dîme, affecte toujours les rentes en nature, et laisse en général les rentes en argent dans le même état. Dans une autre partie de cet ouvrage, j'ai dit que si un impôt territorial d'une valeur égale en argent était mis sur toutes sortes de terres en culture, sans égard pour leurs différents degrés de fertilité, cette contribution serait très-inégale dans son opération, car ce serait un profit pour le propriétaire des terres les plus fertiles. Un tel impôt ferait hausser le prix du blé à proportion de la charge supportée par le fermier du plus mauvais terrain ; mais cette augmentation de prix étant obtenue par l'excédant des produits récoltés sur les meilleures terres, les fermiers de ces terres auraient un avantage pendant la durée de leurs baux, et à leur expiration cet avantage resterait au propriétaire sous la forme d'une augmentation dans le taux de la rente.

L'effet d'un impôt réparti d'une manière égale sur les profits du fermier est précisément semblable ; un tel impôt augmente la rente en argent des propriétaires, si l'argent conserve la même valeur ; mais comme les profits de tous les autres commerces sont imposés aussi bien que les profits du fermier, et qu'en conséquence les prix de toutes les marchandises, comme celui du blé, ont haussé, le propriétaire perd autant par l'augmentation du prix en argent des marchandises et du blé, qu'il gagne par la hausse de sa rente. Si l'argent haussait de valeur, et si toutes les choses, après l'établissement d'un impôt sur les profits des capitaux, tombaient a

leurs anciens prix, la rente redeviendrait aussi ce qu'elle était auparavant. Le propriétaire recevrait la même rente en argent, et il aurait tous les objets qu'il achetait avec cet argent à leurs anciens prix ; en sorte que, dans tous les cas, il continuerait a ne pas payer l'impôt[⊠].

Ce fait est réellement curieux. En imposant les profits du fermier, il se trouve que sa charge n'est pas plus lourde que s'il avait échappé a la taxe. Quant au propriétaire, il a tout intérêt à voir taxer les profits de sa ferme, car c'est seulement à cette condition qu'il peut se soustraire à l'impôt. Un impôt sur les profits du capital affecterait aussi le capitaliste, dans le cas où toutes les denrées hausseraient à proportion de l'impôt ; mais si, par le changement de la valeur de l'argent, toutes les denrées descendaient à leur ancien prix, le capitaliste ne contribuerait pour rien à l'impôt ; il achèterait tous les objets de sa consommation au même prix, mais ses fonds continueraient à lui rapporter les mêmes intérêts en argent.

Si l'on convient qu'en imposant les profits d'un seul manufacturier, il doit élever le prix de sa marchandise, afin de se trouver de niveau avec tous les autres manufacturiers, et qu'en imposant les profits de deux manufacturiers, le prix des marchandises de chacun doit hausser, je ne conçois pas comment on peut douter qu'un impôt mis sur les profits de tous les manufacturiers doive faire hausser le prix de toutes les marchandises, pourvu que la mine qui fournit les métaux précieux se trouve dans le pays imposé. Mais comme l'argent ou les métaux précieux dont le numéraire est fabriqué sont une marchandise importée de l'étranger, les prix de toutes les marchandises ne pourraient pas hausser ; car un tel effet ne peut avoir lieu sans un surcroît d'argent qu'on ne pourrait obtenir en échange de marchandises chères, ainsi que nous l'avons déjà démontré. Si cependant une telle hausse pouvait s'opérer, elle ne saurait être permanente, car elle aurait une puissante influence sur le commerce étranger. En échange des marchandises importées, nous ne pourrions pas exporter des marchandises renchéries, et par conséquent nous continuerions, pendant un certain temps, à acheter, quoique ayant cessé de vendre ; nous exporterions de l'argent ou des lingots, jusqu'à ce que les prix relatifs des marchandises redevinssent à peu près tels qu'ils étaient auparavant. Il me parait indubitable qu'un impôt bien réglé, prélevé sur les profits, doit, en dernière analyse, ramener les marchandises du crû et celle de l'étranger au prix en argent qu'elles donnaient avant l'établissement de l'impôt.

Comme les impôts sur les produits agricoles, la dîme, les impôts sur les salaires, et sur les objets de première nécessité, augmentent les salaires et font baisser les profits, ils produiront tous les mêmes effets, quoique dans des degrés différents.

La découverte des machines qui améliorent grandement les produits nationaux, tend toujours à élever la valeur relative de l'argent et à favoriser par conséquent son importation. Tout impôt, toute nouvelle entrave qu'éprouve le manufacturier, ou le cultivateur, tend au contraire à faire baisser la valeur relative de l'argent, et par conséquent à en favoriser l'exportation.

Chapitre XVI.
DES IMPÔTS SUR LES SALAIRES.

Des impôts sur les salaires feront monter les salaires, et diminueront par conséquent le taux des profits du capital. Nous avons déjà vu qu'un impôt sur les objets de première nécessité en faisait hausser le prix, et était suivi de la hausse des salaires. La seule différence entre un impôt sur les objets de première nécessité et un impôt sur les salaires, consiste en ce que le premier est nécessairement suivi de la hausse du prix des objets de première nécessité, et que le second ne l'est pas Un impôt sur les salaires ne pèse donc ni sur le capitaliste, ni sur le propriétaire foncier ; il pèse uniquement sur ceux qui emploient des travailleurs. Un impôt sur les salaires n'est autre chose qu'un impôt sur les profits, tandis qu'un impôt sur les objets de première nécessité est en partie un impôt sur les profits, et en partie un impôt sur les consommateurs riches. Les effets qui doivent résulter, en dernière analyse, de pareils impôts, sont précisément les mêmes que ceux occasionnés par un impôt direct sur les profits.

«Deux circonstances différentes, dit Adam Smith, comme j'ai tâché de le faire voir dans le premier Livre, règlent partout nécessairement le salaire des ouvriers ; savoir : la demande de travail et le prix moyen ou ordinaire des denrées. La demande de travail, selon qu'elle se trouve aller en augmentant, ou rester stationnaire, ou aller en décroissant, règle différemment la nature de la subsistance du travailleur, et détermine le degré auquel cette subsistance sera, ou abondante, ou médiocre, ou chétive. Le prix moyen et ordinaire des denrées détermine la quantité d'argent qu'il faut payer à l'ouvrier pour le mettre, une année portant l'autre, à même d'acheter cette subsistance abondante, médiocre ou chétive. Ainsi, tant que la demande de travail et le prix des denrées restent les mêmes, un impôt direct sur les salaires du travail ne peut avoir d'autre effet que de les faire monter de quelque chose plus haut que l'impôt.»

M. Buchanan fait deux objections contre cette proposition telle qu'elle est énoncée par le docteur Smith. En premier lieu, il nie que les salaires en argent soient réglés par le prix des denrées ; et en second lieu, il nie encore qu'un impôt sur les salaires du travail puisse les faire monter de prix. Voici, sur le premier point, l'argument qu'emploie M. Buchanan, page 59.

«Les salaires du travail, ainsi que je l'ai déjà fait voir, ne consistent point dans l'argent, mais dans ce qu'on peut acheter avec cet argent, c'est-à-dire, dans les denrées et autres objets nécessaires ; et la part qui sera accordée au travailleur sur le fonds commun, sera toujours proportionnée à l'offre. Là où les subsistances sont *à bas prix et abondantes*, son lot sera plus fort ; et là où elles sont *rares et chères*, sa part le sera moins. Son salaire sera toujours exactement ce qui doit lui revenir, et jamais au delà. Le docteur Smith, et la plupart des autres auteurs, ont, il est vrai, prétendu que le prix en argent du travail était réglé par le prix en argent des subsistances, et que toutes les fois que les vivres montent, les salaires haussent dans la même proportion. Il est cependant clair que le prix du travail n'a point de rapport nécessaire avec le prix des subsistances, puisqu'il dépend entièrement de l'offre du travail industriel comparée avec la demande. D'ailleurs, il faut faire attention que le haut prix des subsistances est un indice certain de la diminution de l'approvisionnement, et a lieu dans le cours ordinaire des choses, afin d'en retarder la consommation. Une moindre quantité de vivres partagée entre le même nombre de consommateurs, en laissera évidemment à chacun une moindre portion, et le travailleur sera forcé de supporter sa part de privation dans la disette. Pour que ce fardeau soit distribué également, et pour empêcher que le travailleur ne consomme autant de subsistances qu'auparavant, le prix monte. On prétend que les salaires doivent monter en même temps pour mettre le travailleur en état de se procurer la même quantité d'une denrée devenue plus rare. Mais si cela était ainsi, la nature contrarierait elle-même ses propres desseins, en faisant d'abord monter le prix des subsistances, afin d'en diminuer la consommation, et en faisant ensuite hausser les salaires pour fournir au travailleur le même approvisionnement qu'auparavant [1].»

1 Rien de plus vrai que le contraste offert par le renchérissement des subsistances, et la dégradation des salaires, aux époques de disette. C'est qu'en effet la lutte se trouve alors engagée entre deux faits bien distincts : un fait naturel, physique, qui est le végétation ; un fait social, qui est l'offre et la demande des bras : - le premier frappant comme la foudre, le second ne pouvant subir que des transformations lentes, du moins quand ces transformations ne sont pas précipitées, aggravées par les crises de l'industrie, du commerce ou de l'agriculture. Un mois suffit, en effet, pour dessécher la racine des plantes, et frapper de mort les ressources agricoles de tout un pays ; mais il faut des années quand il ne faut pas des siècles pour accroître avec l'industrie la valeur du travail. Un mois suffit pour tripler le prix du blé, mais pour tripler des salaires, il faut de grands efforts, suivis de grands succès. A n'étudier, donc, que les phénomènes économiques

d'un petit nombre d'années, l'ascension du prix des subsistances sera, comme le dit M. Buchanan, contemporaine de l'abaissement des salaires ; mais si, élargissant l'horizon, on surveille la marche séculaire du travail, à travers les oscillations infinies et infiniment douloureuses qu'il éprouve, on découvre que sa valeur s'est accrue constamment, et que la même somme d'efforts donne aujourd'hui à l'ouvrier une somme de bien-être, de jouissances bien plus considérables que du temps de la reine Berthe, du roi Arthur ou des Pharaons. Les ognons d'Egypte, le pain noir des Ergastules, les maigres deniers qu'on donnait aux ouvriers du moyen-âge, sont devenus des salaires de 3 à 4 francs ou schillings, et la scène attristée de l'esclavage antique, ou du servage féodal s'est illuminée aux reflets de cette lampe merveilleuse qui est la liberté de penser, de dire et d'agir. Si bien que demain, peut-être, les salaires baisseront dans un pays, pour se relever, après-demain, et puis tomber encore ; mais nous certifions que dans un siècle ils auront définitivement haussé.

Tout ce que nous pouvons concéder à M. Buchanan, c'est que les travailleurs ne marchent pas vers le bien-être, comme une flèche vole au but, sans détours, sans déviations : ils y vont à travers mille obstacles, mille sinuosités, mais en réalité, ils y vont.

Et d'ailleurs, nous ne voyons pas ce que la nature a à faire dans la fixation du taux des subsistances, et en quoi la Providence se mêle de rédiger les tarifs de la Halle ou de Mark-Lane. Nous ne voyons pas surtout en quoi, comme le veut M. Buchanan, comme le prétend Ricardo : *Dieu contrarierait ses propres desseins en permettant aux salaires de s'élever dans le rapport du renchérissement des subsistances.* Les desseins de Dieu, en couvrant la terre de générations vivantes, n'ont pas été de les affamer ou de les étouffer dans les étaux d'un syllogisme économique. En créant l'homme, il lui a légué la terre pour nourrice, comme en créant l'enfant il a gonflé le sein des mères. Si maintenant les moissons se flétrissent, si les plantes meurent frappées d'innombrables fléaux, si le lait manque aux faibles, et le pain aux forts, il faut voir dans ces faits redoutables, une transgression des lois divines, il faut courber la tête devant ces mornes et implacables énigmes, et non les expliquer par une barbare préméditation de la Providence. En fait, la Providence n'intervient nullement dans de si basses œuvres ; elle permet les famines, les disettes : la force des choses, l'organisation sociale, la logique des événements font le reste, et nous sommes convaincu que Dieu ne s'opposerait nullement à ce que le *travailleur eût toujours la même dose d'aliments,* - résultat que M. Buchanan trouve incompatible avec ses desseins.

Il était, comme on voit, fort inutile de faire jouer à la nature un rôle si peu digne d'elle, et d'introduire jusque sur le terrain de l'économie politique ces influences occultes et ces miracles qui ont tant tourmenté les alchimistes et les philosophes. Cela ne convient ni à notre époque, ni à nos esprits, et il suffisait, dans cette circonstance, de l'usage modeste du bon sens.

Les résultats indiqués par le judicieux commentateur de Smith, sont, en effet, faciles à expliquer, et nous les avons déjà expliqué plus haut. Ainsi, les subsistances venant à hausser, le travail se ralentit immédiatement dans toutes les branches de la production ; et cela forcément, fatalement, par cette loi de solidarité qui lie toutes les classes de la société. Si les agriculteurs sont misérables, ils achètent moins de vêtements, - ce qui restreint la production manufacturière ; si les tisserands sont misérables, ils consomment moins de pain, moins de viande, moins de vin, - ce qui restreint la production agricole. De là, diminution dans la demande des bras, par conséquent,

Il y a, selon moi, dans cet argument de M. Buchanan, beaucoup de vérité mêlée à beaucoup d'erreur. De ce que le haut prix des subsistances est quelquefois occasionné par un manque d'approvisionnement, M. Buchanan conclut qu'il en est un indice certain. Il attribue exclusivement à une cause ce qui peut être opéré par plusieurs. Il est sans doute vrai que, dans le cas de diminution de l'approvisionnement, la quantité à partager entre le même nombre de consommateurs sera moindre, et qu'il en reviendra à chacun une plus petite part. Pour répartir cette privation d'une manière égale, et pour empêcher le travailleur de consommer autant de subsistances que par le passé, le prix hausse. On doit donc accorder à M. Buchanan que toute hausse dans le prix des subsistances, occasionnée par le manque d'approvisionnement, n'augmentera pas nécessairement les salaires en argent ; car la consommation devant être diminuée, ce but ne peut être atteint qu'en diminuant les moyens que le consommateur a d'acheter. Mais de ce que le prix des subsistances

---

baisse dans les salaires. Pas n'est besoin des divinités de l'Olympe pour produire et démontrer ces fléaux ; pas n'est besoin d'elles non plus pour y porter remède, le progrès des connaissances humaines et des institutions sociales tendant chaque jour à les affaiblir. C'est ainsi que l'amélioration des méthodes agricoles a rendu les disettes infiniment moins fréquentes : c'est ainsi que la rapidité des voies de communication a mis les continents anciens de plein pied avec les continents nouveaux ; c'est ainsi que les pays où les récoltes ont été abondantes peuvent laisser s'épancher ces richesses sur les pays frappés de stérilité, et échanger, dans le langage de la Bible, leurs vaches grasses contre leurs vaches efflanquées ; c'est ainsi que l'égalité des partages tend à assurer a chacun une place au grand festin que donne la terre a ses enfants ; c'est ainsi, enfin, que la liberté du commerce, en élargissant la zone où se puisent les produits, et celle où s'achète le travail, prépare un équilibre futur que troubleront seulement de rares et faibles secousses

Sans accorder à ces généreuses réformes des vertus irrésistibles, et en faire une panacée infaillible, nous les croyons infiniment plus puissantes que le manichéisme de Buchanan. Incarnées dans cette association géante qui les fit triompher en Angleterre, à la voix inspirée de Cobden, - apôtre de cette religion de la liberté dont Smith, Condorcet, Rousseau avaient été les révélateurs ; inscrites dans les lois commerciales d'un grand peuple, par la main d'un grand ministre, qui a enlevé près de douze cents articles aux tyrannies du fisc, elles ont pénétré dans les intelligences les plus avancées de notre pays, et pénétreront bientôt dans notre code, grâce à la plume incisive et humoristique de M. Bastiat, grâce à la parole tantôt brillante, tantôt grave, tantôt mordante de MM. d'Harcourt, Blanqui, Faucher, Dunoyer, Chevalier, Wolowski, etc., grâce surtout au plus grand de tous les maîtres : l'expérience. Il s'est trouvé de plus que, pour leur début, ces doctrines de liberté ont préservé l'Europe d'une disette effrayante, et de secousses épouvantables. Elles ont payé leur bienvenue dans ce monde en sauvant des milliers de malheureux dont nous entendions déjà le râle en Irlande, en Angleterre, et chez nous-mêmes. Qu'en dit M. Buchanan ? A. F.

s'élève par le manque d'approvisionnement, cela ne nous autorise nullement à conclure, avec M. Buchanan, qu'un approvisionnement abondant est incompatible avec le renchérissement des prix, non pas seulement par rapport à l'argent, mais par rapport à toutes les autres choses.

Le prix naturel des denrées, d'après lequel se règle leur prix courant, dépend , en dernière analyse, de la facilité de la production ; mais la quantité produite n'est pas proportionnée à cette facilité. Quoique les terres qui sont actuellement mises en culture soient très-inférieures à celles qui ont été cultivées il y a des siècles, et que par conséquent la production soit devenue plus difficile, qui pourrait cependant douter que la quantité actuelle des produits ne surpasse de beaucoup celle du temps passé ? Non - seulement le haut prix est compatible avec l'augmentation de l'approvisionnement, mais l'un va rarement sans l'autre. Si donc, par suite de l'impôt ou par la difficulté de la production, le prix des subsistances monte, sans que la quantité en soit diminuée, les salaires du travail en argent monteront ; car, comme le dit M. Buchanan, «les salaires du travail ne consistent pas dans l'argent, mais dans les choses que cet argent peut acheter, c'est-à-dire, dans les subsistances et autres choses nécessaires ; et la part accordée au travailleur, sur le fonds commun, sera toujours proportionnée à l'approvisionnement.»

Quant au second point, qui est de savoir si un impôt sur les salaires du travail doit faire monter le prix de la main-d'œuvre, M. Buchanan dit : «Après que le travailleur a reçu la récompense équitable de son travail que peut-il avoir à réclamer de celui qui l'emploie, en raison des impôts qu'il est ensuite forcé de payer ? Il n'y a pas de loi ni de principe social qui puisse l'y autoriser. Une fois que le travailleur a reçu son salaire, c'est à lui à le garder, et il doit, selon ses facultés, supporter le fardeau de toutes les charges auxquelles il pourra ensuite être assujetti ; car il est évident qu'il n'a aucun moyen de forcer ceux qui lui ont déjà payé le juste prix de son ouvrage, à lui rembourser ses impôts.»

M. Buchanan a transcrit, en l'approuvant beaucoup, un excellent passage de l'ouvrage de M. Malthus sur la population, lequel, selon moi, détruit complètement son objection :

«Le prix du travail, quand rien ne l'empêche de gagner son niveau, est un baromètre politique de la plus haute importance, qui marque le rapport entre l'offre et la demande des subsistances, entre la quantité à consommer et le nombre des consommateurs ; et son terme moyen, abstraction faite des circonstances accidentelles, marque encore clairement les besoins de la société, par rapport à la population. Quel que soit le nombre d'enfants, par ménage, nécessaire pour conserver la population actuelle telle qu'elle est, le prix du travail sera justement suffisant pour fournir à l'entretien de ce nombre, et il sera au-dessus ou au-dessous, selon l'état des fonds réels destinés à l'entretien des travailleurs, soit que leur nombre se trouve stationnaire, soit qu'il aille en croissant ou en décroissant. Au lieu donc de le considérer sous ce point de vue, nous le regardons comme quelque chose que l'on peut élever ou baisser à volonté, quelque chose qui dépend principalement des juges de paix du royaume. Lorsque la hausse du prix des subsistances marque déjà. que la demande est trop forte par rapport à l'offre, on élève le prix du travail pour placer le travailleur dans la même position qu'auparavant ; c'est-à-dire, que nous augmentons la demande, et nous sommes alors fort surpris de voir que le prix des subsistances continue à hausser. A cet égard, nous agissons à peu près comme si, lorsque le mercure, dans le baromètre ordinaire, marque l'*orage*, nous allions le faire monter, en employant quelque pression forcée, de manière à le mettre au beau fixe, et si alors nous nous étonnions beaucoup de ce qu'il continue de pleuvoir.»

Le prix du travail marquera clairement les besoins de la société par rapport à la population ; il sera précisément suffisant pour fournir aux besoins de la population que suppose et exige l'état des fonds destinés à cette époque à l'entretien des travailleurs. Si leurs salaires n'étaient auparavant que suffisants pour satisfaire aux besoins de la population, après l'impôt ils deviendront insuffisants ; car le travailleur aura moins à dépenser pour l'entretien de sa famille. Le travail haussera donc de prix, parce que la demande se soutient ; et c'est uniquement par un prix plus haut que l'offre peut ne pas être contrariée.

Rien n'est plus commun que de voir les chapeaux , ou la drèche renchérir quand on y met des impôts ; ces objets montent, parce que, s'ils ne montaient pas, on ne pourrait point en fournir l'approvisionnement nécessaire. Il en est de même du travail ; quand les salaires sont imposés, il augmente de prix ; car, s'il ne montait pas, il serait impossible que la population nécessaire pût se maintenir. M. Buchanan n'admet-il pas lui-même tout ce que nous prétendons prouver, que «si, en effet, le travailleur se trouvait réduit à avoir uniquement de quoi se procurer les choses de première nécessité, son salaire ne pourrait plus souffrir de diminution, car il lui serait impossible d'entretenir sa famille a de telles conditions.»

Supposons que le pays se trouve dans des circonstances telles, que les moindres travailleurs soient appelés, non-seulement à entretenir leur famille, mais encore a l'augmenter, leurs salaires seront réglés en conséquence. Pourraient-ils multiplier, si l'impôt leur enlevait une partie de leur salaire et les réduisait à l'absolu nécessaire ?

Il est hors de doute qu'une denrée imposée ne haussera pas de prix à proportion de l'impôt, si la demande en diminue sans que la quantité puisse en être réduite. Si la monnaie métallique était en usage généralement, sa valeur ne monterait pas longtemps, par l'effet de l'impôt, à proportion du montant de cet impôt ; car, dès qu'elle aurait une plus forte valeur, la demande en diminuerait sans que sa quantité diminuât. Et la même cause influe sans doute souvent sur les salaires du travail ; le nombre des travailleurs ne peut être augmenté ou diminué aussi rapidement que les fonds ; mais, dans le cas supposé, il n'y a pas de diminution nécessaire de la demande de bras ; et quand même cette diminution existerait, elle ne serait pas en proportion de l'impôt établi⊠.

M. Buchanan oublie que les fonds que le gouvernement lève par l'impôt sont par lui employés à l'entretien de travailleurs, à la vérité improductifs, mais qui sont cependant des travailleurs. Si, lorsque les salaires sont imposés, le prix du travail ne montait pas, il y aurait une grande augmentation dans la demande des bras ; car les capitalistes, qui n'auraient rien à payer sur cet impôt, auraient les mêmes fonds disponibles pour donner de l'emploi à des ouvriers, tandis que le gouvernement aurait, dans le montant de l'impôt qu'il aurait reçu, un surcroît de fonds pour le même emploi. Le gouvernement et la nation se trouveraient par là en concurrence, et la suite de leur rivalité serait la hausse du prix du travail. On n'emploierait que le même nombre d'ouvriers, mais on leur donnerait de plus forts salaires [1].

1 N'y a-t-il point dans tout ce qui précède une confusion entre le fonds destiné à la consommation improductive ; à la simple satisfaction des besoins de l'homme, et le fonds destiné à la reproduction, qu'on nomme le capital ?

Lorsqu'on fait payer à un ouvrier un impôt qu'il ne peut se faire rembourser ni par son maître, ni par le consommateur du produit auquel il concourt lorsque le montant de cet impôt est donné à un courtisan, il est clair que le fonds de consommation du courtisan ou du percepteur est augmenté de tout ce qui est ôté au fonds de consommation de l'ouvrier ; les jouissances du premier sont multipliées aux dépens

Si l'impôt avait été établi directement sur le peuple, le fonds national pour l'entretien des travailleurs aurait diminué dans la même proportion que celui du gouvernement, destiné au même emploi, et il n'y aurait pas eu, par conséquent, de hausse des salaires ; car, quoique la demande restât la même, il n'y aurait plus la même concurrence. Si. une fois l'impôt levé, le gouvernement en exportait le produit pour le donner comme subside à un État étranger ; et si par conséquent ces fonds étaient consacrés à payer les travailleurs étrangers, au lieu des Anglais, tels que des soldats, des matelots, etc.., alors il y aurait sans doute une moindre demande de bras, et les salaires pourraient bien ne pas hausser, quoique étant imposés. Mais la même chose arriverait si l'impôt avait été mis sur des denrées de consommation, sur les profits du capital, ou si la même somme avait été levée de toute autre manière, pour fournir le montant du subside ; c'est-à-dire, il y aurait moins de bras employés dans le pays. Dans l'un des cas, on empêche les salaires de monter ; dans l'autre, ils doivent baisser absolument.

Mais supposons que le montant d'un impôt sur les salaires, après avoir été prélevé sur les ouvriers, fût donné gratuitement à ceux qui les emploient ; cela augmenterait le capital de ceux-ci d'une somme d'argent destinée a payer la main-d'œuvre, mais cela ne multiplierait ni les denrées ni le nombre des bras. Il y aurait donc augmentation de concurrence entre ceux qui emploient des ouvriers, et l'impôt n'occasionnerait en définitive aucune perte ni à l'ouvrier ni à celui qui l'emploie. Ce dernier paierait plus cher le travail ; et ce surcroît de salaire, l'ouvrier le paierait à son tour au gouvernement, qui, dans le cas supposé, le rendrait à l'entrepreneur de travaux.

---

quelquefois des besoins urgents du second ; mais on peut dire, à la rigueur, que la demande des travaux productifs n'est pas diminuée : elle n'est que déplacée. On demande, en travaux qui concourent à des objets de luxe, ce que l'ouvrier cesse de demander en bonne nourriture, en bons vêtements, en ameub1ements commodes.

Lorsque l'impôt est pris sur le capital, il ne faut pas croire qu'il achète autant de travaux que s'il était demeuré dans cet utile emploi. A la vérité, le gouvernement se sert de son montant pour faire des achats qui remplacent ceux qu'aurait faits cette portion de capital ; c'est-à-dire peut-être de la poudre à canon, au lieu de la laine dont on aurait fabriqué du drap ; mais la poudre à canon ne se reproduit pas par elle-même, tandis que le drap, une fois fabriqué, se vend, et de sa valeur on recommence a acheter de nouvelles denrées dont la production fait travailler de nouveau les producteurs, et le même jeu se renouvelle perpétuellement. Dans ce cas, il ne faut pas dire que le montant de l'impôt entre les mains du gouvernement réclame autant de travaux industriels qu'entre les mains des particuliers. - J.-B. SAY.

On ne doit cependant pas oublier que le produit de l'impôt est souvent dissipé sans fruit, et qu'en diminuant le capital, l'impôt tend à diminuer le fonds réel destiné au soutien des travailleurs, et par conséquent qu'il occasionne une moindre demande de bras. Les impôts donc en général, en tant qu'ils diminuent le capital réel du pays, rendent la demande des bras moindre ; par conséquent l'effet probable d'un impôt sur les salaires, quoique cet effet ne soit ni nécessaire ni particulier à cet impôt, c'est que, quoique les salaires éprouvent une hausse, elle ne sera cependant pas d'une somme précisément égale à la valeur de l'impôt.

Adam Smith, ainsi que nous l'avons déjà dit, convient pleinement que l'effet d'un impôt sur les salaires serait de les faire monter d'une somme égale au moins à la valeur de l'impôt, et que cet impôt serait en définitive payé par l'entrepreneur de travaux, s'il ne l'était pas immédiatement. Jusque là nous sommes tout à fait d'accord ; mais nous différons essentiellement dans la manière dont chacun de nous envisage l'action postérieure d'un pareil impôt.

«Ainsi, quand même un impôt direct sur les salaires du travail, dit Adam Smith, serait payé par les mains mêmes de l'ouvrier, on ne pourrait pas dire proprement qu'il fait l'avance de l'impôt, du moins si la demande de travail et le prix moyen des denrées restaient les mêmes après l'impôt comme auparavant.. Dans tous les cas, la personne qui emploie immédiatement l'ouvrier serait obligée d'avancer, non-seulement l'impôt, mais quelque chose de plus que l'impôt. Le paiement définitif retomberait sur des personnes différentes, selon les circonstances. La hausse que l'impôt occasionnerait dans les salaires des ouvriers de manufacture, serait avancée par le maître manufacturier, *qui serait à la fois dans la nécessité et dans le droit de la reporter, avec un profit, sur le prix de ses marchandises.* Ainsi, le paiement définitif de ce surhaussement de salaires, y compris le profit additionnel du maître manufacturier, retomberait sur le consommateur. La hausse qu'un tel impôt occasionnerait dans les salaires du travail de la campagne, serait avancée par le fermier, qui serait obligé alors d'employer un plus gros capital pour entretenir le même nombre de travailleurs qu'auparavant. Pour se rembourser de cet excédant de capital, *ainsi que des profits ordinaires des capitaux,* il serait nécessaire qu'il retînt dans ses mains une plus forte portion, ou, ce qui revient au même, la valeur d'une plus grande portion du produit de la terre, et par conséquent qu'il payât moins de rente au propriétaire. Ainsi, dans ce cas, le paiement définitif de ce surhaussement de salaires, *en y joignant le profit additionnel du fermier qui l'aurait avancé,* retomberait sur le propriétaire. Dans tous les cas, un impôt direct sur les salaires du travail doit nécessairement occasionner, à la longue, une plus forte diminution dans la rente de la terre ; et en même temps une plus forte hausse dans le prix des objets manufacturés que n'en aurait pu occasionner, d'une part ni de l'autre, l'imposition d'une somme égale au produit de cet impôt, qui aurait été convenablement assise, partie sur le revenu de la terre, et partie sur les objets de consommation.» *Tome III,* page 337.

Smith soutient, dans ce passage, que le surhaussement des salaires payé par les fermiers doit retomber en définitive sur les propriétaires fonciers, qui recevront moins de rente ; mais que l'excédant de salaires payé par les manufacturiers à leurs ouvriers occasionnera une hausse dans le prix des ouvrages manufacturés, et que ce surcroît de frais retombera par conséquent sur le consommateur.

Supposons la société composée de propriétaires fonciers, de manufacturiers, de fermiers et d'ouvriers. On convient que les ouvriers seront dédommagés de ce qu'ils paieront pour l'impôt ; mais qui les en dédommagera ? qui voudra se charger de payer la portion qui ne retombe pas sur les propriétaires ? Les manufacturiers ne pourraient en payer aucune partie ; car, si le prix de leurs marchandises haussait à proportion du surhaussement des salaires qu'ils sont obligés de payer, ils se trouveraient dans une plus belle position après l'impôt qu'auparavant. Si le fabricant de drap, le chapelier, le cordonnier, etc., pouvaient chacun élever le prix de ses marchandises de 10 pour cent, en supposant que ces 10 pour cent suffisent complètement pour les indemniser du surcroît de salaires qu'ils paient à leurs ouvriers ; si, comme le dit Adam Smith, «ils étaient à la fois dans la nécessité et dans le droit de reporter ce surcroît de salaires, *avec un profit,* sur le prix de leurs marchandises,» dans ce cas, chacun d'eux pourrait consommer autant de marchandises des autres marchands que par le passé, et par conséquent ils ne contribueraient en rien à l'impôt. Si le fabricant de draps payait ses chapeaux et ses souliers plus cher, il vendrait aussi son drap a plus haut prix. Ces fabricants achèteraient tous les ouvrages manufacturés avec autant d'avantage qu'auparavant,

et tant que le blé conserverait le même prix, - ce qu'admet le docteur Smith, - et qu'ils auront un surcroît de monnaie pour l'acheter, ils gagneraient, au lieu de perdre, a un tel impôt.

Si donc, ni les cultivateurs ni les manufacturiers ne contribuent à un tel impôt, et si les fermiers s'en dédommagent par la baisse de la rente, il n'y aura que les propriétaires fonciers qui en supporteront tout le fardeau, et ils devront encore fournir au surhaussement des profits du manufacturier. Mais pour effectuer cela, il faut qu'ils consomment tous les ouvrages manufacturés du pays ; car le surcroît de prix réparti sur toute la masse, est à peine supérieur à la valeur de l'impôt levé dans l'origine sur les ouvriers des manufactures.

Or personne ne niera que le fabricant de draps, le chapelier et les autres manufacturiers ne soient tous consommateurs respectifs de leurs marchandises ; tout le monde conviendra que tout ouvrier consomme du savon, du drap, des souliers, de la chandelle et plusieurs autres denrées : il est donc impossible que tout le fardeau de ces sortes d'impôts tombe uniquement sur les propriétaires.

Mais si les ouvriers ne paient aucune part de l'impôt, et que cependant le prix des ouvrages manufacturés hausse, les salaires doivent hausser, non-seulement pour les indemniser de l'impôt, mais encore à cause du renchérissement des objets manufacturés de première nécessité ; et cette hausse, en tant qu'elle affecte les travaux de l'agriculture, deviendra une nouvelle cause de la baisse de la rente, tandis qu'elle occasionnera une nouvelle hausse de prix des marchandises manufacturées. Ce surhaussement du prix des marchandises agira à son tour sur les salaires. L'action et la réaction, d'abord des salaires sur les marchandises, et ensuite des marchandises sur les salaires, s'étendra sans qu'on puisse lui assigner des limites. Les arguments sur lesquels repose cette théorie mènent à des conclusions si absurdes, qu'il est aisé de voir du premier coup d'œil que le principe posé est tout à fait insoutenable.

Toutes les variations qu'éprouvent les profits du capital et les salaires du travail, par la hausse des rentes et par celle des objets de première nécessité, dans le progrès naturel de la société, et la difficulté croissante de la production, seront également occasionnées par l'accroissement de salaires que cause un impôt ; et par conséquent les jouissances de l'ouvrier, aussi bien que celles de ceux qui l'emploient, seront diminuées par l'effet, non-seulement de l'impôt en question, mais de tout autre moyen servant à prélever la même somme.

L'erreur d'Adam Smith vient d'abord de ce qu'il suppose que tout impôt payé par le fermier doit nécessairement retomber sur le propriétaire, sous la forme d'une réduction de rente. Quant à cet objet, je me suis déjà expliqué dans le plus grand détail, et je me flatte d'avoir démontré, à la satisfaction du lecteur, que puisqu'un capital considérable est employé sur les terres qui ne paient pas de rente, et puisque c'est le résultat obtenu au moyen de ce capital qui règle le prix des produits agricoles, il ne saurait être fait de déduction dans les rentes. Par conséquent, ou il ne sera point accordé de compensation au fermier pour l'indemniser de l'impôt sur les salaires ; ou, s'il en obtient une, ce ne sera qu'au moyen d'un renchérissement des produits agricoles.

Si l'impôt est trop onéreux pour le fermier, il pourra élever le prix de ses denrées premières, afin de se mettre de niveau avec les autres commerçants : mais un impôt sur les salaires, qui ne pèserait pas plus sur son commerce que sur celui des autres, ne pourrait ni être rejeté sur ceux-ci, ni compensé par la hausse des produits agricoles ; car le même motif qui pourrait l'engager à élever le prix du blé, c'est-à-dire, le désir de se rembourser de l'impôt, déciderait le fabricant de draps à élever le prix de ses étoffes, et le cordonnier, le chapelier et le tapissier, à augmenter le prix de la chaussure, des chapeaux et des meubles.

S'ils peuvent tous augmenter le prix de leurs marchandises de manière à se rembourser avec profit de l'impôt, puisqu'ils sont tous consommateurs, chacun des marchandises des autres, il est évident que l'impôt ne serait jamais payé ; car si tout le monde en trouve la compensation, où seraient les contribuables ?

J'espère donc avoir réussi à prouver que tout impôt qui peut occasionner une hausse des salaires, sera payé moyennant une diminution des profits, et par conséquent qu'un impôt sur les salaires n'est réellement qu'un impôt sur les profits.

Ce principe fondamental du partage du produit du travail et du capital, entre les salaires et les profits, que je me suis efforcé d'établir, me paraît si certain, qu'à l'exception de l'effet immédiat, je suis disposé à croire qu'il importe peu lequel des deux on impose, des profits du capital ou des salaires du travail. En imposant les profits du capital vous changerez probablement le taux d'accroissement progressif des fonds destinés à entretenir les travailleurs, et les salaires, en haussant trop, se trouveraient hors de proportion avec l'état de ce fonds En mettant l'impôt sur les salaires, la récompense accordée à l'ouvrier étant trop faible, ne se trouverait pas non plus proportionnée à ce fonds. L'équilibre naturel entre les profits et les salaires se rétablirait, dans un cas, par la baisse, et dans l'autre, par la hausse des salaires en monnaie.

Un impôt sur les salaires ne pèse donc pas sur le propriétaire, mais il porte sur les profits du capital. Il «n'autorise ni n'oblige le maître manufacturier à le reporter avec un profit sur le prix de ses marchandises ;» car il ne pourra pas en augmenter le prix, et il doit par conséquent supporter en entier, et sans compensation, tout le fardeau d'un tel impôt.

Si l'effet des impôts sur les salaires est tel que je viens de le décrire, ces impôts ne méritent point la censure dont le docteur Smith les a frappés. Voici ce qu'il dit au sujet de tels impôts : «On dit que ces impôts et quelques autres du même genre, en faisant monter le prix du travail, ont ruiné la plupart des manufactures de Hollande. Des impôts semblables, quoique pas tout à fait aussi lourds, ont lieu dans le Milanais, dans les États de Gênes, dans le duché de Modène, dans les duchés de Parme, de Plaisance et de Guastalla, et dans l'État de l'Église. Un auteur français, de quelque réputation, a proposé de réformer les finances de son pays, en substituant à la plus grande partie des autres impôts, cette espèce d'impôts, la plus ruineuse de toutes : - Il n'y a rien de si absurde, dit Cicéron, qui n'ait été avancé par quelque philosophe,» - Dans un autre endroit il dit : «Les impôts sur les choses de nécessité, en faisant monter les salaires du travail, tendent nécessairement à faire monter le prix de tous les objets manufacturés, et par conséquent à en diminuer la vente et la consommation.»

Ce genre d'impôt ne mériterait point une pareille censure, quand même le principe posé par le docteur Smith serait exact : - à savoir que ces impôts tendent a faire monter le prix des objets manufacturés ; car cet effet ne pourrait être que temporaire, et n'entraînerait pour nous aucun désavantage dans notre commerce étranger. Si une cause quelconque faisait monter le prix de quelques marchandises manufacturées, elle en entraverait ou en empêcherait l'exportation. Mais si cette même cause avait un effet général sur toutes les marchandises, son effet ne serait que nominal ; il n'affecterait pas leur valeur relative, et ne diminuerait en rien l'appât que présente le commerce d'échange. Or, tout commerce extérieur et intérieur n'est réellement autre chose qu'un commerce d'échange.

J'ai déjà essayé de prouver que, lorsqu'une cause quelconque fait renchérir toutes les denrées en général, ses effets sont presque pareils à ceux qu'occasionne une baisse dans la valeur de la monnaie. Si la monnaie baisse de valeur, toutes les denrées haussent de prix ; et si cet effet se borne à un seul pays, il modifie son commerce étranger de la même manière que le ferait un renchérissement de denrées occasionné par des impôts. Par conséquent, examiner les effets de la dépréciation de la monnaie d'un seul pays, c'est examiner les effets d'un renchérissement des denrées borné à un seul pays. Adam Smith, en effet, était bien persuadé de la parité. de ces deux cas ; c'est pourquoi il soutient que la dépréciation du numéraire, ou, comme il le dit, de l'argent en Espagne, par suite de la défense de l'exporter, est très-nuisible aux manufactures et au commerce étranger de l'Espagne.

«Mais cette dégradation de la valeur de l'argent, qui, étant le résultat ou de la situation particulière d'un pays ou de ses institutions politiques, n'a lieu que pour ce pays seulement, entraîne des conséquences tout autres ; et bien loin qu'elle tende à rendre personne réellement plus riche, elle tend à rendre chacun réellement plus pauvre. La hausse de prix en argent de toutes les denrées et marchandises, qui, dans ce cas, est une circonstance particulière à ce pays, tend à y décourager plus ou moins toute espèce d'industrie au dedans, et à mettre les nations étrangères à portée de fournir presque toutes les diverses sortes de marchandises pour moins d'argent que ne le pourraient faire les ouvriers du pays, et, par là, de les supplanter non-seulement dans les marchés étrangers, mais encore dans leur propre marché intérieur.» *Liv. IV*, chap. 5.

Un des désavantages, et, je crois, le seul qui provienne de la dépréciation de l'argent, occasionnée par une abondance forcée, a été très-habilement développé par le docteur Smith. Si le commerce de l'or et de l'argent était libre, «l'or et l'argent qui iraient au dehors, dit Smith, n'iraient pas pour rien, mais rapporteraient en retour une valeur égale de marchandises d'une espèce ou d'une autre. Ces marchandises ne seraient pas non plus toutes en objets de luxe ou en superfluités destinés à ces gens oisifs qui ne produisent rien en retour de leur consommation. Comme cette exportation extraordinaire d'or et d'argent ne saurait augmente la richesse réelle ni le revenu réel de ces gens oisifs, elle ne saurait non plus apporter une grande augmentation dans leur consommation. Vraisemblablement la plus grande partie de ces marchandises, et au moins certainement une partie d'elles consisterait en matières, outils et vivres destinés à employer et faire subsister des gens laborieux, qui reproduiraient avec profit la valeur entière de leur consommation. Une partie du fonds mort de la société se trouverait ainsi convertie en un capital actif, et on mettrait en mouvement une plus grande somme d'industrie qu'auparavant.»

En. empêchant le commerce des métaux précieux d'être libre, quand le prix des denrées hausse ou par l'effet de l'impôt ou par l'affluence de ces métaux, on empêche qu'une partie du capital mort de la société ne soit convertie en un capital actif, et on empêche une plus grande quantité d'industrie d'être mise en activité. Mais voilà tout le mal, et ce mal n'est jamais ressenti dans les pays où l'exportation du numéraire est permise ou tolérée.

Le change entre différents pays n'est au pair qu'autant qu'ils ont chacun en circulation la quantité de monnaie qui, dans un état donné de choses, est nécessaire pour le mouvement de leurs produits. Si le commerce des métaux précieux était parfaitement libre, et que l'on pût exporter du numéraire sans aucuns frais, les changes ne pourraient manquer d'être, sur toutes les places, au pair. Si le commerce des métaux précieux était parfaitement libre, s'ils étaient généralement employés comme agents de la circulation, malgré les frais de transport, le change ne pourrait, dans tout pays, dévier du pair que du montant de ces frais. Ces principes sont, je crois, universellement reconnus. Si un pays se servait d'un papier-monnaie qui ne fût pas échangeable contre des espèces métalliques, et qui n'eût par conséquent point de régulateur fixe, les changes d'un tel pays pourraient s'écarter du pair selon que la monnaie s'y trouverait multipliée au delà de la quantité qui lui serait départie par le commerce de toutes les nations, si le commerce des métaux précieux était libre, et si ces métaux étaient employés comme monnaie et comme régulateur.

Si, par les opérations générales du commerce, la part de l'Angleterre se trouvait être de 10 millions de livres sterling, d'un poids et d'un titre reconnus, et qu'on y substituât 10 millions de papier-monnaie, le change n'éprouverait aucun changement ; mais si, en abusant de la faculté de mettre du papier en circulation, on en faisait une émission de 11 millions, le change serait de 9 pour cent au désavantage de l'Angleterre; si l'émission était de 12 millions, le change baisserait de 16 pour cent ; et si elle était de 20 millions, le change serait de 50 pour cent contre l'Angleterre.

Cet effet peut cependant avoir lieu sans l'introduction d'un papier-monnaie. Toute cause qui retient en circulation une quantité de livres sterling plus forte que celle qui aurait circulé si le commerce eut été libre, et que les métaux précieux d'un poids et d'une pureté reconnus, eussent été employés comme numéraire ou comme régulateurs de la monnaie métallique, produirait exactement les mêmes effets. Supposons que, les pièces de monnaie étant rognées, chaque livre sterling ne renfermât plus la quantité d'or et d'argent déterminée par la loi ; on pourrait, dans ce cas, employer dans la circulation un plus grand nombre de ces livres rognées qu'on n'en aurait employé dans leur état de pureté. Si l'on rognait un dixième sur chaque pièce d'une livre, on pourrait avoir en circulation 11 millions de ces pièces au lieu de 10 ; si on enlevait à chacune deux dixièmes, on pourrait employer 12 millions de pièces d'une livre sterling rognées ; et si l'on rognait la moitié du poids , 20 millions de pièces ainsi dégradées pourraient ne pas être de trop dans la circulation. Si on employait ces 20 millions de pièces d'une livre au lieu de 10 millions, toutes les marchandises, en Angleterre, monteraient du double de leur ancien prix, et le change se trouverait à 50 pour cent au désavantage de l'Angleterre ; mais cela ne dérangerait en rien le commerce étranger, et ne découragerait non plus la fabrication d'aucune marchandise dans l'intérieur. Si le drap, par exemple, haussait en Angleterre de 20 l. à 40 l. par pièce, on pourrait l'exporter tout aussi facilement qu'auparavant ; car le change offrirait à l'acheteur étranger une compensation de 50 pour cent ; en sorte qu'avec 20 l. de son argent, il pourrait acheter une traite moyennant laquelle il serait en état d'acquitter, en Angleterre, une dette de 40 l. De la même manière, si le marchand étranger exporte une marchandise qui coûte chez lui 20 l., et qui se vend en Angleterre 40 l., il ne recevra cependant que 20 l.; car, pour 40 l. en Angleterre, il ne pourra acheter qu'une traite de 20 l. sur l'étranger.

Les mêmes effets auraient lieu, quelle que fût la cause qui porterait l'agent de la circulation en Angleterre à 20 millions, lorsque 10 eussent suffi à tous les besoins. Si une loi aussi absurde que le serait celle qui prohiberait l'exportation du numéraire, pouvait s'exécuter, et que, par suite de cette prohibition, il se trouvât 11 millions au lieu de 10 en circulation, le change serait de 9 pour cent contre l'Angleterre ; il serait de 16, si la circulation était portée à 12 millions, et de 50 pour cent contre l'Angleterre, si, par des moyens également arbitraires, l'agent de la circulation était porté à 20 millions. Cela ne découragerait cependant nullement l'industrie anglaise. Si les marchandises du cru se vendaient cher en Angleterre, celles de l'étranger seraient également à un haut prix. Il importerait peu au négociant étranger que ces prix fussent hauts ou bas ; car, d'un côté, il serait obligé de donner une compensation sur le change lorsqu'il vendrait cher ses marchandises, et il recevrait une pareille compensation quand il serait obligé d'acheter des marchandises anglaises à haut prix.

Le seul désavantage qui pourrait résulter pour le pays où l'on retiendrait, par des lois prohibitives, une quantité d'or et d'argent en circulation plus forte que celle qui y circulerait autrement, serait la perte qu'il ferait en employant une partie de son capital d'une manière improductive, au lieu de l'employer productivement. Comme monnaie, ce capital ne saurait rapporter aucun profit ; mais converti par échange en matériaux, en machines et en subsistances, il donnerait un revenu, et ajouterait à la richesse et aux ressources du pays.

Je me flatte donc d'avoir démontré d'une manière satisfaisante, qu'un prix comparativement bas des métaux précieux, par suite d'un impôt, ou, en d'autres termes, un prix généralement élevé des denrées, ne peut nuire en rien à un pays, attendu qu'une partie des métaux serait exportée, ce qui, en faisant hausser leur valeur, ferait baisser d'un autre côté le prix des denrées. J'ai démontré de plus, que, si les métaux précieux n'étaient point exportés, et si, par des lois prohibitives, on pouvait les retenir dans le pays, l'effet produit sur le change contre-balancerait celui des hauts prix. Si donc des impôts sur les objets de première nécessité et sur les salaires, ne peuvent pas avoir l'effet d'élever le prix de toutes les denrées dont la production a exigé l'emploi d'une certaine somme de travail, on aurait tort de condamner ces impôts sur de pareil motifs : et quand même il serait vrai qu'ils produisissent de semblables effets, ils n'en seraient pas, pour cela, plus nuisibles.

Il est incontestable que «les impôts sur les choses de luxe n'ont aucune tendance à faire monter le prix d'aucune autre marchandise que de celles qui sont imposées ;» mais il n'est pas vrai «que les impôts sur les objets de nécessité, en faisant monter les salaires du travail, tendent nécessairement à faire monter le prix de tous les objets manufacturés.» Il est vrai «que les impôts sur les choses de luxe sont payés, en définitive, par les consommateurs de la chose imposée, sans aucune répétition de leur part. Ils tombent indistinctement sur toutes espèces de revenus, salaires de travail, profits de capitaux, et rentes de terre.» Mais il est faux «que les impôts sur les choses de nécessité, pour ce qui pèse sur la classe pauvre et ouvrière, soient payés en définitive, partie par les propriétaires dans le déchet que souffrent les fermages de leurs terres, et partie par les riches consommateurs, propriétaires et autres, dans le surhaussement de prix des choses manufacturées ;» car, *en tant que ces impôts portent sur la classe pauvre et ouvrière,* ils seront payés presque en totalité par la diminution des profits du capital, les travailleurs eux-mêmes n'en payant qu'une très-petite partie par la diminution du travail, diminution que les impôts de tout genre tendent à produire.

C'est d'après la manière erronée dont le docteur Smith a envisagé les effets de ces impôts, qu'il a été conduit à la conclusion suivante : « Si les classes supérieures et mitoyennes entendaient bien leur intérêt, elles devraient toujours s'opposer à tous impôts sur les choses nécessaires à la vie, tout comme aux impôts directs sur les salaires du travail. » Cette conclusion découle du raisonnement suivant.

« Le paiement définitif des uns aussi bien que des autres retombe en entier sur elles, et toujours avec une surcharge considérable. Il retombe avec plus de poids surtout sur le propriétaire, qui paie doublement, ou à deux différents titres, comme propriétaire par la réduction de son revenu, et comme riche consommateur par l'augmentation de sa dépense. L'observation faite par sir Matthew Decker, qu'il y a des impôts qui sont quelquefois répétés et accumulés cinq ou six fois dans le prix de certaines marchandises, est parfaitement juste à l'égard des impôts sur les choses nécessaires à la vie. Par exemple, dans le prix du cuir, il faut que vous payiez non-seulement l'impôt sur le cuir des souliers que vous portez, mais encore une partie de cet impôt sur les souliers que portent le cordonnier et le tanneur. Il faut que vous payiez de plus, pour l'impôt sur le sel, sur le savon et sur les chandelles que consomment ces ouvriers pendant le temps qu'ils emploient à travailler pour vous, et puis encore pour l'impôt sur le cuir qu'usent le faiseur de sel, le faiseur de savon et le faiseur de chandelles, pendant qu'ils travaillent pour ces mêmes ouvriers. »

Cependant, comme e docteur Smith ne prétend pas que le tanneur, le faiseur de sel ou le fabricant de chandelles, tirent l'un ou l'autre aucun avantage de l'impôt sur le cuir, le sel, le savon ou les chandelles, et comme il est certain que le gouvernement ne reçoit jamais que le montant de l'impôt assis, il est impossible de concevoir comment il en pourra être payé davantage par le peuple, quelle que soit la classe sur laquelle l'impôt puisse porter. Les riches consommateurs pourront payer et paieront en effet pour le consommateur pauvre, mais ils ne paieront rien au delà du montant de l'impôt, et il n'est pas dans la nature des choses que « *l'impôt soit répété et accumulé quatre ou cinq fois.* »

Un système d'impôt peut être vicieux, parce qu'il enlève au peuple une somme plus forte que celle qu'il fait entrer dans les coffres de l'État, - une partie de cet impôt pouvant, en raison de son effet sur les prix, être reçue par les personnes qui profitent du mode particulier de perception. De tels impôts sont funestes, et l'on ne devrait pas les encourager ; car on peut poser en principe que toutes les lois que l'action d'un impôt est équitable, l'impôt est conforme à la première des maximes du docteur Smith, et ôte au peuple le moins possible au delà de ce qu'il rapporte au trésor public. M. Say dit :

« D'autres enfin apportent des plans de finance, et proposent des moyens de remplir les coffres du prince sans charger les sujets ; mais à moins qu'un plan de finance ne soit un objet d'entreprise industrielle, il ne peut donner au gouvernement que ce qu'il ôte au particulier, ou ce qu'il ôte au gouvernement sous une autre forme. On ne fait jamais, d'un coup de baguette, quelque chose de rien. De quelque déguisement qu'on enveloppe une opération, quelque détour qu'on fasse prendre aux valeurs, quelque métamorphose qu'on leur fasse subir, on n'a une valeur qu'en la créant ou en la prenant. Le meilleur de tous les plans de finance est de dépenser peu, et le meilleur de tous les impôts est le plus petit. » *Traité d'Écon. polit,*, Édit. Guillaumin, livr. III, chap. 8.

Le docteur Smith soutient, dans tout le cours de son ouvrage, et je crois, avec raison, que les classes ouvrières ne sauraient contribuer aux besoins de l'État. Un impôt sur les choses de première nécessité, ou sur les salaires, doit par conséquent être reporté des pauvres sur les riches. Si donc le docteur Smith a voulu dire *que certains impôts sont quelquefois répétés dans le prix de certaines marchandises, et accumulés quatre ou cinq fois*, uniquement dans le but de reporter l'impôt du pauvre au riche, cela ne les rend pas dignes de censure.

Supposons que l'impôt équitable d'un riche consommateur

soit de 100 livres, et qu'il le paie directement, l'impôt étant assis sur le revenu, sur le vin ou sur tout autre objet de luxe, ce contribuable ne perdra rien si, par un impôt sur les choses de nécessité, il n'était tenu de payer que 25 liv. pour ce que lui et sa famille consomment en objets de première nécessité, et qu'on lui fit répéter cet impôt trois fois dans le renchérissement des autres denrées, renchérissement destiné à indemniser les ouvriers ou les entrepreneurs d'industrie de l'impôt qu'ils ont été obligés d'avancer. Dans ce cas même, l'argument n'est pas concluant ; car s'il n'y a rien de payé au delà de ce qui est exigé par le gouvernement, qu'importe au consommateur riche d'acquitter directement l'impôt, en donnant un prix plus élevé pour un objet de luxe, ou de l'acquitter indirectement en payant plus cher les objets de nécessité et autres articles de sa consommation ? Si le peuple ne paie que ce qui est reçu par le gouvernement, le consommateur riche ne contribuera que pour sa juste part ; s'il y a quelque chose de payé au delà de ce que le gouvernement reçoit, Adam Smith aurait dû dire quel est celui qui reçoit ce surplus.

M. Say ne me paraît pas être resté d'accord avec le principe évident que j'ai transcrit de son excellent ouvrage ; car dès la page suivante, en parlant de l'impôt, il dit : « Lorsqu'il est poussé trop loin, il produit ce déplorable effet de priver le contribuable de sa richesse sans en enrichir le gouvernement ; c'est ce qu'on pourra comprendre, si l'on considère que le revenu de chaque contribuable offre toujours la mesure et la borne de sa consommation, productive ou non. On ne peut donc lui prendre une part de son revenu sans le forcer à réduire proportionnellement ses consommations. De là, diminution de demande des objets qu'il ne consomme plus, et nommément de ceux sur lesquels est assis l'impôt ; de cette diminution de demande résulte une diminution de production, et par conséquent moins de matière imposable. Il y a donc perte pour le contribuable d'une partie de ses jouissances, et perte pour le fisc d'une partie de ses recettes. »

M. Say en donne pour exemple l'impôt établi sur le sel en France avant la révolution, et qui diminua la production du sel de moitié. Cependant si l'on consommait moins de sel, il y avait aussi moins de capital employé à sa production ; et par conséquent, quoique le producteur tirât moins de profit de la production du sel, il en devait obtenir davantage de la production de quelque autre denrée. Si un impôt, quelque lourd qu'il soit, est assis sur le revenu, et non sur le capital, il ne diminue pas la demande, il ne fait qu'en changer la nature. Il met le gouvernement dans le cas de consommer autant du produit de la terre et du travail national, que les contribuables en consommaient auparavant. Si mon revenu est de 1000 l. par an, et que je sois tenu de payer 100 l. d'impôts par an, je ne pourrai faire que la demande des neuf dixièmes de la quantité de marchandises que je consommais auparavant ; mais je fournis au gouvernement les moyens de faire la demande de l'autre dixième. Si c'est le blé qui est l'article imposé, il n'est pas nécessaire que ma demande en soit diminuée, car je puis préférer de payer 100 l. de plus par an pour mon blé, en réduisant ma dépense en vin, en meubles, ou en autres objets de luxe d'une somme pareille. Moins de capital sera par conséquent employé dans le commerce des vins, ou dans celui des meubles, mais il y en aura davantage d'employé à la fabrication des objets que le gouvernement se procure moyennant le produit des impôts qu'il lève.

M. Say dit que M. Turgot, en réduisant *les droits d'entrée et de halle sur la marée* de moitié à Paris, n'en diminua point le produit total, et qu'il faut par conséquent que la consommation du poisson ait doublé. Il en conclut qu'il faut que les profits du pécheur et de ceux qui font le commerce du poisson aient doublé aussi, et que le revenu du pays ; doit s'être accru de tout le montant de l'augmentation des profits, dont une partie, en s'accumulant, doit avoir augmenté les ressources nationales.

Sans examiner les motifs qui ont dicté une telle modification de l'impôt, qu'il me soit permis de douter qu'elle ait beaucoup encouragé l'accumulation. Si les profits du pêcheur et des autres personnes engagées dans ce commerce avaient doublé par suite de la consommation augmentée du poisson, certaines portions de capitaux et de travail auraient été détournées de quelque autre occupation pour être employées dans cette branche particulière de commerce. Mais le capital et le travail employés à ces autres occupations procuraient un profit auquel on a dû renoncer en les retirant de cet emploi. La facilité d'accumuler ne s'est augmentée dans le pays que de la différence entre les profits obtenus dans le dernier de ces emplois et ceux qu'on obtenait dans le précédent.

Que les impôts soient assis sur le revenu ou sur le capital, ils diminuent la matière imposable d'un État. Si je cesse de dépenser 100 l. en vin, parce qu'en payant un impôt de cette valeur, j'ai mis le gouvernement à portée de dépenser ces 100 l. au lieu de les dépenser moi-même, il y a nécessairement une valeur de 100 1. de marchandise retirée de la liste des choses imposables. Si le revenu des habitants d'un pays est de 10 millions, ils posséderont au moins pour 10 millions de valeurs imposables. Si, en frappant d'un impôt une partie de ces valeurs, on en met un million à la disposition du gouvernement, le revenu des habitants restera toujours nominalement de 10 millions, mais il ne leur restera que 9 millions de valeurs imposables. Il n'y a pas de cas où l'impôt ne diminue les jouissances de tous ceux sur qui il tombe en définitive, et il n'y a d'autre moyen d'augmenter de nouveau ces jouissances, que l'accumulation d'un nouveau revenu.

L'impôt ne peut jamais être si équitablement réparti qu'il influe dans la même proportion sur la valeur de toutes les choses, en les maintenant toutes dans la même valeur relative. Il agit souvent, par ses effets indirects, d'une manière qui s'écarte beaucoup des vues du législateur. Nous avons déjà vu que l'effet d'un impôt direct sur le blé et les produits agricoles est, dans le cas où le numéraire serait un produit du pays, de faire monter le prix de toutes les marchandises à proportion que les produits agricoles en font partie, et par 1à de détruire le rapport naturel qui existait auparavant entre elles. Un autre de ses effets indirects, c'est qu'il fait monter les salaires et qu'il fait baisser le taux des profits ; et nous avons aussi vu dans une autre partie de cet ouvrage que l'effet de la hausse des salaires, et de la diminution des profits, est d'abaisser les prix en monnaie des objets dont la production tient principalement à l'emploi d'un capital fixe.

On est si convaincu qu'un produit, dès qu'il est frappé d'impôt, ne peut plus être exporté aussi avantageusement, qu'on accorde, sous forme de draw-hack, la remise des droits aux marchandises exportées, et qu'on établit les droits sur l'importation des produits similaires. Si cette remise des droits et ces droits d'entrée sont assis avec équité, non-seulement sur ces marchandises elles-mêmes, mais encore sur toutes les autres sur lesquelles ils peuvent exercer une influence indirecte, alors il n'y aura certes aucun dérangement dans la valeur des

métaux précieux. Dès que nous pouvons exporter un article frappé de l'impôt aussi bien qu'auparavant, sans donner aucune facilité particulière à l'importation, les métaux précieux n'entreront pas plus que par le passé dans la liste des matières d'exportation.

Il n'est peut-être point de matières plus propres à être imposées que celles que la nature ou l'art produisent avec une facilité remarquable. Pour ce qui concerne les pays étrangers, l'on peut ranger ces objets parmi ceux dont le prix n'est pas réglé par la quantité de travail qu'ils ont coûté, mais plutôt par le caprice, le goût et les facultés de l'acheteur. Si l'Angleterre possédait des mines d'étain plus riches que celles des autres pays ; si, par la supériorité des machines ou l'avantage du combustible, elle avait des facilités particulières pour fabriquer des tissus de coton, les prix de l'étain et du coton n'en seraient pas moins réglés, en Angleterre, par la quantité comparative de travail et de capital nécessaires pour la production de ces matières, et la concurrence parmi nos négociants ferait que le consommateur étranger les paierait à peine plus cher que nous

Notre supériorité dans la production de ces objets pourrait être telle que, dans les marchés étrangers, ils se vendissent beaucoup plus cher ; sans que cela influât beaucoup sur leur consommation. Mais ils ne pourraient jamais parvenir à ce prix par aucun autre moyen que par un droit de sortie, tant que la concurrence serait libre chez nous. Cet impôt retomberait principalement sur les consommateurs étrangers, et une partie des dépenses du gouvernement anglais serait défrayée par un impôt sur l'agriculture et sur l'industrie des autres pays. L'impôt sur le thé, que paie actuellement le peuple anglais, et qui fournit à une partie de la dépense du gouvernement de l'Angleterre, pourrait, s'il était levé en Chine à la sortie de cette plante, servir à défrayer les dépenses du gouvernement chinois.

Les impôts sur des objets de luxe ont quelque avantage sur ceux qui frappent des objets de nécessité. Ils sont en général payés aux dépens des revenus, et ne diminuent point par conséquent le capital productif du pays. Si le vin renchérissait beaucoup par suite d'un impôt, il est vraisemblable qu'on renoncerait plutôt au plaisir d'en boire, qu'on ne serait disposé à faire une brèche un peu importante à son capital pour avoir le moyen d'acheter du vin. Des impôts de ce genre sont tellement identifiés avec le prix, que le contribuable s'aperçoit à peine qu'il paie un impôt. Mais ils ont aussi leurs inconvénients. D'abord, ils n'atteignent jamais le capital ; et il y a des circonstances extraordinaires où il peut être nécessaire que le capital même contribue aux besoins de l'État ; en second lieu, il n'y a point de certitude quant au produit de ces impôts ; car ils peuvent même ne pas atteindre le revenu. Une personne décidée à économiser, se soustraira à un impôt sur le vin, en renonçant à en boire. Le revenu du pays peut ne pas souffrir de diminution, et cependant l'impôt peut ne pas fournir un seul shilling à l'État.

Tout objet que l'habitude aura rendu une source de jouissances, ne sera abandonné qu'à regret, et l'on continuera à en faire usage, quoiqu'il soit frappé d'un fort impôt ; mais cela a des bornes, et, l'expérience journalière démontre que l'augmentation de la valeur nominale des impôts, en diminue souvent le produit. Tel homme continuerait à boire la même quantité de vin, quoique le prix de chaque bouteille eût monté de trois shillings, qui renoncerait à en boire plutôt que de le payer quatre shillings plus cher. Tel autre consentira à le payer 4 s., qui ne voudra pas en donner 5 s. On peut en dire autant de tout autre impôt sur les objets de luxe. Tel individu pourrait consentir à payer 5 l. pour avoir la jouissance que procure un cheval, qui ne voudrait pas payer 10 l. ou 20 l. pour cela. Ce n'est pas parce qu'on ne peut pas payer davantage qu'on renonce à l'usage du vin et des chevaux, ce n'est que parce qu'on ne le veut pas. Chacun a une certaine mesure d'après laquelle il apprécie la valeur de ses jouissances ; mais cette mesure est aussi variable que l'est le caractère des hommes. Un pays dont les finances sont dans une situation tout artificielle, par le système funeste d'accumuler une grande dette nationale, et, par suite, de se créer des budgets énormes, est plus particulièrement exposé à l'inconvénient inséparable de ce genre d'impôt. Après avoir frappé de contributions tout le cercle de nos jouissances, après avoir frappé d'impôts les chevaux, les carrosses, le vin, les domestiques, et toutes les autres jouissances du riche, un ministre est porté à conclure que le pays est imposé au maximum ; car, en augmentant le taux, il ne peut plus augmenter le produit d'aucun de ces impôts. Il pourra cependant se tromper parfois dans cette conclusion ; car il se peut bien qu'un tel pays puisse encore supporter un grand surcroît de charges, sans que son capital soit entamé.

DES IMPÔTS SUR LES SALAIRES

Chapitre XVII.
DES IMPÔTS SUR LES PRODUITS NON AGRICOLES.

Par le même principe qu'un impôt sur le blé en élève le prix, un impôt sur toute autre denrée la fera également renchérir. Si le prix de cette denrée ne haussait pas d'une somme égale à celle de l'impôt, elle ne rapporterait pas au producteur le même profit qu'il retirait auparavant, et il déplacerait son capital pour lui donner un autre emploi.

Les impôts sur toute espèce de choses, qu'elles soient de nécessité ou de luxe, tant que la valeur de la monnaie reste la même, en feront toujours hausser la valeur d'une somme au moins égale à celle de l'impôt. Un impôt sur les objets manufacturés, nécessaires pour l'usage de l'ouvrier, aurait le même effet qu'un impôt sur le blé, qui ne diffère des autres choses nécessaires, que parce qu'il est, entre toutes, la première et la plus importante ; et cet impôt produirait précisément les mêmes effets sur les profits des capitaux et sur le commerce étranger. Mais un impôt sur les objets de luxe n'aurait d'autre effet que de les faire renchérir. Il retomberait en entier sur le consommateur, et il ne saurait ni faire hausser les salaires, ni faire baisser les profits.

Les impôts qu'on lève sur un pays pour les frais de la guerre ou pour les dépenses ordinaires du gouvernement, et dont le produit est principalement destiné à l'entretien d'ouvriers improductifs, sont pris sur l'industrie productive du pays ; et tout ce qu'on peut épargner sur de telles dépenses, est en général autant d'ajouté au revenu ou même au capital des contribuables. Quand on lève, par la voie d'un emprunt, 20 millions pour les dépenses d'une année de guerre, ce sont 20 millions que l'on enlève au capital productif de la nation. Le million annuel qu'on lève par des impôts pour payer les intérêts de cet emprunt, ne fait que passer des mains de ceux qui le paient dans celles de ceux qui le reçoivent, des mains du contribuable dans celles du créancier de l'État. La dépense réelle, ce sont les 20 millions, et non l'intérêt qu'il faut en payer.

Que les intérêts de l'emprunt soient ou ne soient pas payés, la nation ne s'en trouvera ni plus ni moins riche. Le gouvernement aurait pu lever d'un coup les 20 millions par le moyen d'impôts, et dans ce cas, il aurait été inutile de lever pour un million d'impôts annuels. Cela n'aurait cependant pas changé la nature de l'opération. On aurait pu forcer un individu de donner 2000 1. pour une seule fois, au lieu de payer 100 1. tous les ans ; et il pourrait aussi convenir davantage à cet individu d'emprunter ces 2000 1., et d'en payer 100 1. d'intérêts par an au prêteur, plutôt que de prendre la plus forte de ces deux sommes sur son propre fonds. Dans l'un de ces cas, c'est une transaction privée entre A et B ; dans l'autre, c'est le gouvernement qui garantit à B le paiement des intérêts qui doivent également être payés par A. Si la négociation eût été entre particuliers, il n'en aurait pas été fait d'acte authentique, et il aurait été à peu près indifférent pour le pays que A exécutât ponctuellement son contrat avec B, ou qu'il retînt injustement les 100 1. par an en sa possession. L'intérêt de la nation, en général, serait que le contrat s'exécutât ponctuellement ; mais quant à la richesse nationale, le seul objet d'intérêt est de savoir lequel de A ou de B rendra ces 100 1. plus productives ; mais à 1'égard de cette question, la nation n'a ni le droit ni les moyens de la décider. Il serait possible que A, gardant cette somme pour son usage, la dissipât d'une manière improductive ; et il serait possible aussi qu'au contraire ce fût B qui la dissipât, tandis que A l'emploierait d'une manière productive. Sous le seul point de vue de l'utilité nationale, il pourrait être plus ou moins à désirer que A payât ou ne payât pas la somme ; mais les principes de la justice et de la bonne foi, qui sont d'une tout autre importance, ne doivent point céder à des considérations d'un intérêt bien moindre ; et par conséquent, si on réclamait l'intervention du gouvernement, les tribunaux obligeraient A à exécuter son contrat. Une dette garantie par la nation ne diffère en rien d'une telle négociation. La justice et la bonne foi exigent que les intérêts de la dette nationale continuent d'être payés, et que ceux qui ont avancé leurs capitaux pour l'avantage général, ne soient pas forcés de renoncer à leurs justes prétentions, sous le prétexte que cela convient à l'État.

Mais, cette considération à part, il n'est pas du tout sûr que l'utilité publique gagnât quelque chose au sacrifice de la justice politique ; il n'est nullement certain que ceux qu'on libérerait du paiement des intérêts de la dette nationale, employassent cet argent d'une manière plus productive que ceux à qui il est incontestablement dû. En supprimant la dette nationale, le revenu d'une personne pourrait monter de 1,000 1. à 1,500 1. ; mais celui d'une autre baisserait de 1,500 1. à 1,000 1. Les revenus de ces deux individus, ensemble, montent à présent à 2,500 1. ; et ils ne vaudraient pas davantage après la banque-route. Si l'objet de tout gouvernement est de lever des impôts, il y aurait le même capital et le même revenu imposable dans un cas que dans l'autre.

Ce n'est donc pas le paiement des intérêts de la dette nationale, qui accable une nation, et ce n'est pas en supprimant ce paiement qu'elle peut être soulagée. Ce n'est que par des économies sur le revenu, et en réduisant les dépenses, que le capital national peut s'accroître ; et l'anéantissement de la dette nationale ne contribuerait en rien à augmenter le revenu ni à diminuer les dépenses. C'est la profusion des dépenses du gouvernement et des particuliers, ce sont les emprunts qui appauvrissent un pays ; par conséquent, toute mesure qui pourra tendre à encourager l'économie du gouvernement et des particuliers soulagera la détresse publique, sans doute, mais c'est une erreur et une illusion de croire qu'on peut soulager une nation du poids d'un fardeau qui l'accable, en l'ôtant de dessus une classe de la société qui doit le supporter, pour le faire peser sur une autre qui, suivant tous les principes d'équité, ne doit supporter que sa part.

On aurait tort de conclure de tout ce que je viens de dire que je regarde le système des emprunts comme le meilleur moyen de fournir aux dépenses extraordinaires de l'État. C'est un système qui tend a nous rendre moins industrieux, à nous aveugler sur notre situation. Si les frais d'une guerre montent a 40 millions par an, et que la part d'un particulier, pour subvenir à cette dépense annuelle, soit de 100 l., il tâchera, si l'on exige de lui le paiement total et immédiat de cette somme, d'épargner promptement 100 1. sur son revenu. Par le système des emprunts, on n'exige de lui que l'intérêt de ces 100 1., ou 5 1. par an ; il croit qu'il lui suffit d'épargner ces 5 1. sur sa dépense, et il se fait illusion, se croyant aussi riche en fonds que par le passé. La nation et son gouvernement, en raisonnant et en agissant de la sorte, n'épargnent que les intérêts de 40 millions, ou de 2 millions ; et ils perdent non-seulement tous les intérêts ou le profit que 40 millions de capital employés productivement auraient rendus, mais ils perdent encore 38 millions, différence entre leur épargne et leur dépense ordinaire.

Si, comme je l'ai observé plus haut, chacun avait à faire un emprunt particulier, afin de contribuer pour toute sa part aux besoins de l'État, dès que la guerre serait terminée, l'impôt cesserait, et toutes les denrées, reviendraient à l'instant à leur taux naturel. A pourrait avoir à payer, sur son fonds particulier, à B, l'intérêt de l'argent que ce dernier lui aurait prêté pendant la guerre, pour lui donner les moyens de payer sa quote-part des dépenses publiques ; mais la nation ne s'en mêlerait pas.

Un pays qui a laissé une grande dette s'accumuler, se trouve placé dans une situation artificielle ; et quoique le montant de ses impôts et l'augmentation du prix du travail puissent n'avoir et n'aient probablement d'autre inconvénient, par rapport aux pays étrangers, que l'inconvénient inévitable de payer ces impôts, il est cependant de l'intérêt de tout contribuable de se soustraire à cette charge, en en rejetant le paiement sur les autres. Le désir de transporter sa personne et son capital dans un autre pays où on soit exempt de pareilles charges, devient à la longue irrésistible, et finit par vaincre la répugnance naturelle que tout le monde éprouve à renoncer à son pays natal et aux objets de ses premières affections. Un pays qui s'est plongé daris les embarras qu'entraîne ce système artificiel, ferait bien de s'en débarrasser par le sacrifice même d'une portion de son capital, suffisante pour racheter sa dette. La conduite qui conviendrait à un particulier convient également à une nation. Un particulier qui a 10,000 1. de fortune, qui lui rapportent 500 l., sur lesquelles il est tenu de payer 100 1. par an, ne possède réellement que 8,000 l., et il serait aussi riche en continuant de payer 100 1. par an ou en sacrifiant une fois pour toutes 2,000 1. Mais qui serait, demandera-t-on , l'acheteur des propriétés qu'il serait obligé de vendre pour se procurer ces 2,000 1. ? La réponse est toute simple. Le créancier national, qui doit recevoir ces 2,000 l., aura besoin de placer son argent ; et il sera disposé à le prêter au propriétaire foncier, ou au manufacturier, ou à leur acheter une partie des propriétés qu'ils ont à vendre. Les capitalistes eux-mêmes contribueraient beaucoup à amener ce résultat.

On a souvent proposé un plan de ce genre ; mais nous ne sommes, je le crains, ni assez sages ni assez vertueux pour l'adopter. On doit cependant admettre que, pendant la paix, nos efforts doivent être dirigés vers le paiement de la portion de dette qui a été contractée pendant la guerre, et qu'aucun désir d'alléger un fardeau, qui, je l'espère, n'est que temporaire, ne doit nous détourner un instant de ce grand objet. Aucun fonds d'amortissement ne peut contribuer d'une manière efficace à diminuer la dette de l'État, s'il n'est tiré de l'excédant du revenu sur la dépense publique. Il est à regretter que le fonds d'amortissement de l'Angleterre ne le soit que de nom ; car il n'existe pas, chez nous, d'excédant de la recette sur la dépense. Ce ne sont que les économies qui pourraient le rendre ce qu'il devrait être, un fonds réellement capable d'éteindre la dette nationale. Si, au moment où une nouvelle guerre éclatera, nous n'avons pas éteint une grande partie de notre dette, il arrivera de deux choses l'une : ou tous les frais de cette nouvelle guerre seront payés par des impôts levés année par année, ou bien il faudra qu'à la fin de la guerre, et peut-être même avant, nous nous soumettions à une banqueroute nationale. Ce n'est pas qu'il nous soit impossible de supporter encore un surcroît assez considérable de dette, car il est impossible d'assigner des bornes aux ressources d'une grande nation ; mais certes il y a des bornes aux sacrifices d'argent que les particuliers peuvent consentir à faire continuellement, pour le seul privilège de pouvoir vivre dans leur pays natal.

Quand une denrée est à un prix de monopole, elle a atteint le plus haut prix auquel le consommateur puisse consentir à l'acheter. Les denrées n'atteignent ce prix de monopole que lorsqu'il est impossible d'imaginer aucun moyen d'en augmenter la quantité, et lorsque, par conséquent, il n'y a de concurrence que d'un seul côté, c'est-à-dire, parmi les acheteurs. Le prix de monopole peut, à une époque, être beaucoup plus haut ou plus bas qu'à une autre, parce que la concurrence entre les acheteurs doit dépendre de leur fortune et de leurs goûts ou de leurs caprices. Ces vins exquis, qui ne sont produits qu'en très-petite quantité, et ces ouvrages de l'art, qui, par leur excellence ou leur rareté, ont acquis une valeur idéale seront échangés contre des quantités très-différentes des produits du travail ordinaire, selon que la société sera riche ou pauvre, selon que ces produits seront abondants ou rares, et selon qu'elle se trouvera dans un état de barbarie ou de civilisation. La valeur échangeable d'une chose qui est à un prix de monopole n'est donc nulle part réglée par les frais de production.

Les produits immédiats de la terre ne sont pas au prix de monopole ; car le prix courant de l'orge et du blé est aussi bien réglé par les frais que leur production a coûtés, que celui du drap ou de la toile. La seule différence consiste en ce qu'une portion du capital employé en agriculture, c'est-à-dire la portion qui ne paie pas de rente, règle le prix du blé ; tandis que, dans la production des ouvrages manufacturés, chaque portion de capital est employée avec les mêmes résultats ; et comme aucune portion ne paie de loyer, chacune d'elles sert également de régulateur du prix. D'ailleurs le blé, ainsi que tous les produits agricoles, peut être augmenté en quantité par l'emploi d'un plus gros capital sur la terre, et par conséquent ces denrées ne sauraient jamais être à un prix de monopole. .Dans ce cas il y a concurrence parmi les vendeurs ainsi que parmi les acheteurs. Il n'en est pas de même pour ce qui regarde la production de ces vins exquis ou de ces ouvrages précieux des arts dont nous venons de parler ; leur quantité ne saurait être augmentée ; et rien ne met des bornes à leur prix que la fortune et la volonté des acheteurs. La rente de ces vignobles peut augmenter au delà de toute limite raisonnable ; car aucun autre terroir ne pouvant donner de tels vins, aucun ne peut entrer en concurrence.

Le blé et les produits agricoles d'un pays peuvent, à la vérité, se vendre pendant un certain temps à un prix de monopole ; mais cela ne peut avoir de durée que lorsqu'il n'est plus possible d'employer, d'une manière productive, de nouveaux capitaux sur les terres, et que, par conséquent, les produits ne peuvent être augmentés. Alors, toutes les terres cultivées et tous les capitaux employés sur les terres rapporteront une rente qui sera différente selon la différence des produits. Alors aussi, tout impôt qui pourra être mis sur le fermier, tombera sur le propriétaire et non sur le consommateur. Le fermier ne peut élever le prix de son blé ; car, par notre supposition, il est déjà au plus haut prix auquel les acheteurs veuillent ou puissent l'acheter. Il ne se contentera pas d'un moindre taux de profits que celui que retirent de leurs fonds les autres capitalistes, et par conséquent il n'aura d'autre alternative que d'obtenir une réduction de la rente ou de quitter son industrie.

M. Buchanan regarde le blé et les produits agricoles comme étant au prix de monopole, parce que ces produits paient une rente. Selon lui, toutes les denrées qui paient une rente doivent être au prix de monopole, et il en conclut que tout impôt sur les produits agricoles doit tomber sur le propriétaire et non sur le consommateur.

« Le prix du blé, dit-il, qui rapporte toujours une rente, n'étant, sous aucun rapport, modifié par les frais de production, ces frais doivent être pris sur la rente, et par conséquent, lorsque ces frais haussent ou baissent, il n'en résulte pas un prix plus haut ou plus bas, mais une rente plus ou moins élevée. Sous ce point de vue, tout impôt sur les domestiques de ferme, sur les chevaux ou sur les instruments d'agriculture, est réellement un impôt foncier, dont le poids tombe sur le fermier pendant la durée de son bail, et sur le propriétaire quand il faut le renouveler. De même tous les instruments d'agriculture perfectionnés, qui épargnent des dépenses au fermier, tels que les machines à battre ou à faucher le blé, tout ce qui lui rend l'accès du marché plus aisé, comme de bonnes routes, des canaux et des ponts, quoique diminuant le coût primitif du blé, n'en élève cependant pas le prix courant. Tout ce qui est donc épargné par ces améliorations appartient au propriétaire et fait partie de sa rente. »

Il est évident que si l'on accorde à M. Buchanan le principe sur lequel se fonde son argument, c'est-à-dire, que le prix du blé rapporte toujours une rente, il faudra admettre toutes les conséquences qu'il en tire et qui en découlent. Des impôts sur le fermier ne tomberaient donc point, dans ce cas, sur le consommateur, mais sur la rente, et tous les perfectionnements en agriculture augmenteraient celle-ci. J'espère cependant avoir montré, avec assez d'évidence, que tant que toutes les terres d'un pays ne sont pas cultivées, et cultivées par les méthodes les plus perfectionnées, il y aura toujours une portion de capital employé sur la terre qui ne rapportera point de rente ou de profit, et que c'est cette portion de capital - dont le produit, comme celui des manufactures, se partage entre les profits et les salaires, - qui règle le prix du blé. Le prix du blé qui ne rapporte pas de rente étant donc modifié par les frais de sa production, ces frais ne sauraient être pris sur la rente ; et la suite de l'augmentation de ces frais sera donc un surhaussement de prix, et non une diminution de la rente [1].

1 « L'industrie manufacturière augmente ses produits a proportion de la demande, et les prix baissent ; *mais on ne peul pas augmenter ainsi les produits de la terre,* et il faut toujours un haut prix pour empêcher que la consommation n'excède la demande. » *Buchanan,* tom. IV, pag. 40. Est-il possible que M. Buchanan puisse soutenir sérieusement que les produits de la terre ne peuvent être augmentés quand la demande en devient p1us considérable. (*Note de l'Auteur.*):

M. Buchanan suppose, je pense, que la tendance qu'a la population à devancer les moyens de subsistance (V. les raisons irrésistibles qu'en donne Malthus), établit une demande telle, que le prix des subsistances excède toujours ce qui serait rigoureusement nécessaire pour payer les seuls profits du capital et de l'industrie employés à la culture des terres. C'est cet excédant qui compose le profit du propriétaire foncier, la rente qu'un fermier consent à payer, même lorsqu'il n'y a aucun capital répandu sur la terre qu'il loue.

Le prix des produits territoriaux, comme tous autres, est toujours fixé en raison composée de l'offre et de la demande ; or, il est clair que dans le cas dont il est ici question, la demande n'étant jamais bornée, et l'offre l'étant toujours (puisque l'étendue des terres cultivables l'est), le produit des terres doit être à un prix monopole, qui s'élève d'autant plus, que les facultés des consommateurs s'augmentent.

Il est singulier qu'Adam Smith et M. Buchanan, qui, tous deux, conviennent que les impôts sur les produits agricoles, l'impôt foncier, et la dîme, tombent tous sur le profit du propriétaire foncier, et non sur les consommateurs des produits de l'agriculture, admettent néanmoins qu'un impôt sur la drèche tomberait sur le consommateur de bière, et ne porterait pas sur la rente du propriétaire. L'argument d'Adam Smith est un exposé si bien tracé de la manière dont j'envisage l'impôt sur la drèche, ainsi que tout autre impôt sur les produits agricoles, que je ne peux pas m'empêcher de le transcrire, en l'offrant à la méditation du lecteur.

« D'ailleurs, il faut toujours que la rente et les profits des terres en orge se rapprochent de ceux des autres terres également fertiles et également bien cultivées. S'ils étaient au-dessous, il y aurait bientôt une partie des terres en orge qui serait mise en une autre culture ; et s'ils étaient plus forts, plus de terre serait bientôt employée à produire de l'orge. Quand le prix ordinaire de quelque produit particulier de la terre est monté à ce qu'on peut appeler un prix de monopole, un impôt sur cette production fait baisser nécessairement la rente et le profit de la terre où elle croit. Si l'on mettait un impôt sur le produit de ces vignobles précieux, dont les vins sont trop loin de remplir la demande effective pour que leur prix ne monte pas toujours au delà de la proportion naturelle du prix des productions des autres terres également fertiles et également bien cultivées, cet impôt aurait nécessairement l'effet de faire baisser la rente et le profit de ces vignobles. Le prix de ces vins étant déjà le plus haut qu'on en puisse retirer, relativement à la quantité

Il ne faut pas dire que la quantité des terres cultivables n'est pas bornée tant qu'il en reste d'incultes. Si les produits possibles des terres actuellement incultes, soit en raison des difficultés provenant de la distance ou des difficultés provenant des douanes, doivent revenir plus chers au consommateur que le blé qu'il achète au prix monopole de son canton, il est évident que ces terres ne peuvent point, par leur concurrence, faire baisser le blé dans son canton.

J'avoue d'ailleurs que je ne vois aucun motif suffisant de renoncer à l'opinion de Smith, qui regarde la terre comme un grand outil, une machine propre à faire du blé, quand elle est convenablement manoeuvrée, et qui trouve tout simple que le propriétaire de cette machine, à quelque titre qu'il la possède, la loue à ceux qui en ont besoin. C'est le besoin qu'on a des produits qui est la première source du prix qu'ou y met. Si la concurrence des producteurs fait baisser ce prix au niveau des frais de production, ce n'est pas une raison pour que les propriétaires de terres réduisent leurs prétentions au niveau de rien ; car, quoique les fonds de terre n'aient rien coûté dans l'origine, l'offre de leur concours est nécessairement borné, et les bornes de la quantité offerte sont aussi l'un des éléments de la valeur. - J.-B. SAY.

qui en est communément envoyée au marché, il ne pourrait pas s'élever davantage, à moins qu'on ne diminuât cette quantité. Or, on ne saurait diminuer cette quantité sans qu'il en résultât une perte encore plus grosse, parce que la terre où ils croissent ne pourrait pas être consacré à une autre genre de culture dont le produit fût de valeur égale. Ainsi tout le poids de l'impôt porterait sur la rente et le produit du vignoble ; et à bien dire, il porterait sur la rente. Mais le prix ordinaire de l'orge n'a jamais été un prix de monopole ; la rente et le profit des terres en orge n'ont jamais été au delà de leur proportion naturelle avec ceux des autres terres également fertiles et également bien cultivées. Les différents impôts qui ont été établis sur la drèche, la bière et l'ale, *n'ont jamais fait hisser le prix de l'orge* ; ils n'ont jamais réduit la rente et le profit [1] des terres en orge. Le prix de la drèche a monté certainement, pour le brasseur, en proportion des impôts mis sur cette denrée ; et ces impôts, réunis aux droits sur la bière et l'ale, ont constamment fait monter le prix de ces denrées pour le consommateur, ou bien, ce qui revient au même, ils en ont fait baisser la qualité. Le paiement définitif de ces impôts est constamment retombé sur le consommateur, et non sur le producteur. »

M. Buchanan fait sur ce passage les remarques suivantes :

« Un droit sur la drèche ne peut jamais réduire le prix de l'orge ; car, à moins qu'on ne put vendre aussi cher l'orge convertie en drèche que dans son état naturel, il n'en viendrait pas au marché la quantité nécessaire. Il est donc clair que le prix de la drèche doit monter à proportion du droit mis dessus ; car il serait impossible autrement de fournir à la demande. Le prix de l'orge est cependant autant un prix de monopole que celui du sucre ; ils rapportent l'un et l'autre une rente et le prix courant de tous les deux a également perdu tout rapport avec ce qu'ils ont pu coûter dans l'origine. »

Il paraîtrait donc que M. Buchanan est persuadé qu'un droit sur la drèche doit en élever le prix, mais qu'un impôt sur l'orge qui sert à préparer la drèche ne ferait point hausser le prix de l'orge ; et par conséquent, que si la drèche est frappée d'un impôt, il sera payé par le consommateur ; si l'orge est imposée, l'impôt en sera payé par le propriétaire ; car il éprouvera une diminution dans sa rente. D'après l'opinion de M. Buchanan, l'orge est donc à un prix de monopole, ou

1 Voyez la note précédente.

au plus haut prix que les acheteurs soient disposés à en donner ; mais la drèche, qui est préparée avec de l'orge, n'est pas au prix de monopole, et par conséquent elle peut renchérir à proportion des impôts dont on pourrait la frapper. L'opinion de M. Buchanan, sur les effets d'un droit sur la drèche, me semble être en contradiction directe avec l'opinion qu'il a émise au sujet d'un impôt semblable, celui sur le pain. « Un droit sur le pain, dit-il, sera acquitté en définitive, non par un surhaussement de prix, mais par une réduction de la rente [1]. » Si un droit sur la drèche fait hausser le prix de la bière, il faut bien qu'un droit sur le pain fasse renchérir le pain.

L'argument suivant, de M. Say, est fondé sur les mêmes considérations que celui de M. Buchanan.

« La quantité de vin ou de blé que produit une terre, reste à peu près la même, quel que soit l'impôt dont la terre est grevée ; l'impôt lui enlèverait la moitié, les trois quarts même de son produit net, ou, si l'on veut, de sa rente, que la terre serait néanmoins exploitée pour en retirer la moitié ou le quart que l'impôt n'absorberait pas. Le taux de la rente, c'est-à-dire la part du propriétaire, baisserait ; voilà tout. On en sentira la raison, si l'on considère que, dans le cas supposé, la quantité de denrées produites par la terre, et envoyée au marché, reste néanmoins la même. D'un autre côté, les motifs qui établissent la demande de la denrée restent les mêmes aussi. Or, si la quantité des produits qui est offerte, si la quantité qui est demandée, doivent, malgré l'établissement ou l'extension de la contribution foncière, rester néanmoins les mêmes, les prix ne doivent pas varier non plus ; et si les prix ne varient pas, le consommateur des produits ne paie pas la plus petite portion de cet impôt.

« Dira-t-on que le fermier, celui qui fournit l'industrie et les capitaux, partage avec le propriétaire le fardeau de l'impôt ? On se trompera, car la circonstance de l'impôt n'a pas diminué le nombre des biens à louer, et n'a pas multiplié le nombre des fermiers. Dès qu'en ce genre aussi, les quantités offertes et demandées sont restées les mêmes, le taux des rentes a dû rester le même.

« L'exemple du manufacturier de sel, qui ne peut faire supporter à ses consommateurs qu'une partie de l'impôt, et celui du propriétaire foncier, qui ne peut s'en faire rembourser la plus petite partie, prouvent

1 Tom. III, pag. 355.

l'erreur de ceux qui soutiennent, en opposition avec les économistes, que tout impôt retombe définitivement sur les consommateurs. » Liv. III, chap. 8.

Si l'impôt *enlevait la moitié, les trois quarts même du produit net de la terre* sans que le prix des produits haussât, comment ces fermiers pourraient-ils retirer les profits ordinaires des capitaux qui ne paieraient que des rentes modiques, ayant à exploiter cette sorte de terres qui exige beaucoup plus de travail pour rendre un produit donné que des terres d'une meilleure qualité ? La rente serait même abandonnée en entier, que ces fermiers retireraient toujours de leur industrie des profits moindres que ceux des autres commerces, et ils ne continueraient par conséquent à cultiver leurs terres qu'autant qu'ils pourraient élever le prix de leurs produits [1].

1 J'ai distingué dans mon *Économie politique* les profits du fonds de terre des profits du capital employé à sa culture ; j'ai même distingué, en parlant de ce capital, celui qui a été employé par le propriétaire en bâtiments, en clôtures, etc., de celui du fermier, qui consiste principalement en bestiaux et en avances de frais de culture. Le premier capital est tellement engagé dans la terre à laquelle il a été consacré, qu'on ne peut plus l'en séparer : c'est une valeur ajoutée à la valeur du sol, et qui en subit toutes les chances, bonnes ou mauvaises. Lorsqu'on est forcé d'abandonner la culture d'une terre, on est forcé d'abandonner les irrigations, les clôtures, et même la plupart des bâtiments qu'on avait faits dans la vue de l'exploiter. Cette portion du capital est donc devenue *fonds de terre*. Il n'en est pas de même des bestiaux et des avances de frais ; on retire ces dernières valeurs, on les emploie ailleurs quand on abandonne un fonds de terre. C'est ordinairement cette portion du capital qui appartient au fermier, et qui se retire lorsqu'elle ne rend plus des profits ordinaires.

Or, je dis que lorsqu'une terre est directement ou indirectement grevée d'impôts, ce n'est pas le profit de l'industrie et du capital du fermier qui en supporte le faix, parce qu'alors ses talents, ses travaux et son argent, qui se sont mis en avant pour un métier où l'on gagnait autant que dans tout autre, *cæteris paribus*, abandonneraient une terre qui ne leur offrirait plus que des profits inférieurs, s'il fallait en déduire de nouvelles charges. Dès lors, au premier renouvellement de bail, il faudrait bien que le propriétaire baissât le prix de son bail ; autrement il ne trouverait point de locataires.

En supposant que l'impôt montât de cette manière, jusqu'à ravir au propriétaire la totalité du fermage, du produit net, je ne vois pas que le fermier, quelque inférieure que fût la qualité des terres, quelque coûteuse que fût la culture, y perdît encore rien, puisqu'il a dû s'arranger pour en être remboursé par les produits avant d'en payer un fermage.

M. Ricardo me semble demander sur quoi il retiendra le montant de l'impôt dont il fait l'avance, lorsqu'il n'a point de fermage à payer. Mais je n'appelle du nom de fermage ou produit net d'une terre que ce qui revient au propriétaire après que l'impôt est acquitté ou retenu par le fermier. Que si l'impôt ne peut être payé, même avec le sacrifice de tout le produit net ; si le fisc veut avoir encore de plus une portion du profit

Si l'impôt tombait sur les fermiers, il y en aurait moins de disposés à affermer des biens fonds ; s'il tombait sur les propriétaires, il y aurait bien des fermes qui ne seraient points louées, car elles ne rapporteraient pas de fermage. Mais sur quels fonds ceux qui produisent du blé sans payer de fermage, prendraient-ils de quoi payer l'impôt ? Il est évident que l'impôt doit tomber sur le consommateur. Comment une telle terre pourrait-elle payer un impôt égal à la moitié ou aux trois quarts de sa production, ainsi que M. Say l'énonce dans le passage suivant ?

« On voit en Écosse de mauvais terrains ainsi cultivés par leurs propriétaires, et qui ne pourraient l'être par aucun autre. C'est ainsi encore que nous voyons dans les provinces reculées des États-Unis des terres vastes et fertiles dont le revenu tout seul ne suffit pas pour nourrir leur propriétaire : elles sont cultivées néanmoins ; mais il faut que le propriétaire les cultive lui-même, c'est-à-dire, qu'il porte le consommateur à l'endroit du produit, et qu'il ajoute au profit de son fonds, qui est peu de chose ou rien, les profits de ses capitaux et de son industrie, qui le font vivre dans l'aisance.

« On connaît que la terre, quoique cultivée, ne donne aucun profit, lorsqu'aucun fermier ne veut payer de fermage ; c'est une preuve qu'elle ne permet de retirer que les profits du capital et de l'industrie nécessaires à sa culture. » SAY, liv. II, chap. 9, 3e éd.

---

du capital et du profit industriel du fermier, il est clair que celui-ci quitte la partie, et que nul autre ne voulant prendre sa place pour travailler avec trop peu de profit, ou sans profit, la terre reste en friche.

M. Ricardo peut dire qu'un certain nombre de terres, à commencer par les qualités les plus mauvaises, devant toujours se trouver dans ce cas, une extension d'impôts doit toujours faire abandonner quelques cultures, diminuer par conséquent la quantité de blé portée au marché, ce qui en fait hausser le prix ; or, du moment que le prix hausse, c'est le consommateur qui paie l'impôt.

Je réponds, avec Adam Smith, qu'un système durable d'impôts insupportables agit à la manière d'un climat inhospitalier, d'un fléau de la nature ; il contrarie la production, et la production des substances alimentaires contrariée entraîne la dépopulation. Le défaut de population excède souvent même, par des causes que découvre l'économie politique, mais qui ne peuvent être développées ici, le défaut de production des aliments. C'est ainsi que la dépopulation de l'Égypte a excédé le déclin de son agriculture. Il ne faut donc pas être surpris si des terres qu'ou laisse en friche ne font pas monter le prix du blé. - J.-B. SAY.

DES IMPÔTS SUR LES PRODUITS NON AGRICOLES

Chapitre XVIII.
DE LA TAXE DES PAUVRES.

Nous avons vu que les impôts sur les produits agricoles et sur les profits du fermier retombent sur les consommateurs de ces produits ; car si le fermier n'avait pas le moyen de s'indemniser de l'impôt par le renchérissement de ces denrées, ses profits se trouvant réduits par là au-dessous du niveau général des profits, il se trouverait forcé de détourner son capital vers un autre genre de commerce. Nous avons vu ainsi qu'il ne pouvait rejeter l'impôt sur son propriétaire en en déduisant la valeur sur le prix de la rente ; car le fermier qui ne paierait pas de rente, aussi bien que celui qui cultiverait une meilleure terre, serait sujet à l'impôt, soit qu'il fût assis sur les produits immédiats de la terre ou sur les profits du fermier. J'ai aussi tâché de faire voir que, si un impôt était général, et qu'il affectât également tous les profits, ceux du manufacturier comme ceux de l'agriculteur, il n'opérerait ni sur le prix des marchandises ni sur celui des produits immédiats de la terre, mais il serait immédiatement ou définitivement payé par les producteurs. Un impôt sur les rentes, ainsi qu'il a déjà été observé, ne tomberait donc que sur le propriétaire, et ne saurait par aucun moyen être rejeté sur le fermier,

L'impôt pour les pauvres [1] tient de la nature de tous ces impôts, et

1 Voici l'état actuel de cette législation célèbre que la famine et une crise sociale menaçante viennent de naturaliser en Irlande. Les distributions à domicile ont été supprimées, et cette défense ne fléchit que dans certains cas exceptionnels, où des secours habilement distribués peuvent servir a compléter au dehors des salaires insuffisants, et à éviter l'encombrement du Work-house. II n'est donc plus question ici de mendicité, ni de vasselage, ni d'aumônes dédaigneusement versées par la main du riche : il y a rémunération accordée par la paroisse à des hommes qui lui consacrent leurs efforts, leur temps. Dans te fait, les ateliers de charité, que recommandait déjà l'acte de la 43e année du règne d'Élisabeth, et que les gouvernements modernes se hâtent d'ouvrir aux époques où s'agite le lion populaire, affamé et irrité ; ces ateliers, qui n'ont, d'ailleurs, reçu d'organisation définitive qu'en Angleterre, font pour le travail ce que les greniers d'abondance font, ou sont censés faire, pour les subsistances. Ils tiennent de la main-d'œuvre en réserve, et peuvent être appelés des dépôts de salaires. Quand le travail se ralentit dans les manufactures, le flot des ouvriers que la grève jette inoccupés dans les villes et dans les champs, se dirige sur les Work-house, y pénètre et y séjourne jusqu'au moment où les capitaux redevenus abondants font mouvoir de nouveau les cent bras des machines. Alors le reflux commence, et ce sont les ateliers de charité que désertent les travailleurs.

Comme agent économique, ce système présente donc des avantages incontestables, car il pose sous l'édifice manufacturier des étais solides et puissants : - comme agent moralisateur, il est peut-être plus recommandable encore. Ainsi l'indigent peut entrer tête haute dans ces asiles où l'attendent, s'il est vigoureux, du travail et des salaires ; s'il est vieux et infirme, des soins, du repos, des salles spacieuses où se réchauffent ses membres glacés ; s'il est enfant, le lait de nourrices émérites, et ces nids tapissés de linge blanc et qu'on appell e crèches. Adulte, il reçoit le prix de son œuvre actuelle ; vieillard, le prix des richesses qu'il a préparées et semées pour les générations nouvelles ; enfant, le prix de son travail futur, et peut-être de son génie. Sous le double rapport de la régularisation du mouvement industriel et de la dignité humaine, les Work-houses sont donc une institution salutaire en principe, salutaire en fait ; et, s'il est arrivé souvent, comme à Andover, comme en d'autres districts, que l'État ait fait payer cher aux malheureux le secours qu'il leur donne, ou plutôt qu'il échange contre leur temps et leurs sueurs ; s'il est arrivé que, sous prétexte de viande, on leur ait laissé ronger des os et d'infâmes rebuts, et que, sous prétexte de travail, on les ait épuisés avec le *tread-mill*, et abrutis avec cette infernale invention de travail inutile, - sombre reproduction des supplices mythologiques d'Ixion et de Sysyphe ; s'il est arrivé enfin, que ces lieux de refuge aient été transformés en géhennes, ce n'est ni à l'institution elle-même, ni aux législateurs qu'il faut en demander compte. Quelque généreux et sages que soient des ministres, ils ne peuvent faire qu'il ne se glisse dans les rangs des administrateurs des âmes cruelles ou insouciantes, - ce qui revient au même, quand il s'agit de la tutelle des pauvres. Il serait tout aussi absurde de rendre le Gouvernement anglais responsable de ces tristes accidents, que de lui attribuer les insolences des plus vils limiers de police, ou les fureurs que tels ou tels soudards commettent sur le bords de 1'Indus ou du Brahmapooter. La torture est bien sortie du livre le plus doux, le plus miséricordieux, l'Évangile ; comment s'étonner de voir jaillir d'un acte du Parlement des abus et des infamies ? N'y a-t-il pas ici-bas, perdues dans le nombre, des femmes qui portent au front le stigmate des marâtres? comment n'y aurait-il pas des hommes portant la stigmate des mauvais directeurs de Work-house ? Sans doute, l'existence qu'on y a faite aux pauvres, n'a pas les douceurs et les joies ineffables d'un Phalanstère, d'une Icarie, d'une Utopie, d'une île de Barataria, ou de toute autre villégiature dessinée à la plume, et bâtie sur le terrain capricieux de l'hypothèse et des souscriptions : sans doute les règlements veulent que le mari soit séparé de sa femme et de ses enfants, et qu'il impose à son âme cette privation momentanée au profit de son corps * ; sans doute, enfin, le Work-house a pris aux yeux du pauvre une teinte morne, une physionomie de geôle qui l'en éloigne souvent ; mais tous ceux qui ont visité ces établissements, et ont suivi attentivement les résultats de la réforme de 1834, doivent rester convaincus de l'éminente supériorité de la loi actuelle et de l'exagération outrée de la plupart des élégies écrites à l'adresse des dignitaires de Sommerset-Street. Nous en avons parcouru plusieurs, sous le coup de ces préventions que nous prenions pour une philanthropie éclairée, et nous avons été doucement surpris de voir régner partout l'ordre, la propreté, l'abondance, la décence. Certes, dans un asile ouvert à toutes les infirmités, et où l'on peut entendre gémir l'enfant qui naît, à côté du vieillard qui expire, on ne peut espérer trouver la gaîté, la fraîcheur d'un pensionnat de demoiselles : mais ce qu'on y cherche, c'est un travail modéré, c'est une nourriture abondante, c'est une infirmerie constamment et largement pourvue ; c'est, en un mot, une existence assurée. Ces choses, je les ai rencontrées presque partout, et là où elles n'existent pas, le cri de l'opinion, le contrôle des inspecteurs, la rumeur publique les font bientôt rétablir.

selon les circonstances différentes, il tombe sur le consommateur des produits agricoles et des marchandises, sur les profits du capital ou sur la rente. C'est un impôt qui pèse d'une manière accablante sur les profits du fermier, et qui peut, par conséquent, être regardé comme affectant le prix des produits agricoles. Selon le degré dans lequel il frappe à la

---

Il est triste, j'en conviens, je le déplore, de vendre au travailleur l'existence matérielle au prix de sa liberté et des joies de la famille ; mais les abus, qui accompagnent tout système de charité légale, sont bien autrement déplorables. Mieux vaut mille fois les scandales isolés du régime actuel que le spectacle des luttes honteuses que se livraient la paroisses entre elles pour se décharger de l'entretien des indigents, sous prétexte de je ne sais quelles conditions de domicile : - comme si la charité était une affaire de clocher, et comme si, en passant d'un bourg à un autre, on pouvait perdre le droit d'être secouru par ses frères. - La grande et forte main du pays s'est substituée aujourd'hui à ces petits égoïsmes locaux ; et si l'on ne voit plus, comme jadis, les pauvres se marier pour percevoir double taxe, des filles estimées d'autant plus précieuses qu'elles ont plus de bâtards à offrir en dot à l'époux, et les enfants pulluler comme autant de titres à la bienfaisance publique ; si l'on ne voit plus les paroisses acquitter la plus grande partie du salaire des agriculteurs, et les indigents se livrer à ce *farniente* délectable, à cette flânerie de lazzarone, que M. Gustave de Beaumont nous a dépeints si spirituellement ; en revanche, on ne voit plus les ouvriers honnêtes repoussés impitoyablement des Work-houses, ni une cour d'assises juger en un an 4,700 conflits entre les paroisses et les indigents. Exécuté avec bienveillance, le régime actuel nous parait donc fort supportable. Il ne présente ni le gaspillage ruineux d'une bienfaisance publique aveugle, ni les caprices de la charité privée, dont il seconde d'ailleurs les généreux efforts, en faisant donner par l'État l'exemple de la sollicitude pour les classes ouvrières. Plus doux, il manquerait à ces deux résultats, et ramènerait l'Angleterre aux dilapidations, et, par suite, aux turpitudes qui grossissent si tristement la fameuse enquête de 1833.

Personne ne s'avisera certes de trouver barbares, sauvages, des règlements qui créent un abri pour les infirmités sociales, allégent le fardeau des sécessions industrielles, et vont jusqu'à permettre l'usage du tabac dans l'intérieur des Work-houses. Nous avons pu contempler dans une vaste cour, avec un étonnement mêlé de joie, six ou huit vieilles femmes assises, le visage tourné vers un mélancolique soleil de janvier, et fumant leur pipe sur les débris de leur jeunesse et de leur santé, avec une philosophie digne de matrones indiennes. Nous avons assisté, de plus, dans l'asile de Manchester, à des exhibitions de côtelettes, de légumes, tout à fait rassurantes sur la férocité des directeurs, et qui nous firent ajourner la malédiction qui leur était destinée. En Angleterre, comme dans la plupart des pays dits civilisés, le vice est donc moins dans le système qui soulage les pauvres, que dans celui qui les crée, dans les vestiges d'aristocratie, de despotisme, de féodalité, qui gênent la libre expansion de la pensée, de la richesse, de l'égalité. Les Work-houses sont les tristes correctifs du servage, de la douane, des privilèges, des substitutions : supprimez les uns, vous supprimez les autres et la question du paupérisme touche à sa fin. A. F.

* On peut consulter pour connaître l'ensemble de l'acte de1834, les notes que M. Garnier, intelligence vive et lucide, a jointes a son beau travail sur l'*Essai de Malthus*. - Edit. Guillaumin.

fois les profits du manufacturier et ceux du cultivateur, il deviendra un impôt général sur les profits du capital, et il n'occasionnera point de changement dans le prix des produits agricoles ni dans celui des ouvrages manufacturés ; et à proportion de l'impossibilité où se trouvera le fermier de se dédommager, en élevant le prix de ses denrées, de la portion de l'impôt qui pèse particulièrement sur lui, ce sera un impôt sur le fermage, et il sera payé par le propriétaire. Pour connaître donc l'action qu'exerce la taxe des pauvres à une époque déterminée quelconque, l'on doit s'assurer si elle affecte alors, dans un degré égal ou inégal, les profits du fermier et du manufacturier, et, en même temps, si les circonstances sont telles qu'elles permettent au fermier d'élever le prix des produits de sa terre.

On prétend que la taxe des pauvres est levée sur le fermier, à proportion de sa rente, et que, par conséquent, celui qui ne paie que peu ou point de rente, ne devrait payer qu'un faible impôt, ou n'en point payer du tout. Si cela était vrai, l'impôt des pauvres, en tant qu'il porte sur la classe des cultivateurs, tomberait entièrement sur les propriétaires, sans pouvoir être rejeté sur le consommateur des produits de la terre. Mais je ne crois pas que cela soit vrai. La taxe des pauvres n'est pas calculée d'après la rente que le fermier paie au propriétaire ; elle est proportionnée a la valeur annuelle de sa terre, soit que cette valeur annuelle provienne du capital du propriétaire ou du capital du fermier.

Deux fermiers qui affermeraient des terres de deux qualités différentes dans une même paroisse, et dont l'un paierait une rente de 100 l. par an pour cinquante acres de la terre la plus fertile, et l'autre la même somme de 100 l. pour mille acres de la terre la moins fertile, paieraient une somme pareille pour la taxe des pauvres, si aucun de ces fermiers ne cherchait à améliorer sa terre; mais si le fermier de la mauvaise terre, comptant sur un très-long bail, se décidait à améliorer à grand frais les facultés productives de sa terre, au moyen d'engrais , de dessèchements, de clôtures, etc., il contribuerait, dans ce cas, à l'impôt des pauvres, non à proportion de la rente payée au propriétaire, mais du produit annuel qu'aurait la terre. La valeur de l'impôt pourrait être égale ou plus forte que la rente ; mais que cela fût ou non, il est certain qu'aucune partie de cet impôt ne serait payée par le propriétaire. Le fermier l'aurait calculé d'avance ; et si le prix des produits ne suffisait pas pour le rembourser de tous ses frais, en y joignant ce surcroît de charge pour les pauvres, il n'entreprendrait point ces bonifications. Il est donc évident que, dans ce cas, l'impôt est payé par le consommateur ; car, s'il n'eût pas existé de pareil impôt, les mêmes bonifications auraient été entreprises, et on aurait retiré du capital employé le taux ordinaire et général des profits, avec une diminution dans le prix du blé.

Il n'y aurait rien de changé à l'état de la question, si le propriétaire, ayant fait ces bonifications, eût augmenté la rente de sa terre de 100 1. à 500 1. Dans ce cas, l'impôt pèserait également sur le consommateur ; car, si le propriétaire se décide à dépenser une forte somme sur sa terre, c'est dans l'espoir d'en retirer une rente qui pût l'indemniser de ses déboursés ; et cette rente dépendrait à son tour d'une hausse dans le prix du blé, non-seulement suffisante pour payer l'excédant de rente, mais encore pour acquitter l'impôt dont la terre se trouverait grevée. Mais si, en même temps, tout le capital du manufacturier contribuait, pour sa part, à la taxe des pauvres, dans la même proportion que le capital dépensé par le fermier ou le propriétaire en améliorations agricoles, alors ce ne serait plus un impôt partiel sur les profits du capital du fermier ou du propriétaire, ce serait un impôt sur le capital de tous les producteurs, et, par conséquent, il ne pourrait plus être rejeté ni sur le consommateur des produits immédiats de la terre, ni sur le propriétaire. Les profits du fermier ne se ressentiraient pas plus de l'impôt que ceux du manufacturier, et le premier ne pourrait pas plus que le second prendre ce prétexte pour élever le prix de sa denrée. Ce n'est point la baisse absolue des profits, c'est leur baisse relative qui détourne les capitaux d'un commerce quelconque ; c'est la différence entre les profits qui attire le capital d'un emploi vers un autre.

Il faut cependant convenir que dans l'état actuel de la taxe des pauvres en Angleterre, une plus grande partie de cette contribution tombe sur le fermier que sur le manufacturier, eu égard aux profits respectifs de chacun, le fermier étant imposé d'après les productions qu'il retire de la terre, et le manufacturier ne l'étant que d'après la valeur des bâtiments dans lesquels il travaille, sans aucun égard à la valeur des machines, du travail industriel, ni du capital qu'il peut employer. Il s'ensuit que le fermier peut élever le prix de ses produits de la totalité de cette différence ; car, puisque l'impôt est inégal dans sa répartition, et qu'il atteint surtout ses profits, le fermier aurait moins d'avantage à consacrer son capital à l'agriculture, qu'a l'employer dans un autre commerce, si les produits de la terre ne montaient pas de prix. Si, au contraire, l'impôt eût pesé avec plus de force sur le manufacturier que sur le fermier, le premier aurait pu élever le prix de ses marchandises de tout le montant de la différence, par la raison même qui, en de pareilles circonstances, aurait déterminé le fermier à élever le prix des produits de la terre. Dans un pays dont l'agriculture acquiert tous les jours une nouvelle extension, si les impôts pour les pauvres pèsent particulièrement sur l'agriculture, ils seront payés, partie par ceux qui emploient les capitaux et qui en retireront moins de profits, et partie par le consommateur des produits de la terre, qui les paiera plus cher. Dans un tel état de choses, l'impôt peut, dans certaines circonstances, devenir même avantageux aux propriétaires, au lieu de leur être nuisible ; car, si l'impôt payé par les cultivateurs des terres de la plus mauvaise qualité, est plus fort, relativement a la quantité du produit obtenu, que l'impôt payé par les fermiers des terres les plus fertiles, la hausse dans le prix du blé, qui doit s'étendre à tous les blés, fera plus qu'indemniser ces derniers fermiers du montant de l'impôt. Ils conserveront cet avantage pendant tout le temps que dureront leurs baux ; mais, à leur expiration, il passera aux propriétaires.

Voilà quel serait l'effet de la taxe des pauvres dans un état de prospérité croissante de la société ; mais dans un état stationnaire ou rétrograde, s'il était impossible de retirer les capitaux employés à la culture des terres, dans le cas où l'on augmenterait le taux de l'impôt, la partie qui tomberait sur l'agriculture serait payée, pendant la durée des baux, par les fermiers ; mais à l'expiration des baux, elle tomberait presque en entier sur les propriétaires. Le fermier qui, pendant la durée de son précédent bail, aurait consacré son capital à des améliorations agricoles, serait imposé, par cette nouvelle taxe, d'après la nouvelle valeur que la terre aurait acquise par ses améliorations, et serait forcé de payer sur ce pied pendant son bail, quoique par là ses profits pussent se trouver réduits au-dessous du taux général ; car le capital qu'il a déboursé peut se trouver tellement identifié avec la terre, qu'il soit impossible de l'en séparer.

Si en effet, le fermier ou son propriétaire (en supposant que ce fût ce dernier qui eût fait les avances) pouvaient retirer ce capital en réduisant ainsi la valeur annuelle de la terre, la part de l'impôt diminuerait à proportion. Et comme les produits diminueraient en même temps, ils hausseraient de prix ; ce qui servirait de compensation à l'impôt, dont la charge serait reportée sur le consommateur, sans qu'aucune partie en tombât sur la rente. Mais cela est impossible, au moins pour ce qui regarde une certaine partie du capital, sur laquelle par conséquent l'impôt sera payé par les fermiers pendant le cours de leurs baux, et par les propriétaires, à leur expiration. Cette contribution additionnelle, en tant qu'elle tomberait d'une manière inégale sur les manufacturiers, serait dans un pareil cas, ajoutée au prix de leurs marchandises ; car il ne peut y avoir de raison pour que leurs profits soient réduits au-dessous du taux général des profits, quand il leur serait si aisé de détourner leurs capitaux vers l'agriculture [1].

1 Dans une partie antérieure de cet ouvrage, j'ai établi la différence qui existe entre la rente proprement dite et la rétribution payée, sous ce nom, au propriétaire pour les profits que le fermier a retirés de l'emploi du capital du propriétaire ; mais peut-être n'ai-je pas suffisamment distingué les différents résultats qui seraient la suite des différents emplois de ce capital. Comme une partie de ce fonds,une fois qu'il est employé à l'amélioration de la terre, s'identifie avec elle, et tend à augmenter sa force productive, la rétribution payée au propriétaire pour l'usage de la terre est strictement de la nature de la rente, et est sujette aux mêmes lois. Que les améliorations soient faites aux frais du propriétaire ou du fermier, on ne les entreprendra pas, à moins qu'il n'y ait une grande probabilité que le profit qui en résultera sera au moins égal à celui qu'on pourrait tirer de tout autre emploi du même capital ; mais une fois ces avances faites, le retour obtenu sera entièrement de la nature d'une rente, et sujet à toutes ses variations. Quelques-unes de ces dépenses cependant n'améliorent la terre que pour un temps limité, et n'augmentent point ses facultés productives d'une manière permanente. Tels sont des bâtiments et autres améliorations périssables qui ont besoin d'être constamment renouvelées, et qui, par conséquent, n'augmentent point le revenu réel du propriétaire. (*Note de l'Auteur.*)

Chapitre XIX.
DES CHANGEMENTS SOUDAINS DANS LES VOIES DU COMMERCE.

Un pays très-riche en manufactures est particulièrement exposé à des revers et a des accidents temporaires, provenant du transport des capitaux d'un emploi dans un autre. Les demandes des produits de l'agriculture sont uniformes ; et elles ne sont pas sous l'influence de la mode, du préjugé ou du caprice. Pour la conservation de la vie, il faut de la nourriture, et dès lors la demande de subsistances doit se soutenir dans tous les temps et dans tous les pays. Il n'en est pas de même pour ce qui regarde les objets manufacturés, dont la demande dépend, non-seulement des besoins, mais encore du goût et du caprice des acheteurs. De plus, un nouvel impôt peut détruire les avantages comparatifs qu'un pays retirait auparavant de la fabrication d'une certaine marchandise, ou bien la guerre peut faire tellement hausser le fret et l'assurance, que ces produits manufacturés ne puissent plus soutenir la concurrence avec les ouvrages fabriqués dans les différents pays où ces produits étaient exportés auparavant. Dans tous ces cas, ceux qui se trouvent engagés dans la fabrication de ces articles, éprouveront une grande crise, et feront sans doute quelques pertes. Ces maux seront sentis, non-seulement au moment du changement, mais encore pendant tout l'intervalle qui s'écoulera avant que les industriels donnent une nouvelle direction à leurs capitaux et aux bras dont ils disposent, en les dirigeant vers un autre genre d'industrie.

Le mal ne se fera pas sentir seulement dans le pays où ces difficultés ont pris naissance : il s'étendra également à ceux où ce pays exportait auparavant ses marchandises. Nul pays ne peut longtemps importer, sans exporter en même temps, comme il ne saurait ex porter longtemps sans importer. S'il arrive donc quelque circonstance qui empêche un pays d'importer la quantité ordinaire de marchandises étrangères, la fabrication de quelques-uns des objets que l'on exportait ordinairement diminuera nécessairement ; et quoique la valeur totale des productions du pays n'en souffre que peu de variation, - le capital employé restant le même, - ces produits ne seront plus ni aussi abondants ni à si bon marché, et le changement dans l'emploi des capitaux entraînera une grande détresse.

Si, par l'emploi de 10,000 1. st. dans la fabrication des tissus de coton destinés à l'exportation, nous importions chaque année trois mille paires de bas de soie de la valeur de 2,000 1., et que, par l'interruption du commerce, nous fussions obligés de détourner ce capital de la fabrication des tissus de coton, pour l'employer dans celle des bas, nous continuerions toujours à obtenir des bas pour la valeur de 2,000 l., pourvu qu'aucune partie du capital n'eût été détruite ; mais au lieu d'avoir trois mille paires de bas, nous pourrions n'en avoir que deux mille cinq cents. Dans le passage des capitaux de l'industrie du coton à celle des bas de soie, les particuliers pourraient éprouver une grande gêne, sans que néanmoins la valeur du capital national en souffrit beaucoup, et sans que la quantité de la production annuelle se trouvât diminuée [1].

Une guerre qui éclate après une longue paix, ou une paix qui succède à une longue guerre, occasionne en général une grande détresse dans le commerce. Ces événements changent considérablement la nature des emplois auxquels les capitaux étaient consacrés auparavant dans chaque pays ; et pendant que s'en opère le nouveau classement, le capital fixe dort, s'anéantit même parfois, et les ouvriers n'ont plus assez de travail. La durée de cette crise sera plus ou moins longue, selon le degré de répugnance que la plupart des hommes éprouvent à quitter le genre d'industrie dans lequel ils ont pendant longtemps été dans l'habitude d'employer leur capital. La détresse est souvent aussi prolongée par les restrictions et prohibitions auxquelles donnent naissance les jalousies absurdes qui existent entre les différents états de la république commerciale.

La détresse qui provient d'un changement dans les voies du commerce

1 « Le Commerce nous permet d'aller chercher une marchandise dans les lieux où elle existe et de la transporter dans d'autres lieux où on la consomme. Il nous donne donc les moyens d'accroître la valeur d'une marchandise de toute la différence entre les prix courants de ces différentes localités. » - J.-B. SAY.

Cela est parfaitement vrai. Mais comment se crée cette valeur additionnelle ? En ajoutant aux frais de production : 1° les frais de transport ; 2° les profits afférents au capital avancé par le marchand. - La marchandise indiquée par l'auteur haussera de valeur par les raisons mêmes qui font hausser celle de tous les autres produits, c'est-à-dire par le surcroît de travail consacré à leur production et à leur transport, avant qu'elles atteignent le consommateur. Il ne faut donc pas considérer ceci comme un des avantages qui naissent du commerce. En examinant cette question de plus près, on trouve que les bienfaits du commerce se réduisent à nous permettre d'acquérir, non des objets plus chers, mais des objets plus utiles.(*Note de l'Auteur.*)

est souvent confondue avec celle qui accompagne une diminution du capital national et un état rétrograde de la société ; et il serait difficile d'indiquer des signes certains au moyen desquels on pût distinguer l'une de l'autre.

Cependant, lorsque cette détresse se fait sentir immédiatement à la suite du passage de la guerre à la paix, la connaissance que nous avons de l'existence d'une pareille cause rend très-probable cette opinion que les fonds pour l'entretien des travailleurs ont plutôt été détournés de leurs canaux ordinaires que notablement entamés, et fait espérer qu'après quelques souffrances passagères, la nation reprendra de nouveau sa prospérité. Il faut aussi se rappeler que l'état rétrograde d'une nation est toujours un état anormal. L'homme parvient de l'enfance à l'âge viril, et alors il décline jusqu'à la mort ; mais cette marche n'est pas celle des nations. Une fois qu'elles sont parvenues à leur plus grande force, il se peut qu'elles ne puissent plus avancer au delà de ce terme ; mais leur tendance naturelle est de continuer pendant des siècles à maintenir leur richesse et leur population dans le même état de prospérité.

Dans les pays riches et puissants, où il y a de grands capitaux placés en machines, la détresse provenant d'un changement de direction dans le commerce sera plus sensible que dans des pays plus pauvres, où il y a proportionnellement une moindre valeur en capital fixe, et une plus grande en capital circulant, et où par conséquent il se fait plus d'ouvrage par la main des hommes. Il n'est pas aussi difficile de retirer un capital circulant qu'un capital fixe, de l'emploi dans lequel il peut être engagé. Il est souvent impossible de faire servir à un genre de manufacture les machines construites pour un autre ; mais l'habillement, la nourriture et le logement d'un ouvrier quelconque, peuvent lui servir également dans toute branche de travail ; - en d'autres termes, le même ouvrier peut recevoir la même nourriture, le même habillement, le même logement, quoiqu'il soit employé à un autre genre d'occupation. Ce mal est cependant un de ceux auxquels une nation riche doit se soumettre, et il ne serait pas plus raisonnable de s'en plaindre, qu'à un riche négociant de s'affliger que son navire soit exposé aux dangers de la mer, pendant que la chaumière de son pauvre voisin se trouve à l'abri de tout risque.

L'agriculture même n'est pas à l'abri de ces accidents, quoique à un moindre degré. La guerre, qui interrompt les relations d'un pays commercial avec les autres États, empêche souvent l'exportation du blé, des pays où il peut être produit à peu de frais, dans d'autres pays qui, sous ce rapport, sont moins favorisés de la nature. Dans de pareilles circonstances, une quantité extraordinaire de capital est dirigée vers l'agriculture dans le pays qui importait auparavant du blé, et qui devient par là indépendant des secours de l'étranger. A la fin de la guerre, les obstacles à l'importation cessent, et une concurrence funeste au producteur national commence ; il ne peut s'y soustraire sans faire le sacrifice d'une partie de son capital. Le meilleur expédient pour un État, serait de mettre un impôt dont la valeur décroîtrait de temps en temps, sur l'importation des blés étrangers, pendant un nombre limité d'années, afin d'offrir au cultivateur national l'opportunité de retirer graduellement son capital de l'agriculture. En adoptant une pareille mesure, le pays pourrait ne pas faire de son capital, la distribution la plus avantageuse, mais l'impôt temporaire auquel il se trouverait assujetti serait avantageux à une classe particulière de la société, à celle dont le capital aurait été consacré à faire croître les subsistances nécessaires au pays pendant la suspension de l'importation. Si de pareils efforts, faits dans un moment critique, entraînaient le risque de se trouver ruiné au moment où les besoins cesseraient, personne ne voudrait exposer son capital dans un pareil emploi. Outre les profits ordinaires des capitaux, le fermier s'attendrait à être indemnisé du risque auquel il serait exposé par une affluence subite de blé, et par conséquent le prix pour le consommateur, dans la saison où celui-ci aurait le plus besoin d'approvisionnement, éprouverait une hausse due non-seulement, au renchérissement de la culture du blé dans le pays, mais encore à la prime d'assurance qu'il serait obligé de payer, pour le risque particulier auquel cet emploi expose le capital. Et quoiqu'il résultât un plus grand avantage pour le pays de l'importation du blé à bon marché, il serait peut-être convenable de mettre, pendant quelques années, un droit sur l'importation de cette denrée.

En traitant de la rente nous avons vu qu'à chaque augmentation de l'approvisionnement du blé, et à chaque diminution de son prix, qui en est la suite, on dégagera les capitaux employés sur les mauvaises terres ; et les terrains d'une qualité supérieure qui, dans ce cas, ne paieraient pas de rente, deviendraient la mesure commune par laquelle se réglerait le prix naturel du blé. Quand il serait à 4 1. le quarter, des terres inférieures, que l'on peut désigner par le n° 6, pourraient être cultivées ; on s'arrêterait au n° 5 à 3 1. au n° 4 et ainsi de suite. Si le blé, par l'effet d'une abondance permanente, tombait à 3 l. 10 sch., le capital employé dans le n° 6 cesserait son emploi ; car ce n'est que quand le blé vaut 4 l., que ce capital peut rapporter les profits ordinaires, même étant exempt de rente. Il serait donc déplacé pour être employé à fabriquer les produits avec lesquels on achèterait et l'on importerait tout le blé que l'on récoltait sur le n° 6. Dans ce nouvel emploi, il deviendrait nécessairement plus lucratif pour le capitaliste ; car, s'il pouvait obtenir plus de blé par la culture de la terre dont il ne paie pas de rente, que par la fabrication d'un produit quelconque avec lequel il peut acheter du blé, son prix ne pourrait pas être au-dessous de 4 1.

On a pourtant prétendu que l'on ne pouvait pas retirer le capital engagé dans la terre, parce qu'il se convertit en dépenses qu'on ne peut plus recouvrer, telles que celles des engrais, des clôtures, des desséchements, etc., qui s'incorporent à la terre, et en deviennent inséparables. Cela est vrai jusqu'à un certain point ; mais le capital qui se compose de bétail, de moutons, de meules de foin ou de blé, de charrettes, etc., peut être retiré ; et il reste à calculer, si ces objets doivent continuer à être employés sur la terre, malgré le bas prix du blé, ou s'il ne vaut pas mieux les vendre, et employer leur valeur à autre chose.

Supposons, cependant, que le fait soit tel qu'on l'énonce, et qu'aucune partie du capital ne puisse être retirée, le fermier, dans ce cas, continuerait à cultiver du blé, et à en récolter précisément la même quantité, quel qu'en fût le prix ; car il ne serait pas de son intérêt d'en récolter moins, puisque, s'il n'employait pas son capital de cette manière, il n'en obtiendrait aucun profit. Il n'y aurait aucune importation de blé, car on le vendrait au-dessous de 3 l. 10 sch., plutôt que de ne pas le vendre ; et, dans le cas supposé, le négociant qui en importerait de l'étranger ne pourrait point le donner au-dessous de ce prix. A la vérité, les fermiers qui cultiveraient des terres de cette qualité inférieure, souffriraient de la baisse dans la valeur échangeable de leurs denrées; mais quel effet en éprouverait le pays ? Nous aurions précisément la même quantité de toutes sortes de produits ; mais les produits immédiats de la terre, et le blé, se vendraient à bien meilleur marché. Le capital d'un pays se compose de ses produits ; et comme ils seraient les mêmes qu'auparavant, la reproduction s'en ferait toujours dans la même proportion. Le bas prix du blé ne rapporterait cependant les profits ordinaires des capitaux que sur les terres n° 5, qui, dans ce cas, ne paieraient pas de rente, et celle de toutes les terres d'une qualité supérieure baisserait ; les salaires baisseraient en même temps, tandis que les profits monteraient.

A quelque bas prix que tombât le blé, si le capital ne pouvait être retiré de la terre, et si la demande n'augmentait pas, l'importation du blé serait impossible, car le pays en produirait la même quantité qu'auparavant. Bien qu'il y eût un partage différent du produit, bien que quelques classes de la société y gagnassent, et que d'autres y perdissent, la somme totale de la production serait exactement la même, et la nation, prise collectivement, ne se trouverait ni plus riche ni plus pauvre.

Mais une baisse relative dans le prix du blé a toujours cet heureux résultat d'accroître le fonds destiné à payer le travail ; car, sous le nom de profits, une part plus considérable reviendra à la classe productive, et une moindre part, sous le titre de rente, à la classe improductive.

Cela est vrai, même en admettant que le capital ne peut pas être retiré de la terre, et qu'il doit y être employé ou rester sans emploi. Si pourtant une grande partie de ce capital pouvait être retirée, comme il est évident que cela est .possible, elle ne le sera cependant que lorsqu'elle rapportera davantage au propriétaire dans un autre emploi. Cette portion de capital ne sera donc retirée que lorsqu'elle pourra être employée d'une manière plus productive et pour le propriétaire et pour le public. Le propriétaire consent à perdre la portion de capital qu'il ne peut dégager de la terre ; car avec la portion qu'il lui est possible d'en retirer, il peut obtenir une plus grande valeur et une plus grande quantité de produits agricoles, que s'il voulait tirer parti de la portion de capital qu'il laisse dans la terre. Il se trouve précisément dans la position d'une personne qui aurait construit à grands frais des machines dans une manufacture, machines qui auraient été tellement perfectionnées par de récentes découvertes, qu'il en serait résulté une diminution dans le prix de ses produits. Ce serait un sujet bien digne de calcul pour lui, de savoir s'il doit abandonner ses vieilles machines, et les remplacer par d'autres plus parfaites, *en perdant toute la valeur des anciennes*, ou continuer à tirer parti de leur puissance, comparativement faible. Quel serait l'homme qui, dans de telles circonstances, s'aviserait de lui conseiller de ne point adopter les nouvelles machines, par la raison que cela diminuerait ou détruirait même la valeur des anciennes ?

Tel est cependant le raisonnement de ceux qui voudraient que l'on défendit l'importation du blé, raisonnement fondé sur ce qu'elle tend diminuer ou même à anéantir cette partie du capital du fermier qui est pour jamais identifiée avec la terre. Ils ne voient pas que tout commerce tend à augmenter la production, et que, par cet accroissement, le bien-être général est augmenté, quoiqu'il puisse en résulter quelque perte partielle. Pour être d'accord avec eux-mêmes, ils devraient chercher à arrêter tout perfectionnement en agriculture et en manufactures, et toutes les inventions de machines ; car, quoique tous ces perfectionnements contribuent à l'abondance générale, et par conséquent au bonheur de toute la société, ils ne manquent pourtant jamais, au moment où ils sont introduits, de détériorer ou d'anéantir une partie du capital existant des cultivateurs et des manufacturiers.

La culture des terres, ainsi que tous les autres commerces, surtout dans un pays commerçant, est sujette à une réaction, qui, dans un sens opposé, succède à l'action produite par une forte cause excitante. C'est ainsi que, si une guerre interrompt l'importation du blé, la hausse de prix qui s'ensuivra attirera les capitaux vers l'agriculture, par l'appât des gros profits qu'un tel emploi présente. Il en résultera probablement qu'il y aura plus de capital employé, et qu'il sera apporté au marché plus de denrées du sol qu'il n'en faut pour la demande du pays. Dans ce cas, le prix du blé tombera par l'effet de la surabondance, et jusqu'à ce que le terme moyen de l'offre se trouve de niveau avec celui de la demande, les cultivateurs seront sous le coup d'une crise douloureuse.

Chapitre XX.
DES PROPRIÉTÉS DISTINCTIVES DE LA VALEUR ET DES RICHESSES.

« Un homme est pauvre ou riche, dit Adam Smith, selon le plus ou moins de choses nécessaires, utiles ou agréables, dont il peut se procurer la jouissance. »

La valeur diffère donc essentiellement de la richesse ; car la valeur ne dépend pas de l'abondance, mais bien de la difficulté ou de la facilité de production. Le travail d'un million d'hommes produira toujours la même valeur industrielle, sans produire toujours la même richesse. Par l'invention de machines, par plus d'habileté, par une division mieux entendue du travail, ou par la découverte de nouveaux marchés où l'on peut faire des échanges plus avantageux, un million d'hommes peut, dans un état donné de 1a société, doubler ou tripler les richesses, les choses nécessaires, utiles ou agréables, que produisait auparavant le même nombre d'ouvriers ; mais on n'ajouterait rien par là à la valeur des produits. En effet, tout augmente ou baisse de valeur à proportion de la facilité ou de la difficulté de production, ou, en d'autres mots, à proportion de la quantité de travail employée dans la production.

Supposons qu'avec un capital donné, le travail d'un certain nombre d'ouvriers puisse produire mille paires de bas ; et que, par des inventions de machines, le même nombre d'hommes puisse en produire deux mille paires, ou qu'en continuant à produire mille paires, il puisse, de plus, fabriquer cinq cents chapeaux. Dans ce cas, la valeur des deux mille paires de bas, ou celle des mille paires de bas jointe à celle des cinq cents chapeaux, sera exactement la même qu'avaient les mille paires de bas avant l'introduction des machines, parce que ces différents produits seront le résultat de la même quantité de travail. Mais la valeur de la masse générale des denrées se trouvera cependant diminuée ; car, quoique la valeur des produits, augmentés par suite des procédés perfectionnés, soit exactement égale en valeur à la quantité produite avant ce perfectionnement, il y a aussi un effet produit sur la portion de marchandises non encore consommées, et qui ont été fabriquées avant l'introduction des procédés perfectionnés. La valeur de ces marchandises se trouvera réduite ; car il faut qu'elle tombe, à quantités égales, au niveau de celle des marchandises produites sous l'influence des procédés perfectionnés ; et la société, malgré la quantité augmentée de ses produits et le surcroît de richesse et de moyens de jouissance, aura, somme totale, moins de valeurs. En augmentant constamment la facilité de production, nous diminuons constamment la valeur de quelques-unes des choses produites auparavant, quoique, par ce même moyen, nous accroissions non-seulement la richesse nationale, mais encore la faculté de produire pour l'avenir.

Grand nombre d'erreurs, en économie politique, ont pris leur source dans cette manière fausse de regarder l'augmentation de la richesse et l'augmentation de la valeur comme des expressions synonymes, et dans les fausses notions sur ce qui constitue la mesure commune de la valeur. L'un, regardant le numéraire comme la mesure de la valeur, croit qu'une nation devient riche ou pauvre, selon que ses produits, de quelque nature qu'ils soient, peuvent s'échanger contre plus ou moins de numéraire. D'autres regardent le numéraire comme un agent très-commode d'échange, mais non comme une mesure convenable, par laquelle on puisse estimer la valeur des choses ; d'après eux, la véritable mesure de la valeur, c'est le blé, et un pays est riche ou pauvre, selon que ses produits peuvent lui procurer en échange plus ou moins de blé. Il en est encore d'autres qui regardent un pays comme pauvre ou riche, selon la quantité de travail qu'il peut payer. Mais pourquoi l'or, le blé ou le travail, seraient-ils la mesure commune de la valeur plutôt que le charbon ou le fer, que le drap, le savon, la chandelle, ou tout autre objet nécessaire à l'ouvrier ? Comment, en un mot, une denrée quelconque, ou toutes les denrées ensemble, pourraient-elles constituer une mesure commune, lorsque la mesure elle-même se trouve être sujette à éprouver des variations dans sa valeur ? Le blé, ainsi que l'or, peut, par la difficulté ou la facilité de sa production, varier de 10, 20 ou 30 pour 100, relativement aux autres choses ; pourquoi donc dire toujours que ce sont ces autres choses qui ont varié, et non le blé ? Il n'y a de denrée invariable que celle qui, dans tous les temps, exige pour sa production le même sacrifice de travail et de peines. Nous n'en connaissons point de semblables, mais nous pouvons en parler et en raisonner, par hypothèse, comme si elle existait ; et nous pouvons perfectionner la théorie de la science en faisant voir clairement que toutes les mesures adoptées jusqu'à présent pour apprécier la valeur sont absolument inapplicables.

Et en supposant même qu'une de ces mesures fût une mesure exacte de la valeur, elle ne le serait cependant pas de la richesse ; car la richesse ne dépend pas de la valeur. Un homme est riche ou pauvre, selon l'abondance des choses nécessaires ou d'agrément dont il peut disposer, et elles contribuent également aux jouissances du possesseur, que leur valeur échangeable contre de l'argent, du blé ou du travail, soit forte ou faible. C'est en confondant les idées de valeur et de richesse qu'on a prétendu qu'en diminuant la quantité des marchandises, c'est-à-dire des choses nécessaires, utiles ou agréables à la vie, on pouvait augmenter les richesses. Si la valeur était la mesure de la richesse, on ne pourrait pas nier cette proposition, car la rareté des choses en augmente la valeur. Mais si Adam Smith a raison, si la richesse se compose des choses de nécessité et d'agrément ; dans ce cas elle ne saurait augmenter par la diminution de ces choses.

Il est vrai qu'une personne qui possède un objet rare, est plus riche, si, au moyen de cet objet, elle peut se procurer une plus grande quantité de choses nécessaires et agréables à la vie ; mais le fonds général duquel est tirée la richesse des autres personnes s'en trouve nécessairement diminué.

« Que l'eau devienne rare, dit lord Lauderdale, et qu'elle soit le partage exclusif d'un seul individu, sa richesse personnelle croîtra ; car l'eau, dans ce cas, aura une valeur ; et si la richesse nationale se compose de la somme des fortunes individuelles, par ce moyen la richesse générale se trouvera aussi augmentée. »

La richesse de cet individu augmentera, nul doute ; mais comme il faudra que le fermier vende une partie de son blé, le cordonnier une partie de ses souliers, et que tout le monde se prive d'une partie de son avoir dans l'unique but de se procurer de l'eau qu'ils avaient auparavant pour rien, ils seront tous appauvris de toute la quantité de denrées qu'ils sont forcés de consacrer à cet objet, et le propriétaire de l'eau aura un profit précisément égal à leur perte. La société jouira toujours de la même quantité d'eau et de la même quantité de denrées; mais la distribution en sera différente. C'est cependant dans la supposition qu'il y a seulement monopole d'eau, et non disette ; car si l'eau manquait, la richesse nationale et individuelle se trouverait réellement réduite, en tant qu'elle serait privée d'une portion d'un des objets qui servaient aux jouissances générales. Non-seulement le fermier avait moins de blé à donner en échange pour les autres denrées qui pourraient lui être nécessaires ou agréables ; mais il éprouverait, comme tout autre individu, une diminution dans la jouissance d'un objet aussi essentiel à son bien-être. Il y aurait donc, non-seulement une répartition différente des richesses, mais il y aurait encore perte réelle de richesse.

C'est pourquoi l'on pourrait dire de deux pays qui posséderaient une quantité égale de toutes les choses nécessaires, utiles ou agréables à la vie, qu'ils sont également riches ; mais la valeur de leurs richesses respectives dépendra de la facilité ou difficulté comparative avec laquelle ces richesses sont produites. Si une machine perfectionnée nous donnait le moyen de faire deux paires de bas, au lieu d'une, sans employer plus de travail, on donnerait double quantité de bas en échange d'une aune de drap. Si une pareille amélioration avait lieu dans la fabrication du drap, les bas et le drap s'échangeraient dans les mêmes proportions qu'auparavant ; mais ils auraient tous les deux baissé de valeur, puisqu'il faudrait en donner double quantité en les échangeant contre des chapeaux, de l'or ou d'autres marchandises en général, pour obtenir une quantité déterminée de ces objets. Que l'amélioration s'étende à la production de l'or et de toute autre denrée, et les anciennes proportions seront de nouveau rétablies. Il y aura double quantité de produits annuels, et par conséquent la richesse nationale sera doublée ; mais elle n'aura point augmenté de valeur.

Quoique Adam Smith ait donné de la richesse une idée exacte et dont j'ai déjà plus d'une fois fait mention, il en donne ensuite une explication différente, en disant « qu'un homme doit être riche ou pauvre, selon qu'il peut disposer de plus ou moins de travail. » Cette manière de voir est essentiellement différente de la première, et est certainement inexacte ; car, supposons que les mines fussent devenues plus productives, en sorte que l'or et l'argent eussent baissé de valeur, par la plus grande facilité de leur production ; ou que le velours étant fabriqué avec beaucoup moins de travail qu'auparavant, la valeur en tombât de moitié ; la richesse de tous les consommateurs de ces articles se trouverait augmentée. Un particulier pourrait, dans ce cas, augmenter la quantité de sa vaisselle ; un autre pourrait acheter une quantité double de velours ; mais, quoique possesseurs de cette quantité additionnelle de vaisselle et de velours, ils ne pourraient pas employer plus d'ouvriers que par le passé ; car la valeur échangeable du velours et de la vaisselle ayant baissé, ils seraient obligés de sacrifier une plus grande portion de cette sorte de richesse au paiement de la journée de l'ouvrier. La richesse ne saurait donc être estimée par la quantité d e travail qu'elle peut payer.

De tout ce qu'on vient de dire, il résulte que la richesse d'un pays peut s'accroître de deux manières : par l'emploi d'une portion plus considérable de revenu consacré à l'entretien des travailleurs, - ce qui non-seulement augmentera la quantité, mais encore la valeur de la masse des produits : ou encore, par l'augmentation des forces productives du même travail, - ce qui ajoutera à l'abondance, mais n'augmentera point la valeur des produits.

Dans le premier cas, non-seulement un pays deviendra riche, mais encore la valeur de ses richesses s'accroîtra. Il s'enrichira par l'économie, en réduisant ses dépenses en objets de luxe et d'agrément, et en employant le fruit de ses épargnes à la reproduction.

Dans le second cas, il se peut qu'il n'y ait ni réduction dans les dépenses de luxe et d'agrément, ni augmentation de travail productif employé ; mais avec la même quantité de travail, les produits seront plus considérables : la richesse s'accroîtra, mais non la valeur.

De ces deux manières d'augmenter la richesse, on doit préférer la seconde, puisqu'elle produit le même effet sans nous priver de nos jouissances ni les diminuer, ce qui est inévitable dans la première.

Le capital d'un pays est cette portion de sa richesse qui est employée dans le but d'une production à venir. Il peut s'accroître de même que la richesse. Un surcroît de capital contribuera aussi effectivement à la production de la richesse future, qu'il provienne des améliorations dans les connaissances pratiques et dans les machines, ou de l'emploi d'une plus grande partie du revenu dans la reproduction ; car la richesse tient toujours à la quantité des produits, sans égard pour la facilité avec laquelle on peut s'être procuré les instruments qui servent à la production. Une certaine quantité de vêtements et de vivres suffira aux besoins et à l'entretien d'un même nombre d'hommes, et fera faire la même quantité d'ouvrage, que ces objets soient le fruit du travail de cent hommes ou de deux cents ; - mais ces vêtements et ces subsistances auront double valeur si les deux cents hommes ont été employés à les produire.

Malgré les modifications qu'il a introduites dans la quatrième et dernière édition de son *Traité d'Économie politique,* M. Say me paraît avoir été très-malheureux dans sa définition de la valeur et des richesses. Il considère ces deux termes comme synonymes et déclare que tout homme est riche en proportion de l'accroissement de valeur que reçoivent ses propriétés et de l'abondance des marchandises qu'il peut acheter. « La valeur des revenus s'accroît, dit-il, dès que, par des causes quelconques, ils peuvent nous donner une plus grande quantité de produits. » D'après M. Say, si donc la difficulté de produire du drap venait à doubler, et si, par conséquent, le drap s'échangeait contre une quantité de marchandises deux fois plus grande, il doublerait de valeur : cela est incontestable. Mais dans le cas où la production de ces marchandises se trouverait facilitée sans que celle du drap devînt plus coûteuse, et où, par conséquent, le drap s'échangerait encore contre une quantité de marchandises double, M. Say soutiendrait encore que la valeur du drap a doublé ; tandis que, d'après mes propres vues sur la matière, il devrait dire que le drap a conservé sa valeur première, et que ces marchandises ont baissé de moitié. M. Say ne manque-t-il pas de logique lorsqu'il dit que les progrès de la production peuvent faire qu'on crée, avec les mêmes procédés, deux sacs de blé au lieu d'un, que la valeur de ces sacs baisse conséquemment de moitié, et que, néanmoins, le drapier, qui échange ses étoffes contre deux sacs de blé, obtiendra une valeur double de celle qu'il recevait, alors qu'il recevait un seul sac de blé pour son drap. Si deux sacs ont maintenant la valeur qu'un seul sac avait précédemment, il recevra exactement la même valeur, et rien de plus : il obtient, sans doute, une somme de richesse et d'utilité double, il reçoit deux fois plus de ce qu'Adam Smith appelle valeur en usage, mais non de ce qu'on entend par valeur en échange, ou valeur proprement dite. C'est pourquoi M. Say a tort quand il considère comme synonymes les termes de valeur, d'utilité ; de richesse. Je pourrais même en appeler à M. Say, et emprunter, au bénéfice de ma cause et de la différence essentielle qui existe entre la valeur et les richesses, plusieurs chapitres de ses ouvrages ; tout en reconnaissant, cependant, que dans d'autres passages il combat mes idées. Il m'est, on le pense bien, impossible de concilier ces pages contradictoires, et je les désigne à M. Say lui-même, pour qu'il me fasse l'honneur de discuter mes observations dans une édition future de son ouvrage, et qu'il y introduise les explications que tout le monde, comme moi, juge nécessaires pour la parfaite entente de ses doctrines.

1 . Dans l'échange de deux produits, ce que nous échangeons réellement ce sont les services productifs qui ont servi à les créer. *Traité d'Économie politique*, édit. GUILLAUMIN, p. 346.

2. Il n'y a cherté véritable que celle provenant des frais de production : et une chose réellement chère est celle qui coûte beaucoup à produire.

3. La valeur de tous les services productifs nécessaires pour la création d'un produit, constitue les frais de production de cet article.

4. C'est l'utilité qui détermine la demande d'une marchandise : mais ce sont les frais de production qui servent de limite à cette demande. Quand son utilité ne suffit même pas pour élever la valeur au niveau des frais de production, cette chose ne vaut pas ce qu'elle a coûté ; et il y faut voir la preuve que les mêmes services productifs auraient pu être employés plus avantageusement dans une autre branche d'industrie. Les propriétaires des fonds productifs, ceux qui disposent de capital, de terre ou de travail, sont constamment occupés à comparer les frais de production avec la valeur d'échange, ou, ce qui retient au même, la valeur des différentes marchandises entre elles. En effet, les frais de production ne sont autre chose que la valeur des services productifs consacrés à la création d'une marchandise ; et la valeur d'un service productif n'est autre chose que celle de la marchandise produite. D'où il suit que la valeur d'une marchandise, la valeur d'un service productif, la valeur des frais de production sont des valeurs équivalentes, toutes les fois qu'on laisse prendre aux choses leur cours naturel.

5. La valeur des revenus s'accroît donc du moment où ils nous procurent - n'importe par quels moyens - une plus grande somme de produits.

6. Le prix sert de mesure à la valeur des choses, et leur valeur sert à mesurer leur utilité.

7. L'échange fait librement montre pour le temps, le lieu, la situation sociale où l'on se trouve, le prix que nous attachons aux choses échangées.

8. Produire, c'est créer de la valeur en donnant de l'utilité aux choses qui n'en ont pas, ou en augmentant celle qu'elles ont déjà, et par conséquent en faisant naître des demandes.

9. L'utilité créée constitue un produit. La valeur échangeable qui en résulte est seulement la mesure de cette utilité et de la production qui vient d'avoir lieu.

10. L'utilité que les habitants de certaines contrées reconnaissent à une chose, ne peut être appréciée que par le prix qu'ils consentent à en

donner.

11. Le prix est la mesure de l'utilité que notre jugement attache a un produit, et de la satisfaction que nous éprouvons en le consommant : en effet personne ne se livrerait à cette consommation si, pour le même prix, on pouvait se procurer une utilité, une jouissance plus grande.

12. Une valeur incontestable *est la quantité de toute autre chose qu'on peut obtenir, du, moment qu'on le désire, en échange de la chose dont on veut se défaire*, p. 314, édit. Guillaumin.

S'il n'y a réellement de cherté que celle qui naît des frais de production, comment dire qu'une marchandise peut hausser de valeur sans que les frais de production augmentent, et par cela seul qu'elle s'échangera contre une quantité plus grande de certaines denrées dont le coût aura diminué ? Quand je donne deux mille fois plus de drap pour une livre d'or que pour une livre de fer, cela prouve-t-il que j'accorde à l'or une utilité deux mille fois plus grande qu'au fer ? Certainement non : cela prouve simplement - comme l'a reconnu M. Say au paragraphe 2, - que la production de l'or est deux mille fois plus difficile, plus coûteuse que celle du fer. Si les frais de production de ces deux métaux étaient les mêmes, j'en donnerais le même prix ; mais si l'utilité était réellement le fondement de la valeur des choses, il est probable que je donnerais davantage pour le fer. C'est la concurrence des producteurs « perpétuellement occupés, dit l'auteur, à comparer les frais de production avec la valeur de la chose créée, » qui règle la valeur des différentes marchandises. Si donc je donne un shilling pour un pain et 21 shillings pour une guinée, il ne faut pas y voir la mesure de l'utilité que j'attribue à chacune de ces denrées.

Dans le numéro 4 M. Say défend, presque sans modification, la doctrine que j'ai émise relativement à la valeur. Au rang des services productifs il place ceux qu'on retire de la terre, du capital, du travail : je n'admets, moi, à l'exclusion complète de la terre, que le capital et le travail. La différence provient ici de la diversité de nos vues sur la rente territoriale. Je .la considère, moi, comme le résultat d'un monopole partiel qui, loin de régler les prix, en subit au contraire l'influence. Je crois que si tous les propriétaires renonçaient, par un généreux effort, à toutes leurs rentes, le prix des produits agricoles ne baisserait pas : car il y aurait toujours une certaine proportion de ces produits créés sur des terres qui ne paient pas et ne peuvent pas payer de rentes, - l'excédant du produit sur les frais suffisant à peine pour couvrir les profits du capital.

Pour conclure, et quoique personne n'estime plus haut que moi les avantages qui peuvent résulter pour toutes les classes de consommateurs de l'abondance et du bas prix réel des marchandises, je ne puis tomber d'accord avec M. Say quand il évalue le prix d'une marchandise par l'abondance des autres marchandises contre lesquelles elle s'échange. Je suis, à cet égard, de l'avis d'un écrivain distingué, M. Destutt de Tracy, qui dit que « mesurer une chose, c'est la comparer avec une quantité donnée de cette autre chose qui nous sert de terme de comparaison, d'étalon, d'unité. Mesurer, déterminer une longueur, une valeur, un poids, c'est donc rechercher combien ils contiennent de mètres, de francs, de grammes, en un mot, d'unités d'une même nature. » Le franc n'est une mesure de valeur, que pour une certaine quantité du métal dont sont faits les francs, à moins que les francs et la chose qu'on doit mesurer ne puissent être rapportés à quelqu'autre mesure commune aux deux. Or, je crois qu'on peut effectivement trouver ce terme de comparaison, car les francs et la marchandise déterminée étant le résultat de la même somme de travail, le travail peut être considéré comme une mesure commune servant à déterminer leur valeur réelle et relative. Ceci, je suis heureux de le dire, me paraît être aussi l'avis de M. Destutt de Tracy. Il dit : « Comme il est certain que nos facultés physiques et morales sont nos seules richesses primitives, l'emploi de ces facultés constitue aussi notre seul trésor à l'origine des sociétés ; et c'est par conséquent de notre activité, de notre intelligence, que découlent les choses que nous nommons richesses, aussi bien celles qui sont le plus nécessaires que celles qui sont simplement une valeur d'agrément. Il est évident, aussi, que toutes ces choses représentent uniquement le travail qui les a créées ; et si elles ont une valeur, ou deux valeurs différentes, elles les reçoivent de la somme de travail dont elles émanent. »

M. Say, en parlant du mérite et des imperfections du bel ouvrage d'Adam Smith, l'accuse d'avoir commis une erreur, en attribuant au seul travail de l'homme le pouvoir de produire des valeurs. « Une analyse plus exacte, dit M. Say, prouve que ces valeurs sont dues à l'action du travail, ou plutôt de l'industrie de l'homme combinée avec l'action des agents que lui fournit la nature, et avec celle des capitaux….. Ce principe méconnu l'empêche d'établir la vraie théorie des machines, par rapport à la production des richesses. »

En contradiction avec l'opinion d'Adam Smith, M. Say, dans le quatrième chapitre du premier livre de son *Traité d'Économie politique*, parle de la valeur que les agents naturels, tels que la lumière du soleil, l'air, la pression de l'atmosphère, donnent aux choses, en remplaçant souvent le travail de l'homme, et quelquefois en travaillant à la production en communauté avec lui. Mais ces agents naturels, quoiqu'ils ajoutent beaucoup à la *valeur d'utilité* n'augmentent jamais la valeur échangeable d'une chose, et c'est celle dont parle ici M. Say. Aussitôt qu'au moyen de machines, ou par nos connaissances en physique, nous forçons les agents naturels à faire l'ouvrage que l'homme faisait auparavant, la valeur échangeable de cet ouvrage tombe en conséquence. S'il fallait dix hommes pour faire tourner un moulin à blé, et qu'on découvrît que, par le moyen du vent ou de l'eau, le travail de ces dix hommes pourrait être épargné, la farine qui serait le produit de l'action du moulin tomberait dès ce moment de valeur, en proportion de la somme de travail épargné ; et la société se trouverait enrichie de toute la valeur des choses que le travail de ces dix hommes pourrait produire, - les fonds destinés à l'entretien des travailleurs n'ayant pas éprouvé par là la moindre diminution M. Say méconnaît toujours la différence qui existe entre la valeur en échange et la valeur d'utilité.

M. Say accuse le docteur Smith de n'avoir pas fait attention à la valeur donnée aux choses par les agents naturels et par les machines, en raison de ce qu'il considérait la valeur de toutes choses comme étant dérivée du seul travail de l'homme ; mais il ne me paraît pas que cette accusation soit prouvée ; car, dans aucun endroit de son ouvrage, Adam Smith ne déprécie les services que ces agents naturels et les machines nous rendent, mais il caractérise avec beaucoup de justesse la nature de valeur qu'ils ajoutent aux choses. Ils sont utiles, en ce qu'ils augmentent l'abondance des produits, et qu'ils ajoutent à notre richesse en augmentant la valeur d'utilité ; mais, comme ils travaillent gratuitement, comme on ne paie rien pour l'usage de l'air, de la chaleur du soleil, ni de l'eau, les secours qu'ils nous prêtent n'ajoutent rien à la valeur échangeable.

Chapitre XXI.
DES EFFETS DE L'ACCUMULATION SUR LES PROFITS ET SUR L'INTÉRÊT DES CAPITAUX.

D'après la manière dont nous avons considéré les profits des capitaux, il semblerait qu'aucune accumulation de capital ne peut faire baisser les profits d'une manière permanente, à moins qu'il n'y ait quelque cause, également permanente, qui détermine la hausse des salaires. Si les fonds pour le paiement du travail étaient doublés, triplés ou quadruplés, il ne serait pas difficile de se procurer bientôt la quantité de bras nécessaires pour l'emploi de ces fonds ; mais en raison de la difficulté croissante d'augmenter constamment la quantité de subsistances, la même valeur en capital ne pourrait probablement pas faire subsister la même quantité d'ouvriers. S'il était possible d'augmenter continuellement, et avec la même facilité, les objets nécessaires à l'ouvrier, il ne pourrait y avoir de changement dans le taux des profits et des salaires, quel que fût le montant du capital accumulé. Cependant Adam Smith attribue toujours la baisse des profits à l'accumulation des capitaux et à la concurrence qui en est la suite, sans jamais faire attention à la difficulté croissante d'obtenir des subsistances pour le nombre croissant d'ouvriers que le capital additionnel emploie. « L'accroissement des capitaux, dit-il, qui fait hausser les salaires, tend à abaisser les profits [1]. Quand les capitaux

1 Il m'est impossible, à voir la persistance avec laquelle Ricardo cherche à établir l'antagonisme prétendu des salaires et des profits, et son impassibilité devant les démentis que l'expérience donne à son système, il m'est impossible, dis-je, de ne pas croire à une confusion dans les idées qu'il remue. Il a beau appeler Ad. Smith à son secours pour le sauver de la réalité qui le combat, il a beau se couvrir de mystères dans certains passages, distinguer entre les hausses momentanées et les hausses prolongées, entasser les observations, prétendre que chaque obole ajoutée aux salaires est une perte pour le manufacturier, nous faire chercher enfin dans les fanges du paupérisme les perles et le luxe du riche, il ne pourra faire que, par la solidarité qui relie les membres de la famille humaine, les souffrances ou les joies des uns ne retentissent, tôt ou tard dans l'âme de tous. Chacune de ces grandes années de crise, qui ont ébranlé les sociétés anglaise, américaine, française, et ont jeté sur la place publique, dans le forum ardent et courroucé, les masses sans travail que vomissaient les manufactures ; chacune de ces années aurait dû enseigner à l'austère économiste que les ouvriers sont la base de i'édifice industriel, et que lorsque la base d'un édifice s'ébranle le faîte est bien près de s'écrouler, en d'autres termes, que la ruine frappe en même temps en haut et en bas. D'un autre côté, chacune de ces années radieuses, où l'on vit les débouchés s'agrandir, les capitaux affluer dans toutes les industries pour les vivifier, le travail rouvrir, comme une formule magique, les portes muettes des ateliers, l'abondance secouer de toutes

parts sur le monde ses merveilles et ses richesses, chacune de ces années, dis-je, aurait dû lui prouver que si les mauvais jours pèsent sur les chefs et sur les ouvriers, les jours de prospérité ont des récompenses pour tous, sous forme de hauts salaires pour les uns, et de riches inventaires pour les autres. Je ne puis croire que Ricardo se soit tenu assez loin des événements pour n'en pas suivre la marche, et n'en pas comprendre les enseignements, et ces événements eussent été pour lui un espoir, et non une sorte d'anathème, si, à mon humble avis, du moins, l'arme du raisonnement et de l'observation ne s'était faussée entre ses mains. Je ne vois pas d'autre moyen d'expliquer comment, toutes les fois qu'il indique une hostilité profonde dans les rangs des travailleurs, les faits répondent au contraire par une union qui n'a rien certainement de la tendre affection que nous promet Fourier entre pages et pagesses, mais qui repose sur l'intérêt individuel, garanti par l'intérêt social, - du moins autant que le permettent toutes les charges qui sous le nom d'octrois, de douanes, d'impôts exagérés, de dettes publiques grèvent le producteur et altèrent les contrats économiques.

Au spectacle du développement merveilleux de l'industrie, des progrès inespérés de la mécanique qui, d'un côté, abaissent chaque jour la valeur courante des marchandises, et de l'autre, provoquent l'accroissement des salaires par l'immensité de la tâche qu'il s'agit d'accomplir et par la demande de travailleurs : au spectacle de cette double impulsion, ascendante pour le prix du travail, descendante pour le prix des produits, le savant auteur des *Principes d'Économie Politique* n'a pas senti que, loin d'être pour le manufacturier une cause de ruine, l'avilissement graduel de ses marchandises était la base la plus sûre de sa prospérité. Dans le fait, et par une aberration étrange pour un aussi grand esprit, - aberration devant laquelle le respect a même fait longtemps hésiter notre main, - Ricardo a confondu une diminution dans la valeur des produits avec une diminution des profits. Il a vu que, par la concurrence des producteurs, les inventions se succèdent chaque jour dans le champ industriel, que les forces mécaniques se retrempent au contact de la science : il a vu que le génie de l'homme, entassant ainsi les produits, luttait de prodigalité avec la nature elle-même, et tendait à faire des richesses sociales un fonds où les plus humbles vinssent puiser à peu de frais ; et cet admirable travai1 d'égalité, ce nivellement du bien-être, il a cru qu'on ne pouvait l'accomplir qu'en retranchant des profits du manufacturier ce que l'on accordait, par l'abaissement du prix, au consommateur, par la hausse des salaires, aux classes laborieuses. Il n'a pas vu que c'est précisément dans la salutaire action de ce double phénomène que reposent l'avenir de l'industrie et sa prospérité : car c'est ce double phénomène qui appelle la masse à consommer les produits créés, et qui, par conséquent, fait des besoins de tous un état pour le travail de tous. Dire que parce qu'un fabricant fait à ses ouvriers une part plus large dans la répartition de la fortune publique il diminue d'autant son revenu et ses profits, c'est dire à la fois une chose fausse et une chose décourageante : - décourageante, parce que, ou l'on introduirait la lutte et la haine dans les rangs des travailleurs, ou l'on condamnerait l'ouvrier à un ilotisme barbare et à des salaires minimes, ou l'on convierait le manufacturier à une générosité impossible ; - fausse, en ce que plus une marchandise diminue de valeur, plus elle appelle la consommation, et plu$ elle appelle la consommation plus les bénéfices da fabricant se grossissent. Ne nions pas, ne refusons pas, surtout, par amour pour les abstractions, ce miracle perpétuel de la production, qui appelle les plus humbles à la vie physique, comme les appelait le Christ à la vie morale.

Quoi qu'on fasse ou dise, on n'échappera pas à la force des choses ; et la force des choses veut que le capital ne se dépouille pas en faveur du travail, et qu'avant d'attenter à ses profits, il prélève sur les salaires ce que l'état du marché ne peut plus lui donner. Si donc on voit un manufacturier hausser le prix de la main-d'œuvre, on peut être sûr que ses inventaires ont un aspect rassurant, que ses ateliers sont en pleine activité. Lorsque l'or s'écoule en minces filets au profit des ouvriers, on peut être convaincu qu'il coule à larges flots dans la caisse des chefs d'industrie, et je ne sache pas un seul exemple où l'on ait vu les salaires grandir au sein d'une industrie languissante. « Mais, dira-t-on, ne voyez-vous pas le taux de l'intérêt s'abaisser de toutes parts, tandis que s'élève au contraire, avec la valeur des forces humaines, celle des subsistances. Ne voyez-vous pas que le producteur hérite des dépouilles du capitaliste, du propriétaire, du rentier, et que, dans ce déplacement de la richesse ; les caisses des uns s'emplissent aux dépens des caisses des autres ? » Je reconnais facilement la décadence du rentier et du .propriétaire, c'est-à-dire de l'élément oisif de la société. Ils représentent des capitaux inertes qui doivent nécessairement perdre de leur prix au milieu de la multiplication générale des produits et des signes monétaires : et 1eur fortune présente même quelque chose d'analogue à ces monnaies qui s'usent par le frai, ou bien, - que l'on me permette cette comparaison peu économique - à des habits qui deviennent trop courts pour un corps que le temps développe et grandit. Rien de plus juste et de plus naturel à leur égard ; mais je nie positivement l'autre partie de la proposition, celle qui veut envelopper sans la même déchéance toute cette classe des producteurs qui mettent en œuvre leurs capitaux ; commanditent des industries, et font servir leurs sueurs d'hier à féconder leurs sueurs du jour et du lendemain. Pour ceux-là, au contraire, le bien-être s'accroît, et il faudrait pousser bien loin l'esprit de système, pour mettre la position d'un membre de la vénérable confrérie des merciers ou des drapiers du moyen-âge au-dessus de celle des manufacturiers puissants qui remuent des millions dans le Lancashire, à Lyon, à Mulhouse, et qui nous étonnent par le faste de leur existence.

Sans doute les capitaux se sont multipliés à l'infini et sont allés, en s'épanchant sur le monde, fertiliser, comme de riches alluvions, les contrées les plus pauvres, les plus stériles sous le rapport industriel. Sans doute cette multiplication de la richesse a dû en amener la dépréciation ; sans doute, nous marchons vers une époque où les prodiges de la mécanique, commanditée par le capital, feront de la chaussure, du vêtement, de la nourriture, des choses presque aussi gratuites que l'air, le ciel, le soleil, l'eau, l'électricité : mais qui voudrait proscrire ces bienfaits, et qui ne voit, d'ailleurs, que si les valeurs sociales sont devenues plus nombreuses et ont baissé de prix, elles sont devenues, par cela même, plus facilement accessibles ? Qu'importe à un capitaliste de voir dépérir entre ses mains des richesses, si ces richesses se reproduisent à l'infini ; que lui importe de posséder 100,000 fr., qui lui rapportent 10 p. %, ou 200,000 qui produisent un intérêt de 5,000 fr. ; que lui importe encore de vendre, à frais égaux, dix aunes de brocard à 100 fr. ou vingt aunes à 50 fr. ? Sa situation sera la même, tandis que la société en masse aura hérité de cette abondance qui s'infiltrera peu à peu dans ses rangs les plus infimes. Déplorer cet avilissement des objets de consommation, ce serait donc déplorer la gratuité des rayons solaires, des forces naturelles, des fleuves ; ce serait méconnaître que la valeur est une chose abstraite, une véritable équation établie entre les frais de production et la demande des différents produits, - rien de plus ; ce serait, en un mot, sacrifier la substance à l'attribut, la réalité à l'idéal, et lâcher niaisement la proie pour courir après l'ombre. Loin de s'apitoyer sur la dépréciation des capitaux, il faut donc, au contraire, s'en réjouir au nom de toutes les classes de la société ; car cette dépréciation indique qu'ils se sont multipliés, et cette multiplication indique qu'ils se distribuent à un plus grand nombre d'individus. Qui dit valeur excessive d'un produit, dit monopole, consommation, restreinte, et par conséquent, industrie sans débouchés, sans profits ; qui dit valeur infime, dit consommation générale, et par suite, industrie florissante, s'appuyant sur ces bases solides qui sont les besoins de tous. Si bien que l'époque la plus prospère pour la société sera celle où les ateliers, sans cesse en activité, produiront avec une sorte de fièvre ; où le travail, partout recherché, obtiendra de forts salaires ; où les produits, inondant les marchés, s'y vendront à assez bas prix pour que les plus pauvres y puissent atteindre, et assureront ainsi aux manufacturiers la clientèle des masses, la seule qui, en réalité, puisse commanditer sûrement une entreprise.

Voilà les conclusions auxquelles eût été conduit Ricardo s'il eût étudié de plus près les faits et en eût fait une analyse plus nette, plus exacte. Il n'eût pas abouti à dire que les profits doivent aller toujours en s'abaissant ; à déplorer la surabondance et l'avilissement des capitaux : il n'eut pas surtout prêté l'autorité de son nom, de sa forte intelligence, aux sectes sans nombre qui se sont abattues avec fureur sur l'économie politique, pus lui arracher, sous forme de formules dangereuses et désespérées, un acte d'abdication. Dernièrement encore, un écrivain, à l'imagination brillante, qui excelle à parer le clinquant de ses paradoxes d'un style puissant et coloré ; un penseur qui, plongé dans les abstractions transcendantales, ne s'aperçoit pas que dans les sciences comme dans la nature, à force de vouloir s'élever et planer, on arrive à des régions où le vide se forme, et où l'air manque aux poumons, comme la netteté à l'intelligence ; M. Proudhon, -pour le nommer deux fois, - a rangé cette dépréciation graduelle et fatale des produits et des valeurs au nombre de ce qu'il veut bien appeler les *contradictions économiques*. Il s'est extasié sur cette divergence de phénomènes, qui veut que tandis que la société s'enrichit par la multiplication des produits, elle s'appauvrisse par la dépression de leur valeur : et il a creusé cette anomalie, ou cette autonomie prétendue, avec un acharnement qu'il a pris pour de la profondeur, et qui est tout simplement de la naïveté. Il n'a pas vu, d'une part, que ce jeu des richesses sociales est la chose du monde la plus simple, la plus naturelle, et que la base de toutes les valeurs étant, ici-bas, le travail, il est évident, il est fatal que moins les frais de production d'une marchandise seront élevés, plus fléchira son prix courant, plus elle sera demandée, et plus la production s'agitera pour la répandre de toutes parts. Il n'a pas vu ensuite, ce qui était bien plus important et plus visible encore, que la société s'enrichit, loin de s'appauvrir, dès que la valeur des choses s'abaisse, parce que cet abaissement est le signe de leur abondance. Loin donc qu'il y ait anomalie dans cette grande loi de la valeur, il s'y trouve une harmonie salutaire, pleine d'enseignement, et qu'on ne peut méconnaître qu'à force d'arguties, de logomachie et de *systèmes systématiques*. Dans le fait, ce n'est pas de *valeurs* que vit la société ; c'est de blé, de vêtements, de meubles, et plus ces choses sont à bas prix, plus une société doit être réputée opulente, parce que plus elle est à même d'en distribuer les bienfaits à tous ses membres. La tendance actuelle de notre époque, de notre industrie, est précisément de réaliser ce beau programme, et de créer, pour ainsi dire, la démocratie des prix et des produits, au profit du consommateur, qui paiera moins cher les marchandises, - de l'ouvrier, dont le travail deviendra plus précieux, - du capitaliste, qui verra grandir ses débouchés. Qu'on mette, d'ailleurs, pour d'un grand nombre de riches commerçants sont versés dans la même branche de commerce, leur concurrence mutuelle tend naturellement à en faire baisser les profits ; et quand les capitaux se sont pareillement grossis dans tous les différents commerces établis dans la société, la même concurrence doit produire le même effet dans tous. »

Adam Smith parle ici d'une hausse des salaires, mais c'est d'une hausse momentanée, provenant de l'accroissement des fonds avant qu'il y ait accroissement de population ; et il paraît ne pas s'être aperçu qu'à mesure que le capital grossit, l'ouvrage que ce capital doit faire exécuter augmente dans la même proportion. Cependant M. Say a prouvé de la manière la plus satisfaisante, qu'il n'y a point de capital, quelque considérable qu'il soit, qui ne puisse être employé dans un pays, parce que la demande des produits n'est bornée que par la production. Personne ne produit que dans l'intention de consommer ou de vendre la chose produite, et on ne vend jamais que pour acheter quelque autre produit qui puisse être d'une utilité immédiate, ou contribuer à la production future. Le producteur devient donc consommateur de ses propres produits, ou acheteur et consommateur des produits de quelque autre personne. Il n'est pas présumable qu'il reste longtemps mal informé sur ce qu'il lui est plus avantageux de produire pour atteindre le but qu'il se propose, c'est-à-dire, pour acquérir d'autres produits. Il n'est donc pas vraisemblable qu'il continue a produire des choses pour lesquelles il n'y aurait pas de demande [1].

Il ne saurait donc y avoir dans un pays de capital accumulé, quel qu'en soit le montant, qui ne puisse être employé productivement, jusqu'au moment où les salaires auront tellement haussé par l'effet du renchérissement des choses de nécessité, qu'il ne reste plus qu'une part

plus de sécurité dans le raisonnement, l'Angleterre, la France, l'Allemagne, la Hollande, qui comptent par milliards des richesses dont l'intérêt s'arrête à 6, à 5, à 4, à 3, ou même 2 p. % ; qu'on mette ces grandes nations en face de ces peuples où de maigres capitaux provoquent l'usure, et donnent des revenus douteux de 10, 20 ou 25 p. % ; qu'on fasse cette comparaison, et, quoiqu'en dise Ricardo , aidé de M. Proudhon, le choix ne sera pas douteux. A. F.

1 Adam Smith cite la Hollande comme un exemple de la baisse des profits provenant de l'accumulation des capitaux et de la surabondance de capital affecté à chaque emploi. « Le gouvernement hollandais emprunte à 2 pour cent, et les particuliers qui ont bon crédit à 3 pour cent. » Mais il aurait fallu considérer que la Hollande est obligée d'importer presque tout le blé qu'elle consomme, et qu'en mettant de forts impôts sur les objets nécessaires à l'ouvrier, elle augmente encore les salaires du travail. Ces faits expliquent assez le taux peu élevé des profits et de l'intérêt en Hollande.

très-faible pour les profits du capital, et que, par là, il n'y ait plus de motif pour accumuler. Tant que les profits des capitaux seront élevés, les particuliers auront un motif pour accumuler. Tant qu'un individu éprouvera le désir de satisfaire une certaine jouissance, il aura besoin de plus de marchandises, et la demande sera effective dès qu'il aura une nouvelle valeur quelconque à offrir en échange pour ces marchandises. Si on donnait 10,000 1. st. à un homme qui en possède déjà 100,000 1. de rente, il ne les serrerait pas dans son coffre ; il augmenterait sa dépense de 10,000 1. ; il les emploierait d'une manière productive, ou il prêterait cette somme à quelque autre personne pour cette même fin. Dans tous les cas, la demande s'accroîtrait, mais elle porterait sur des objets divers. S'il augmente sa dépense, il est probable qu'il emploiera son argent à des constructions, à des meubles, ou à tout autre objet d'agrément. S'il emploie ses 10,000 1. d'une manière productive, il consommera plus de subsistances, d'objets d'habillement et de matières premières, qui serviraient à mettre à l'œuvre de nouveaux ouvriers. Ce serait toujours une demande.

On n'achète des produits qu'avec des produits, et le numéraire n'est que l'agent au moyen duquel l'échange s'effectue. Il peut être produit une trop grande quantité d'une certaine denrée, et il peut en résulter une surabondance telle dans le marché, qu'on ne puisse en retirer ce qu'elle a coûté ; mais ce trop plein ne saurait avoir lieu pour toutes les denrées. La demande de blé est bornée par le nombre de bouches qui doivent le manger ; celle des souliers et des habits, par le nombre des personnes qui doivent les porter ; mais quoique une société, ou partie d'une société, puisse avoir autant de blé et autant de chapeaux et de souliers qu'elle peut ou qu'elle veut en consommer, on ne saurait en dire autant de tout produit de la nature ou de l'art. Bien des personnes consommeraient plus de vin, si elles avaient le moyen de s'en procurer. D'autres, ayant assez de vin pour leur consommation, voudraient augmenter la quantité de leurs meubles, ou en avoir de plus beaux. D'autres pourraient vouloir embellir leurs campagnes, ou donner plus de splendeur à leurs maisons. Le désir de ces jouissances est inné dans l'homme ; il ne faut qu'en avoir les moyens ; et un accroissement de production peut, seul, fournir ces moyens. Avec des subsistances et des denrées de première nécessité à ma disposition, je ne manquerai pas longtemps d'ouvriers dont le travail puisse me procurer les objets qui pourront m'être plus utiles ou plus désirables.

La baisse ou la hausse de profits, que cet accroissement de production et la demande qui en est la suite pourront occasionner, dépend uniquement de la hausse des salaires ; et la hausse des salaires, excepté pendant un temps limité, tient à la facilité de produire les subsistances et les choses nécessaires a l'ouvrier. J'ai dit, pendant un temps limité, car il n'y a rien de mieux établi que ce principe, suivant lequel la quantité des ouvriers doit toujours, en dernière, analyse, se proportionner aux moyens de les payer.

Il n'y a qu'un seul cas, et celui-là n'est que temporaire, dans lequel l'accumulation du capital, accompagnée du bas prix des subsistances, peut amener une baisse des profits ; ce cas est celui où les fonds destinés à faire subsister les ouvriers s'accroissent plus vite que la population. Dans ce cas, les salaires seront forts et les profits faibles. Si tout le monde renonçait à l'usage des objets de luxe, et ne songeait qu'à accumuler, il pourrait être produit une quantité d'objets de nécessité, dont il ne pourrait pas y avoir de consommation immédiate. Il pourrait sans doute y avoir alors un engorgement général de ces produits, et par conséquent il se pourrait qu'il n'y eût ni demande pour une quantité additionnelle de ces articles, ni profits à espérer par l'emploi d'un nouveau capital. Si on cessait de consommer, on cesserait de produire, et cette concession n'est pas en opposition avec le principe général. Dans un pays tel que l'Angleterre, par exemple, il est difficile de supposer qu'il puisse y avoir de motif qui détermine les habitants à consacrer tout leur capital et leur travail à la production exclusive des choses de première nécessité.

Quand des commerçants placent leurs capitaux dans le commerce étranger ou de transport, c'est toujours par choix, et jamais par nécessité. Ils ne le font que parce que leurs profits, dans ce commerce, sont un peu au-dessus de ceux du commerce intérieur.

Adam Smith a observé, avec raison, que « le besoin de nourriture était, dans chaque individu, limité par la capacité bornée de l'estomac de l'homme ; mais que le désir des choses commodes ou des objets de décoration et d'ornement pour les édifices, l'habillement, les équipages ou l'ameublement, paraît n'avoir point de bornes ou de limite certaine. La nature a donc nécessairement limité la somme des capitaux qui peut, à une époque quelconque, être consacrée avec profit à l'agriculture ; mais elle n'a point posé de limites à la somme de capita1 qui peut être consacrée à nous procurer les choses *utiles à l'existence, et propres à l'embellir.* » Nous procurer le plus grand nombre possible de ces jouissances, voilà le but que nous nous proposons, et c'est uniquement parce que le commerce étranger, ou celui de transport, parvient mieux à ce but, que les commerçants l'entreprennent de préférence à la fabrication des objets désirés, ou de ceux qui peuvent les remplacer dans le pays même. Si, cependant, des circonstances particulières nous empêchaient de placer nos capitaux dans le commerce étranger ou dans celui de transport, nous serions obligés de les employer, quoique moins avantageusement, chez nous ; et tant qu'il n'y a point de limites au désir de posséder « des choses commodes, des objets d'ornement pour les édifices, l'habillement, les équipages et l'ameublement, » il ne saurait y avoir d'autres limites aux capitaux qui peuvent être employés pour nous procurer ces objets, que celles des subsistances destinées aux ouvriers qui doivent les produire.

Adam Smith dit cependant que le commerce de transport n'est point un commerce de choix, mais de nécessité ; comme si le capital qui y est versé fût resté stérile sans un pareil emploi ; comme si le capital employé au commerce intérieur pouvait regorger s'il n'était contenu dans de certaines limites. « Quand la masse des capitaux d'un pays, dit-il, est parvenue à un tel degré d'accroissement, *qu'elle ne peut être toute employée à fournir à la consommation de ce pays, et à faire valoir son travail productif,* alors le superflu de cette masse se décharge naturellement dans le commerce de transport, et est employé à rendre le même service à des pays étrangers.

« On achète, avec une partie du produit superflu de l'industrie de la Grande-Bretagne, environ quatre-vingt-seize mille quarters de tabac dans la Virginie et le Maryland. Or, la demande de la Grande-Bretagne n'en exige peut-être pas plus de quatorze mille. Ainsi, si les quatre-vingt-deux mille restant ne pouvaient être exportés *et échangés contre quelque chose de plus demandé dans le pays,* l'importation de cet excédant cesserait aussitôt, et, avec elle, le travail productif de tous ceux des habitants de la Grande-Bretagne qui sont maintenant employés à préparer les marchandises avec lesquelles ces quatre-vingt-deux mille quarters sont achetés tous les ans. » Mais cette portion du travail productif de la Grande-Bretagne ne pourrait-elle pas être employée à préparer des marchandises d'une différente espèce, avec lesquelles on aurait la faculté d'acheter quelque chose qui serait plus demandé dans le pays ? Et quand même cela serait impossible, ne pourrait-on pas, quoique avec moins d'avantage, employer ce travail productif à fabriquer les articles demandés dans le pays, ou du moins à en fournir d'autres qui pussent les remplacer ? Si nous avions besoin de velours, ne pourrait-on pas essayer d'en faire ; et si nous ne pouvions pas y réussir, ne serait-il pas possible de fabriquer plus de drap, ou quelque autre objet qui serait à notre convenance ?

Nous fabriquons des marchandises, et avec ces marchandises nous en achetons d'autres à l'étranger, parce que nous pouvons nous les y procurer à meilleur compte que si nous les fabriquions chez nous. Qu'on nous prive de ce commerce, et à l'instant nous fabriquerons de nouveau ces articles pour notre usage. D'ailleurs cette opinion d'Adam Smith est en contradiction avec toute sa doctrine générale sur cette matière. « Si un pays étranger peut nous fournir une marchandise à meilleur marché que nous ne sommes en état de le faire nous-mêmes, il vaut bien mieux que nous la lui achetions avec les produits de quelque industrie où nous excellions. L'industrie générale du pays étant toujours en proportion du capital qui la met en œuvre, elle ne sera pas diminuée pour cela ; ... seulement ce sera à elle à chercher la manière dont elle peut être employée à son plus grand avantage. »

Et dans une autre endroit : « Par conséquent, ceux qui peuvent dis poser d'une plus grande quantité de vivres qu'ils ne peuvent en consommer, sont toujours prêts à donner ce surplus, ou, ce qui revient au même, sa valeur en échange d'un autre genre de jouissances. Tout ce qui reste après avoir satisfait des besoins nécessairement limités, est donné pour flatter ces désirs que rien ne saurait satisfaire, qui paraissent tout à fait insatiables. Les pauvres, pour avoir de la nourriture, travaillent à satisfaire les fantaisies des riches ; et, pour être plus sûrs d'obtenir cette nourriture, ils enchérissent l'un sur l'autre à qui travaillera à meilleur marché, et à qui mettra plus de perfection à sou ouvrage. Le nombre des ouvriers s'accroît par l'abondance de vivres, ou par les améliorations croissantes dans la culture des terres ; et comme la nature de leurs occupations est susceptible de la plus grande division de travail, la quantité de matières qu'ils peuvent consommer augmente dans une proportion beaucoup plus forte que le nombre des ouvriers. De la naît une demande de toute sorte de matières que l'industrie des hommes peut employer en objets d'utilité ou d'ornement, en habillements, équipages, ameublements, substances fossiles, minéraux renfermés dans le sein de la terre, et métaux précieux. »

Il résulte donc de ces développements qu'il n'est pas de limites pour la demande, pas de limites pour l'emploi du capital, toutes les fois que le capital donne quelques profits et que ces profits ne peuvent baisser que par suite de la hausse des salaires. Enfin rajouterai que la seule cause qui fasse hausser constamment les salaires, c'est la difficulté toujours croissante de se procurer de la nourriture et des objets de première nécessité pour le nombre chaque jour croissant des ouvriers.

Adam Smith a observé, avec raison, qu'il est extrêmement difficile de fixer le taux des profits des capitaux. « Le profit est sujet à des variations telles, dit-il, que même dans un commerce particulier, et à plus forte raison dans les différentes branches de commerce en général, il serait difficile d'en déterminer le terme moyen ..... Et quant à prétendre juger avec une certaine précision de ce qu'il peut avoir été à des époques antérieures, c'est ce qui doit être absolument impossible. » Cependant, puisqu'il est évident qu'on paie cher la faculté de se servir de l'argent, toutes les fois que par son moyen on peut gagner beaucoup, il croit que « le taux ordinaire de l'intérêt sur la place peut nous conduire à nous former quelque idée du taux des profits, et que l'histoire des progrès de l'intérêt peut nous donner celle du progrès des profits. » Certes, si le taux de l'intérêt pouvait être connu avec précision pendant une époque un peu considérable, il pourrait nous fournir une mesure assez exacte pour estimer le progrès des profits.

Mais dans tous les pays, par suite de fausses notions en économie politique, les gouvernements sont intervenus, pour empêcher que le taux de l'intérêt ne s'établît d'une manière libre et équitable, en imposant de grosses et excessives amendes sur tous ceux qui prendraient un intérêt au-dessus de celui fixé par la loi. On élude probablement partout de semblables lois ; mais l'histoire nous apprend peu de choses à ce sujet, et les écrivains nous indiquent plutôt l'intérêt fixé par les lois, que son taux courant.

Pendant la dernière guerre, les billets de l'échiquier et de la marine, en Angleterre, ont éprouvé une perte telle, qu'en les achetant on a pu retirer 7 et 8 pour cent, ou même un plus fort intérêt de son argent. Le gouvernement a négocié des emprunts à un intérêt au-dessus de 6 pour cent, et des particuliers se sont souvent vus forcés de payer, par des voies indirectes, plus de 10 pour cent pour l'intérêt de l'argent ; et néanmoins, pendant tout ce temps, l'intérêt légal était toujours au taux de 5 pour cent. Il y a donc fort peu de fond à faire sur ce que les historiens peuvent dire de l'intérêt fixe et légal, puisque nous voyons jusqu'à quel point il peut être différent du taux courant. Adam Smith nous apprend que, depuis la trente-septième année du règne de Henri VIII jusqu'à la vingtième année de Jacques Ier, le taux légal de l'intérêt demeura à 10 pour cent. Peu de temps après la restauration, il fut réduit à 6 pour cent ; et, par le statut de la douzième année de la reine Anne, à 5 pour cent. Il croit que l'intérêt légal a suivi, et non précédé le taux courant de l'intérêt. Avant la guerre d'Amérique, le gouvernement anglais empruntait à 3 pour cent, et dans la capitale, ainsi que dans beaucoup d'autres endroits du royaume, les gens qui avaient bon crédit empruntaient à 3 ½, 4 et 4 ½ pour cent.

Le taux de l'intérêt, quoiqu'il soit en dernière analyse, et d'une manière stable, déterminé par le taux des profits, est cependant sujet à éprouver des variations temporaires par d'autres causes. A la suite de chaque fluctuation dans la quantité et la valeur de l'argent, le prix des denrées doit naturellement varier. Il varie encore, ainsi que nous l'avons déjà fait voir, par le changement dans les rapports entre l'offre et la demande, quoique la production ne soit ni plus ni moins aisée. Quand le prix courant des marchandises baisse par l'effet d'un approvisionnement abondant, d'une moindre demande ou d'une hausse dans la valeur de l'argent, un manufacturier garde en magasin une quantité extraordinaire de marchandises prêtes pour la vente, plutôt que de les livrer à vil prix. Et pour faire face à ses engagements, pour le paiement desquels il comptait auparavant sur la vente de ses articles, il est obligé d'emprunter à crédit, et souvent à un taux d'intérêt plus élevé. Cela, cependant, n'a qu'une courte durée ; car, ou l'espoir du manufacturier est fondé, et le prix courant de ses marchandises montera; ou bien il s'aperçoit que la diminution de la demande est permanente, et alors il ne cherche plus à résister à la direction que le commerce a prise ; les prix baissent, et l'argent ainsi que l'intérêt reprennent leur ancien taux. Si, par la découverte d'une nouvelle mine, par l'abus des banques ou par toute autre cause, la quantité de la monnaie augmente considérablement, son effet définitif est d'élever le prix des choses en proportion de l'accroissement de la monnaie ; mais il y a probablement toujours un intervalle pendant lequel le taux de l'intérêt subit quelque variation.

Le prix des fonds publics n'est pas un indice certain pour estimer le taux de l'intérêt. En temps de guerre, le marché est si surchargé de rentes sur l'État, par suite des emprunts continuels que fait le gouvernement, qu'avant que le prix de la rente ait eu le temps de prendre son juste niveau, une nouvelle opération financière ou des événements politiques changent toute la situation. En temps de paix, au contraire, l'action du fonds d'amortissement, la répugnance qu'éprouve une certaine classe de gens à donner à leurs fonds un emploi autre que celui auquel ils sont habitués, qu'ils regardent comme très-sûr, et dans lequel les dividendes leur sont payés avec la plus grande régularité ; toutes ces causes font monter les rentes sur l'État, et abaissent par conséquent le taux de l'intérêt sur ces valeurs au-dessous du prix courant sur la place. Il faut observer encore que le gouvernement paie des intérêts différents, selon la solidité de ses rentes. Pendant que le capital placé dans les 5 pour cent se vend 95 1. st., un billet de 1'échiquier de 100 liv. vaudra quelquefois 100 1. 5 sh., quoiqu'il ne porte que 4 1. 11 sh. 3 d. d'intérêt annuel. L'un de ces effets rapporte à l'acheteur, aux prix mentionnés, un intérêt de 5 ¼ pour cent ; l'autre ne rapporte que 4 ¼. Les banquiers ont besoin d'une certaine quantité de ces billets d'échiquier, comme offrant un placement sûr et négociable. Si leur quantité dépassait de beaucoup cette demande, ils se trouveraient aussi bas que les 5 pour cent. La rente à 3 pour cent par au aura toujours, comparativement, un prix plus haut que celle à 5 pour cent ; car le principal de l'une comme de l'autre ne peut être remboursé qu'au pair, c'est-à-dire, en donnant 100 1. st. en argent pour 100 1. st. de capital en rentes. Le prix courant de l'intérêt sur la place peut tomber à 4 pour cent, et, dans ce cas, le gouvernement rembourserait au possesseur des 5 pour cent son capital au pair, à moins qu'il ne consentît à recevoir 4 pour cent, ou un intérêt au-dessous de 5 pour cent. Le gouvernement ne retirerait aucun avantage de rembourser ainsi le possesseur des 3 pour cent, tant que le taux courant de l'intérêt ne serait pas descendu au-dessous de 3 pour cent par an.

Pour payer les intérêts de la dette nationale, l'on retire quatre fois par an, et pendant peu de jours, de grandes sommes de monnaie de la circulation. Ces demandes de monnaie, n'étant que temporaires, ont rarement de l'effet sur les prix ; elles sont, en général, remplies moyennant le paiement d'un taux plus élevé d'intérêt.

Chapitre XXII.
DES PRIMES À L'EXPORTATION ET DES PROHIBITIONS A L'IMPORTATION.

Une prime accordée à l'exportation du blé tend à en abaisser le prix pour le consommateur étranger, mais n'a point d'effet permanent sur son prix dans les marchés de l'intérieur.

Supposons que, pour retirer des capitaux les profits ordinaires, il soit nécessaire que le blé se vende en Angleterre 4 1. st. le quarter ; dans ce cas, il mie pourrait être exporté dans les pays étrangers où il ne se vendrait que 3 1. 15 sh. Mais si l'on donnait 10 sh. par quarter de prime d'exportation, on pourrait le vendre, dans le marché étranger, 3 1. 10 sh., et par conséquent il en résulterait le même profit pour le cultivateur de blé, soit qu'il le vendit 3 l. 10 sh. dans le marché étranger, ou 4 1. dans le pays même.

Une prime qui ferait donc baisser le prix du blé anglais, dans un pays étranger, au-dessous de ce qu'y coûte la production du blé, aurait naturellement pour effet d'augmenter la demande de blé anglais, en diminuant celle des blés du pays. Ce surcroît de demande de blé anglais ne saurait manquer d'en faire hausser le prix en Angleterre, et de l'empêcher de baisser, sur le marché étranger, jusqu'au taux où la prime tend à le faire descendre. Mais les causes qui pourraient agir de la sorte sur le prix courant du blé en Angleterre, n'auraient pas le moindre effet sur son prix naturel, ou sur les frais réels de production. Pour récolter du blé, il n'y aurait besoin ni de plus de bras ni de plus de fonds, et par conséquent, si les profits du capital du fermier n'étaient auparavant qu'en égalité avec ceux des capitaux des autres commerçants, après la hausse des prix ils les surpasseraient considérablement. En grossissant les profits du fermier, la prime agira comme un encouragement à l'agriculture, et le capital employé en manufactures en sera retiré pour être employé sur les terres jusqu'à ce qu'on ait fait face à l'accroissement des demandes extérieures. Quand cela sera arrivé, le prix du blé tombera de nouveau, dans le marché de l'intérieur, à son prix naturel et forcé, et les profits reviendront à leur niveau accoutumé. Un approvisionnement plus abondant, agissant de même dans le marché étranger, fera aussi baisser le prix du grain dans le pays où il est exporté, et, par là , les profits du négociant qui l'exporte se trouveront réduits au taux le plus bas auquel il puisse faire ce commerce.

L'effet d'une prime d'exportation sur le blé n'est donc, en dernier résultat, ni d'en élever ni d'en abaisser le prix dans le marché intérieur, mais bien de faire baisser le prix du blé, pour le consommateur étranger, de tout le montant de la prime, dans le cas où le blé n'aurait pas été à plus bas prix dans le marché étranger que dans celui de l'intérieur ; et de le faire baisser dans une proportion moindre, dans le cas où le prix dans l'intérieur aurait été plus élevé que celui du marché étranger.

Un écrivain, en traitant, dans le cinquième volume de la *Revue d'Édimbourg*, des primes pour l'exportation du blé, a très-clairement fait voir quels en étaient les effets sur la demande de l'étranger et de l'intérieur. Il a aussi observé avec raison que ces primes ne pouvaient manquer d'encourager l'agriculture du pays qui exporte ; mais il parait imbu de la même erreur qui a égaré le docteur Smith, et, je crois, la plupart des autres auteurs qui ont traité de cette matière. Il suppose que, parce que c'est le prix du blé qui règle, en dernier résultat, les salaires, c'est aussi ce même prix qui doit régler celui de toutes les autres choses. Il dit que la prime, « en augmentant les profits du fermier, servira d'encouragement à l'agriculture; en faisant monter le prix du blé pour les consommateurs nationaux, elle diminuera pendant ce temps leurs facultés d'acheter cet objet de première nécessité, et réduira ainsi leur richesse réelle. Il est cependant évident que ce dernier effet ne peut être que temporaire ; car les salaires des consommateurs industrieux ayant été auparavant réglés par la concurrence, ce même principe les ramènera encore aux mêmes proportions, en faisant hausser le prix en argent du travail, *et, par ce moyen, celui des autres denrées jusqu'au niveau du prix en argent du blé*. La prime d'exportation fera donc, en dernier résultat, hausser le prix en argent du blé dans le marché du pays, non pas directement, mais au moyen de l'accroissement de demande dans le marché étranger, et du renchérissement qui s'ensuit dans la prix réel du pays ; *et cette hausse du prix en argent, quand une fois elle se sera étendue aux autres denrées, deviendra par conséquent permanente.* »

Si j'ai cependant réussi à faire voir que le surhaussement des salaires en argent ne fait pas monter le prix des produits, mais qu'un tel surhaussement affecte toujours les profits, il doit s'ensuivre que le prix des produits ne montera pas par l'effet de la prime.

Mais une hausse temporaire dans le prix du blé, occasionnée par une plus forte demande de l'étranger, ne produirait aucun effet sur le prix en argent des salaires. Le renchérissement du blé est causé par une concurrence de demande pour cet article, dont l'approvisionnement était auparavant exclusivement destiné au marché national. Par l'effet de la hausse des profits, il y a plus de capitaux employés dans l'agriculture, et l'on obtient par là un surcroît d'approvisionnement ; mais tant qu'il n'est pas obtenu, le haut prix en est absolument nécessaire pour régler la consommation sur l'approvisionnement, ce que la hausse des salaires empêcherait. Le renchérissement du blé est la suite de sa rareté, et c'est ce qui en fait diminuer la demande par les acheteurs nationaux. Si les salaires montaient, la concurrence augmenterait, et un nouveau surhaussement du prix du blé deviendrait nécessaire.

Dans cet exposé des effets produits par les primes d'exportation, nous n'avons point supposé d'événement qui fit hausser le prix naturel du blé, lequel prix règle, en dernière analyse, son prix courant ; car nous n'avons point supposé qu'il fallût un surcroît de travail pour forcer la terre à donner une quantité déterminée de produits, et il n'y a que cela qui puisse faire monter le prix naturel. Si le prix naturel du drap était de 20 sh. par verge, une grande augmentation de demandes du dehors pourrait en faire monter le prix à 25 sh., ou au delà ; mais les profits que ferait alors le fabricant de drap ne manqueraient pas d'attirer les capitaux vers cette fabrication ; et quoiqu'elle pût doubler, tripler ou quadrupler, elle finirait par être satisfaite ; et le drap baisserait de nouveau à son prix naturel de 20 sh. Il en arriverait autant pour ce qui concerne l'approvisionnement du blé. Quoique nous en exportions deux, trois ou huit cent mille quarters par an, il finirait par être produit à son prix naturel, lequel ne varie jamais, à moins qu'une différente quantité de travail ne devienne nécessaire à la production.

Il n'y a peut-être pas, dans tout l'ouvrage si justement célèbre d'Adam Smith, de conclusions plus susceptibles d'être contestées que celles qu'on lit dans le chapitre des primes d'exportation. Il parle d'abord du blé comme d'une denrée dont la production ne saurait s'accroître par l'effet d'une prime d'exportation ; il suppose invariablement que la prime n'influe que sur la quantité déjà produite, et qu'elle n'encourage point une nouvelle production. « Dans les années d'abondance, dit-il, la gratification, en occasionnant une exportation extraordinaire, tient nécessairement le prix du blé, dans le marché intérieur, au-dessus du taux auquel il descendrait naturellement... Quoique la gratification soit souvent suspendue pendant les années de cherté, la grande exportation qu'elle occasionne dans les années d'abondance doit avoir souvent pour effet d'empêcher plus ou moins que l'abondance d'une année ne soulage la disette d'une autre. Ainsi, dans les années de cherté, tout aussi bien que dans celles d'abondance, la prime d'exportation tend de même, nécessairement, à faire monter le prix en argent du blé de quelque chose plus haut qu'il n'aurait été sans cela dans le marché intérieur [1]. »

Adam Smith paraît avoir senti parfaitement que la justesse de son raisonnement dépendait uniquement de la question de savoir si « l'augmentation du prix en argent du blé, en rendant sa culture plus profitable au fermier, ne doit pas nécessairement en encourager la production.

« Je réponds, dit-il, que cela pourrait arriver si l'effet de la prime était de faire monter le prix réel du blé, ou de mettre le fermier en état d'entretenir, avec la même quantité de blé, un plus grand nombre d'ouvriers de la même manière que sont communément entretenus les autres ouvriers du voisinage, largement, médiocrement ou petitement. »

Si l'ouvrier ne consommait que du blé, et s'il n'en recevait que ce qui

1 Dans un autre endroit il s'exprime de la manière suivante : « Quelque extension que la prime puisse occasionner dans les ventes à l'étranger, dans une année quelconque, cette extension se fait toujours entièrement aux dépens de marché intérieur, attendu que chaque boisseau de blé que la prime fait exporter, serait resté dans le marche intérieur, où il aurait augmenté d'autant la consommation et fait baisser le prix de la denrée. Il faut observer que la prime sur le blé, comme toute autre prime pour l'exportation, établit sur la nation deux impôts différents : le premier est l'impôt auquel il faut qu'il contribue pour défrayer la prime, et le second est l'impôt qui résulte du prix renchéri de la denrée dans le marché intérieur ; impôt qui, pour cette espèce particulière de marchandise, se paie par toute la masse du peuple, toute la masse devant nécessairement acheter du blé. Par conséquent, à l'égard de cette marchandise en particulier, le second impôt est de beaucoup le plus lourd des deux... Par conséquent, par chaque 5 schellings pour lesquels le peuple contribue au paiement du premier de ces deux impôts, il faut qu'il contribue pour 6 livres sterling et 4 schellings à l'acquittement du second ... Par conséquent, l'exportation extraordinaire de blé, occasionnée par la prime, non-seulement resserre chaque année le marché et la consommation intérieure de tout ce dont elle étend le marché et la consommation chez l'étranger, mais encore par les entraves à la population et à l'industrie du pays, sa tendance, en dernier résultat, est de gêner et de comprimer l'extension graduelle du marché intérieur, et par là de diminuer à la longue, bien loin de l'augmenter, la consommation totale et le débit du blé. » (*Note de 1'Auteur.*)

suffirait strictement pour sa nourriture, il pourrait y avoir quelque raison de supposer que la part de l'ouvrier ne peut en aucun cas être réduite ; mais les salaires en argent ne montent quelque fois pas, et jamais ils ne montent proportionnellement aux prix en argent du blé, parce que le blé ne forme qu'une partie de la consommation de l'ouvrier, - quoique ce soit la partie la plus importante. Si l'ouvrier dépense la moitié de son salaire en blé, et l'autre moitié en savon, en chandelle, en bois à brûler, en thé, en sucre, en habillement, etc., tous objets que l'on suppose ne pas avoir éprouvé de hausse, il est clair qu'il serait aussi bien payé avec un boisseau et demi de blé, lorsqu'il vaut 16 sch. le boisseau, qu'avec deux boisseaux, dont chacun ne vaudrait que 8 sch., ou avec 24 sch. en argent, qui équivaudraient à 16 sch., qu'il recevait auparavant. Son salaire ne monterait que de 50 pour cent, tandis que le blé hausserait de 100 pour cent, et par conséquent il y aurait un motif suffisant pour consacrer plus de capitaux à l'agriculture, si les profits des autres commerces continuaient à être les mêmes qu'auparavant.

Mais une telle hausse des salaires engagerait en même temps les manufacturiers à retirer leurs capitaux des manufactures, pour les consacrer à l'agriculture ; car tandis que le fermier augmenterait le prix de ses denrées de 100 pour cent, les salaires de ses ouvriers n'ayant haussé que de 50 pour 100, le manufacturier se verrait aussi dans la nécessité de payer 50 pour cent de plus à ses ouvriers, n'ayant en même temps aucune compensation, pour ce surcroît de dépense, dans le renchérissement de ses produits. Les capitaux se porteraient donc, des manufactures vers l'agriculture, jusqu'à ce que l'approvisionnement du blé fît de nouveau descendre les prix à 8 sch. Le boisseau, et fît baisser les salaires à 16 sch. par semaine. Alors le manufacturier obtiendrait les mêmes profits que le fermier, et les capitaux, dans chaque emploi, se trouveraient balancés. Voilà, dans le fait, la manière dont la culture du blé acquiert toujours plus d'étendue, et fournit aux besoins croissants du marché. Les fonds pour l'entretien des ouvriers augmentent, et les salaires haussent. L'état d'aisance de l'ouvrier l'engage à se marier, la population s'accroît, et la demande de blé en élève le prix relativement aux autres choses. Plus de capitaux sont employés profitablement dans l'agriculture et continuent à y affluer, tant que l'approvisionnement n'égale pas la demande ; car alors le prix baisse de nouveau, et les profits de l'agriculteur et du manufacturier reviennent au même niveau.

Il n'est d'aucune importance pour la question qui nous occupe, que les salaires restent stationnaires après le renchérissement du blé, ou qu'ils montent modérément ou excessivement ; car le manufacturier aussi bien que le fermier paient des salaires, et ils doivent à cet égard être également affectés par la hausse du prix du blé. Mais leurs profits respectifs sont atteints d'une manière inégale, puisque le fermier vend ses denrées plus cher, tandis que le manufacturier donne ses produits au même prix qu'auparavant. C'est pourtant l'inégalité des profits qui engage les capitalistes à détourner leurs capitaux d'un emploi vers un autre ; il y aura par conséquent une plus forte production de blé, et une moindre d'objets manufacturés. Les objets manufacturés ne monteraient pas de prix en raison de la moindre quantité qui en serait fabriquée ; car on en obtiendrait un approvisionnement de l'étranger, en échange du blé exporté.

Lorsqu'une prime fait monter le prix du blé, ce prix peut être ou ne pas être élevé, relativement à celui des autres marchandises. Dans le cas où le prix relatif du blé hausse, il est hors de doute que le fermier fera de plus torts profits, et qu'il y aura un appât pour le déplacement des capitaux, tant que le prix du blé ne tombera pas de nouveau par l'effet d'un approvisionnement abondant. Si la prime ne fait point hausser le prix du blé relativement à celui des autres marchandises, quel tort cela peut-il faire au consommateur national, à part l'inconvénient de payer l'impôt ? Si le manufacturier paie son blé plus cher, il en est indemnisé par le plus haut prix auquel il vend les produits avec lesquels il achète en définitive le blé dont il a besoin.

L'erreur d'Adam Smith provient de la même source que celle de l'auteur de l'article de la Revue d'Édimbourg, car ils croient tous deux que « le prix en argent du blé règle celui de tous les autres produits nationaux [1]. »

« Il détermine, dit Adam Smith, le prix en argent du travail, qui doit toujours nécessairement être tel qu'il mette l'ouvrier en état d'acheter une quantité de blé suffisante pour l'entretien de sa personne et de sa famille, selon que le maître qui le met en œuvre se trouve obligé par l'état progressif, stationnaire ou décroissant de la société, de lui fournir cet entretien abondant, médiocre ou chétif...

« En déterminant le prix en argent de toutes les autres parties du produit brut de la terre, il détermine celui des matières premières de

1 C'est aussi l'opinion de M. Say, *Liv. III*, chap. 8.

toutes les manufactures. En déterminant le prix en argent du travail, il détermine celui de la main-d'œuvre et de toutes les applications de l'industrie ; et en déterminant l'un et l'autre de ces prix, il détermine le prix total de l'ouvrage manufacturé. *Il faut donc nécessairement que le prix en argent du travail, et de toute chose qui est le produit de la terre ou du travail, monte ou baisse en proportion du prix en argent du blé.* »

J'ai déjà essayé de réfuter cette opinion d'Adam Smith. En considérant la hausse du prix des choses comme une conséquence nécessaire du renchérissement du blé, il raisonne comme s'il n'existait pas d'autre fonds qui pût fournir à ce surcroît de dépense. Il a entièrement négligé les profits qui créent ce fonds par leur diminution sans élever le prix des produits. Si cette opinion du docteur Smith était fondée, les profits ne pourraient jamais tomber réellement, quelle que fût l'accumulation des capitaux. Si, lorsque les salaires haussent, le fermier pouvait renchérir son blé, et si le marchand de drap, le chapelier, le cordonnier, et tout autre fabricant pouvaient également augmenter le prix de leurs marchandises en proportion du surhaussement des salaires, le prix de tous les produits de ces différents commerçants pourrait bien hausser, si on l'estimait en argent ; mais relativement, il resterait le même. Chacun de ces fabricants pourrait acheter la même quantité de marchandises aux autres fabricants ; et puisque ce sont les marchandises, et non l'argent, qui constituent la richesse, le reste leur importerait fort peu. Tout le renchérissement des matières premières et des marchandises ne ferait de tort qu'aux seules personnes dont les fonds consisteraient en or ou en argent, ou dont le revenu annuel serait payé dans une quantité fixe de ces métaux, sous la forme de lingots ou de numéraire.

Supposons l'usage des monnaies entièrement abandonné, et tout commerce borné à des échanges. Je demanderai si, dans un cas semblable, la valeur échangeable du blé monterait par rapport aux autres produits ? Si l'on répond affirmativement, il n'est donc pas vrai que ce soit la valeur du blé qui règle la valeur des autres produits ; car, pour pouvoir en régler la valeur, il faudrait que le blé ne changeât pas de valeur relative par rapport à ces produits. Si l'on répond négativement, il faudra alors soutenir que le blé, qu'on le récolte sur un sol fertile ou ingrat, avec beaucoup ou peu de travail, à l'aide de machines ou sans leur secours, s'échangera toujours contre une quantité égale de tous les autres produits.

Je dois cependant avouer que, quoique la teneur générale des doctrines d'Adam Smith se rapporte à l'opinion que je viens de citer, il paraît pourtant, dans le passage suivant de son livre, avoir eu une idée exacte de la nature de la valeur. « La proportion entre la valeur de l'or et de l'argent, et la valeur des marchandises d'une autre espèce quelconque, dépend dans tous les cas, dit-il, de la proportion qu'il y a entre la quantité de travail nécessaire pour amener au marché une quantité déterminée d'or et d'argent, et celle qui est nécessaire pour y faire arriver une quantité déterminée de toute autre sorte de marchandises. » N'avoue-t-il pas ici pleinement que, si une quantité de travail plus considérable devient indispensable pour faire arriver au marché une certaine marchandise, pendant qu'une autre peut y arriver sans augmentation de frais, la première haussera de valeur relative ? S'il fallait autant de travail pour porter du drap et de l'or au marché, la valeur relative de chacun de ces objets ne varierait pas ; mais s'il fallait plus de travail pour faire arriver au marché du blé ou des souliers, le blé et les souliers ne monteraient-ils pas relativement au drap et à l'or monnayé ?

Adam Smith regarde aussi les primes comme ayant pour effet de causer une dégradation dans la valeur de l'argent. « Une dégradation de la valeur de l'argent, dit-il, qui est l'effet de la fécondité des mines, et qui se fait sentir également ou presque également dans la totalité, ou peu s'en faut, du monde commerçant, est de très-peu d'importance pour un pays en particulier. La hausse qui en résulte dans tous les prix en argent ne rend pas plus riches ceux qui les reçoivent, mais du moins elle ne les rend pas plus pauvres. Un service en argenterie devient réellement à meilleur marché ; mais toutes les autres choses, généralement, restent exactement comme elles étaient auparavant, quant à leur valeur réelle. » Cette observation est on ne peut pas plus correcte.

« Mais cette dégradation de la valeur de l'argent, qui, étant le résultat ou de la situation particulière d'un pays, ou de ses institutions politiques, n'a lieu que pour ce pays seulement, entraîne des conséquences tout autres ; et bien loin qu'elle tende à rendre personne plus riche, elle tend à rendre chacun plus pauvre. La hausse du prix en argent de toutes les denrées et marchandises, qui, dans ce cas, est un fait particulier à ce pays, tend à y décourager plus ou moins toute espèce d'industrie au dedans, et à mettre les nations étrangères à portée de livrer presque toutes les diverses sortes de marchandises pour moins d'argent que ne le pourraient faire les ouvriers du pays, et, par là, de les supplanter, non-seulement dans les marchés étrangers, mais même dans leur propre marché intérieur. »

J'ai essayé de faire voir ailleurs qu'une diminution partielle de la valeur de l'argent, capable d'affecter à la fois les produits de l'agriculture et ceux des manufactures, ne peut jamais être permanente. Dire, dans ce sens, que l'argent éprouve une dépréciation partielle, c'est comme si l'on disait que tous les produits ont renchéri ; mais tant qu'on aura la liberté de les acheter avec de l'or et de l'argent dans le marché le moins cher, on les exportera en échange des produits des autres pays qui sont à meilleur marché, et la diminution de la quantité de ces métaux augmentera leur valeur dans l'intérieur ; les marchandises reprendront leur niveau ordinaire, et celles qui conviennent aux marchés étrangers seront exportées comme .par le passé.

Ce n'est donc pas là, je pense, une raison qu'on puisse alléguer contre les prime.

Si donc la prime faisait hausser le prix du blé comparativement aux autres choses, le fermier y trouverait du profit, et il y aurait plus de terres mises en culture ; mais si la prime ne changeait pas la valeur du blé relativement aux autres choses, dans ce cas, la prime ne pourrait avoir d'autre inconvénient que celui consistant à la payer, et cet inconvénient, je suis loin de chercher à en dissimuler les effets ou à en diminuer l'importance.

« Il semble, dit le docteur Smith, que nos propriétaires ruraux, en imposant sur l'importation des blés étrangers de gros droits qui, dans les temps d'une abondance moyenne, équivalent à une prohibition, et en établissant les primes d'exportation, aient pris exemple sur la conduite de nos manufacturiers. Par ces moyens, les uns comme les autres ont cherché à faire monter la valeur de leurs produits. Peut-être n'ont-ils pas fait attention à la grande et essentielle différence établie par la nature entre le blé et presque toutes les autres sortes de marchandises. Lorsqu'au moyen d'un monopole dans le marché intérieur, ou d'une prime accordée à l'exportation, on met nos fabricants de toiles ou de lainages à même de vendre leurs marchandises à un prix un peu meilleur que celui auquel ils les auraient données sans cela, on élève non-seulement le prix nominal, mais le prix réel de leurs marchandises ; on les rend équivalentes à plus de travail et à plus de subsistances ; on augmente non-seulement le profit nominal de ces fabricants, mais leur profit réel, leur richesse et leur revenu réels..... On encourage réellement ces manufactures.... Mais quand, à l'aide de mesures semblables, vous faites hausser le prix nominal du blé et son prix en argent, vous n'élevez pas sa valeur réelle, le revenu réel de nos fermiers ni de nos propriétaires ruraux ; vous n'encouragez pas la production du blé.... La nature des choses a imprimé au blé une valeur réelle, qui ne saurait changer par l'effet d'une simple variation de son prix en argent.... Dans le monde entier, cette valeur sera égale à la quantité de bras qu'elle peut faire subsister. »

J'ai déjà tâché de faire voir que le prix courant du blé doit, en raison de l'augmentation de la demande par l'effet d'une prime d'exportation, excéder son prix naturel jusqu'à ce que l'on obtienne le surcroît d'approvisionnement ; et, dans ce cas, il doit revenir à son prix naturel. Mais le prix naturel du blé n'est pas aussi stable que celui des autres marchandises, parce que, dès que la demande de blé augmente considérablement, il faut livrer à la culture des terres d'une qualité inférieure, qui, pour produire une quantité déterminée de blé, exigeront plus de travail, ce qui fera hausser le prix du blé. L'effet d'une prime permanente sur l'exportation du blé serait donc de le faire tendre constamment à la hausse ; ce qui, comme je l'ai fait voir ailleurs, ne manque jamais de faire hausser la rente [1]. Les propriétaires ruraux ont donc un intérêt non-seulement temporaire, mais permanent, aux prohibitions d'importation du blé, et aux primes accordées à son exportation ; mais les manufacturiers n'ont point d'intérêt permanent aux primes d'exportation de leurs produits manufacturés : leur intérêt, à cet égard, n'est que temporaire.

Des primes accordées à l'exportation des objets manufacturés ne peuvent manquer, ainsi que le docteur Smith le dit, de faire hausser le prix courant des objets manufacturés ; mais elles ne feront pas monter le prix naturel de ces objets. Le travail de deux cents hommes produira une quantité de marchandises double de celle que cent hommes pouvaient fabriquer auparavant ; et par conséquent, aussitôt que la somme nécessaire de capital aura été consacrée à fournir la quantité requise d'objets fabriqués, ils reviendront leur prix naturel. Ce n'est donc que pendant cet intervalle qui suit la hausse du prix courant des denrées, et qui précède l'accroissement de la production, que les manufacturiers peuvent faire de gros profits; car aussitôt que les prix seront descendus,

1 *Voyez* le chapitre de la Rente.

leurs profits devront baisser au niveau des autres profits.

Loin donc d'accorder à Adam Smith que les propriétaires ruraux n'ont pas un intérêt aussi grand à la prohibition de l'importation du blé, que les industriels en ont à la prohibition des produits manufacturés, je soutiens, au contraire, que les propriétaires ruraux y ont un intérêt bien plus fort ; - les avantages qu'ils tirent de cette prohibition étant permanents, tandis que le manufacturier n'en profite que pour un temps donné. Le docteur Smith observe que la nature a établi une grande et essentielle différence entre le blé et les autres marchandises ; mais la conséquence qu'il faut en tirer est précisément l'opposé de celle qu'en tire Adam Smith ; car c'est précisément cette différence qui crée la rente, et qui fait que les propriétaires ruraux trouvent un intérêt à la hausse du prix naturel du blé. Au lieu d'avoir mis en parallèle les intérêts du manufacturier avec ceux du propriétaire foncier le docteur Smith aurait dû comparer les intérêts du premier avec ceux du fermier, qui sont très-distincts des intérêts du propriétaire. Le manufacturier n'a pas d'intérêt à la hausse du prix naturel de ses produits, pas plus que le fermier n'en a à la hausse du prix naturel du blé ou de tout autre produit immédiat du sol, quoique l'un et l'autre soient intéressés à ce que le prix courant de leurs produits s'élève au-dessus de leur prix naturel. Le propriétaire foncier, au contraire, a l'intérêt le plus marqué à la hausse du prix naturel du blé, puisque le surhaussement de la rente est la suite inévitable de la difficulté qu'il y a à produire des denrées de première nécessité, difficulté qui peut seule faire hausser leur prix naturel. Or, puisque des primes d'exportation et des prohibitions à l'importation du blé en augmentent la demande, et forcent à livrer à la culture des terrains plus ingrats, elles occasionnent nécessairement une augmentation des frais de production.

Le seul effet qu'occasionne une prime accordée à l'exportation des objets manufacturés ou à celle du blé, est de porter une portion de capital vers un emploi qu'on n'aurait pas cherche sans cela. Il en résulte une distribution nuisible du capital national ; c'est un leurre qui séduit le manufacturier, et qui l'engage à commencer ou à continuer un genre de commerce comparativement moins profitable. C'est le plus mauvais des impôts ; car il ne rend pas aux étrangers tout ce qu'il ôte aux nationaux, la balance en perte étant supportée par une distribution moins avantageuse du capital national. Si, par exemple, le prix du blé en Angleterre était de 4 l. st., tandis qu'il serait en France de 3 l. 15 sh., une prime de 10 sh. finirait par le réduire en France à 3 1. 10 sh. en le maintenant en Angleterre au prix de 4 1. L'Angleterre paierait un impôt de 10 sh. sur chaque quarter de blé qu'elle exporterait, et la France ne gagnerait que 5 sh. sur chaque quarter qu'elle importerait d'Angleterre. Voilà donc une valeur de 5 sh. par quarter absolument perdue pour la société, en raison d'une mauvaise distribution de son capital, qui tend à diminuer la masse totale, non pas probablement du blé, mais bien de quelque autre objet de nécessité ou d'agrément.

M. Buchanan paraît avoir senti le vice du raisonnement du docteur Smith, au sujet des primes, et il fait sur le dernier passage de cet auteur, que j'ai cité plus haut, des réflexions très-judicieuses. « En soutenant, dit M. Buchanan, que la nature a conféré au blé une valeur réelle que les simples variations de son prix en argent ne sauraient faire varier, le docteur Smith confond la valeur d'utilité avec la valeur échangeable du blé. Un boisseau de blé ne peut pas nourrir plus de monde pendant la disette que pendant les époques d'abondance ; mais un boisseau de blé s'échangera contre une plus grande quantité d'objets de luxe ou d'utilité, quand il est rare, que lorsqu'il est abondant ; et les propriétaires fonciers, qui ont un surplus de subsistances à leur disposition, deviendront par conséquent plus riches dans des temps de disette, et ils échangeront ce surplus contre une plus grande somme de jouissances. C'est donc à tort que l'on prétend que si la prime occasionne une exportation forcée de blé, elle ne produira pas de même une hausse réelle de son prix. » L'ensemble du raisonnement de M. Buchanan, sur cet effet particulier des primes, me paraît parfaitement clair et concluant.

Cependant M. Buchanan, pas plus que le docteur Smith et l'auteur de l'article de la *Revue d'Édimbourg,* ne me paraissent avoir des idées exactes sur l'influence que le renchérissement de la main-d'œuvre doit avoir sur les objets manufacturés. D'après la manière de voir qui lui est particulière, et que j'ai déjà rapportée ailleurs, M. Buchanan pense que le prix du travail n'a aucun rapport avec le prix du blé, et par conséquent il croit que la valeur réelle du blé pourrait monter et monte en effet sans influer sur le prix du travail. Pour le cas, cependant, où le prix du travail se ressentirait de cette hausse, il soutient, avec Adam Smith et l'auteur de l'article de la *Revue d'Édimbourg,* que le prix des objets manufactures devrait monter en même temps ; hors ce cas, je ne conçois pas comment il pourrait distinguer une telle hausse du blé d'avec une baisse dans la valeur de l'argent, ou comment il pourrait arriver un résultat différent de celui du docteur Smith.

Dans une note, à la page 276 ⊠ du premier volume de *la richesse des Nations*, M. Buchanan s'exprime ainsi : « Mais le prix du blé ne règle pas le prix en argent de tous les autres produits bruts de la terre. Il ne règle ni le prix des métaux ni celui de beaucoup d'autres matières utiles, telles que la houille, le bois, les pierres, etc.; *et comme il ne règle pas le prix du travail, il ne règle pas non plus celui des objets manufacturés* ; en sorte que la prime, en tant qu'elle élève le prix du blé, forme incontestablement un avantage réel pour le fermier. Ce n'est donc pas sous ce rapport que l'on peut en contester l'utilité. Il est hors de doute que ces primes offrent un encouragement à l'agriculture, par la hausse qu'elles opèrent dans le prix du blé. La question se réduit donc à savoir s'il convient d'encourager l'agriculture par un tel moyen. » Les primes sont avantageuses au fermier, en ce qu'elles ne font point hausser le prix du travail ; car, si elles produisaient un tel effet, elles feraient hausser le prix de toutes les autres choses à proportion, et ne présenteraient alors aucun encouragement à l'agriculture.

Il faut cependant convenir que la tendance d'une prime accordée à l'exportation d'une marchandise quelconque, est de faire baisser un peu la valeur de l'argent. Tout ce qui facilite l'exportation tend à augmenter la quantité de l'argent dans le pays qui exporte ; et au contraire, tout ce qui s'oppose à l'exportation tend à diminuer la quantité de l'argent, L'effet général de l'impôt est de diminuer l'exportation par la hausse qu'il occasionne dans les prix des produits imposés, et de s'opposer par conséquent à l'introduction de l'argent. Nous avons expliqué cela plus en détail dans nos observations générales sur l'impôt.

Le docteur Smith a parfaitement développé les effets nuisibles du système mercantile, qui n'avait pour but que de faire hausser le prix des marchandises dans le pays, en repoussant la concurrence des produits étrangers ; mais ce système n'était pas plus funeste aux cultivateurs qu'aux autres classes de la société. En forçant les capitaux à prendre une direction qu'ils n'auraient pas autrement suivie, ce système diminuait la somme totale des produits. Le prix, qui se maintenait constamment plus haut, n'était pas dû à la rareté des produits, mais à la seule difficulté de la production ; et par conséquent, quoique les possesseurs de ces produits les vendissent plus cher, cependant, considérant la quantité de capital qu'il leur avait fallu employer pour les obtenir, ils n'en tiraient réellement pas de plus gros profits [1].

Les manufacturiers eux-mêmes, en leur qualité de consommateurs, auraient payé ces produits plus cher, et par conséquent il n'est pas exact de dire que « le surhaussement de prix occasionné, par les règlements des maîtrises et par de forts droits sur l'importation des produits étrangers, est partout, et en dernier résultat, payé par les propriétaires, les fermiers et les ouvriers du pays. »

Il est d'autant plus nécessaire d'insister sur ce point, que les propriétaires fonciers allèguent à présent l'autorité d'Adam Smith pour prouver qu'il faut mettre de pareils et de forts droits sur l'introduction des blés étrangers. C'est ainsi que les frais de production, et, par conséquent, le prix de plusieurs objets manufacturés, ayant augmenté pour les consommateurs par suite d'une faute de législation, on a, sous prétexte de justice, exigé de la nation qu'elle consentît à endurer de

1 M. Say pense que l'avantage des manufacturiers nationaux est plus que temporaire. « Un gouvernement, dit-il, qui défend absolument l'introduction de certaines marchandises étrangères, établit un monopole en faveur de ceux qui produisent cette marchandise dans l'intérieur, contre ceux qui la consomment ; c'est-à-dire que ceux de l'intérieur qui la produisent, ayant le privilège exclusif de la vendre, peuvent en élever le prix au-dessus du taux naturel, et que les consommateurs de l'intérieur, ne pouvant l'acheter que d'eux, sont obligés de la payer plus cher. » *Liv. I, chap. 17.*

Mais comment peuvent-ils maintenir constamment leurs produits au-dessus de leur prix naturel, lorsque chacun de leurs concitoyens a la possibilité de se livrer du même genre d'industrie ? Ils sont protégés contre la concurrence des étrangers, mais non contre celle des nationaux. Le mal réel que ressent un pays par l'effet de ces monopoles, s'il est permis de leur donner ce nom, vient, non de ce qu'ils font hausser le prix courant de ces produits, mais bien de ce qu'ils en font hausser le prix réel et naturel. En augmentant les frais de production, ils sont cause qu'une portion de l'industrie du pays est employée d'une manière moins productive. (*Note de l'Auteur.*)

M. Ricardo me paraît avoir ici raison contre moi. En effet, quand le gouvernement prohibe un produit étranger, il ne saurait élever dans l'intérieur les bénéfices qu'on fait sur sa production au-dessus du taux commun des profits ; car alors les producteurs de l'intérieur, en se livrant à ce genre de production, en ramèneraient bientôt, par leur concurrence, les profits au niveau de tous les autres. Je dois donc, pour expliquer ma pensée, dire que je regarde le *taux naturel* d'une marchandise, comme étant le prix le plus bas auquel, on peut se la procurer par la voie du commerce, ou par toute autre industrie. Si l'industrie commerciale peut la donner à meilleur marché que les manufactures, et si le gouvernement force à la produire par les manufactures, il force dès lors à préférer une manière plus dispendieuse. C'est un tort qu'il fait à ceux qui la consomment, mais ce n'est pas au profit de ceux qui la produisent. C'est sous ce point de vue que la critique de M. Ricardo est fondée ; mais la mesure que je combats n'en est que plus mauvaise : elle augmente la difficulté naturelle qui s'oppose à la satisfaction de nos besoins, et c'est sans profit pour personne. - J.-S. SAY.

nouvelles extorsions. Parce que nous payons tous plus cher le linge, la mousseline et les tissus de coton, on croit qu'il est juste que nous payions le blé également plus cher. Parce que, dans la distribution générale du travail sur notre globe, nous avons empêché que le travail, chez nous, fournit la plus grande quantité possible de produits manufacturés, on voudrait nous en punir encore en diminuant les facultés productives du travail employé à la création des fruits de la terre. Il serait bien plus sage d'avouer les fautes qu'un faux calcul nous a fait commettre, en commençant dès ce moment à revenir graduellement aux principes salutaires d'un commerce libre entre tous les peuples [1].

« J'ai déjà eu occasion, observe M. Say, de remarquer, en parlant de ce qu'on nomme improprement balance du commerce, que s'il convient mieux, au négociant du pays, d'envoyer des métaux précieux à l'étranger, plutôt que toute autre marchandise, il est aussi de l'intérêt de l'État que ce négociant en envoie ; car l'État ne gagne et ne perd que par le canal de ses citoyens ; et, par rapport à l'étranger, ce qui convient le mieux aux citoyens, convient le mieux à l'État : ainsi, quand on met des entraves à l'exportation que les particuliers seraient tentés de faire de métaux précieux, on ne fait autre chose que les forcer à remplacer cet envoi par un autre moins profitable pour eux et pour l'État.

« Qu'on fasse bien attention que je dis seulement, dans ce qui a rapport au commerce avec l'étranger ; car les gains que font les négociants sur leurs compatriotes, comme ceux qu'ils font dans le commerce exclusif des colonies, ne sont pas, en totalité, des gains pour l'État. Dans le commerce entre compatriotes, il n'y a de gain pour tout le monde que la valeur d'une utilité produite. » Liv. I, chap. 22, § I.

Je ne comprends pas cette différence entre les profits du commerce intérieur et ceux du commerce étranger. L'objet de tout commerce est d'augmenter la production. Si, pour acheter une pipe de vin, je peux

1 Il suffirait de la liberté du commerce pour protéger un pays comme la Grande-Bretagne, abondamment pourvu des différents produits de l'industrie humaine, des marchandises propres à satisfaire les besoins de toute société, contre le retour de la disette. Les nations de la terre ne sont pas fatalement condamnées à tirer constamment au sort celle qui, parmi toutes, devra s'éteindre dans la famine. A prendre le globe dans son ensemble, les subsistances y abondent toujours : et pour jouir à jamais d'un riche approvisionnement, nous n'avons qu'à renoncer à nos prohibitions, à nos restrictions, et à cesser de lutter contre les vues bienfaisantes de la Providence. (*Article sur la législation et le commerce des céréales. Supplément à l'Encyclopédie britannique.*)

exporter des lingots qui ont été achetés moyennant le produit du travail de cent jours, et que le gouvernement, en défendant l'exportation des lingots, me force à acheter mon vin au moyen d'une denrée qui me coûte la valeur produite par le travail de cent cinq jours, je perds le fruit de ces cinq jours de travail, et l'État le perd aussi bien que moi. Mais si ces transactions avaient lieu entre particuliers, dans différentes provinces d'un même pays, les individus et l'État en tireraient les mêmes avantages si les acheteurs étaient libres dans le choix des marchandises qu'ils donneraient en paiement ; et les mêmes désavantages, si le gouvernement forçait les particuliers à acheter avec des marchandises qui offriraient moins d'avantages. Si un fabricant peut, avec le même capital, travailler une plus grande quantité de fer là où le charbon abonde, que là où il est rare, le pays gagnera dans le premier cas. Mais si nulle part dans le pays le charbon ne se trouvait en abondance, et qu'il importât cette quantité additionnelle de fer en donnant en échange un produit créé au moyen du même capital et du même travail, il enrichirait également le pays de toute cette quantité additionnelle de fer qu'il y introduirait.

Dans le sixième chapitre de cet ouvrage, j'ai tâché de faire voir que tout commerce étranger ou intérieur est utile, parce qu'il augmente la quantité des produits, et non parce qu'il en augmente la valeur. Nous le posséderons pas une valeur plus forte, soit que nous fassions un commerce intérieur et étranger profitable, soit que, par les entraves des lois prohibitives, nous soyons obligés de nous contenter du commerce le moins avantageux. Les profits et la valeur produite seront les mêmes. Les avantages reviennent toujours, en dernier résultat, à ceux que M. Say paraît n'accorder qu'au commerce intérieur. Dans ces deux cas, il n'y a d'autre gain que celui de la valeur d'une utilité produite.

Chapitre XXIII.
DES PRIMES ACCORDÉES À LA PRODUCTION.

Il peut être de quelque intérêt de considérer les effets d'une prime accordée à la *production* agricole et à celle des denrées manufacturières, pour faire l'application des principes que je me suis efforcé d'établir sur les profits des capitaux, sur les produits annuels de la terre et du travail, et sur le prix relatif des objets fabriqués et des produits naturels. Supposons d'abord qu'on mit un impôt sur toutes les denrées pour lever un fonds destiné par le gouvernement à donner des primes d'encouragement pour la *production* du blé. Comme aucune portion de cet impôt ne serait dépensée par le gouvernement, et comme tout ce qu'il recevrait d'une classe de personnes il le rendrait à une autre, la nation, prise en fiasse, ne se trouverait ni plus riche ni plus pauvre par l'effet d'un tel impôt et d'une semblable prime. On conviendra sans doute que l'impôt sur les denrées, qui fournirait ce fonds, aurait l'effet de faire hausser le prix des objets imposés ; tous les consommateurs de ces objets contribueraient par conséquent à ce fonds, ou, en d'autres mots, le prix naturel et forcé de ces choses ayant haussé, leur prix courant hausserait de même. Mais par la même raison que le prix naturel de ces denrées aurait haussé, celui du blé serait tombé. Avant qu'on eût accordé une prime à la production, les fermiers auraient pu obtenir de leur blé un prix qui leur permît de se rembourser de la rente, de leurs frais, et de retirer les profits ordinaires ; après la concession de la prime, ils recevraient plus que ces profits si le prix du blé ne tombait pas d'une somme au moins égale à la prime. L'effet de l'impôt et de la prime serait donc de faire hausser le prix des denrées d'une somme égale à celle de l'impôt dont elles sont grevées, et de faire baisser le prix du blé d'une somme égale à la prime.

Il faut aussi observer qu'il ne pourrait être fait de changement permanent à la distribution des capitaux entre l'agriculture et les manufactures ; car, comme il n'y aurait point de variation ni dans le montant du capital, ni dans la population, il y aurait précisément la même demande de pain et d'ouvrages manufacturés. Les profits du fermier ne seraient pas au-dessus du niveau général après la baisse du prix du blé, et les profits du manufacturier ne baisseraient pas non plus après le renchérissement des objets manufacturés. La prime ne rendrait donc pas nécessaire l'emploi d'un plus fort capital dans la production du blé, ni d'un capital moindre dans les manufactures. Mais les intérêts du propriétaire foncier ne seraient-ils pas affectés ? Par le même principe qu'un impôt sur les produits de la terre a l'effet de faire baisser les rentes en blé sans changer la rente en argent, de même une prime accordée à la production et qui est précisément l'opposé d'un impôt, ferait hausser les rentes en blé sans apporter aucun changement à celle en argent. Le propriétaire foncier recevra, dans ce cas, la même rente en argent; et tandis qu'il paiera plus cher les objets manufacturés dont il aura besoin, il aura le blé à meilleur marché : il ne se trouvera donc vraisemblablement ni plus riche ni plus pauvre.

Quant à l'effet qu'une pareille mesure pourrait avoir sur les salaires, il s'agit de savoir si l'ouvrier, par l'achat des objets de sa consommation, paiera autant pour l'impôt qu'il gagnera, par l'effet de la prime, sur les prix réduits de sa nourriture. Si ces deux quantités étaient égales, les salaires n'éprouveraient point de variation ; mais si les objets imposés n'étaient pas de ceux que l'ouvrier consomme, son salaire tomberait, et l'entrepreneur de travaux gagnerait toute la valeur de cette différence. Mais l'entrepreneur de travaux n'en tirerait cependant aucun avantage réel ; cela augmenterait le taux de ses profits, comme le ferait toute baisse des salaires ; mais à mesure que l'ouvrier contribuera pour une somme toujours moindre au fonds qui doit fournir à la prime, et qui doit être levé par contribution, l'entrepreneur de travaux devra y contribuer pour une plus forte part, ou, en d'autres mots, l'entrepreneur devra fournir à l'impôt, au moyen de sa dépense, une somme égale à celle qu'il gagnera par l'effet réuni de la prime et de profits plus considérables. Il retire de plus forts profits de son capital, afin d'être dédommagé, non-seulement de sa quote-part de l'impôt, mais encore de celle de ses ouvriers. La rétribution qu'il reçoit pour la part de l'impôt des ouvriers se trouve dans la diminution des salaires, ou, ce qui revient au même, dans l'augmentation des profits. Quant à sa propre part de la contribution, il la trouve dans la diminution du prix du blé qu'il consomme, et qui est l'effet de la prime.

Il est à propos de distinguer ici les différents effets que produit sur les profits un changement dans la valeur réelle du blé, estimée en travail, et un changement dans la valeur relative du blé, qui proviendrait de l'impôt et des primes. Si le blé baisse par un changement de son prix estimé en travail, non-seulement le taux des profits des capitaux changera, mais encore les profits absolus ; ce qui n'a pas lieu, comme nous venons de le faire voir, lorsque la baisse est occasionnée artificiellement par une prime. Dans la baisse de la valeur réelle du blé, qui provient de ce qu'un moindre travail suffit pour produire un des articles les plus importants de la consommation de l'homme, le travail est rendu plus productif. Moyennant un même capital, et l'emploi du même travail, on obtient une augmentation de produits ; par conséquent, non-seulement le taux des profits s'accroît, mais les profits absolus du capital augmentent aussi ; non-seulement chaque capitaliste aura un plus gros revenu en argent, s'il emploie le même capital en argent, mais encore ce revenu lui procurera une plus grande quantité de choses utiles et de jouissances. Dans le cas de la prime, l'avantage qu'il tire du bas prix d'un produit est compensé par le désavantage d'être obligé d'en payer un autre plus cher ; il retire de plus gros profits pour pouvoir payer ce prix plus élevé, en sorte que sa condition ne se trouve en rien améliorée. Quoique ses profits soient à un taux plus élevé, il ne peut cependant pas disposer d'une plus grande portion du produit de la terre et de l'industrie nationale.

Quand la baisse de la valeur du blé est amenée par des causes naturelles, elle n'est pas contrariée par la hausse des autres marchandises ; car ces marchandises, au contraire, baissent par suite de la baisse des produits naturels qui servent à les fabriquer. Mais quand la baisse du blé s'opère par des moyens artificiels, elle est toujours contrariée par la hausse réelle de la valeur de quelque autre marchandise ; en sorte que , si l'on achète le blé à meilleur marché, on paie d'autres denrées plus cher.

Voilà donc une nouvelle preuve qu'il ne résulte aucun désavantage particulier des impôts sur les objets de première nécessité, en raison de ce qu'ils font hausser les salaires et baisser les profits. Les profits tombent, en effet ; mais cette baisse est simplement égale au montant de la portion de l'impôt que l'ouvrier paie, laquelle doit, en tous cas, être payée ou par celui qui l'emploie, ou par le consommateur des produits du travail de l'ouvrier. Que vous retranchiez 50 l. par an du revenu de l'entrepreneur de travaux; ou que vous ajoutiez 50 l. au prix des objets qu'il consomme, cela ne l'intéresse, lui et la société, qu'autant que les autres classes d'individus pourraient ressentir les mêmes effets. Si cette somme est ajoutée au prix de la denrée, un avare peut se soustraire à l'impôt en ne consommant pas ; si elle est retranchée indirectement du revenu de chacun, on ne peut éviter de payer sa juste part des chargés publiques.

Une prime sur la production du blé n'aurait donc pas d'effet réel sur les produits annuels de la terre et du travail du pays, quoiqu'elle rendit le blé relativement à bon marché, et les objets manufacturés relativement chers.

Mais supposons maintenant qu'une mesure contraire fût adoptée, et qu'on mît un impôt sur le blé, afin de constituer un fonds qui servirait à fournir des primes d'encouragement à la production des objets manufacturés.

Dans un tel cas, il est évident que le blé renchérirait, et, que les objets manufacturés baisseraient de prix. Le prix du travail resterait le même, si le bon marché des objets manufacturés procurait à l'ouvrier autant de gain que la cherté du blé lui cause de perte ; mais si cela n'arrivait point, les salaires devraient hausser, et les profits tomber, tandis que les rentes en argent resteraient comme auparavant. Les profits doivent tomber parce que, ainsi que nous venons de l'expliquer, ce sera par ce moyen que la part de l'impôt qui pèse sur l'ouvrier se trouvera payée par ceux qui le font travailler. Par la hausse des salaires, l'ouvrier se trouvera dédommagé de l'impôt qu'il aura à payer par le renchérissement du blé ; et, ne dépensant aucune partie de son salaire en objets manufacturés, il ne lui reviendra rien de la prime, qui sera reçue en entier par les entrepreneurs de travaux ; tandis que l'impôt sera en partie payé par les travailleurs. Il sera donné aux ouvriers une gratification, sous forme de salaire, pour cette charge additionnelle qui leur est imposée, et cela réduira le taux des profits. Dans ce cas, il y aura également une complication de mesures, dont le résultat sera nul pour la nation.

En examinant cette question, nous avons exprès mis de côté la considération de l'effet qu'une telle mesure pourrait avoir sur le commerce étranger ; nous avons raisonné plutôt dans la supposition d'un pays isolé qui n'aurait point de rapports de commerce avec les autres États. Nous avons fait voir que, comme la demande dans l'intérieur, pour du blé et des marchandises, resterait la même, quelle que fût la direction que pourrait suivre la prime, il n'y aurait rien qui pût engager les particuliers à retirer leurs capitaux d'un emploi pour les placer dans un autre ; mais cela n'aurait plus lieu s'il y avait un commerce avec l'étranger, et si ce commerce était libre. En changeant la valeur relative des marchandises et du blé, et en modifiant d'une manière si notable leur prix naturel, nous donnerions un très-puissant encouragement à l'exportation de ceux de ces produits dont le prix naturel aurait baissé, en encourageant par là également l'importation des produits dont le prix naturel aurait haussé. C'est pourquoi une pareille mesure de finances pourrait changer entièrement la distribution naturelle des capitaux d'une manière avantageuse, il est vrai, aux pays étrangers, mais ruineuse pour celui qui aurait adopté une mesure aussi absurde.

Chapitre XXIV.
DE LA DOCTRINE D'ADAM SMITH SUR LA RENTE DE LA TERRE.

« On ne peut porter généralement au marché, dit Adam Smith, que ces parties seulement du produit de la terre dont le prix ordinaire est suffisant pour remplacer le capital qu'il faut employer pour les y porter, et les profits ordinaires de ce capital. Si le prix ordinaire est plus que suffisant, le surplus en ira naturellement à la rente. *S'il n'est juste que suffisant, la marchandise pourra bien être portée au marché, mais elle ne peut fournir à payer une rente au propriétaire.* Le prix sera-t-il ou ne sera-t-il pas plus que suffisant ? C'est ce qui dépend de la demande. »

Le lecteur serait naturellement porté à croire, d'après ce passage, qu'il n'est pas possible que son auteur se soit trompé sur la nature de la rente, et qu'il doit avoir senti que la qualité des terrains, que les besoins de la société font défricher, dépend « *du prix ordinaire des produits, et de la question de savoir si ce prix est suffisant pour remplacer le capital qui a dû être employé à cette culture, en y joignant les profits ordinaires.* »

Mais Smith avait adopté l'opinion, « qu'il y a quelques parties du produit de la terre dont la demande doit toujours être telle, qu'elles rapporteront un prix plus fort que ce qui est suffisant pour les faire venir au marché ; » et il regardait les subsistances comme étant une de ces parties.

Il dit encore : « La terre, dans presque toutes les situations possibles, produit plus de nourriture que ce qu'il faut pour faire subsister tous ceux dont le travail concourt à porter cette nourriture au marché et même pour les faire subsister de la manière la plus libérale. Le surplus de cette nourriture est aussi toujours plus que suffisant pour remplacer avec profit le capital qui met en œuvre ce travail. Ainsi il reste toujours quelque chose pour fournir une rente au propriétaire. »

Mais quelle preuve en donne-t-il ? Aucune, si ce n'est l'assertion, que « les marais les plus déserts d'Écosse et de Norvège forment une espèce de pâturage pour des bestiaux qui, avec leur lait et l'accroissement du troupeau, suffisent toujours, non-seulement à faire subsister tous les gens que leur garde et entretien exigent, mais encore à payer au fermier ou maître du troupeau les profits ordinaires de son capital. » Qu'il me soit permis d'en douter. Je crois qu'il existe dans tout pays, depuis le moins avancé en civilisation jusqu'au plus civilisé, des terres d'une qualité telle qu'elles ne rendent que le produit suffisant pour remplacer le capital qui y est employé, avec les profits qu'on retire ordinairement des capitaux dans chaque pays. Nous savons que cela a lieu en Amérique, et cependant personne ne prétend que le fermage y soit réglé d'après des principes différents de ceux qui sont admis, pour l'Europe. Mais quand il serait vrai que l'Angleterre fût si avancée en civilisation, qu'il n'y restât actuellement plus de terres qui ne payassent de rente, il serait toujours vrai qu'il faut qu'il y ait eu autrefois de pareilles terres. Qu'il y en ait ou qu'il n'y en ait pas, cela ne fait rien à la question, car il suffit qu'on admette qu'il y a des capitaux employés, dans la Grande-Bretagne, sur des terres qui ne rendent que le capital déboursé avec les profits ordinaires, soit que ces terres aient été depuis longtemps cultivées, soient qu'elles ne l'aient été que récemment [1].

Si un fermier consent à passer un bail de sept ou de quatorze ans pour une terre sur laquelle il se propose d'employer un capital de 10,000 l., sachant bien qu'au prix actuel du grain et des produits de la terre, il peut remplacer le capital qu'il est obligé de débourser, payer sa rente, et retirer les profits ordinaires ; ce fermier, dis-je, n'emploiera pas 11000 l., à moins que les dernières 1000 1. ne puissent, par leur pouvoir productif, lui donner les profits ordinaires des capitaux. Pour savoir s'il doit ou ne doit pas employer cette dernière somme, il calculera uniquement si le prix des produits de l'agriculture est suffisant pour le rembourser de ses frais et lui assurer ses profits ; car il sait bien qu'il n'aura pas à payer de rente additionnelle. Sa rente ne sera pas augmentée, même à l'expiration du bail ; car si le propriétaire de la terre exigeait un surcroît de fermage en raison de l'emploi de ces 1,000 1. de plus sur la propriété, le fermier retirerait cette portion de son capital, puisque, dans le cas supposé, elle ne lui rapporte que les profits ordinaires et courants qu'il peut obtenir par tout autre placement de ce capital ; et par conséquent il ne saurait consentir à en payer un fermage, à moins que le prix des produits de l'agriculture n'éprouve une plus forte hausse, ou, ce qui revient au même, à moins que le taux ordinaire et courant des profits ne vienne à baisser.

---

1 Or, c'est précisément ce que Smith n'admet pas, puisqu'il dit qu'il n'a vu si mauvais pâturage d'Écosse qui ne rapportât quelque revenu foncier à son propriétaire. - J.-B. SAY.

Si l'esprit pénétrant d'Adam Smith se fût arrêté sur ce point, il n'eût jamais soutenu que la rente est un des éléments du prix des produits agricoles ; car le prix est constamment réglé par le profit que l'on retire de cette dernière portion de capital employé dont on ne paie pas de rente ou de loyer. S'il eût songé à ce principe, il n'aurait pas fait une distinction entre le fermage ou loyer des mines et celui des terres.

« Savoir, par exemple, dit Smith, si une mine de charbon de terre rapportera un loyer ou rente, c'est ce qui dépend en partie de sa fécondité et en partie de sa situation. On peut dire d'une mine, en général qu'elle est féconde ou qu'elle est stérile, selon que la quantité de minéral que peut en tirer une certaine quantité de travail est plus ou moins grande que celle qu'une même quantité de travail tirerait de la plupart des autres mines de la même espèce. Quelques mines de charbon de terre, avantageusement situées, ne peuvent être exploitées à cause de leur stérilité, le produit ne vaut pas la dépense ; elles ne peuvent rapporter ni profit, ni loyer ou rente. Il y en a dont le produit est purement suffisant pour payer le travail, et remplacer avec les profits ordinaires le capital employé à leur exploitation ; elles donnent quelques profits à l'entrepreneur, mais point au propriétaire. Personne ne peut les exploiter plus avantageusement que le propriétaire, qui, en faisant lui-même l'entreprise, gagne les profits ordinaires sur le capital qu'il y emploie. Il y a en Écosse beaucoup de mines de charbon qui sont exploitées ainsi, et qui ne pourraient pas l'être autrement. Le propriétaire n'en permettrait pas l'exploitation à d'autres sans exiger une rente, et personne ne trouverait moyen de lui en payer une.

« Dans le même pays, il y a d'autres mines de charbon qui seraient bien assez riches, mais qui ne peuvent être exploitées à cause de leur situation. La quantité de minéral suffisante pour défrayer la dépense de l'exploitation, pourrait bien être tirée de la mine avec la quantité ordinaire ou même encore moins que la quantité ordinaire de travail ; mais dans un pays enfoncé dans les terres, peu habité, et qui n'a ni bonne route ni navigation, cette quantité de minéral ne pourrait être vendue. » Toute la théorie de la rente se trouve, dans ce passage, expliquée admirablement et avec toute la clarté possible ; mais il n'y en a pas un mot qui ne soit également applicable à la terre aussi bien qu'aux mines, et cependant Adam Smith prétend que, « il en est autrement des biens qui existent à la surface de la terre. La valeur, tant de leur produit que de leur rente, est en proportion de leur fertilité *absolue,* et non de leur fertilité relative ⊠. »

Mais supposons qu'il n'y ait point de terres qui ne rapportent une rente ; dans ce cas, le montant de la rente des terrains les plus ingrats devrait être en proportion de l'excédant de la valeur du produit par-delà le capital dépensé et les profits ordinaires. Le même principe réglerait la rente des terres d'une qualité supérieure ou plus heureusement situées, et par conséquent ces terres paieraient un loyer un peu plus fort que les précédentes, en raison des avantages supérieurs qu'elles possèdent. On peut en dire autant des terres d'une qualité encore supérieure et ainsi de suite jusqu'aux plus fertiles. N'est-il donc pas évident que c'est d'après la fertilité relative des terres qu'on détermine quelle sera la portion du produit qui sera payée comme rente, comme c'est la richesse relative des mines qui détermine cette portion de leur produit qui doit en constituer le loyer ?

Adam Smith ayant admis qu'il y a quelques mines que les propriétaires seuls peuvent exploiter, en raison de ce que leur produit n'est que suffisant pour défrayer les dépenses de l'exploitation et rapporter les profits ordinaires du capital employé, on se serait attendu à le voir poser également en principe, que c'est précisément cette espèce de mines qui règle le prix des produits. Si les anciennes mines sont insuffisantes pour fournir la quantité de charbon demandée, le prix du charbon doit hausser, et il continuera à renchérir jusqu'à ce que le propriétaire d'une mine nouvelle et d'une qualité inférieure, trouve qu'il peut, en l'exploitant, obtenir les profits ordinaires sur son capital. Si cette mine est médiocrement riche, son propriétaire n'aura pas besoin que la hausse du charbon soit très-forte pour trouver de l'intérêt à employer son capital à l'exploiter ; mais si elle est très-pauvre, il est clair qu'il faudra que le prix du charbon continue à hausser tellement qu'il puisse lui fournir le moyen de retirer ses frais, et d'obtenir les profits ordinaires du capital.

Il paraît donc que c'est toujours la mine la moins productive qui règle le prix du charbon. Adam Smith est pourtant d'une opinion différente. Il s'exprime dans les termes suivants : « Le prix de la mine la plus riche règle le prix du charbon pour toutes les autres mines de son voisinage. Le propriétaire et l'entrepreneur trouvent tous deux qu'ils pourront se faire, l'un une plus forte rente, l'autre un plus gros profit, en vendant un peu au-dessous de tous leurs voisins. Les voisins sont bientôt obligés de vendre au même prix, quoiqu'ils soient moins en état d'y suffire, et quoique ce prix aille toujours en diminuant, et leur enlève même quelquefois toute leur rente et tout leur profit. Quelques exploitations se trouvent alors entièrement abandonnées ; d'autres ne rapportent plus de rente, et ne peuvent plus être continuées que par le propriétaire de la mine. » Si la demande de charbon diminuait, ou si, par de nouveaux procédés, la quantité en devenait plus considérable, le prix du charbon tomberait, et quelques mines seraient abandonnées ; mais, dans tous les cas, le prix doit suffire pour remplacer les frais et les profits de celles des mines qui ne sont pas grevées d'une rente. C'est donc la mine la moins fertile qui règle le prix du charbon. Adam Smith en convient lui-même dans un autre endroit, car il dit : « Le prix le plus bas, auquel le charbon de terre puisse se vendre pendant un certain temps, est, comme celui de toutes les autres marchandises, le prix qui est simplement suffisant pour remplacer, avec les profits ordinaires, le capital employé à le faire venir au marché. Dans une mine dont le propriétaire ne retire pas de rente, et qu'il est obligé d'exploiter lui-même ou d'abandonner tout à fait, le prix du charbon doit en général approcher beaucoup de ce prix. »

Mais la même cause, c'est-à-dire l'abondance, et, par conséquent le bas prix du charbon, de quelque source qu'elle provienne, en faisant abandonner l'exploitation des mines qui ne paient pas de loyer ou qui n'en paient qu'un très-modique, aurait des effets analogues sur la culture des terres ; car cette grande abondance et ce bas prix conduiraient à délaisser des produits de la terre, rendraient nécessaire d'abandonner la culture des terrains qui ne paient pas de rente, ou n'en paient qu'une très-modique. Si, par exemple, les pommes de terre devenaient la nourriture ordinaire et générale de notre nation, comme le riz l'est chez quelques peuples, un quart ou une moitié des terres actuellement en culture serait vraisemblablement abandonné à l'instant ; car si, comme Adam Smith l'assure, « un acre de terre en pommes de terre produit six mille livres pesant de nourriture substantielle, ce qui est trois fois autant qu'en donnerait un acre de terre en blé, » la population ne pourrait pas se développer longtemps sur une échelle assez vaste pour suffire à consommer la quantité de nourriture récoltée sur les terres où l'on cultivait auparavant du blé. Il y aurait beaucoup de terrains abandonnés, et les rentes tomberaient; et ce ne serait que lorsque la population aurait doublé ou triplé, qu'on pourrait cultiver de nouveau autant de terres, et payer de ces terres un aussi fort loyer que par le passé.

Il ne serait pas payé non plus une plus forte part du produit brut au propriétaire foncier, que ce produit consistât en pommes de terre suffisantes pour nourrir trois cents individus, ou, en blé, qui ne pourrait en nourrir que cent ; car, quoique les frais de production se trouvassent bien diminués, dans le cas où les salaires de l'ouvrier seraient réglés principalement par le prix des pommes de terre et non par celui du blé, et quoique, par conséquent, la somme totale du produit brut, - les travailleurs payés, - se trouvât considérablement augmentée, cependant aucune partie de ce surplus n'irait grossir la rente ; il irait constamment grossir les profits, lesquels montent toujours quand les salaires baissent, et tombent lorsque les salaires haussent. La rente suivra la même marche, que l'on cultive du blé ou des pommes de terre ; elle sera toujours égale à la différence entre les quantités de produits obtenues par l'emploi de capitaux pareils sur des terres de la même ou de différente qualité ; et par conséquent, tant que des terres d'une même qualité seront cultivées et qu'il n'y aura aucune variation dans leur fertilité et dans leurs avantages respectifs, le loyer sera toujours dans le même rapport avec le produit brut.

Adam Smith prétend cependant que la part du propriétaire se trouvera augmentée par suite de la diminution des frais de production, et qu'il recevra par conséquent une plus grande part et une quantité plus considérable d'un produit abondant que d'un produit rare. « Une rizière, dit-il, produit une plus grande quantité de nourriture que le champ de blé le plus fertile. Le produit ordinaire d'un acre monte a ce qu'on dit, à deux récoltes par an, de trente à soixante boisseaux chacune. Ainsi, quoique la culture exige plus de travailleurs, quand tous ces travailleurs ont subsisté, il reste un plus grand excédant. Par conséquent, dans les pays où le riz est la nourriture végétale ordinaire et favorite du peuple, et où il compose la principale subsistance des laboureurs qui le cultivent, *il doit revenir au propriétaire, dans ce plus grand excédant, une portion plus forte que celle qui lui revient dans les pays à blé.* »

M. Buchanan remarque aussi : « qu'il est bien clair que si la terre donnait un autre produit en plus grande abondance que le blé, et que ce produit devint la nourriture ordinaire du peuple, la rente des propriétaires des terres augmenterait à proportion de l'abondance plus grande de ce produit. »

Si les pommes de terre devenaient la nourriture habituelle du peuple, il y aurait un intervalle assez long pendant lequel les propriétaires fonciers éprouveraient une très-forte réduction dans leurs rentes. Ils ne recevraient probablement alors qu'une portion de subsistances bien moindre que celle qu'ils en retirent à présent, tandis que ces subsistances descendraient au tiers de leur valeur actuelle. Mais tous les objets manufacturés à l'achat desquels le propriétaire foncier dépense une partie de son fermage, n'éprouveraient d'autre baisse que celle qui proviendrait de la baisse des matières premières dont ils sont fabriqués, baisse qui ne pourrait être occasionnée que par la fertilité plus grande des terres qui pourraient être alors consacrées à leur production.

Quand, par suite de l'accroissement de la population, on viendrait à livrer de nouveau à la culture, des terres ayant les mêmes qualités que celles qu'on cultivait auparavant pour en tirer la nourriture nécessaire, et quand on viendrait à consacrer à cette culture le même nombre d'hommes, le propriétaire foncier retirerait, non-seulement la même part du produit qu'auparavant, mais cette part aurait encore la même valeur que par le passé. La rente serait donc la même qu'auparavant ; cependant les profits seraient beaucoup plus élevés, parce que le prix de la nourriture, et par conséquent les salaires seraient bien plus bas. Les gros profits favorisent l'accumulation du capital. La demande de bras augmenterait encore, et les propriétaires retireraient un avantage permanent de la concurrence qui s'établirait pour avoir des terres à défricher.

La culture pourrait, même, tellement s'améliorer, il pourrait en résulter une telle abondance de denrées alimentaires, que, naturellement, les mêmes terres desserviraient les besoins d'une population beaucoup plus considérable et paieraient des rentes beaucoup plus élevées. De tels résultats ne peuvent manquer d'être avantageux aux propriétaires et s'accordent, d'ailleurs, pleinement avec le principe que ces recherches doivent mettre hors de doute : savoir, que des profits extraordinaires ne peuvent jamais avoir qu'une durée fort limitée, car l'excédant que donnent les produits du sol après le prélèvement des bénéfices suffisants pour encourager la production et l'épargne, cet excédent, dis-je, retourne, en définitive, au propriétaire.

La baisse que déterminerait dans les salaires cette abondance de produits naturels aurait non-seulement pour résultat d'augmenter le rendement des terres déjà cultivées, mais encore d'attirer vers elles de nouveaux capitaux, et, en même temps, d'amener le défrichement des travaux de qualité inférieure ; ce qui tournerait au profit des propriétaires et de la classe entière des consommateurs. La terre – cette machine qui produit la denrée la plus importante - s'améliorerait et prendrait une valeur naturelle en face des demandes qui en seraient faites. Tous les avantages se feraient d'abord sentir aux ouvriers, aux capitalistes et aux consommateurs : mais peu à peu, et par la marche naturelle des faits, ils passeraient aux propriétaires du sol.

Indépendamment de ces améliorations qui intéressent si vivement la société et si faiblement le propriétaire, l'intérêt du propriétaire foncier est toujours en opposition avec celui du consommateur et du manufacturier. Le blé ne peut jamais se soutenir à un haut prix qu'autant qu'il faut plus de travail pour le produire, qu'autant qu'il nécessite plus de frais de production. La même cause faisant également hausser les rentes, il est de l'intérêt du propriétaire foncier que les frais de production du blé augmentent. Ce n'est pourtant pas là l'intérêt du consommateur, qui voudrait que le blé fût toujours à bas prix, relativement à l'argent et aux marchandises ; car c'est toujours avec des marchandises ou de l'argent que l'on achète du blé. Il n'est pas non plus de l'intérêt du manufacturier que le blé soit cher, car la cherté du blé amène celle des salaires, sans amener celle des marchandises. Il faudra qu'il donne alors non-seulement plus de ses marchandises, ou, ce qui revient au même, une plus forte valeur en marchandise, en échange du blé qu'il consomme lui-même ; mais il sera encore obligé de donner plus de marchandises ou plus de valeur pour payer le salaire de ses ouvriers, sans en recevoir de dédommagement. Toutes les classes de la société souffriront donc par le renchérissement du blé, excepté la classe des propriétaires. Les transactions entre le propriétaire foncier et le public ne ressemblent pas aux transactions mercantiles, dans lesquelles on peut dire que le vendeur gagne aussi bien que l'acheteur ; car, dans les premières, toute la perte est d'un côté, et le gain de l'autre ; et si, par l'importation, l'on pouvait se procurer du blé à meilleur marché, on verrait combien la perte qui résulte de la non-importation est plus forte pour les uns que le gain ne l'est pour les autres.

Adam Smith ne fait jamais de distinction entre la valeur diminuée de l'argent et la valeur augmentée du blé, et voilà pourquoi il pense que l'intérêt des propriétaires fonciers n'est point eu opposition avec celui du reste de fa société. Dans le premier cas, c'est l'argent qui a baissé relativement à tous les autres produits : dans le second cas, c'est le blé.

Dans le premier cas, le blé et les marchandises continuent d'avoir la même valeur relative ; dans le second cas, le blé est, comme l'argent, plus élevé relativement aux marchandises.

L'observation suivante d'Adam Smith est applicable au bas prix de l'argent ; mais elle ne l'est nullement à la valeur augmentée du blé.

« Si l'importation (du blé) était libre en tout temps, nos fermiers et nos propriétaires ruraux retireraient vraisemblablement moins d'argent de leur blé, une année dans l'autre, qu'ils ne font à présent, que l'importation est, par le fait, prohibée la plupart du temps ; mais l'argent qu'ils en retireraient aurait plus de valeur, *achèterait plus de marchandises de toute autre espèce*, et emploierait plus de bras. Par conséquent leur richesse réelle, leur revenu réel seraient les mêmes qu'à présent, quoique exprimés par une moindre quantité d'argent, et dès lors ils ne se trouveraient ni moins en état de cultiver, ni moins encouragés à le faire qu'ils ne le sont a présent. Au contraire, comme une hausse dans la valeur de l'argent, procédant d'une baisse dans le prix en argent du blé, fait baisser de quelque chose le prix de toutes les autres marchandises, elle donne à l'industrie du pays où elle a lieu quelque avantage dans tous les marchés étrangers, et tend par là à accroître et à encourager cette industrie. Or, l'étendue du marché national pour le blé, doit être en proportion de l'industrie générale du pays où il croît, ou du nombre de ceux qui produisent quelque autre chose à donner en échange pour le blé ; et le marché national étant, dans tout pays, le marché le plus rapproché et le plus commode est aussi le plus vaste et le plus important ; par conséquent cette hausse dans la valeur réelle de l'argent, qui provient de la baisse du prix moyen du blé en argent, tend à agrandir le marché le plus vaste et le plus important pour le blé, et par conséquent à encourager la production bien loin de la décourager. »

La hausse ou la baisse du prix du blé provenant de l'abondance et du bas prix de l'or et de l'argent, n'intéresse nullement le propriétaire foncier, car tous les autres produits s'en ressentiront de la manière exposée par Adam Smith ; mais la cherté relative du blé est toujours très-avantageuse au propriétaire foncier, qui, avec la même quantité de blé, peut acquérir, non-seulement une plus grande somme d'argent, mais encore une quantité plus considérable de tout ce qu'on peut acheter avec de l'argent.

DE LA DOCTRINE D'ADAM SMITH SUR LA RENTE DE LA TERRE

Chapitre XXV.
DU COMMERCE COLONIAL.

Dans ses observations sur le commerce colonial, Adam Smith a fait voir, de la manière la plus satisfaisante, les avantages d'un commerce libre, et l'injustice que les métropoles font éprouver aux colonies, en les empêchant de vendre leurs produits sur le marché où les prix sont le plus élevés, et d'acheter au contraire les objets manufacturés et leurs subsistances dans le marché où ces choses sont au plus bas prix. Il a prouvé que si on laissait chaque pays libre d'échanger les produits de son industrie dans le temps et dans les endroits qui lui conviendraient, on obtiendrait ainsi la meilleure distribution possible du travail de l'espèce humaine, et l'on s'assurerait la plus grande abondance des choses nécessaires ou agréables à la vie.

Il a encore tâché de faire voir que cette liberté de commerce, qui est incontestablement avantageuse à la société en masse, l'est également à chaque pays en particulier ; et que le système d'une politique étroite, adopté par les États de l'Europe envers leurs colonies, n'est pas moins nuisible aux métropoles elles-mêmes qu'il ne l'est aux colonies, dont on sacrifie les intérêts.

« Ainsi, comme tous les autres expédients misérables et nuisibles de ce système mercantile que je combats, dit Adam Smith, le monopole du commerce des colonies opprime l'industrie de tous les autres pays, et principalement celle des colonies, sans ajouter le moins du monde à celle du pays en faveur duquel il a été établi, et tout au contraire, en la diminuant. »

Cette partie de son sujet n'est cependant pas traitée d'une manière aussi claire et aussi convaincante que celle où il montre l'injustice du système adopté envers les colonies.

Sans prétendre décider si le système actuel, adopté par l'Europe à l'égard de ses colonies, est ou non nuisible aux métropoles, qu'il me soit permis de croire que la mère-patrie peut quelquefois retirer un avantage des entraves auxquelles elle assujettit les habitants de ses colonies. Qui peut douter, par exemple, que, supposant que l'Angleterre fût une colonie de la France, ce dernier pays ne trouvât du profit à faire payer à l'Angleterre une forte prime sur l'exportation du blé, du drap, ou de toute autre marchandise ? En examinant la question des primes, et partant de la supposition que le blé se vendait en Angleterre 4 l. st. le quarter, nous avons vu qu'en accordant 10 sh. de prime sur l'exportation, le blé serait revenu en France à 3 l. 10 sh. Or, si le blé était auparavant à 3 l. 15 sh. le quarter en France, le consommateur français aura gagné 5 sh. par quarter sur tout le blé importé ; et si le prix naturel du blé en France était auparavant de 4 l. les Français auraient gagné en totalité les 10 sh., montant de la prime. La France profiterait donc par là de toute la perte que l'Angleterre aurait supportée ; elle ne gagnerait pas seulement une partie de ce que l'Angleterre aurait perdu ; mais, dans quelques cas, elle en aurait gagné la totalité.

On pourra cependant objecter qu'une prime d'exportation étant une mesure de police intérieure, ne peut pas facilement être imposée par la mère-patrie.

S'il convenait à la Jamaïque aussi bien qu'a la Hollande de faire un échange réciproque des produits de chacun de ces pays, sans l'intervention de l'Angleterre, il est bien certain que, si l'on y mettait obstacle, les intérêts de la Hollande et de la Jamaïque en souffriraient ; mais si la Jamaïque est forcée d'envoyer ses produits en Angleterre, pour les y échanger contre des marchandises hollandaises, il y aura un capital anglais et une agence anglaise employés dans un commerce dans lequel ni l'un ni l'autre n'auraient été engagés sans cela. Ce commerce y est attiré par une prime que l'Angleterre ne paie pas, et qui est payée par la Hollande et la Jamaïque.

Que la perte supportée en raison d'une distribution désavantageuse du travail dans deux pays, puisse être profitable à l'un des deux, tandis que l'autre souffre une perte encore plus forte que celle qui résulte immédiatement d'une telle distribution, c'est une opinion qu'Adam Smith lui-même a adoptée ; et si elle est vraie, ce sera une preuve décisive qu'une mesure qui peut être très-nuisible à une colonie, peut être d'un avantage partiel pour la mère-patrie.

En parlant des traités de commerce, Adam Smith s'exprime ainsi :

« Quand une nation s'oblige, par un traité, de permettre chez elle l'entrée de certaines marchandises d'un pays étranger, tandis qu'elle les prohibe venant de tous les autres pays, ou bien d'exempter les marchandises d'un pays des droits auxquels elle assujettit celles de tous les autres, le pays, ou du moins les marchands et les manufacturiers du pays dont le commerce est ainsi favorisé, doivent tirer de grands avantages de ce traité. Ces marchands et manufacturiers jouissent d'une sorte de monopole dans le pays qui les traite avec tant de faveur. Ce pays devient un marché à la fois plus étendu et plus avantageux pour leurs marchandises : plus étendu, parce que les marchandises des autres nations ayant l'exclusion ou étant assujetties à des droits plus lourds, il absorbe une plus grande quantité de celles qu'ils y portent ; plus avantageux, parce que les marchands du pays favorisé, jouissant dans ce marché d'une espèce de monopole, y vendront souvent leurs marchandises à un prix plus élevé que s'ils étaient exposés à la libre concurrence des autres nations. »

Or, les deux nations qui font un tel traité de commerce peuvent être la mère-patrie et ses colonies ; et Adam Smith admet, comme on voit, qu'une métropole peut gagner à opprimer ses colonies. Nous observerons cependant encore une fois qu'à moins que le monopole du marché étranger ne se trouve entre les mains d'une compagnie exclusive, les consommateurs étrangers ne paieront pas les marchandises plus cher que les nationaux. Le prix qu'ils paieront, les uns comme les autres, ne s'éloignera pas beaucoup du prix naturel de ces marchandises dans le pays qui les produit. Par exemple, l'Angleterre, dans des circonstances ordinaires, pourra toujours acheter des marchandises françaises à leur prix naturel en France, et la France aurait le même privilège d'acheter des marchandises anglaises à leur prix naturel en Angleterre. Mais on achèterait des marchandises à ce prix, sans qu'il y eût besoin d'un traité de commerce. Quel serait donc l'avantage ou le désavantage d'un semblable traité ?

Voici quel serait le désavantage qui en résulterait pour le pays qui importerait. Par le traité, il serait forcé d'acheter une marchandise en Angleterre, par exemple, à son prix naturel, tandis qu'il aurait peut-être pu l'avoir, dans quelque autre pays, à un prix naturel plus bas. Le traité produit donc une distribution désavantageuse des capitaux en général, dont souffre principalement le pays qui est borné par traité au marché le moins avantageux ; mais le traité ne donne aucun avantage au vendeur, en vertu d'un prétendu monopole ; car la concurrence de ses compatriotes empêche le vendeur de vendre ses marchandises au-dessus de leur prix naturel ; ce qu'il eût fait, soit qu'il les exportât en France, en Espagne, aux Indes occidentales, soit qu'il les vendît pour la consommation de l'intérieur.

En quoi donc consiste l'avantage de cette stipulation du traité ? Le voici. Il n'aurait pas été possible de fabriquer ces marchandises en Angleterre pour l'exportation, si ce pays n'avait pas le privilège exclusif d'en approvisionner le marché en question ; car la concurrence des pays dans lesquels le prix naturel est plus bas lui aurait ôté toute chance de pouvoir vendre ses marchandises. Cela inquiéterait cependant fort peu l'Angleterre, si elle était bien sûre de pouvoir vendre pour une valeur aussi forte d'autres produits de ses manufactures, soit dans le marché français, soit autre part, avec le même bénéfice. L'objet que l'Angleterre se propose est d'acheter en France pour une valeur de 5,000 1. st. de vins ; elle voudrait donc vendre dans un marché quelconque, des marchandises qui puissent lui rapporter ces 5,000 1. st. Si la France lui accorde le monopole du drap, l'Angleterre y enverra aussitôt du drap pour l'échanger contre le vin dont elle a besoin ; mais si le commerce est libre, la concurrence de l'industrie des autres pays peut empêcher que le prix naturel du blé ne soit assez bas pour qu'en le vendant, elle retire ces 5,000 1., en obtenant en même temps les profits ordinaires du capital employé dans ce genre de manufacture. Il faut donc que l'industrie de l'Angleterre se porte vers un autre objet. Mais il se peut qu'il n'y ait aucun de ses produits, qu'elle puisse, eu égard à la valeur actuelle de l'argent, vendre au prix naturel des marchandises des autres pays. Quelle en sera la conséquence ? Comme les buveurs de vin, en Angleterre, sont encore disposés à dépenser 5,000 1. st. en vin de France, il faudra qu'on exporte dans ce pays 5,000 1. st. en argent pour y acheter ce vin. Cette exportation de numéraire en fera hausser la valeur en Angleterre, en la faisant baisser dans les autres pays ; et le *prix naturel* de tous les produits de l'industrie anglaise baissera aussi en même temps ; car la hausse du prix de l'argent équivaut à la baisse du prix des marchandises. On pourra alors se procurer les 5,000 1. par l'exportation de marchandises anglaises ; car, après la réduction de leur prix naturel, elles pourront soutenir la concurrence avec les marchandises des autres pays. Il faudra cependant vendre une quantité plus considérable de marchandises à bas prix pour obtenir les 5,000 1. dont on a besoin ; et quand on les aura obtenues, elles ne s'échangeront plus contre la même quantité de vin qu'auparavant ; car pendant que la diminution de numéraire en Angleterre y aura fait baisser le pris naturel des marchandises, l'augmentation d'argent en France y fera monter le prix naturel des marchandises et du vin. On importera donc moins de vin en Angleterre en échange de ses produits, quand le commerce sera entièrement libre, que lorsque ce pays sera particulièrement favorisé par des traités de commerce. Cependant, le taux des profits ne varierait pas ; le numéraire aurait changé de valeur relative dans les deux pays, et l'avantage que la France en retirerait, serait d'obtenir une plus grande quantité de marchandise anglaises en échange d'une quantité déterminée de produits français ; et la perte pour l'Angleterre consisterait en ce qu'elle obtiendrait une moindre quantité de marchandises françaises en échange des marchandises anglaises.

Le commerce étranger se soutiendra donc toujours, qu'on y mette des entraves, qu'on l'encourage, ou qu'il soit libre ; et il ne peut être réglé que par le changement du prix naturel, et non par le changement de la valeur naturelle des frais de production dans chaque pays, et ce changement s'opère dès qu'on altère la distribution des métaux précieux. Cette explication confirme l'opinion que j'ai émise ailleurs, qu'il n'y a pas d'impôt, de prime ou de prohibition sur l'importation ou l'exportation des marchandises, qui ne donne lieu à une différente distribution des métaux précieux, et qui, par conséquent, ne modifie dans tout pays le prix naturel et le prix courant des marchandises.

Il est donc évident que le commerce avec les colonies peut être réglé de manière qu'il soit en même temps moins avantageux pour les colonies et plus lucratif pour la métropole, qu'un commerce parfaitement libre. De même qu'il serait désavantageux pour un consommateur d'être restreint à n'acheter que dans une seule boutique, de même est-il nuisible pour une nation de consommateurs d'être forcée de n'acheter que dans un seul pays. Si la boutique, ou le pays en question, peut fournir les marchandises demandées à meilleur marché, ils sont bien sûrs de les vendre sans avoir besoin pour cela d'aucun privilège exclusif ; et s'ils ne peuvent pas les livrer au prix le plus bas, l'intérêt général demanderait qu'on ne les encourageât point à continuer un commerce qu'ils ne peuvent pas faire avec un avantage égal à celui de leurs rivaux. La boutique et le pays qui vendraient exclusivement pourraient perdre à ce changement d'emploi ; mais l'intérêt général n'est jamais si bien assuré que par la distribution la plus productive du capital général c'est-à-dire par un commerce universellement libre.

L'augmentation des frais de production ne diminue pas nécessairement la consommation d'un produit, si ce produit est de première nécessité

; car, quoique en général les ressources des consommateurs se trouvent diminuées par la hausse d'une marchandise quelconque, ils peuvent cependant renoncer à la consommation de quelque autre produit dont les frais de production n'ont pas augmenté. Dans ce cas, l'offre et la demande conserveront la même proportion que par le passé : les frais de production seuls auront augmenté, et cependant le prix haussera ; et il doit hausser, pour mettre les profits du créateur du produit renchéri au niveau des profits des autres commerces.

M. Say convient que les frais de production sont le fondement du prix, et pourtant, dans plusieurs endroits de son livre, il soutient que le prix est réglé par la proportion entre l'offre et la demande. Le régulateur réel et définitif de la valeur relative de deux produits quelconques, c'est ce que la production de chacun a coûté, et non les quantités respectives de chacun de ces produits, ni la concurrence parmi les acheteurs.

Selon Adam Smith, le commerce colonial de l'Angleterre étant un de ceux dans lequel il ne peut avoir d'employés que des capitaux anglais, fait monter le taux des profits de tous les autres commerces, et comme, selon lui, les hauts profits, ainsi que les forts salaires, font hausser le prix des produits, le monopole du commerce colonial a été, à ce qu'il croit, nuisible à la mère-patrie, dont il a diminué la faculté de pouvoir vendre des objets manufacturés à un prix aussi bas que les autres pays.

« Par l'effet du monopole, dit-il, l'accroissement du commerce des colonies a bien moins été, pour le commerce général de la Grande-Bretagne, la cause d'une addition à ce qu'il était auparavant, que celle d'un changement total de direction. Secondement, ce monopole a contribué nécessairement à maintenir, dans toutes les branches différentes du commerce de la Grande-Bretagne, le taux des profits à un degré plus haut que celui où il se serait tenu naturellement, si le commerce avec les colonies anglaises eût été ouvert à toutes les nations.... Or, tout ce qui fait monter dans un pays le taux ordinaire du profit plus haut qu'il n'aurait été sans cela, assujettit nécessairement ce pays en même temps a un désavantage *absolu* et à un désavantage *relatif* dans toutes les autres branches de commerce, dont il n'a pas le monopole. Il assujettit ce pays a un désavantage absolu, attendu que, dans toutes les autres branches de commerce, ses marchands ne peuvent retirer ce plus gros profit sans vendre à la fois, et les marchandises des pays étrangers qu'ils importent dans le leur, et les marchandises de leur propre pays qu'ils exportent à l'étranger, plus cher qu'ils ne les eussent vendues sans cela. Il faut, à la fois, que leur propre pays vende plus cher qu'il n'aurait fait sans cela ; qu'il achète moins et vende moins ; qu'il jouisse moins et qu'il produise moins.

..... « On entend souvent nos marchands se plaindre des hauts salaires de nos ouvriers, comme étant la cause de ce que les ouvrages de leurs fabriques ne peuvent soutenir la concurrence dans les marchés étrangers ; mais on ne les entend jamais parler des hauts profits du capital. Ils se plaignent des gains excessifs des autres, mais ils ne disent rien du leur. Cependant les hauts profits du capital, en Angleterre, peuvent contribuer, dans beaucoup de circonstances, autant que les hauts salaires qu'on y paie aux ouvriers, et, dans quelques circonstances, contribuent peut-être davantage à faire hausser le prix des ouvrages des fabriques anglaises. »

J'admets que le monopole du commerce avec les colonies doit déranger, et quelquefois d'une manière désavantageuse, la direction des capitaux ; mais d'après ce que j'ai déjà dit au sujet des profits, on verra, je crois, qu'aucun déplacement du commerce étranger et aucun changement du commerce intérieur pour le commerce avec l'étranger, ne sauraient affecter le taux des profits. La perte qui en résultera est celle que je viens d'exposer ; elle consiste dans une moins bonne distribution des capitaux et de l'industrie, et par suite dans une diminution de production. Le prix naturel des produits haussera, et par conséquent, quoique le consommateur soit en état d'acheter pour une même valeur en argent, il n'obtiendra, avec cet argent, qu'une quantité moindre de marchandises. Et lors même que le monopole aurait pour effet de faire hausser les profits, il n'occasionnerait pas le moindre dérangement dans les prix ; car le prix n'est réglé ni par les salaires ni par les profits.

Adam Smith lui-même parait en convenir, quand il dit que « le prix des choses, ou la valeur de l'or et de l'argent, comparée aux marchandises, dépend de la proportion qu'il y a entre la quantité de travail nécessaire pour faire arriver au marché une certaine quantité d'or et d'argent, et *la quantité de travail nécessaire* pour y faire arriver une certaine quantité de marchandises d'une autre espèce. » Cette quantité restera la même, que les profits et les salaires montent ou baissent. Comment donc le prix peut-il hausser par l'effet des hauts profits ?

Chapitre XXVI.
DU REVENU BRUT ET DU REVENU NET.

Adam Smith exagère toujours les avantages qu'un pays tire d'un grand revenu brut [1], par opposition à un grand revenu net. « Plus grande sera la portion du capital d'un pays consacré à l'agriculture, et plus la somme de travail productif que ce capital met en œuvre deviendra considérable dans l'intérieur du pays. Il en sera de même de la valeur que son emploi ajoute aux produits annuels de la terre et de l'industrie de la communauté. Le capital employé dans les manufactures est celui qui, après le capital comparé à l'agriculture, met en œuvre la plus grande quantité de travail productif, et ajoute le plus grand accroissement de valeur à la production annuelle. Le capital employé au commerce d'exportation est le moins productif des trois. »

En admettant pour un moment que cela soit vrai, quel avantage résultera-t-il pour un pays de l'emploi d'une grande quantité de travail productif, si; soit qu'il emploie cette quantité ou une quantité moindre, son revenu et ses profits réunis doivent rester les mêmes ? Le produit total de la terre et de l'industrie de tout pays se partage en trois portions, dont la première est destinée aux salaires, la seconde aux profits, et la troisième à la rente. Ce n'est que sur les deux dernières portions qu'on peut lever des impôts, ou faire des épargnes : la première, si elle est modique, étant toujours égale aux frais nécessaires de production, il serait tout à fait indifférent pour une personne qui sur un capital de 20,000 1. ferait 2,000 1. par an de profits, que son capital employât cent hommes ou mille, et que ses produits se vendissent 10,000 1.

1 C'est à bon droit qu'à ne considérer que les intérêts nationaux, Smith fait cas d'un gros *revenu brut*, c'est-à-dire d'une grande masse d'utilité produite. On ne devrait parler de *revenu net* que lorsqu'il est question des intérêts d'un particulier par opposition à ceux d'un autre. Le revenu net d'un particulier se compose de la valeur du produit auquel il a concouru, soit par son industrie, soit par ses capitaux, soit par ses terres, moins ses déboursés. Mais comme tous les déboursés qu'il a faits sont des portions de revenus qu'il a payées à d'autres, la totalité de la valeur du produit a servi à payer des revenus. Le revenu total d'une nation se compose de son produit brut ; c'est-à-dire de la valeur brute de tous ses produits qui se distribue entre les producteurs.

Cette valeur, après plusieurs échanges, se consommerait tout entière dans l'année qui l'a vu naître, qu'elle n'en serait pas moins encore le revenu de la nation ; de même qu'un particulier qui a 20,000 fr. de revenu annuel, n'a pas moins 20,000 fr. de revenu annuel, quoiqu'il le mange tout entier chaque année. Son revenu ne se compose pas seulement de ses épargnes. - J.-B. SAY.

ou 20,0001., pourvu que, dans tous les cas, ses profits ne baissassent point au-dessous de 2,000 1. L'intérêt réel d'une nation n'est-il pas aussi garanti ? et dès que son revenu net et réel, que ses rentes et profits sont les mêmes, qu'importe qu'elle se compose de dix ou de douze millions d'individus ? Ses facultés pour l'entretien d'escadres, d'armées, et de toute autre sorte de travail improductif, doivent être en proportion de son revenu net, et non de son revenu brut. Si cinq millions d'hommes pouvaient produire la nourriture et l'habillement nécessaires pour dix millions, la nourriture et l'habillement de cinq millions constitueraient le revenu net. Le pays retirerait-il quelque avantage, si, pour produire ce même revenu net, il fallait sept millions d'hommes, c'est-à-dire, s'il fallait que sept millions d'hommes fussent employés à produire de la nourriture et de l'habillement pour douze millions ? La nourriture et l'habillement de cinq millions seraient toujours le revenu net. L'emploi d'un plus grand nombre d'hommes ne nous mettrait en état ni d'ajouter un homme à notre armée ou à notre marine, ni de fournir une guide de plus aux impôts.

Ce n'est point en raison d'aucun avantage supposé provenant d'une grande population, ni en raison du bonheur dont peut jouir un plus grand nombre d'hommes, qu'Adam Smith donne la préférence à cet emploi de capital qui met en œuvre la plus grande quantité d'industrie ; mais c'est expressément en se fondant sur l'effet qu'il lui suppose d'augmenter la puissance nationale, car il dit que « la richesse et la puissance de toute nation, en tant que la puissance dépend de la richesse, doit toujours être en proportion de la valeur de sa production annuelle, qui constitue le fonds qui sert en définitive à payer tout impôt. » Il est cependant évident que les facultés de payer des impôts sont en proportion du revenu net et non du revenu brut.

Dans la distribution des emplois des capitaux entre tous les pays, le capital des peuples pauvres sera naturellement employé à ces genres d'industrie qui font subsister une grande quantité de travailleurs dans l'intérieur, parce que, dans de tels pays, on peut se procurer avec le plus de facilité la nourriture et les choses nécessaires pour une population croissante. Dans les pays riches, au contraire, où la nourriture est chère, les capitaux se porteront, si le commerce est libre, vers ces genres d'industrie qui exigent l'emploi du plus petit nombre d'ouvriers dans l'intérieur : tels sont le commerce de transport, le commerce avec les pays étrangers très-lointains, dans lesquels les profits sont en proportion des capitaux, et non en proportion de la quantité de travail employé [1].

Quoique je convienne que, par la nature du fermage, un capital déterminé employé à l'agriculture sur tous les terrains autres que ceux cultivés les derniers, met en activité une plus grande quantité de travail qu'un capital employé dans les manufactures ou dans le commerce, je ne saurais pourtant admettre qu'il y ait la moindre différence entre les quantités de travail mises en activité par un capital employé dans le commerce intérieur, et par un pareil capital employé dans le commerce étranger.

« Le capital qui envoie à Londres, dit Adam Smith, des ouvrages de fabrique Écossaise, et rapporte à Édimbourg du blé anglais et des ouvrages de fabrique angl ais, remplace nécessairement, dans chacune de ces opérations, deux capitaux appartenant à des sujets de la Grande-Bretagne, et qui ont, tous les deux, été employés dans l'agriculture ou les manufactures de la Grande-Bretagne.

« Le capital qui est employé à acheter des marchandises étrangères pour la consommation intérieure, quand l'achat se fait avec le produit de l'industrie nationale, remplace aussi, par chaque opération de ce genre, deux capitaux distincts, mais dont un seulement est employé à soutenir l'industrie nationale. Le capital qui envoie en Portugal des marchandises anglaises, et qui rapporte en Angleterre des marchandises portugaises, ne remplace, dans chacune des opérations qu'il fait, qu'un seul capital anglais ; l'autre est un capital portugais. Ainsi, quand même les retours

---

1 « Il est heureux, dit M. Say, que la pente naturelle des choses entraîne les capitaux préférablement, non là où ils feraient les plus gros profits, mais où leur action est le plus profitable à la société. » Liv. II, chap . 8, § 3. M. Say ne nous a pas dit quels étaient ces emplois qui, tout en étant les plus profitables pour les particuliers, ne le sont pas de même pour l'État. Si des pays, ayant des capitaux bornés, mais des terres fertiles en abondance, ne se livrent pas de bonne heure au commerce étranger, c'est parce que ce commerce présente moins d'avantages aux particuliers, et qu'il est par conséquent moins avantageux pour l'État. (*Note de l'Auteur.*)

Ce que M. Ricardo se plaint de ne pas trouver dans mon ouvrage, y est dans un passage que lui-même a cité quatre pages plus haut. Les emplois de capitaux qui, tout en procurant un profit au propriétaire du capital, mettent en valeur les facultés industrielles des gens du pays, ou les facultés productives du sol, augmentent plus les revenus du pays que les emplois qui ne procurent d'autre revenu que le simple profit du capital. Il y a même des emplois de capitaux qui, malgré le profit qu'ils procurent au capitaliste, ne fournissent aucun revenu au pays. Les bénéfices qu'on fait dans le jeu des effets publics, tout bénéfice qui ne saurait être un profit pour l'un sans être une perte pour quelque autre, est profitable pour le particulier qui gagne, sans l'être pour le pays. - J.-B. SAY.

du commerce *étranger de consommation* seraient aussi prompts que ceux du commerce intérieur, le capital employé dans celui-ci ne donnerait toujours qu'un encouragement de moitié plus faible à l'industrie ou au travail productif du pays. »

Cet argument me parait fallacieux ; car, quoique deux capitaux, l'un portugais et l'autre anglais, soient employés, ainsi que le suppose le docteur Smith, il y aura cependant un capital employé au commerce étranger; double de celui qui sera employé au commerce intérieur. Supposons que l'Écosse emploie un capital de 1,000 livres sterling à la fabrication des toiles, qu'elle échange contre le produit d'un capital pareil employé en Angleterre à la fabrication des soieries, ces deux pays emploieront ainsi 2,000 liv. sterl. et une quantité de travail proportionnelle. Supposons maintenant que l'Angleterre découvre qu'elle peut obtenir de l'Allemagne une plus grande quantité de toiles en échange des soieries qu'elle était dans l'habitude d'exporter en Écosse , et que l'Écosse, à son tour, trouve qu'elle peut obtenir de la France plus de soieries en échange de ses toiles qu'elle n'en obtenait auparavant de l'Angleterre ; dans ce cas, le commerce entre l'Angleterre et l'Écosse ne cessera t-il pas à l'instant, et le commerce de consommation intérieure ne sera-t-il pas remplacé par un commerce de consommation étrangère ? Mais quoique deux capitaux additionnels entrent dans ce commerce, c'est-à-dire le capital allemand et le capital français, la même somme de capital écossais et anglais ne continuera-t elle pas à être employée, et ne mettra-t-elle pas en activité la même quantité d'industrie que lorsque ces capitaux étaient consacrés au commerce intérieur ?

Chapitre XXVII.
DE LA MONNAIE ET DES BANQUES.

On a déjà tant écrit sur la monnaie, que, dans le nombre des personnes qui s'occupent de cette matière, il n'y a guère que les gens à préjugés qui puissent en méconnaître les vrais principes. Je me bornerai donc à un aperçu rapide de quelques unes des lois générales qui règlent la quantité et la valeur de la monnaie.

L'or et l'argent, ainsi que toutes les autres marchandises, n'ont de valeur qu'en proportion de la quantité de travail nécessaire pour les produire et les faire arriver au marché. L'or est quinze fois environ plus cher que l'argent, non pas que la demande en soit plus forte, ni que l'argent soit quinze fois plus abondant que l'or, mais uniquement en raison de ce qu'il faut quinze fois plus de travail pour obtenir une quantité déterminée d'or.

La quantité de monnaie qui peut être employée dans un pays dépend de sa valeur. Si l'or seul était employé pour la circulation des marchandises, il n'en faudrait qu'un quinzième de ce qui serait nécessaire si l'argent était consacré à cette fonction.

La monnaie en circulation ne saurait jamais être assez abondante pour regorger ; car si vous en faites baisser la valeur, vous en augmenterez dans la même proportion la quantité ; et en augmentant sa valeur vous en diminuerez la quantité [1].

Tant que le gouvernement fait frapper des monnaies sans retenir les frais de monnayage, les pièces de monnaies ont une valeur égale à celle de toute autre pièce de même métal, d'un poids et d'une finesse pareils. Mais si le gouvernement retient un droit de monnayage ou de seigneuriage, la pièce de métal frappée excédera en général la valeur de la pièce non frappée de tout le montant de ce droit, parce qu'elle aura

---

1 « Les usages de l'or et de l'argent établissent donc en chaque lieu un certain besoin de cette marchandise ; et lorsque le pays en possède la quantité nécessaire pour satisfaire à ce besoin, ce qui s'introduit de plus, n'étant recherché de personne, forme des valeurs dormantes qui sont à charge à leurs possesseurs. » J.-B. SAY, Liv. I, chap. 17.

Dans une autre partie du même chapitre, M. Say dit que si, pour les communications intérieures d'un pays, il fallait l'emploi de mille voitures, et qu'on en possédât quinze cents, tout ce qui excéderait les mille serait inutile ; et de là il conclut que si un pays possédait plus que la quantité nécessaire de monnaie, l'excédant resterait sans emploi. (*Note de l'Auteur*).

exigé plus de travail, ou, ce qui revient au même, la valeur du produit d'une plus grande quantité de travail pour sa fabrication.

Quand l'État seul bat monnaie, il ne peut pas y avoir de limites à ce droit de monnayage ; car, en restreignant la quantité du numéraire, on peut en élever la valeur indéfiniment.

C'est en vertu de ce principe que circule le papier monnaie. Toute sa valeur peut être regardée comme représentant un seigneuriage. Quoique ce papier n'ait point de valeur intrinsèque, cependant, si l'on en borne la quantité, sa valeur échangeable peut égaler la valeur d'une monnaie métallique de la même dénomination, ou de lingots estimés en espèces [1]. C'est encore par le même principe, c'est-à-dire en bornant la quantité de la monnaie que des pièces d'un bas titre peuvent circuler pour la valeur qu'elles auraient eue si leur poids et leur titre étaient ceux fixés par la loi, et non pour la valeur intrinsèque du métal pur qu'elles contiennent. Voilà pourquoi, dans l'histoire des monnaies anglaises, nous trouvons que notre numéraire n'a jamais été déprécié aussi fortement qu'il a été altéré. La raison en est qu'il n'a jamais été multiplié en proportion de sa dépréciation. Le point capital dans l'émission du papier-monnaie, c'est d'être parfaitement éclairé sur les effets qui résultent du principe de la restriction dans les quantités mises en circulation. On voudra à peine croire dans cinquante ans que les directeurs de la banque et les ministres ont soutenu à la fois devant le Parlement, et devant les Comités nommés par les Parlements, que des émissions de billets de la banque d'Angleterre, - en les supposant, mène, affranchies de la faculté qu'ont les porteurs de réclamer des espèces ou des lingots, - que ces émissions dis-je, n'avaient pas et ne pouvaient pas avoir d'action sur le prix des marchandises ou des lingots, ni sur l'état des changes.

Après l'établissement des banques, l'État n'a plus à lui seul le pouvoir de battre monnaie ou d'en faire l'émission. On peut tout aussi bien augmenter la monnaie en circulation, au moyen du papier de banque, que par des espèces ; en sorte que si un État altérait ses monnaies et en

1 Cet exemple devrait suffire, ce semble, pour convaincre l'auteur que la base de toute valeur est, non pas la quantité de travail nécessaire pour faire une marchandise, mais le besoin qu'on en a, balancé par sa rareté. Le travail, ou en général les frais de production, sont une difficulté à vaincre qui borne la quantité d'une marchandise qu'on peut apporter sur le marché, et c'est en ce qu'ils sont un des éléments de la valeur des choses. Mais quand cette rareté est volontaire, l'effet est le même. - J.-B. SAY.

limitait la quantité, il ne pourrait en maintenir la valeur ; car les banques auraient la même faculté que le gouvernement d'augmenter la quantité de l'agent de la circulation.

D'après ces principes, il est aisé de voir que pour donner une valeur au papier-monnaie, il n'y a pas besoin qu'il soit payable à vue en espèces monnayées ; il suffit pour cela que la quantité de ce papier soit réglée d'après la valeur du métal qui est reconnu comme mesure commune [1]. Si l'or, d'un poids et d'un titre déterminé, était cette mesure, on pourrait augmenter la quantité du papier à chaque baisse dans la valeur de l'or, ou, ce qui revient au même quant à l'effet ; à chaque hausse dans le prix des marchandises.

« La banque d'Angleterre, dit le docteur Smith, pour avoir émis une trop grande quantité de papier, dont l'excédant lui revenait continuellement à l'échange, a été obligée, pendant. plusieurs années de suite, de faire battre de la monnaie d'or jusqu'à concurrence de 500,000 livres st. et de 1,000,000 dans une seule année, ou, par évaluation moyenne, jusqu'à environ 850,000 liv. st. Pour fournir cette immense fabrication, la banque, a cause de l'état usé et dégradé où la monnaie d'or était depuis quelques années, se vit souvent obligée d'acheter jusqu'au prix de 4 liv. st. l'once l'or en lingots, qu'elle émettait bientôt après sur le prix de 3 liv. st. 17 sh. 10 ½ deniers l'once, ce qui lui faisait une perte de 2 ½ à 3 pour cent sur la fabrication d'une somme aussi énorme. Ainsi, quoique la banque n'eût point de droit de seigneuriage

1 Cette vérité aurait pu être énoncée par dix auteurs judicieux, et néanmoins être révoquée en doute par autant d'imbéciles, si ce qui est arrivé dans ces derniers temps aux billets de la banque d'Angleterre n'était venu confirmer l'assertion par un mémorable exemple. Le gouvernement anglais ne pouvant, en 1797, rembourser à la Banque les avances que cette compagnie lui avait faites, l'autorisa à faire une véritable banqueroute, qui dure encore, et à ne pas payer ses billets payables à vue. Malgré ce manque de foi, et quoique la Banque n'ait point de valeur réelle à offrir pour gage de ses billets (car les engagements du Trésor ne sont que des promesses), nous avons vu récemment les billets de banque remonter au pair des espèces monnayées, non, comme on affecte de le dire, à cause du crédit du gouvernement et de l'esprit national des Anglais qui s'obstine à soutenir la valeur des billets (tout leur esprit national n'en pourrait empêcher la dépréciation si la somme grossissait), mais tout simplement parce que les besoins de la circulation exigent un agent de la circulation qui se monte à une certaine somme, c'est-à-dire à une somme qui égale la valeur courante d'une certaine quantité d'or ou d'argent ; or cette somme paraît avoir été peu excédée par les émissions de la banque d'Angleterre et des banques de province. C'est une des belles expériences qui aient été faites depuis le commencement de ce siècle en Économie politique, et il s'en prépare d'autres qui ne seront pas moins importantes - J.-B. SAY.

à payer, et quoique, à proprement parler, la dépense de fabrication fût aux frais du gouvernement, cette libéralité du gouvernement ne couvrit pas toute la dépense supportée par la banque. »

D'après le principe énoncé plus haut, il me semble très-évident qu'en retirant de la circulation le papier qui rentrait ainsi à la banque, la valeur de toute la monnaie, y compris celle des anciennes espèces monnayées et usées et celle des nouvelles, aurait monté, et, dans ce cas, toutes les demandes sur la banque auraient cessé d'être.

M. Buchanan n'est pourtant pas de cette opinion ; car il dit que la grande dépense que la banque a eu à supporter à cette époque fut occasionnée, non comme le docteur Smith paraît le supposer, par une émission excessive de papier, mais par l'état dégradé de la monnaie métallique, et par le haut prix du lingot qui en était la conséquence. On doit faire attention que la banque, n'ayant d'autre moyen de se procurer des guinées que d'envoyer des lingots à la monnaie pour être frappés, était toujours dans la nécessité d'émettre des guinées neuves en paiement des billets qui lui revenaient, et quand les espèces manquaient en général de poids, et que le prix des lingots était haut à proportion, on trouvait un intérêt à tirer les guinées de poids de la banque en lui donnant son papier en échange, et ensuite à fondre ces guinées, et à en vendre l'or en lingots, avec profits, pour du papier de la banque, avec lequel on se procurait de nouvelles guinées, qu'on fondait et qu'on vendait de même. La banque doit toujours être exposée à se voir ainsi épuisée de son or toutes les fois que les espèces monnayées manqueront de poids, puisque, dans ce cas, il y a toujours un profit aisé et certain à changer constamment le papier de banque contre de l'or. Il est cependant bon d'observer que, quelle qu'ait été, à cette époque, la gêne et la dépense supportées par la banque par suite de l'écoulement de ses espèces, on ne crut pas nécessaire de la dispenser de l'obligation de donner des espèces en paiement de ses billets. »

Il est clair que M. Buchanan pense que toute la monnaie en circulation doit descendre au niveau de la valeur des pièces dégradées ; mais certes, en diminuant la quantité de la monnaie en circulation, tout le surplus peut être élevé à la valeur des meilleures pièces.

Le docteur Smith paraît avoir oublié le principe qu'il a posé lui-même, dans le raisonnement qu'il fait au sujet de la monnaie des colonies. Au lieu d'attribuer sa dépréciation à sa trop grande abondance, il demande si, en admettant que les valeurs coloniales soient parfaitement solides, 100 l. st., payables dans quinze ans, pourraient valoir autant que 100 l. st. payables à vue. Je réponds que oui, si le papier n'est pas trop abondant.

L'expérience prouve cependant que toutes les fois qu'un gouvernement ou une banque a eu la faculté illimitée d'émettre du papier-monnaie, ils en ont toujours abusé. Il s'ensuit que, dans tous les pays, il est nécessaire de restreindre l'émission du papier-monnaie, et de l'assujettir à une surveillance ; et aucun moyen ne paraît mieux calculé pour prévenir l'abus de cette émission, qu'une disposition qui impose à toutes les banques qui émettent du papier, de payer leurs billets, soit en monnaie d'or, soit en lingots.

« Garantir le public [1] contre toutes les variations qui ne seraient pas déterminées par celles de l'étalon lui-même, effectuer les mouvements monétaires au moyen de l'agent le moins coûteux, serait atteindre le degré de perfection le plus élevé auquel on puisse amener la circulation d'un pays. Or, on obtiendrait tous ces avantages si l'on obligeait la banque à délivrer, au lieu de guinées, et en échange de ses billets, des lingots d'or et d'argent, évalués au titre, et au prix de la monnaie : de cette manière, toutes les fois que le papier descendrait au-dessous de la valeur des lingots, on en réduirait immédiatement la quantité. Pour empêcher que le papier ne s'élevât au-dessus des lingots la banque serait en même temps astreinte à échanger son papier contre l'or, au titre et au prix de 3 l. 17 s. l'once. Afin de ne pas surcharger les opérations de la banque, les quantités d'or demandées en échange de papier, au taux de 3 liv. 17 s. 10 ½ et celles offertes à raison de 3 l. 17 s. devraient être de vingt onces au moins. En d'autres termes, la banque serait obligée, à partir de vingt livres, d'acheter toutes les quantités d'or qui lui seraient offertes au prix de 3 l. 17 s. l'once et de vendre celles qui lui seraient demandées au prix de 3 liv. 17 s. 10 ½ ; et le soin qu'auraient les administrateurs, de régler la masse de leur papier la garantirait contre tous les inconvénients qui pourraient résulter de ces dispositions.

La loi devrait laisser en même temps importer et exporter sans entraves tous les lingots. Ces opérations sur les lingots seraient d'ailleurs très-rares si la banque s'attachait à rapporter ses avances et ses émissions au

1 Toutes les lignes renfermées dans des guillemets sont extraites d'un pamphlet intitulé : Projet d'une Circulation économique et sûre. Ce pamphlet a été publié par moi, en 1816. (*Note de l'Auteur.*)

criterium que j'ai déjà si souvent indiqué ; criterium qui consiste daris le prix des lingots *au titre*, indépendamment de la quantité générale de papier en circulation.

On aurait déjà réalisé une grande partie de mon projet, si l'on obligeait la banque à changer contre ses propres billets des lingots évalués au titre et au prix de la monnaie. Ou pourrait même, sans dangers pour la sûreté de ses résultats, l'affranchir de la nécessité d'acheter toutes les quantités de lingots qui lui seraient offertes aux prix déterminés, surtout si les ateliers de la monnaie restaient ouverts au public.

En effet, cette disposition tend seulement à empêcher que la monnaie ne s'écarte de la valeur des lingots d'une différence plus grande que celle qui sépare si légèrement à la banque les prix d'achat de ceux de vente ; différence qui serait un degré approximatif vers cette uniformité tant désirée.

Si la banque bornait capricieusement le montant de ses billets ; ils hausseraient de valeur, et l'or semblerait descendre au-dessous des limites auxquelles j'ai propose de fixer les achats de la banque. - Dans ce cas on le porterait à la monnaie, et les *coins* qu'il aurait servi à frapper, s'ajoutant à la circulation, auraient pour effet d'en abaisser immédiatement la valeur et de la ranimer au taux de l'étalon. - Mais ces moyens n'offrent ni la sécurité, ni l'économie, ni la promptitude de ceux que j'ai proposés, et auxquels la banque ne saurait opposer d'objection sérieuse ; car il est évidemment dans son intérêt d'alimenter la circulation avec son papier plutôt que d'obliger les autres à l'alimenter avec du numéraire.

Sous l'empire d'un tel système, avec une circulation ainsi dirigée, la banque serait affranchie de tous les embarras, de toutes les crises. Les seules éventualités qui pourraient l'atteindre, sont ces événements extraordinaires, qui jettent la panique sur tout un pays, et font que chacun recherche les métaux précieux, comme le moyen le plus commode pour réaliser ou cacher sa propriété. - *Il n'est pas de système* qui puisse garantir les banques contre de telles éventualités. Leur nature même les y condamne, car, à aucune époque, il ne peut y avoir dans une banque ou dans un pays assez d'espèces ou de lingots pour satisfaire aux justes réclamations des capitalistes qui s'y pressent. - Si chacun voulait réaliser le même jour la balance de son compte chez son banquier, il arriverait souvent que la masse de billets de banque actuellement en circulation ne suffirait pas pour répondre à toutes les demandes. C'est une panique de ce genre qui a déterminé la crise de 1797, et non, comme on l'a supposé, les fortes avances que la banque avait faites au gouvernement. Ni la banque, ni le gouvernement n'étaient alors coupables. - L'invasion soudaine des bureaux de la banque, prit naissance dans les craintes chimériques qui émurent les esprits timides : elle eût aussi bien éclaté dans le cas où la banque n'eût fait aucune avance au gouvernement et où sa réserve eût été double du montant actuel. - Il est même probable que, si elle avait continué à payer à bureaux ouverts et en espèces, elle aurait tué la panique avant d'arriver à l'épuisement de sa réserve.

Si l'on réfléchit à l'opinion des directeurs de la banque sur les règles qui gouvernent les émissions de papier, on verra qu'ils n'ont usé de leur privilège qu'avec discrétion.

Il est même évident, qu'animés par des principes arbitraires, ils n'y ont obéi qu'avec une extrême prudence. - Les termes actuels de notre 1égislation leur conservent le pouvoir d'accroître ou de réduire, sans contrôle et dans les proportions qu'ils jugeront convenables, l'ensemble de la circulation. Un tel pouvoir ne devrait appartenir à aucune association, pas même à l'État ; car il ne peut y avoir aucune garantie d'uniformité dans un système où la volonté seule des créateurs de la monnaie peut en décréter l'augmentation ou la diminution. La banque peut réduire aujourd'hui la circulation aux limites les glus extrêmes ; c'est un fait que ne nieront même pas ceux qui pensent avec les directeurs, qu'ils n'ont pas le pouvoir de multiplier l'infini les signes monétaires. Je suis pleinement convaincu qu'il répugne aux intérêts et à la volonté de la banque, d'exercer ce privilège au détriment du public, mais à l'aspect des maux qui peuvent résulter d'une réduction ou d'une augmentation soudaine des agents monétaires, je ne puis que déplorer la facilité avec laquelle l'État a armé la banque d'une prérogative aussi formidable.

Les difficultés auxquelles étaient restées soumises les banques provinciales avant la suspension des paiements en numéraire ont dû prendre, à certaines époques, un caractère sérieux. - Aux moindres symptômes d'une crise réelle ou imaginaire, elles étaient astreintes à se pourvoir de guinées et à s'armer contre les exigences des porteurs. - Elles faisaient alors un appel à la banque. Elles y échangeaient leurs propres billets contre des guinées, qu'un agent de confiance transportait ensuite à leurs frais et risques. Après avoir accompli les fonctions auxquelles elles étaient destinées, les guinées revenaient à Londres, et il est fort probable qu'elles retournaient dans les caisses de la banque toutes les fois que ces déplacements successifs n'avaient pas eu assez d'action pour en diminuer le poids et les réduire au-dessous du type légal.

Si l'on adoptait le plan que j'ai proposé de payer les billets de banque en lingots, il faudrait étendre ce privilège aux banques provinciales ou donner aux *bank-notes* le caractère de monnaie légale. - Dans ce dernier cas, on se trouverait n'avoir introduit aucun changement dans la législation qui régit ces établissements ; car ils seraient alors sollicités, comme aujourd'hui, à rembourser leur papier en billets de la banque d'Angleterre.

« Ce système, en nous permettant. de ne pas exposer les guinées au frottement et à la diminution de poids qui résultent de déplacements multipliés, en nous affranchissant aussi de tous les frais de transports, nous procurerait déjà une économie considérable ; mais l'avantage qui résulterait, pour la marche des petits paiements, serait bien plus sensible encore. En effet la circulation de Londres et des provinces s'effectuerait alors au moyen d'un agent à bon marché, *le papier*, et délaisserait un agent onéreux, *l'or* ; - ce qui enrichirait le pays de tous les bénéfices que peut produire l'or abandonné. Il serait donc insensé de renoncer à de tels avantages, à moins que l'on ne découvrît dans l'emploi d'un agent à bas prix des inconvénients manifestes.

« La monnaie est dans l'état le plus parfait quand elle se compose uniquement de papier, mais d'un papier dont la valeur est égale à la somme d'or qu'il représente. L'usage du papier en place de l'or remplace un agent très-dispendieux au moyen d'un autre qui l'est fort peu, ce qui met le pays, sans qu'il en résulte aucune perte pour les particuliers, en état d'échanger tout l'or qu'il employait auparavant pour la circulation, contre des matières premières, des ustensiles et des subsistances, dont l'usage augmente à la fois la richesse et les jouissances de la nation.

« Sous le point de vue de l'intérêt national, il est tout à fait indifférent que ce soit le gouvernement ou une banque qui fasse l'émission d'un papier-monnaie, si cette émission est dirigée d'après les sages principes que nous venons d'exposer. Que ce soit l'un ou l'autre qui l'émette, il en résultera à peu prés le même accroissement de richesse nationale ; mais l'effet ne sera pas le même quant à l'intérêt des particuliers.

Dans un pays où le taux courant de l'intérêt est de 7 pour cent, et où le gouvernement a besoin, pour des dépenses particulières, de 70,000 liv. st. par an, il importe beaucoup aux individus de ce pays, de savoir s'ils paieront ces 70,000 liv. par an impôt annuel, ou s'ils pourront les obtenir sans payer pour cela d'impôt. Supposons qu'il faille un million en argent pour préparer une expédition. Si le gouvernement émettait un million de papier-monnaie l'expédition se ferait sans qu'il en coûtât rien à la nation ; mais si en déplaçant ainsi un million d'argent monnayé, une banque faisait l'émission d'un million de papier, et qu'elle le prêtât au gouvernement a 7 pour cent, en déplaçant de même un million de numéraire, le pays se trouverait grevé d'un impôt perpétuel de 70,000 liv. par an. La nation paierait l'impôt, la banque le recevrait, et la nation resterait, dans les deux cas, aussi riche qu'auparavant. L'expédition aura été réellement faite au moyen du système, par lequel on rend productif un capital de la valeur d'un million, en le convertissant en denrées, au lieu de le laisser improductif sous la forme de numéraire ; mais l'avantage serait, toujours pour ceux qui émettraient le papier ; et comme le gouvernement représente la nation, la nation aurait épargné l'impôt, si elle, et non la banque, avait fait l'émission de ce million de papier-monnaie.

« J'ai déjà observé que, s'il pouvait y avoir une entière garantie qu'on n'abuserait point de la faculté d'émettre du papier-monnaie, il serait tout à fait indifférent pour la richesse nationale, prise collectivement, par qui ce papier fût émis ; et je viens de faire voir que le public aurait un intérêt direct à ce que ce fût l'État, et non une compagnie de marchands ou de banquiers, qui fit cette émission. Il serait cependant plus à craindre que le gouvernement n'abusât de cette faculté qu'une compagnie de banquiers. Une compagnie est, dit-on, plus dépendante des lois ; et quoiqu'il pût être de son intérêt de multiplier ses billets au-delà des bornes prescrites par la prudence, elle serait forcée de s'y renfermer, et de restreindre l'émission de son papier, par la faculté qu'auraient les particuliers d'exiger des lingots ou des espèces en échange des billets de banque. On prétend que, si le gouvernement avait le privilège démettre du papier, il ne respecterait pas longtemps cette disposition qui le gênerait ; on croit qu'il serait trop porté à sacrifier la tranquillité de l'avenir à l'intérêt du moment, et qu'il pourrait par conséquent, en alléguant des motifs d'urgence, se débarrasser de toute entrave qui bornerait le montant de ses émissions de papier.

« Cette objection est d'un grand poids quant à un gouvernement absolu ; mais dans un pays libre, avec une législature éclairée, la faculté d'émettre du papier avec la clause indispensable qu'il soit échangeable au gré du porteur, pourrait être en toute sûreté confiée à des commissaires nommés spécialement pour cet objet, et on pourrait les rendre entièrement indépendants de l'influence des ministres.

« Le fonds d'amortissement est administré par des commissaires qui ne sont responsables de leur gestion qu'au parlement, et le placement des sommes qui leur sont confiées se fait avec la plus grande régularité ; quelle raison peut-il donc y avoir de douter que l'émission du papier ne pût être réglée avec la même exactitude, si on la confiait à une administration du même genre [1] ? »

On pourrait objecter que, quoique l'avantage que tirerait l'État, et par conséquent le public, de ce mode démission de papier-monnaie, soit assez évident, puisqu'on convertirait par là une partie de la dette nationale portant un intérêt payé par le public, en dette sans intérêt ; on pourrait objecter, dis-je, que cependant cela serait nuisible au commerce ; en empêchant les négociants d'emprunter de l'argent, et d'escompter leurs lettres de change ce qui forme, en partie, la manière dont se fait l'émission des billets de banque.

Cela suppose qu'il serait impossible de trouver de l'argent à emprunter si la banque n'en prêtait pas, et que le taux courant de l'intérêt et des

1 Si cette proposition faite au gouvernement anglais de se mettre à la place de la banque de Londres et de celle des provinces, et de fournir, au lieu d'elles, le papier qui sert d'agent de la circulation, était adoptée, l'Angleterre acquitterait d'un coup pour un milliard et demi de francs de sa dette, et se libérerait d'un intérêt annuel de soixante-quinze millions de francs environ. Riais qu'est-ce que soixante-quinze millions d'intérêt lorsqu'on est obligé d'en payer annuellement pour environ un milliard (compris l'intérêt des bons du trésor) ?

D'ailleurs, tant que les dépenses du gouvernement ne seront contrôlées, comme à présent, que par une chambre de la majorité de laquelle les ministres disposent, on peut s'attendre qu'aucune économie ne tournera au profit de l'État. Soixante-quinze millions épargnés sur l'intérêt de la dette ne sont, pour le gouvernement, qu'un moyen de dépenser soixante-quinze millions de plus en intrigues dans les cabinets de l'Europe, en folies guerres décorées de beaux motifs, en grâces et en moyens d'influence pour maintenir la prépondérance de l'intérêt privilégié aux dépens du public. Il n'y a d'économie profitable pour les nations que lorsqu'une représentation forte et indépendante tient véritablement les *cordons de la bourse*, et ne l'ouvre que pour payer un petit nombre de fonctionnaires absolument indispensables pour maintenir l'ordre public. Jusque là il ne peut y avoir que des rapines légalisées. - J.-B. SAY.

profits tient au montant de l'émission de la monnaie et à la voie par laquelle se fait cette émission ; mais comme le pays ne manquerait ni de drap, ni de vin, ni d'aucune autre marchandise, s'il avait les moyens de l'acheter, de même on ne manquerait pas d'y trouver de capitaux à prêter, pourvu que les emprunteurs eussent de bonnes garanties, et fussent disposés à payer le taux courant de l'intérêt pour l'argent prêté.

Dans une autre partie de cet ouvrage, j'ai tâché de faire voir que la valeur réelle d'une chose se règle, non d'après les avantages accidentels dont peuvent jouir quelques-uns de ses producteurs, mais bien d'après la difficulté réelle qu'éprouve le producteur le moins favorisé. Il en est de même par rapport à l'intérêt de l'argent ; il ne se règle pas d'après le taux auquel la banque veut prêter, que ce soit à 5, 4 ou 3 pour cent, mais bien d'après le taux des profits qu'on peut retirer de l'emploi des capitaux, et qui est tout à fait indépendant de la quantité ou de la valeur de l'argent. Qu'une banque prête un, dix ou cent millions, cela n'apportera aucun changement au taux courant de l'intérêt ; la banque ne fera que changer la valeur de la monnaie qu'elle mettra ainsi en circulation. Dans l'un de ces cas, il faudra dix ou vingt fois plus de monnaie pour faire un certain commerce, qu'il n'en faudrait dans l'autre. La demande d'argent à la banque dépend donc du taux des profits qu'on peut retirer de son emploi, comparé avec le taux d'intérêt auquel la banque le prête. Si elle prend moins que le taux courant de l'intérêt, elle peut prêter indéfiniment ; si elle prend plus que ce taux, il n'y aura que des dissipateurs et des prodigues qui consentent à lui emprunter. C'est pourquoi nous voyons que toutes les fois que le taux courant de l'intérêt excède 5 pour cent, qui est le taux auquel la Banque prête toujours, son bureau d'escompte est encombré de gens qui demandent de l'argent, et au contraire, quand le taux courant est, même pour peu de temps, au-dessous de 5 pour cent les commis de ce bureau n'ont rien à faire.

Ce qui a donc fait dire que la banque d'Angleterre avait, pendant les derniers vingt ans, donné de grands secours au commerce, en prêtant de l'argent aux commerçants, c'est que pendant toute cette époque, elle a prêté de l'argent au-dessous du taux courant de l'intérêt sur la place, c'est-à-dire au-dessous du taux auquel les commerçants pouvaient emprunter ailleurs ; mais, quant à moi, j'avoue que cela me semble plutôt une objection contre cet établissement , qu'un argument en sa faveur.

Que dirait-on d'un établissement qui approvisionnerait régulièrement la moitié des fabricants de drap, de laine, au-dessous du prix courant du marché ? Quel bien cela ferait-il à la communauté ? Cela ne donnerait pas plus d'étendue à notre commerce ; car la laine aurait été achetée également si on l'avait vendue au prix courant du marché. Cela ne ferait pas baisser le prix du drap pour le consommateur, parce que le prix, comme je l'ai déjà dit, se règle d'après ce que la production du drap coûte aux fabricants les moins favorisés. L'unique effet que cela produirait serait donc de grossir les profits d'une partie des fabricants de drap au delà du taux général et ordinaire des profits des autres. L'établissement supposé se priverait d'une partie de ses justes profits pour en faire jouir une autre partie de la communauté. Tel est précisément l'effet de nos établissements de banque. La loi fixe un taux d'intérêt au-dessous de celui auquel on le trouve à emprunter sur la place, et c'est au taux légal qu'on exige que la banque prête, en lui interdisant de prêter à un autre. Par la nature de son établissement, la banque possède des fonds considérables qu'elle ne peut placer que de cette manière ; et il en résulte qu'une partie des commerçants du royaume en tire un avantage indu, et qui est tout à fait perdu pour la nation, en obtenant ainsi un instrument du commerce à un taux plus bas que les personnes qui sont forcées d'être sous l'influence du prix courant de la place.

La somme totale des affaires de commerce que la communauté peut faire, dépend de la quantité de son capital, c'est-à-dire des matières premières, des machines, des subsistances, des navires, etc., employés à la production. Après l'établissement d'un papier-monnaie sagement réglé, les opérations des banques ne sauraient augmenter ni diminuer la somme de ce capital. Si le gouvernement faisait donc l'émission d'un papier-monnaie national, quoiqu'il n'escomptât pas un seul effet, et ne prêtât pas un seul schilling au public, il n'y aurait pais la moindre altération dans le mouvement du commerce ; car il y aurait la même quantité de matières premières, de machines, de subsistances, de navires, etc., et vraisemblablement il y aurait autant d'argent à prêter, non pas, à la vérité, à 5 pour cent, taux fixé par la loi, mais à 6, à 7 ou à 8 pour cent, - ce qui serait le résultat de la concurrence franche, sur le marché, entre les préteurs et les emprunteurs.

Adam Smith parle des avantages que les marchands retirent en Écosse, par la manière dont les banques de ce pays traitent les commerçants, en ouvrant des comptes courants, système qui lui parait très-supérieur à celui adopté en Angleterre. Ces comptes courants, ou de caisse, sont des crédits que le banquier écossais donne aux négociants, en sus des lettres de change qu'il leur escompte ; mais comme le banquier, à mesure qu'il avance de l'argent et qu'il le met en circulation par une voie, se trouve dans l'impossibilité dans émettre par une autre, il n'est pas aisé de concevoir en quoi cet avantage consiste. Si toute la circulation n'a besoin que d'un million de papier, il n'en circulera qu'un million ; il ne peut pas être d'une importance réelle pour le banquier ou pour le commerçant, que cette somme soit émise en escompte de lettres de change, ou qu'une partie seulement soit employée à cet usage, le reste étant émis sous la forme de ces comptes de caisse.

Il me semble nécessaire de dire quelques mots au sujet des deux métaux, l'or et l'argent, qui sont employés comme monnaie, surtout parce que cette question parait avoir, dans l'esprit de beaucoup de personnes, jeté de l'obscurité sur les principes évidents et simples de la théorie des monnaies. « En Angleterre, dit le docteur Smith, on ne fut pas légalement admis à s'acquitter en or, même longtemps après qu'on y eût frappé des monnaies d'or. Aucune loi ou proclamation publique n'y fixait la proportion entre l'or et l'argent; on laissait au marché à la déterminer. Si un débiteur offrait de payer en or, le créancier avait le droit de refuser tout-à-fait, ou bien d'accepter cette offre d'après une évaluation de l'or faite à l'amiable entre lui et son débiteur. »

Dans un tel état de choses, il est évident qu'une guinée aurait tantôt passé pour 22 sh. ou plus, et quelquefois elle n'aurait valu que 18 sh. ou moins, ce qui aurait dépendu uniquement du changement de la valeur courante relative de l'or et de l'argent. Et toutes les variations dans la valeur de l'or, aussi bien que celles dans la valeur de l'argent, auraient été estimées en monnaie d'or, comme si l'argent avait eu une valeur invariable, tandis que l'or aurait été sujet à monter ou à baisser de prix. Quoique une guinée passât pour 22 sh. au lieu de 18 sh., l'or aurait pu ne pas avoir changé de valeur, cette différence étant uniquement due à celle de l'argent ; et par conséquent 22 sh. pouvaient n'avoir pas plus de valeur que 18 sh. n'en avaient auparavant ; et, au contraire, toute cette différence aurait pu être due à l'or, une guinée qui valait 18 sh. ayant pu hausser jusqu'à valoir 22 sh.

Si, maintenant, nous supposons la monnaie d'argent rognée et en même temps augmentée en quantité, la guinée pourrait passer pour 30 sh., parce que l'argent contenu dans ces 30 sh. de monnaie dégradée, pourrait n'avoir pas plus de valeur que l'or d'une guinée. En rendant aux pièces d'argent monnayé leur valeur intrinsèque, l'argent monnayé hausserait de prix ; mais l'or paraîtrait tomber, car une guinée ne vaudrait probablement pas alors plus de 21 bons shillings.

Si l'or devient aussi un moyen légal de paiement, et que chaque débiteur soit libre d'acquitter une dette de 21 l. st., en payant 420 sh., ou 21 guinées, il paiera en or ou en argent, selon qu'il aura l'un ou l'autre à meilleur marché. S'il peut, avec cinq quarters de froment, acheter autant d'or en lingots que la monnaie en met dans vingt guinées ; et si, avec la même quantité de froment, il peut acheter autant d'argent en lingots que la monnaie en emploie à frapper 430 shillings, il aimera mieux acquitter sa dette en argent ; car il gagnera par là 10 shillings. Mais si, au contraire, il pouvait avec ce froment se procurer assez d'or pour faire frapper 20 guinées et demie, et seulement autant d'argent qu'il en faudrait pour frapper 420 shillings, il préfèrerait naturellement acquitter sa dette en or. Si la quantité d'or qu'il pourrait obtenir ne rendait, étant frappée, que 20 guinées ; et si l'argent obtenu de même ne donnait que 420 shillings, il lui serait parfaitement égal d'acquitter sa dette en or ou en argent. Ce n'est donc pas une affaire de pur hasard ; ce n'est jamais parce que l'or convient mieux pour agent de la circulation d'un pays riche, qu'on le préfère à l'argent pour acquitter des dettes ; cela vient uniquement de ce qu'il est de l'intérêt du débiteur de les acquitter dans ce métal.

Pendant un temps considérable, avant l'année 1797, date de la suspension des paiements en espèces, l'or était à si bas prix, comparé à l'argent, qu'il était avantageux à la banque d'Angleterre, ainsi qu'à tout autre débiteur, d'acheter de l'or, et non de l'argent, pour le faire frapper à la monnaie, car on pouvait acquitter les dettes à meilleur compte dans ces espèces monnayées. L'argent monnayé fut, pendant une grande partie de cette époque, très-dégradé ; mais comme il était rare, il ne baissa jamais dans sa valeur courante, et cela, en raison du principe que je viens d'expliquer. Quoique la monnaie d'argent fût si dégradée, c'était toujours l'intérêt des débiteurs de payer en or. Si, cependant, cette monnaie d'argent dégradée eût été extrêmement abondante, les débiteurs auraient pu trouver de l'avantage à s'en servir pour acquitter leurs dettes ; mais la quantité en étant bornée, sa valeur se soutenait, et par conséquent l'or était, dans le fait, la véritable monnaie courante.

Personne n'en a jamais douté ; mais on a prétendu que cela était l'effet de la loi qui avait déclaré que l'argent ne serait pas un moyen légal de paiement pour toute somme au-dessus de 25 1. st., à moins qu'il ne fût pris d'après son poids, et au titre de la monnaie.

Mais cette loi n'empêchait aucun débiteur de payer une dette, quelque forte qu'elle fût, en argent monnayé sortant de la Monnaie ; et si les créanciers ne payaient pas avec ce métal, ce n'était ni par un effet du hasard ni par force, mais uniquement parce qu'il ne leur convenait pas de porter leur argent à la Monnaie pour l'y faire frapper, tandis qu'il leur convenait fort d'y porter de l'or. Il est vraisemblable que si la quantité de cette monnaie dégradée d'argent en circulation eût été extrêmement multipliée, et qu'elle eût été en même temps un moyen légal de paiement, il est probable, dis-je, qu'une guinée eût acquis de nouveau la valeur de 30 shillings ; mais, dans ce cas, c'est le shilling dégradé qui aurait baissé de valeur, et non la guinée qui aurait monté.

Il paraît donc que, tant que ces métaux ont été légalement recevables en paiement des dettes d'une valeur quelconque, on est resté constamment exposé à des variations dans la mesure principale de la valeur. L'or ou l'argent ont été tour à tour cette mesure ; ce qui provint entièrement des variations dans la valeur relative des deux métaux Aussi toutes les fois qu'un des deux cessa d'être la mesure de la valeur, on le fondit en le retirant de la circulation, parce que sa valeur en lingots excédait celle qu'il avait en monnaie. C'était un inconvénient qu'il importait beaucoup de faire disparaître ; mais telle est la marche lente de toute amélioration, que, quoique Locke l'eût démontré sans réplique, et que les écrivains qui, depuis, ont écrit sur les monnaies, en aient fait mention, ce n'est que dans la dernière session du Parlement, en 1816, qu'il a été déclaré que l'or seul était un moyen de paiement légal pour toute somme excédant quarante shillings.

Le docteur Smith ne paraît pas avoir bien compris les effets qui résultent d'employer à la fois deux métaux comme monnaie courante et comme moyen légal de paiement des dettes, quel qu'en soit le montant ; car il dit : « Dans le fait, pendant tout le temps que dure et continue une proportion déterminée entre la valeur respective des différents métaux monnayés, la valeur du plus précieux des deux règle celle de toutes les espèces monnayées. » Parce que, de son temps, l'or était le métal que les débiteurs préféraient pour acquitter leurs dettes, il a cru que ce métal possédait quelque propriété qui lui était inhérente, et moyennant laquelle il réglait à cette époque, comme il devait régler toujours la valeur de la monnaie d'argent.

A l'époque de la refonte des monnaies d'or, en 1774, une guinée nouvellement frappée à la Monnaie ne s'échangeait que contre 21 shillings dégradés ; mais sous le roi Guillaume, la monnaie d'argent étant également dégradée, une guinée nouvellement frappée s'échangeait contre 30 shillings. Là-dessus M. Buchanan fait l'observation suivante : « Voici donc un fait très-singulier, et duquel les théories reçues n'offrent aucune explication ; nous voyons à une époque la guinée s'échangeant contre 30 shillings dégradés (qui était sa valeur intrinsèque), et plus tard cette même guinée ne s'échangeant plus que contre 21 de ces mêmes schillings dégradés. Il faut nécessairement qu'il se soit opéré quelque changement remarquable dans l'état des monnaies entre ces deux époques, changement sur lequel le docteur Smith ne donne aucun éclaircissement. »

Il me semble que la solution de cette difficulté est très-aisée, si l'on explique la différence dans la valeur de la guinée aux deux époques mentionnées, par les *différentes quantités* de monnaie d'argent dégradée qui se trouvait en circulation. Sous le règne du roi Guillaume, l'or n'était pas un moyen légal de paiement, il n'avait qu'une valeur de convention. Tous les forts paiements étaient vraisemblablement faits en monnaie d'argent, surtout en raison de ce que le papier-monnaie, et les opérations de banque étaient, à cette époque, peu compris. La quantité de cette monnaie d'argent dégradée excédait la quantité de la monnaie d'argent dégradée qui serait restée en circulation, si la bonne monnaie avait seule eu cours, et par conséquent elle se trouvait non-seulement dégradée, mais encore dépréciée. Mais dans la suite, lorsque l'or devint moyen légal de paiement, et qu'on employa aussi des billets de banque dans les paiements, la quantité de monnaie dégradée d'argent n'excéda pas la quantité de la bonne monnaie d'argent nouvellement frappée qui aurait circulé s'il n'y avait pas en de monnaie dégradée d'argent ; c'est pourquoi, quoique cette monnaie fût altérée, elle ne fut pas dépréciée. L'explication qu'en donne M. Buchanan est un peu différente ; il croit que la monnaie du métal qui domine dans la circulation, est sujette à la dépréciation, mais que l'agent subalterne ne l'est pas. Sous le roi Guillaume, la monnaie principale qui était d'argent, fut par conséquent sujette à être dépréciée. En 1774, l'argent n'était plus que subsidiaire, et en conséquence il conserva sa valeur. La dépréciation des monnaies ne dépend cependant pas de ce qu'un des métaux est l'agent principal de la circulation, et l'autre un agent subsidiaire ; elle ne provient que de ce que la quantité d'un métal monnayé jeté dans la circulation est excessive.

Il n'y a pas grand inconvénient à établir un droit modéré de monnayage, surtout sur la monnaie destinée au paiement des petites sommes. Les pièces frappées acquièrent en général un surcroît de valeur égal au montant du droit, et cet impôt est par conséquent un de ceux qui n'affectent nullement ceux qui le paient, tant que la quantité de monnaie en circulation n'est pas excessive. Il faut cependant remarquer que, dans un pays où il y a un papier-monnaie en circulation, quoique ceux qui l'émettent soient tenus de le rembourser en espèces, si le porteur l'exige, il peut cependant arriver que ces billets, ainsi que les espèces, soient dépréciés de tout le montant du droit de monnayage établi sur le métal reconnu comme le seul moyen légal de paiement, et cela, avant que les règlements tendant à limiter la circulation du papier aient pu opérer. Si le droit de monnayage sur les pièces d'or était, par exemple, de 5 pour 100, la monnaie courante pourrait, par une forte émission de billets de banque, se trouver réellement dépréciée de 5 pour 100 avant que les porteurs de ces billets eussent trouvé de l'intérêt à les échanger contre des espèces pour les fondre en lingots.

Nous ne serions jamais exposés à éprouver une pareille dépréciation, s'il n'existait point de droit de monnayage ; ou si, malgré l'existence du droit, les porteurs de billets de banque pouvaient en demander le remboursement en lingots, à 3 l. 17 sh. 10 ½ d., prix de la monnaie, et non en espèces monnayées. A moins donc que la banque ne soit tenue de rembourser ses billets en lingots ou en espèces monnayées au gré du porteur, la loi récente qui a établi en Angleterre un droit de monnayage de 6 pour 100, ou de quatre *pence* par once d'argent, mais en ordonnant que l'or sera frappé par la monnaie sans frais, est peut-être la mesure la plus sage, et la plus efficace pour empêcher toute variation inutile dans les monnaies [1].

---

1 M. Say serait d'avis que l'Hôte1 des Monnaies se fit payer un droit de monnayage qui varierait selon la quantité de lingots qu'il aurait à frapper.

« Le gouvernement ne frapperait les lingots des particuliers qu'autant qu'on lui paierait les frais et même le bénéfice de la fabrication. Ce bénéfice pourrait être porté assez haut en vertu du privilège exclusif de fabriquer ; mais il devrait varier suivant les

Chapitre XXVIII.
DE LA VALEUR COMPARATIVE DE L'OR, DU BLÉ, ET DE LA MAIN-D'ŒUVRE, DANS LES PAYS RICHES ET DANS LES PAYS PAUVRES.

« L'or et l'argent comme toute autre marchandise, dit Adam Smith, cherchent naturellement le marché où l'on donne le meilleur prix pour les avoir. Or, pour quelque denrée que ce soit, ce meilleur prix sera toujours offert par le pays qui est le plus en état de le donner. Le travail, comme il faut toujours se le rappeler, est le prix qui, en dernière analyse, paie tout, et dans deux pays ou le travail sera également bien récompensé, le prix du travail en argent sera en proportion du prix des subsistances. L'or et l'argent s'échangeront donc naturellement contre une plus grande quantité de subsistances dans un pays riche que dans un pays pauvre, dans un pays où les subsistances abondent, que dans un pays qui n'en est que médiocrement fourni. »

Mais le blé est une marchandise, ainsi que l'argent et les autres choses ; or, si toutes les marchandises ont une grande valeur échangeable dans un pays riche, on ne doit pas en excepter le blé. Il pourrait donc être exact de dire, en ce cas, que le blé s'échange contre une grande quantité de monnaies, parce qu'il est cher, et que la monnaie s'échange de même contre une grande quantité de blé, parce qu'elle est chère aussi, ce qui serait affirmer que le blé est à la fois cher et à bon marché. Il n'y a pas de principe qui puisse être mieux établi en économie politique que celui par lequel on reconnaît qu'un pays riche, de même qu'un pays pauvre, est retenu dans l'accroissement de sa population par la difficulté progressive

---

circonstances où se trouveraient les Hôtels des Monnaies et les besoins de la circulation. " - J.-B. SAY, *liv I*, chap. 21. Une telle disposition aurait un effet très-dangereux, et exposerait le pays à une variation considérable et inutile dans la valeur intrinsèque des monnaies. (*Note de L'Auteur.*)

Je n'ai rien à dire au sujet du danger que M. Ricardo trouve à ma proposition, si ce n'est que je suis assez porté à être de son avis. Mais si l'art d'organiser la société n'était pas encore dans l'enfance, si l'on avait trouvé des moyens pour que les intérêts de ceux qui sont gouvernés ne fussent pas toujours subordonnés aux intérêts de ceux qui gouvernent, on aurait lieu de regretter qu'une manufacture aussi lucrative (sans rien coûter au consommateur) que pourrait l'être celle de battre monnaie, non-seulement ne donne aucun bénéfice à l'État, mais lui soit au contraire fort onéreuse. Au surplus, je ne veux point indiquer les moyens de rendre cette manufacture profitable, jusqu'à ce qu'il me soit démontré que ces bénéfices tourneront au profit de la nation, en lui procurant un allégement équivalent dans l'impôt. - J.-B. SAY.

d'obtenir des subsistances. Cette difficulté doit nécessairement faire hausser le prix relatif des subsistances et en encourager l'importation. Comment se peut-il que la monnaie d'or ou d'argent s'échange contre plus de blé dans les pays riches que dans les pays pauvres ? Ce n'est guère que dans les pays riches où le blé est cher, que les propriétaires fonciers engagent la législature à prohiber l'importation du blé. A-t-on jamais entendu parler d'une loi en Amérique ou en Pologne qui défendît l'importation des produits de l'agriculture ? La nature y a mis un obstacle insurmontable en rendant la production de ces denrées beaucoup plus facile dans ces pays-là que dans les autres.

Comment donc peut-il être vrai « qu'à l'exception du blé et d'autres substances végétales, qui sont entièrement le fruit de l'industrie de l'homme, tous les autres produits naturels, le bétail, la volaille, le gibier, les fossiles et les minéraux utiles, etc., renchérissent naturellement à mesure que la société fait des progrès ? » L'erreur du docteur Smith, dans tout le cours de son ouvrage, consiste clans la supposition que le blé a une valeur constante qui ne peut jamais monter, quoique la valeur de toutes les autres choses puisse augmenter. Selon lui, le blé a toujours une même valeur, parce qu'il sert toujours à nourrir le même nombre d'individus. On aurait autant de raison de soutenir que le drap ne change jamais de valeur, parce qu'avec une quantité donnée, on peut toujours en faire le même nombre d'habits. Qu'y a-t-il de commun entre la valeur et la propriété de servir à la nourriture et aux vêtements⊠ ?

Le blé, comme toute autre marchandise, a dans chaque pays son prix naturel, c'est-à-dire le prix que sa production exige, et sans lequel on ne pourrait pas le cultiver ; c'est ce prix qui règle le prix courant, et qui détermine s'il convient d'exporter du blé à l'étranger. Si l'importation du blé était prohibée en Angleterre, le prix naturel du blé pourrait y monter à 6 1. st. le quarter, pendant qu'il serait en France à la moitié de ce prix. Si alors on levait la prohibition d'importer du blé, il tomberait dans le marché anglais, non à un prix moyen entre 6 1. et 3 l., mais il y baisserait en définitive, et s'y maintiendrait à son prix naturel en France, c'est-à-dire au prix auquel il pourrait être porté au marché anglais, en rapportant les profits ordinaires aux capitaux français, et il se soutiendrait à ce prix - que l'Angleterre en consommât d'ailleurs cent mille ou un million de quarters. Si la demande de l'Angleterre montait à cet dernier chiffre, il est vraisemblable que la nécessité où se trouverait la France d'avoir recours à la culture de terrains moins fertiles pour pouvoir fournir un si fort approvisionnement, ferait hausser en France le prix naturel du blé, et cela influerait par conséquent sur son prix en Angleterre. Ce que je prétends, c'est que le prix naturel des choses dans le pays qui exporte, est celui qui règle en définitive le prix auquel ces choses doivent être vendues, si elles ne sont pas sujettes à un monopole dans le pays qui importe.

Mais le docteur Smith, qui soutient avec tant de talent la doctrine qui établit que le prix naturel des choses règle en dernière analyse leur prix courant, a supposé un cas dans lequel il pense que le prix courant ne serait réglé ni par le prix naturel du pays qui exporte, ni par celui du pays qui importe. « Diminuez, dit-il, l'opulence réelle de la Hollande ou du territoire de Gênes, le nombre des habitants y restant toujours le même ; diminuez la faculté qu'ont ces pays de tirer leurs approvisionnements des pays éloignés, et vous verrez que, bien loin de baisser avec cette diminution dans la quantité de l'argent, - laquelle, soit comme cause, soit comme effet, doit nécessairement accompagner cet état de décadence, - le prix du blé s'y élèvera au taux de famine. »

Je pense qu'il en résulterait précisément le contraire. La diminution des ressources des Hollandais et des Génois, pour acheter du blé dans les marchés étrangers, pourrait faire baisser le prix du blé, pendant un certain temps, au-dessous de son prix naturel dans le pays d'où on l'exportait, aussi bien que dans le pays qui l'importait ; mais il est absolument impossible que cela pût jamais faire monter le blé au-dessus de son prix naturel. Ce n'est qu'en augmentant l'opulence des Hollandais ou des Génois que vous pourriez faire augmenter la demande du blé, et le faire monter au-dessus de l'ancien prix ; et cela n'aurait même lieu que pendant un espace de temps très-borné, à moins qu'il ne survînt de nouveaux obstacles qui rendissent plus difficile d'obtenir l'approvisionnement nécessaire.

Le docteur Smith dit encore à ce sujet : « Quand nous venons à manquer des choses nécessaires, il faut alors renoncer à toutes les choses superflues, dont la valeur, qui, dans les temps d'opulence et de prospérité ; monte rapidement, baisse de même dans les temps de pauvreté et de détresse. » Cela est de toute vérité ; mais il ajoute : « Il en est autrement des choses nécessaires. Leur prix réel, la quantité de travail qu'elles peuvent acheter ou commander, s'é1ève dans les temps de pauvreté et de détresse, et baisse dans les temps d'opulence et de prospérité, qui sont toujours des temps de grande abondance, sans quoi ils ne seraient pas des temps d'opulence et de prospérité. Le blé est une chose nécessaire ; l'argent n'est qu'une chose superflue. »

Il y a dans ce raisonnement deux propositions mises en avant, qui n'ont aucune liaison entre elles : l'une, que, dans les circonstances supposées, le blé pourrait commander plus de travail, ce que nous admettons ; l'autre, que le blé aurait un plus haut prix en argent, ou s'échangerait contre une plus grande quantité d'argent métallique. C'est cette seconde proposition que je crois fausse. Elle pourrait être vraie, si le blé était rare en même temps que cher, si l'approvisionnement ordinaire avait manqué. Mais, dans le cas supposé, le blé est en abondance, et on ne prétend pas que l'importation en soit moindre que de coutume, ou qu'il en faille davantage. Il manque aux Hollandais et aux Génois de l'argent pour acheter du blé, et, pour avoir cet argent, ils sont obligés de vendre leurs superfluités. C'est la valeur et le prix courant de ces superfluités qui baissent, et l'argent paraît hausser si on le compare à ces objets. Mais cela ne fera pas augmenter la demande de blé, ni tomber la valeur de l'argent, qui sont les deux seules causes qui puissent faire monter le prix du blé. Il peut y avoir une grande demande d'argent, soit faute de crédit, soit par d'autres causes, et il peut renchérir en conséquence par rapport au blé ; mais il est impossible d'établir sur aucun principe raisonnable que, dans de semblables circonstances, l'argent doive être à bon marché, et que par conséquent le prix du blé doive hausser.

Quand on parle du plus ou moins de valeur de l'or, de l'argent ou de toute autre marchandise dans différents pays, on devrait toujours choisir une mesure pour estimer cette valeur, si l'on veut être intelligible. Par exemple, quand on dit que l'or est plus cher en Angleterre qu'en Espagne, si l'on ne l'estime pas en le comparant à d'autres marchandises, quel peut être le sens de cette assertion ? Si le blé, les olives, l'huile, le vin et la laine sont à meilleur marché en Espagne qu'en Angleterre, l'or, estimé au moyen de ces denrées, se trouvera être plus cher en Espagne. Si, d'un autre côté, la quincaillerie, le sucre, le drap, etc., sont à plus bas prix en Angleterre qu'en Espagne, dans ce cas, l'or, estimé au moyen de ces articles, sera plus cher en Angleterre. C'est ainsi que l'or paraîtra cher où à bas prix en Espagne, selon que le caprice du spéculateur lui fera choisir la mesure d'après laquelle il en estimera la valeur. Adam Smith, ayant imprimé le caractère de mesure générale de la valeur au blé et au travail, aurait naturellement estimé la valeur comparative de l'or par la quantité de ces deux objets contre laquelle on pourrait l'échanger ; et par conséquent, quand il parle de la valeur comparative de l'or dans deux pays, je dois croire qu'il veut parler de la valeur de l'or estimée en blé et en travail.

Mais on a déjà vu que l'or, estimé en blé, peut avoir une valeur très-différente dans deux pays. J'ai déjà tâché de faire voir que l'or, comparé au blé, sera à bas prix dans les pays riches, et cher dans les pauvres. Adam Smith est d'une opinion différente ; il pense que la valeur de l'or estimé en blé est plus élevée dans les pays riches. Mais sans nous arrêter davantage à examiner laquelle de ces deux opinions est la vraie, l'une et l'autre suffisent pour faire voir que l'or n'est pas nécessairement à plus bas prix dans les pays qui en possèdent des mines, quoique Adam Smith soutienne cette proposition. Supposons que l'Angleterre soit en possession de mines d'or, et que l'opinion d'Adam Smith, qui veut que l'or ait plus de valeur dans les pays riches, soit exacte ; dans ce cas, quoique l'or sortît naturellement de l'Angleterre pour aller s'échanger dans tous les autres pays contre leurs *marchandises*, il ne s'ensuivrait pas qu'il se trouvât nécessairement à plus bas prix en Angleterre, comparé au blé et au travail, que dans les pays étrangers. Dans un autre endroit, cependant, Adam Smith dit que les métaux précieux sont nécessairement à plus bas prix en Espagne et en Portugal que dans les autres pays de l'Europe, parce que ces deux États se trouvent être les possesseurs presque exclusifs des mines qui les fournissent. « La Pologne, dit-il, qui n'est pas délivrée du système féodal, est encore aujourd'hui un pays aussi misérable qu'il n'était avant la découverte de l'Amérique. *Cependant le prix du blé a monté* en Pologne; LA VALEUR RÉELLE DES MÉTAUX PRÉCIEUX Y A BAISSÉ, comme dans tous les autres endroits de l'Europe. La quantité de ces métaux a donc dû y augmenter comme ailleurs, et *à peu près dans la même proportion, relativement au produit annuel de ses terres et de son travail.* Avec cela, cette augmentation dans la quantité de ces métaux n'a pas, à ce qu'il semble, augmenté ce produit annuel, n'a pas étendu l'agriculture et les manufactures du pays, ni amélioré le sort de ses habitants. L'Espagne et le Portugal, qui possèdent les mines, sont peut-être après la Pologne, les deux pays les plus pauvres de l'Europe ; cependant il faut bien que la valeur des métaux précieux *soit plus basse en Espagne et en Portugal* que dans tout autre endroit de l'Europe, puisque de ces deux pays ils viennent se rendre dans tous les autres, avec la charge, non-seulement du fret et de l'assurance, mais encore avec la dépense de la contrebande, leur exportation étant ou prohibée ou soumise à des droits. Leur quantité, par rapport au produit annuel des terres et du travail, doit donc nécessairement être plus grande dans ces deux pays qu'en aucun autre endroit de l'Europe ; cependant ces pays sont plus pauvres que la plupart des autres États de l'Europe. C'est que si le système féodal a été aboli en Espagne et en Portugal, il y a été remplacé par un système qui ne vaut guère mieux. »

Voici, selon moi, à quoi se réduit le raisonnement du docteur Smith. L'or, estimé en blé, est à plus bas prix en Espagne que dans les autres pays ; et la preuve en est, que ce n'est pas du blé que les autres pays donnent à l'Espagne, en échange pour son or, mais bien du drap, du sucre, des quincailleries, qu'on échange contre ce métal.

Chapitre XXIX.
DES IMPÔTS PAYÉS PAR LE PRODUCTEUR.

M. Say exagère beaucoup les inconvénients qui résultent des impôts établis sur les produits manufacturés, surtout lorsqu'ils portent sur la première époque de la fabrication, et avant que ces produits soient terminés. Les manufacturiers, dit-il, par les mains desquels le produit manufacturé doit. passer successivement; sont obligés d'employer de plus gros capitaux, par la nécessité où ils se trouvent de faire l'avance du montant de l'impôt, ce qui est souvent très-gênant pour des manufacturiers qui n'ont qu'un très-mince capital et un très-faible crédit.

Un autre inconvénient sur lequel il insiste est que, par suite de l'avance de l'impôt, l'intérêt de cette avance doit être aussi supporté par le consommateur, et que cette addition d'impôt est une de celles dont le fisc ne profite pas.

Je ne puis pas admettre cette seconde objection de M. Say. Supposons que l'État ait besoin de lever immédiatement 1000 1. st., et qu'il lève cette somme sur un manufacturier qui ne pourra la faire payer au consommateur que dans un an, quand les produits seront achevés. Par suite de ce retard, il est obligé d'augmenter le prix des ouvrages de sa fabrique, non-seulement de 1000 l., montant de l'impôt, mais vraisemblablement de 1100 l., 100 l. étant l'intérêt des 1000 1. qu'il a avancées. Mais, moyennant cette addition de 100 1. payées par le consommateur, le fabricant a un profit réel, en ce que le paiement de l'impôt que le gouvernement exigeait sans délai, et qu'il doit payer en définitive, a été ainsi retardé d'un an. Cela met le gouvernement en état de prêter au manufacturier les 1000 1. dont il a besoin, à 10 pour cent d'intérêt, ou à tout autre taux dont il soit convenu, - 1100 1. payables à la fin d'un an, l'argent étant à 10 pour cent, ne valant pas plus, en effet, que 1000 1. payables sur-le-champ. Si le gouvernement n'exige l'impôt qu'après un an, lorsque la fabrication des ouvrages manufacturés se trouvera terminée, il sera peut-être obligé d'émettre une obligation du trésor portant intérêt, et l'intérêt lui coûterait autant que ce que le consommateur épargnerait dans le prix, non compris cependant la partie du prix que le manufacturier pourrait, en vertu de l'impôt, ajouter à son gain réel. Si le gouvernement avait dû payer cinq pour cent pour l'intérêt de l'obligation du trésor, il y aura 50 1. d'impôts d'épargnés par la non-émission de l'obligation. Si le manufacturier emprunte le capital additionnel dont il a besoin pour faire l'avance de l'impôt à 5 pour cent, et s'il le fait payer à 10 pour cent au consommateur, il aura gagné 5 pour cent sur son avance en sus de ses profits ordinaires ; en sorte que le manufacturier et le gouvernement gagnent ou épargnent tous deux précisément la somme que le consommateur paie.

M. .de Sismondi, dans son excellent livre de la *Richesse commerciale*, en suivant le raisonnement de M. Say, a calculé qu'un impôt de 4000 francs, payé dans l'origine par un manufacturier dont les profits ne seraient qu'au taux modéré de 10 pour cent, si le produit manufacturé passait seulement par les mains de cinq différentes personnes, reviendrait au consommateur à la somme de 6734 francs. Ce calcul est fondé sur la supposition que celui qui le premier a fait l'avance de l'impôt, a dû recevoir du second manufacturier 4400 francs, et ce dernier du troisième 4840 francs ; en sorte que chaque fois que le produit passerait par les mains d'un autre manufacturier, il se trouverait chargé de 10 pour cent sur sa valeur. C'est supposer que la valeur de l'impôt s'accroît selon un taux d'intérêt composé, non au taux de 10 pour cent par an, mais au taux de 10 pour cent chargé à chaque transmission progressive. L'opinion de M. de Sismondi serait exacte s'il s'était écoulé cinq ans depuis la première avance de l'impôt jusqu'à la vente du produit imposé au consommateur ; mais si une seule année s'est écoulée, une rétribution de 400 fr., au lieu de 2734, aura fourni un profit au taux de 10 pour cent à tous ceux qui auraient contribué à faire l'avance de l'impôt, soit que l'ouvrage manufacturé eût passé par les mains de cinq ou cinquante manufacturiers.

Chapitre XXX.
DE L'INFLUENCE QUE L'OFFRE ET LA DEMANDE ONT SUR LES PRIX.

Ce sont les frais de production qui règlent en dernière analyse le prix des choses, et non comme on l'a souvent avancé, le rapport entre l'offre et la demande. Ce rapport, à la vérité, modifie pour quelque temps la valeur courante d'une chose, selon que la demande peut avoir augmenté ou diminué et jusqu'à ce que l'approvisionnement en devienne plus ou moins abondant ; mais cet effet n'aura qu'une durée passagère.

Diminuez les frais de la fabrication des chapeaux, et leur prix finira par tomber à leur nouveau prix naturel, quoique la demande puisse doubler, tripler, ou quadrupler. Diminuez les frais de l'entretien des hommes, en diminuant le prix naturel de la nourriture et des vêtements qui soutiennent la vie, et vous verrez les salaires finir par baisser, quoique la demande de bras ait pu s'accroître considérablement.

L'opinion que le prix des choses dépend uniquement de la proportion de l'offre avec la demande, ou de la demande avec l'offre, est devenue presque un axiome en économie politique, et a été la source de bien des erreurs dans cette science. C'est cette opinion qui a fait avancer à M. Buchanan que les salaires n'éprouvent aucune influence par la hausse ou par la baisse dans le prix des vivres, et qu'ils ne sont affectés que par la demande plus ou moins grande de bras, et qu'un impôt sur les salaires des travailleurs ne ferait point hausser les salaires, parce qu'il ne dérangerait pas le rapport entre le nombre d'ouvriers qui s'offrent, et la demande qu'on en fait.

On ne peut pas dire que la demande d'une chose ait augmenté, si l'on n'en achète pas ou si l'on n'en consomme point une plus grande quantité ; et cependant, dans de telles circonstances, sa valeur en argent peut hausser. Si l'argent baissait de valeur, le prix de toutes les marchandises hausserait, car chacun des concurrents serait disposé à dépenser plus d'argent qu'auparavant à faire des achats; mais quoique le prix de toutes les marchandises eût haussé de 10 ou de 20 pour 100, si l'on n'en achetait pas plus que par le passé, je crois qu'on ne pourrait pas dire que le changement de prix de la marchandise a été l'effet d'une plus grande demande ; son prix naturel, ses frais de production en argent, se trouveraient réellement changés par la différente valeur de l'argent ; et sans aucun surcroît de demande, le prix de la marchandise s'accommoderait à cette nouvelle valeur.

« Nous avons vu (dit M. Say) que les frais de production déterminent le plus bas prix des choses, le prix au-dessous duquel elles ne tombent pas d'une manière durable, car alors la production s'arrête ou diminue. » *Liv. II*, chap. 4.

Il dit ensuite que la demande de l'or ayant depuis la découverte des mines augmenté dans une proportion encore plus forte que l'approvisionnement, « le prix de l'or estimé en marchandise, au lieu de tomber dans la proportion de dix à un, n'a baissé que dans la proportion de quatre à un ; » c'est-à-dire qu'au lieu de baisser en proportion de la baisse de son prix naturel, il n'est tombé qu'en suivant la proportion de l'excès de l'approvisionnement par rapport à la demande [1]. *La valeur de chaque chose monte toujours en raison directe de la demande et en raison inverse de l'offre.*

Lord Lauderdale énonce la même opinion :

« Quand aux variations de valeur auxquelles toutes marchandise est exposé, dit-il, si nous pouvions supposer pour un moment qu'une substance quelconque possédât une valeur intrinsèque et fixe, de manière qu'une quantité déterminé eût toujours et dans toutes les circonstances une même valeur, le prix de chaque chose, mesuré par une telle mesure fixe et constante, varierait suivant le rapport *entre sa quantité*, et la demande qu'il y en aurait, et chaque chose serait sujette à varier de valeur par quatre circonstances différentes :

« 1° Une chose augmenterait de valeur en raison de la diminution de sa quantité ;

« 2° Elle diminuerait de valeur, par l'augmentation de sa quantité ;

---

1 « Si, avec la quantité d'or et d'argent qui existe actuellement, ces métaux ne servaient qu'à la fabrication de quelques ustensiles et de quelques ornements, ils abonderaient, et seraient à bien meilleur marché qu'ils ne sont, c'est-à-dire qu'en les échangeant contre toute espèce de denrées, il faudrait, dans ce troc, en donner davantage à proportion. Mais comme une grande partie de ces métaux sert de monnaie, et que cette partie ne sert pas à autre chose, il en reste moins à employer en meuble et en bijoux ; or, cette rareté ajoute à la valeur. » - J.-B. Say, liv. I, chap. 21, § 3. (*Note de l'Auteur.*)

« 3° Elle pourrait augmenter de valeur en raison d'une plus forte demande ;

« 4° Elle pourrait diminuer de valeur, faute d'être demandée.

« Comme il est cependant aisé de prouver qu'aucune chose ne peut avoir une valeur intrinsèque et fixe qui puisse la rendre propre à mesurer la valeur des autres denrées, les hommes ont été conduits à choisir, pour mesure pratique de la valeur, la matière qui parait le moins sujette à varier de valeur par l'une ou l'autre des quatre causes ci-dessus énoncées, *et qui sont les seules qui fassent changer la valeur des choses.*

« Quand donc nous exprimons, dans le langage ordinaire, la *valeur* d'une chose quelconque, cette valeur peut changer d'un temps à un autre par l'opération de huit causes différentes :

« 1° Par les quatre déjà énoncées, dans leur rapport avec la chose même dont nous voulons exprimer la valeur ;

« 2° Par ces même causes, dans leur rapport avec la chose que nous avons adoptée comme mesure fixe de la valeur. »

Tout ceci est vrai pour ce qui regarde les monopoles, et même, quant au prix courant de toute marchandise, pendant un temps borné. Si la demande de chapeaux devient deux fois plus forte, le prix en montera sur-le-champ ; mais cette hausse ne sera que temporaire, à moins que les frais de production des chapeaux, ou leur prix naturel ne s'élève en même temps. Si le prix naturel du pain baissait de 50 pour cent par suite de quelque grande découverte dans la science de l'agriculture, la demande de pain n'augmenterait pas considérablement, personne n'en voudrait avoir que ce qui lui suffirait pour satisfaire ses besoins, et la demande n'augmentant pas, l'approvisionnement n'augmenterait pas non plus ; car il ne suffit pas qu'on puisse produire une chose pour qu'elle soit produite en effet, il faut encore qu'on la demande. Voici donc un cas où l'offre et la demande ont à peine varié, ou n'ont augmenté que dans une même proportion ; et cependant le prix du blé aura baissé de 50 pour cent, et cela pendant que la valeur de l'argent n'aura point éprouvé de variation.

Des produits dont un particulier ou une compagnie ont le monopole, varient de valeur d'après la loi que lord Lauderdale a posée ; ils baissent à proportion qu'on les offre en plus grande quantité, et ils haussent avec le désir que montrent les acheteurs de les acquérir ; leur prix n'a point de rapport nécessaire avec la valeur naturelle ; mais quant aux choses qui sont sujettes à la concurrence parmi les vendeurs, et dont la quantité peut s'augmenter dans des bornes modérées, leur prix dépend en définitive, non de l'état de la demande et de l'approvisionnement, mais bien de l'augmentation ou de la diminution des frais de production [1].

1 Lorsque divers auteurs qui suivent les mêmes méthodes d'investigation, et qui ont fait preuve de jugement en plusieurs occasions, diffèrent complètement d'avis sur un principe, leur dissentiment ne peut venir que faute de s'entendre. Essayons si l'on peut, dans ce cas-ci, de présenter la question sous un jour nouveau qui rallie toutes les opinions.

La plupart des économistes politiques établissent que la valeur ou le prix d'une chose s'élève ou s'abaisse en raison directe de la demande qui en est faite, et en raison inverse de l'offre. M. Ricardo affirme que l'offre et la demande n'y font rien ; que le prix baisse par la concurrence des producteurs jusqu'au niveau des frais de productions, et s'arrête là.

Maïs que fait-on, dans la réalité, lorsqu'on demande à échanger une marchandise contre une autre ; lorsque, par exemple, un homme offre en vente dix-huit livres de froment qui valent 3 francs, pour acheter avec cet argent une livre de café, qui vaut également 3 francs ? Il offre les services productifs * (ou leur prix, c'est-à-dire les frais de production) qui ont servi à payer les services productifs dont la livre de café est le résultat.

Les services productifs de la livre de café, ou leur prix et la livre de café, ne sont pas les deux membres de l'équation : ce sont *une seule et même chose*. Et quand M. Ricardo dit qu'un produit vaut toujours ce que valent ses frais de production, il dit vrai ; mais la question reste à résoudre : *Qu'est-ce que valent ces frais de production ? quel prix met-on aux services capables de produire un produit appelé une livre de café ?*

Je réponds qu'on y met d'autant plus de prix, et qu'on est disposé à les payer d'une quantité d'autant plus grande de tout autre service productif, que les services propres à produire du café sont plus rares et plus demandés, et c'est dans ce sens qu'il faut entendre la demande et l'offre, le besoin et l'approvisionnement, le principe si connu des Anglais sous les noms de *want and supply*.

La quantité de travail, de capitaux et de terrain nécessaires pour accomplir un produit, constitue la difficulté de sa production, sa rareté. Un produit qui ne peut être le fruit que de beaucoup de services productifs est plus rare que celui qui peut être le fruit de peu de services ; en d'autres termes, un produit est d'autant plus abondant, que la même quantité de services productifs en fournit davantage. De là une plus grande quantité offerte, un prix plus bas. Lorsque, au contraire, la quantité de services nécessaires augmente, le prix s'élève. Au lieu de demander pour une livre de café dix-huit livres de blé (ou les services productifs qui ont servi à faire dix-huit livres de blé), on demandera peut-être vingt livres, vingt-cinq livres, trente livres, jusqu'à ce qu'il ne se trouve plus un seul acheteur disposé à payer le café, et alors il ne s'en produit pas. C'est le cas de mille produits qui ont ruiné leurs producteurs, parce qu'ils ne valaient pas leurs frais de production.

Une plus grande puissance de produire équivaut à une plus grande quantité de

Chapitre XXXI.
DES MACHINES [1].

Dans ce chapitre je me propose d'étudier l'influence que les machines exercent sur les intérêts des différentes classes de la société, question importante et qui ne me parait pas avoir été suffisamment approfondie jusqu'à ce jour. Je me sens même d'autant plus entraîné à émettre mes opinions sur cette grave matière que ces opinions ont subi, sous l'empire de méditations prolongées, des changements adorables. Et quoique je ne sache pas avoir publié sur la question des machines une seule ligne que je doive rétracter, j'ai cependant pu soutenir indirectement des doctrines qu'aujourd'hui je crois fausses. G'est donc un devoir pour moi de soumettre à l'examen du public mes vues actuelles et les raisons qui les ont fait battre dans mon esprit.

Dès le moment où je commençai à étudier les questions économiques, je crus que toute machine qui avait pour effet d'introduire dans une branche quelconque de la production une économie de main-d'œuvre, produisait un bien général qu'altéraient seulement les crises qui accompagnent le plus souvent le déplacement des capitaux et du travail

---

services productifs versés dans la circulation. Si quelque grand perfectionnement en agriculture me permet d'obtenir trente-six livres de blé là où je n'en obtenais que dix-huit, c'est comme si je doublais l'offre de mes services propres à faire du blé. Ils baisseront de moitié, et l'on pourra obtenir alors dix-huit livres de blé pour une demi-livre de café seulement. Les services productifs propres à faire dix-huit livres de blé vaudront autant que les services productif propres à faix: une demi-livre de café **.

Dans le système de M.Ricardo, qui professe dans tout le cours de ce livre que la quantité de travail nécessaire pour faire un produit est le seul élément de son prix, et qui ne tient nul compte de ce le peut avoir coûté le concours du capital et du fonds de terre, voici comme j'exprimerais le même principe : on met d'autant plus de prix au travail nécessaire pour faire une chose, c'est-à-dire on est disposé à le payer d'une quantité d'autant plus grande de travail propre à faire toute autre chose, que le premier est moins offert et plus demandé, et *vice versa.* - J.-B. SAY

* Par *services productifs* j'entends l'action, le concours des travaux, des capitaux, des terres dont il résulte un produit. Ceux qui fournissent leur travail, qui prêtent leur capital ou leur terrain, reçoivent le prix de ce concours, et ce prix compose les *frais de production.*

** Dans le cas toutefois où cette baisse n'influerait en rien sur la demande. Il est probable, au contraire, qu'une semblable baisse du blé changerait tous les rapports de valeur.

1 Ce chapitre est complètement neuf dans notre langue et ne figure dans les œuvres de Ricardo que depuis la quatrième édition. (A. F.)

d'une industrie vers une autre. Il me parut que tant que les propriétaires auraient les mêmes rentes en argent, ils profiteraient de la diminution de prix survenue dans les marchandises qu'ils achetaient avec leurs rentes, - diminution que devait nécessairement entraîner l'emploi des machines. Il en serait de même, me disais-je, pour le capitaliste. Sans doute, celui qui découvre une machine ou qui en fait le premier l'application, doit, pendant quelques années, jouir d'avantages spéciaux et légitimes et de profits énormes ; mais l'emploi de sa machine se généralisant peu à peu, le prix de la marchandise produite descendrait, sous la pression de concurrence, au niveau des frais de production, et le capitaliste verrait baisser ses profits. Seulement il profiterait, à titre de consommateur, de l'avantage réparti à tous, et pourrait, avec le même revenu en argent, se procurer une somme plus considérable de jouissances et de bien-être.

Je croyais encore que les machines étaient une institution éminemment favorable aux classes ouvrières en ce qu'elles acquéraient ainsi les moyens d'acheter une plus grande masse de marchandises avec les mêmes salaires en argent : et je pensais, plus, que les salaires ne subiraient aucune réduction par la raison que les capitalistes auraient besoin de la même somme de travail qu'auparavant, quoique ce travail dût être dirigé dans des voies nouvelles. Si, par l'emploi de machines nouvelles, on parvenait à quadrupler la quantité de bas fabriqués, et que la demande de bas ne fît que doubler, il faudrait nécessairement licencier un certain nombre d'ouvriers ; mais comme le capital qui servait à les entretenir existait toujours et que l'intérêt des capitalistes devait être d'employer productivement ce capital, il me paraissait qu'il irait alimenter quelque autre industrie utile à la société. J'étais, en effet, et demeure profondément convaincu de la vérité de ces paroles d'Adam Smith. – « Le désir des aliments se trouve limité chez l'homme par l'étroite dimension de son estomac ; mais le désir du bien-être, du luxe, des jouissances, des équipages, de la toilette est infini comme l'art, comme le caprice. » Dès lors , comme je pensais que la demande de travail serait la même et que les salaires ne baisseraient pas, je pensais aussi que les classes inférieures participeraient, comme toutes les autres classes, aux avantages résultant du bas prix des marchandises, et par conséquent de l'emploi des machines.

Telles étaient mes opinions : telles elles sont encore relativement au propriétaire et au capitaliste ; mais je suis convaincu que la substitution des forces mécaniques aux forces humaines pèse quelquefois trèslourdement, très-péniblement sur les épaules des classes laborieuses.

Mon erreur provenait de ce que je faisais toujours croître parallèlement le revenu net et le revenu brut d'une société, et que tout prouve, au contraire, que les fonds où les propriétaires et les capitalistes puisent leurs revenus peuvent grandir tandis que celui qui sert à maintenir la classe ouvrière diminue. D'où il suit que la cause même qui accroît le revenu net d'un pays peut en même temps activer l'accroissement de la population, aggraver la concurrence des travailleurs et diminuer leur bien-être.

Supposons qu'un capitaliste spécule sur une somme de 20,000 1. st., et qu'il joigne aux fonctions d'un fermier celles d'un fabricant de denrées de première nécessité. Supposons encore que, sur ce capital, 7 ,000 1. st. soient engagées dans des constructions, des instruments, etc., et que le reste, soit employé, sous forme de capital circulant, à solder le travail. Supposons, enfin, que les profits soient de 10 %, et que les 20,000 1. st. rapportent régulièrement et annuellement 2,000 1. st.

Chaque année notre capitaliste, commence ses opérations en achetant la nourriture et les objets de consommation qu'il vendra dans le cours de l'année à ses ouvriers, jusqu'à concurrence de 13,000 1. st. Pendant tout ce temps il leur donne sous forme de salaires la même somme de monnaie, et ceux-ci lui restituent au bout de l'année pour 15,000 1. st. de subsistances, d'objets de première nécessité. Sur ces 15,000 1. st. il en est 2,000 qu'il consomme 1ui-même ou dont il peut disposer comme il lui plait. Le produit brut de cette année aura donc été de 15,000 1. st., et le produit net de 2,000 1. st. Supposons maintenant que l'année suivante le capitaliste emploie la moitié de ses ouvriers à construire une machine, et l'autre moitié à produire, comme auparavant, des subsistances et des denrées de première nécessité. Pendant cette année, encore, il dépenserait 13,000 1. st. en salaires, et vendrait à ses ouvriers la même quantité de nourriture et d'autres objets ; mais qu'arriverait-il l'année suivante ?

Le travail détourné vers la fabrication de la machine abaisserait de moitié la quantité et la valeur totale des .subsistances et des denrées de première nécessité produites anciennement. La machine vaudrait 7,500 l. st. : les subsistances et autres objets 7,500 1. st. de sorte que la richesse du capitaliste serait absolument la même, car outre ces deux valeurs, son capital fixe serait toujours de 7 000 1. st., donnant en somme le fonds primitif de 20,000 1. st. joint aux 2,000 1. st. de bénéfice annuel.

Mais après avoir déduit pour ses dépenses personnelles cette somme de 2,000 1. st.,.il ne lui restera plus, pour continuer ses opérations, qu'un capital circulant de 5,500 1. Sa faculté de payer et maintenir des ouvriers se trouvera donc réduite de 13,000 1. st. à 5,500 1: st., et par conséquent tout le travail défrayé jadis par la différence, 7 ,500 1. st. se trouveraient en excès.

La quantité restreinte de travail que pourra occuper actuellement le capitaliste, devra, sans doute, grâce aux machines, et après la défalcation faite des frais de réparation et d'entretien, produire une valeur égale à 7 ,500 1. st. et reconstituer le capital circulant avec un bénéfice de 2,000 1. st. sur le fonds primitif ; mais s'il en est ainsi et si le revenu net n'est pas diminué, il importera fort peu au capitaliste que le revenu brut soit de 3,000, de 10,000 ou de 15 000 1. st.

Quoique la valeur du produit net n'ait pas diminué, et que sa puissance d'acheter d'autres marchandises se boit au contraire notablement accrue, le produit brut n'en aura pas moins été ramené, dans ce cas, de 15,000 1. st. à 7,500 1. st., et comme la faculté d'entretenir une population et d'employer du travail, dépend toujours du produit brut d'une nation, et non de son produit net, la demande de bras diminuera nécessairement, la population deviendra excessive et les classes ouvrières entreront dans une période de détresse et d'angoisses.

Cependant, comme le fonds qui grossit les éparses de chacun est proportionnel au revenu net, la diminution du prix des marchandises, - suite de l'introduction des machines, aurait pour résultat évident d'accroître la facilité d'épargner, de transformer des revenus en capitaux. Or, comme chaque accroissement de capital lui permettrait d'employer un plus grand nombre de bras, une fraction des ouvriers rejetés hors des ateliers par les engins mécaniques trouverait de nouveau à s'utiliser. Et s'il arrivait que, sous l'influence des machines, l'accroissement de la production fût assez grand pour fournir, sous forme de produit net, une quantité de nourriture et de denrées de première nécessité aussi considérable que celle qui existait auparavant comme produit brut, il resterait au service du travail un fonds tout aussi considérable et, par conséquent, on n'aurait pas à subir les maux d'une sur-population.

Tout ce que je tiens à prouver, c'est que la découverte et l'usage des forces mécaniques peuvent être suivis d'une diminution de produit brut : et toutes les fois qu'il en sera ainsi, la classe laborieuse souffrira, car elle deviendra excessive comparativement aux fonds destinés à la maintenir, et une fraction de ses membres se verra privée de travail et de salaires.

Le cas que j'ai choisi se recommande par son extrême simplicité ; mais les résultats eussent été absolument les mêmes si nous avions introduit, par supposition, les machines dans une manufacture, soit de drap, soit de coton. Si nous prenions l'exemple d'un fabricant de drap, nous verrions diminuer immédiatement la masse de ses produits ; car il n'aurait plus besoin de cette quantité de draps qui lui servait à payer un corps nombreux d'ouvriers. Il n'aurait plus qu'à reproduire une valeur égale à la détérioration des machines et aux profits légitimes sur le capital total. 7,500 1. st. feraient ceci tout aussi bien que le faisaient auparavant les 15,000 1. st., ce qui prouve qu'il n'y a aucune différence entre les deux hypothèses. On peut dire, cependant, que la demande de draps serait tout aussi grande qu'auparavant, et se demander comment s'approvisionnerait le marché.

Mais d'où viendront maintenant les demandes ? Des fermiers et des autres producteurs de denrées nécessaires, lesquels consacraient leurs capitaux à produire ces objets afin de les échanger contre du drap : ils fournissaient au marchand de draps du blé et des produits divers en échange de ses draps, et celui-ci les distribuait à ses ouvriers en échange du drap que leur travail lui fournissait.

Mais ce commerce cesserait. Le fabricant, ayant moins d'hommes à payer, moins de drap à vendre, ne demanderait plus de subsistances ni d'autres denrées. Les fermiers et ceux qui produisaient ces denrées typiquement en vue de les échanger, ne pouvant plus obtenir de drap, consacreraient directement leurs capitaux à en fabriquer ou les prêteraient à d'autres, afin que la société fût réellement approvisionnée de la denrée qui lui manque. Or, tout ceci nous conduit aux mêmes conclusions. La demande de travail diminuerait, et les marchandises nécessaires au maintien du travail seraient bien moins abondantes.

Si ces vues sont exactes, il en résulte : 1° que la découverte et l'application des forces mécaniques conduit toujours à l'accroissement du produit net du pays, quoiqu'il n'en augmente pas immédiatement la valeur ;

2° Qu'un accroissement dans le produit net d'un pays est parfaitement compatible avec une diminution du produit brut ; et qu'il suffit de savoir qu'une machine augmentera le produit net, tout en diminuant, comme cela arrive souvent, la quantité et la valeur du produit brut : - cela suffit, dis-je, pour décider de son adoption ;

3° Que l'opinion de, classes ouvrières sur les machines qu'ils croient fatales à leurs intérêts, ne repose pas seulement sur l'erreur et les préjuges, mais sur les principes les plus fermes, les plus nets de l'Économie politique ;

4° Que si l'impulsion donnée au travail par les machines pouvait tellement accroître le produit net, qu'il n'en résultât aucune diminution dans le produit brut, la situation de toutes les classes pourrait alors s'améliorer. Le propriétaire et le capitaliste profiteraient non pas de l'accroissement de leurs rentes ou de leurs profits, mais de la répartition des mêmes revenus sur des marchandises d'une valeur considérablement réduite. Quant à la condition de classes laborieuses, elle se trouverait aussi considérablement améliorée, 1° par une demande plus considérable de domestiques ; 2° par le stimulant que les revenus nets , abondants, communiquent toujours à l'épargne ; et 3° par le bas prix des articles de consommation que payaient leurs salaires.

Indépendamment de la question des machines que nous venons de traiter et d'approfondir, les classes laborieuses ont encore un grand intérêt à revendiquer dans la manière dont le produit du pays de trouve dépensé, quoique dans tous les cas cette dépense soit destinée à la satisfaction et aux jouissances de ceux qui y ont droit.

Si un propriétaire ou un capitaliste dépense son revenu à la manière d'un baron féodal, en s'entourant d'un grand nombre de serviteurs, de laquais, il emploiera bien plus de bras que s'il le consacrait à acheter de belles étoffes, de splendides ameublements, des voitures, des chevaux et tant d'autres objets de luxe.

Dans les deux cas le revenu net et le revenu brut seraient les mêmes ; mais le premier serait transformé en différentes marchandises. Si mon revenu était de 10,000 l. st. la même quantité de travail productif serait employée, soit que je m'en servisse pour acheter des objets de luxe, des velours, des tapis, soit qu'il fût consacré à acheter une certaine quantité de vêtements et de nourriture de la même valeur. Toutefois en transformant mon revenu en objets de luxe, je n'aurai pas *nécessairement employé* plus de travail, tandis que si je le consacrais à acheter des denrées nécessaires et à entretenir des domestiques, tous les individus que je pourrais entretenir avec mon revenu de 10,000 l. st. ou avec la nourriture et le vêtement que ce revenu me procure, devraient être considérés comme stimulant la demande de travail. Or, ce stimulant dépend uniquement de la manière dont il peut me plaire de dépenser mon revenu. Comme les ouvriers se trouvent ainsi intéressés dans la demande du travail, ils doivent naturellement désirer que l'on enlève aux dépenses de luxe les plus grandes sommes possibles pour les consacrer à l'entretien de domestiques.

De même un pays entraîné à travers les péripéties d'une guerre, et qui se trouve dans la nécessité de maintenir de larges flottes et de puissantes armées, emploie un nombre d'hommes bien plus considérable que celui qui sera employé au moment où la guerre cessera, et, avec elle, les dépenses qu'elle nécessitait.

Ainsi si les nécessités de la guerre ne m'avaient imposé une taxe annuelle de 500 1. st. destinée à entretenir des soldats et des matelots, j'aurais probablement dépensa cette somme en achat de meubles, d'habits, de livres, etc. Dans les deux cas la même quantité de travail resterait consacrée à la production ; car la nourriture et le vêtement du soldat et du matelot exigeraient la même somme d'industrie que celle nécessaire pour créer des objets de luxe. Mais il est à remarquer qu'en temps de guerre il se crée une demande additionnelle de soldats et de matelots ; et conséquemment, une guerre que défraie le revenu et non le capital d'une nation est, en définitive, favorable au développement de la population.

La fin de la guerre en me restituant une partie de mon revenu et me permettant de le consacrer de nouveau à acheter des vins,des ameublements et d'autres objets de luxe, doit cependant laisser sans ressources ces hommes qui combattaient l'ennemi. La population deviendra donc excessive : la concurrence des travailleurs s'aggravera ; les salaires descendront, et la condition des classes laborieuses s'abaissera notablement.

Il est important de citer encore un cas où l'augmentation du revenu net, et même du revenu brut d'un pays, peut très-bien s'allier avec une diminution de travail. Ce cas est celui où l'on substitue le travail des chevaux à celui de l'homme. Si j'emploie cent hommes sur ma ferme, et que je découvre que la nourriture distribuée à cinquante de ces hommes peut servir à entretenir des chevaux et me donner ainsi une plus grande somme de produits, j'écouterai la voix de mon intérêt, et je substituerai sans hésiter les chevaux aux hommes. Mais évidemment la condition de mes ouvriers serait gravement atteinte ; et à moins que mon accroissement de revenu ne soit assez considérable pour me permettre d'employer en même temps hommes et chevaux, il est évident que la population deviendra excessive et descendra d'un degré vers les privations et la misère. Il est évident, en tout cas, que ces hommes ne pourraient être employés en agriculture ; mais si le produit des terres était considérablement accru, ils pourraient trouver du travail dans les manufactures ou à titre de domestiques.

Il ne faudrait pas croire cependant que mes conclusions définitives soient contre l'emploi des machines. Pour éclaircir le principe, lui donner plus de relief, j'ai supposé que des machines nouvelles auraient été *soudainement* découvertes et appliquées sur que vaste échelle : mais dans le fait ces découvertes se font lentement, graduellement, et elles agissent plutôt en déterminant l'emploi des capitaux épargnés et accumulés, qu'en détournant les capitaux existants des industries actuelles.

A mesure que le capital et la population d'un pays grandissent la production devient plus coûteuse, et le prix des subsistances s'élève généralement. Or, la hausse des aliments entraîne la hausse des salaires, et la hausse des salaires tend à pousser plus activement le capital vers l'emploi des machines. Les forces mécaniques et les forces humaines sont en concurrence perpétuelle, et il arrive souvent que les premières ne sont employées qu'au moment où s'élève le prix des secondes.

En Amérique et dans un grand nombre d'autres pays où l'on pourvoit aisément à la nourriture de l'homme, les stimulants qui poussent à l'emploi des machines, sont loin d'être aussi puissants qu'en Angleterre, où la nourriture est chère et exige des frais de production considérables. La même cause qui élève les salaires n'élève pas la valeur des machines, et c'est pourquoi toute augmentation de capital aboutit au développement des engins mécaniques. La demande de travail continuera de s'accroître avec l'accroissement du capital, mais non dans le rapport exact de cet accroissement.

J'ai encore fait observer que l'accroissement du revenu net, évalué en marchandises, - accroissement qu'entraîne nécessairement l'emploi des machines, - doit conduire à de nouvelles épargnes, à de nouvelles accumulations. Ces épargnes, qu'on se le rappelle bien, sont annuelles, et doivent arriver bientôt à créer un fonds beaucoup plus considérable que le revenu brut détruit tout d'abord par la découverte des machines. Dès lors la demande de bras sera aussi grande qu'auparavant, et la condition du pays sera encore améliorée par l'accroissement d'épargnes que l'augmentation du revenu net lui permettra de faire.

Il serait toujours dangereux d'entraver l'emploi des machines, car si l'on n'accorde pas dans un pays, au capital, la faculté de recueillir tous les profits que peuvent produire les forces mécaniques perfectionnées, on le pousse au dehors, et cette désertion des capitaux sera bien plus fatale à l'ouvrier que la propagation la plus vaste des machines. En effet, dès qu'un capital est employé dans un pays, il y sollicite une certaine somme de travail ; et les machines ne peuvent fonctionner sans des hommes qui les surveillent, les guident, les réparent. Donc, si l'on consacre un capital à acheter des engins perfectionnés, on limite la demande de travail ; mais si on l'exporte on annule complètement cette demande.

D'ailleurs, le prix des marchandises se règle d'après les frais de production ; dès qu'on emploie des forces perfectionnées, on diminue les frais de production des marchandises et, par conséquent, on peut les vendre sur les marchés étrangers à des conditions réduites. Si cependant vous rejetez l'emploi des machines, vous serez obligé d'exporter de la monnaie en échange des marchandises étrangères, jusqu'à ce que la rareté du numéraire abaisse le prix de vos marchandises au niveau des prix du dehors. Dans vos relations avec les autres pays vous pourriez être amené à donner une marchandise qui vous aurait coûté deux journées de travail, pour une marchandise qui n'en aurait exigé qu'une au dehors ; et ce marché ruineux ne serait cependant que la conséquence de vos propres actes. En effet, cette marchandise que vous exportez et qui vous a coûté deux jours de travail, ne vous en aurait coûté qu'un, si vous n'aviez pas repoussé ces machines, dont les forces ont été si habilement utilisées par vos voisins.

Chapitre XXXII.
DE L'OPINION DE M. MALTHUS SUR LA RENTE.

Quoique je me sois étendu assez longuement, dans les premiers chapitres de cet ouvrage, sur la nature de la rente, je me crois cependant obligé d'examiner certaines opinions émises sur cette matière, opinions qui me paraissent fausses, et qui sont d'autant plus dangereuses, qu'elles se trouvent énoncées dans les écrits d'un penseur auquel diverses branches de l'Économie politique doivent plus qu'à aucun autre auteur vivant. Je saisis cette opportunité pour témoigner de mon admiration pour l'*Essai sur la population*, de M. Malthus. Les attaques des adversaires de cet admirable ouvrage n'ont servi qu'à démontrer la solidité des doctrines qu'il renferme, et je suis convaincu que la réputation bien méritée de son auteur s'étendra à mesure qu'on cultivera davantage la science dont il est l'un des ornements les plus distingués. M. Malthus a aussi expliqué d'une manière satisfaisante la théorie de la rente, et il a fait voir qu elle monte ou s'abaisse selon les avantages relatifs de fertilité ou de situation des différente terrains en culture. Par là il a répandu beaucoup de lumières sur plusieurs point difficiles qui ont du rapport avec le fermage, et qui étaient inconnus auparavant ou très-imparfaitement compris ; il me parait cependant être tombé dans quelques erreurs, que son autorité rend plus nécessaire de combattre ; et ce devoir devient moins pénible en raison de la noble simplicité qui le caractérise.

Une de ces erreurs consiste dans la supposition que la rente est un profit net, et une nouvelle création de richesse.

Je n'admets pas toutes les opinions de M. Buchanan au sujet de la rente ; mais je suis parfaitement d'accord avec les observations contenues dans le passage suivant de son ouvrage, et qui a été transcrit par M. Malthus. Par la même raison, je ne saurais adopter le commentaire que ce dernier auteur en donne :

« Sous ce point de vue, la rente ne peut rien ajouter au capital de la communauté en général ; car l'excédant net en question n'est rien de plus qu'un revenu qui passe des mains d'une classe de la société dans celles d'une autre, et il est évident que cela ne peut pas créer un fonds susceptible de couvrir l'impôt. Le revenu qui paie les produits de la terre, existe déjà entre les mains de ceux qui achètent ces produits, et si le prix des subsistances était plus bas, il resterait dans leurs mains, où il serait tout aussi aisé de le soumettre à un impôt, que lorsque, en raison d'un prix plus élevé, il a passé dans les mains du propriétaire foncier. »

Après diverses observations sur la différence qui existe entre les produits de l'agriculture et les objets manufacturés, M. Malthus demande : « Est-il dès lors possible de considérer la rente, avec M. de Sismondi, comme un simple produit du travail, comme une valeur purement nominale, et qui n'est que le résultat de cette augmentation de prix qu'un vendeur obtient par l'effet d'un privilège spécial ; ou, avec M. Buchanan, comme n'ajoutant rien à la richesse nationale, et comme une simple transmission de valeur qui n'est avantageuse qu'aux propriétaires, et qui est, dans la même proportion, nuisible aux consommateurs [1] ? »

J'ai déjà, en traitant de la rente, exprimé nettement mon opinion, et j'ajouterai que la rente est une création de valeur, dans le sens que je donne à ce mot, mais non une création de richesse. Si le prix du blé, en raison de la difficulté d'en produire une portion quelconque, haussait de 4 à 5 1. le quarter, un million de quarters vaudrait 5,000,000 1. au lieu de 4,000,000 1. ; et puisque ce blé s'échangera, non-seulement contre plus d'argent, mais aussi contre une plus grande quantité de toute espèce de marchandises, il est clair que les propriétaires auront une valeur plus forte ; et comme cela ne diminuera la richesse de personne, la société entière possédera une somme plus considérable de valeur, et dans ce sens la rente devient une création de valeur. Mais cette valeur peut être regardée comme nominale, en ce qu'elle n'ajoute rien à la richesse de la société, c'est-à-dire à la masse des choses nécessaires, commodes ou agréables. Nous aurions toujours précisément la même quantité de choses, pas davantage, et le même million de quarters de blé ; mais l'effet de la hausse du blé, de 4 à 5 1., serait de faire passer une partie de la valeur du blé et des autres marchandises des mains de leurs anciens possesseurs dans celles des propriétaires. La rente est donc une création de valeur, mais non une création de richesse. Il n'ajoute riens aux ressources du pays ; il ne lui fournit pas les moyens d'entretenir des escadres et des armées ; car le pays aurait un fonds disponible plus considérable si son terrain était d'une meilleure qualité, et il pourrait

---

1 *An Inquiry into the nature and progress of Rent*, pag. 15.

employer le même capital sans donner naissance à la rente.

Dans une partie de son ouvrager M. Malthus observe que, « la cause immédiate de la rente est évidemment l'excédant du prix sur les frais de production, obtenus par la vente des produits agricoles sur le marché : » et dans un autre endroit il dit que les causes du haut prix des productions agricoles peuvent ce réduire aux trois suivantes :

« En premier lieu, et c'est la cause la plus importante, vient la qualité de la terre, qui permet d'en retirer une quantité plus considérable de choses nécessaires à la vie. En second lieu, se place la propriété particulière qu'ont les choses nécessaires à la vie, de voir se créer d'elles-mêmes une demande, ou de faire naître un nombre de consommateurs proportionné à la quantité de ces denrées produites : en troisième lieu, enfin, la rareté comparative des terrains plus fertiles. »

En parlant du haut prix du blé, il est évident que M. Malthus ne veut pas parler du prix par quarter ou par boisseau, mais plutôt de l'excédant de prix de toute la production sur les frais qu'elle a coûtés, entendant toujours, par frais de production, les profits aussi bien que les salaires. Cent cinquante quarters de blé, à 3 1. 10 sh. le muid, doivent rapporter une plus forte rente au propriétaire que cent quarters à 4 1., pourvu que les frais de production soient les mêmes dans les deux cas.

L'élévation du prix, si l'on prend l'expression dans ce sens, ne peut être dite la cause de la rente. On ne saurait dire que « la cause immédiate de la rente est évidemment l'excédant des prix sur les frais de production ; » car c'est précisément cet excédant qui constitue la rente. M. Malthus a défini la rente « la portion de valeur de tout le produit qui reste au propriétaire de la terre, après qu'il a payé tous les frais de sa culture, - de quelque nature qu'ils soient, et y compris les profits du capital employé, estimé d'après le taux courant et ordinaire des profits agricoles à une époque déterminée. » Or, ce que la rente de cette portion peut rapporter en argent est le montant de la rente en argent ; c'est ce que M. Malthus appelle « l'excédant du prix sur les frais de production ; » et par conséquent, en recherchant les causes qui peuvent faire monter le prix des produits agricoles, comparé avec les frais de production, nous recherchons les causes qui peuvent faire monter les rentes.

Par rapport à la première cause de hausse, M. Malthus fait les observations suivantes : « Il nous reste encore à combattre pourquoi la consommation et l'approvisionnement sont tels, qu'ils font monter le prix si fort au-dessus des frais de production. La cause principale est évidemment la fertilité de la terre qui produit les choses nécessaires à la vie. Diminuez cette abondance, diminuez la fertilité de la terre, et l'excédant diminuera ; diminuez-la encore, et il disparaîtra. » Certes, l'excédant des choses nécessaires diminuera et disparaîtra, mais ce n'est pas de cela dont il est question : il s'agit de savoir si l'excédant du prix de ces objets de première nécessité sur les frais de production diminuera ou disparaîtra ; car c'est de cette circonstance que dépend la rente en monnaie. De ce que l'excès de quantité doit diminuer et disparaître, M. Malthus est-il en droit de conclure que « la cause de l'excédant de prix des choses nécessaires dépend de leur abondance plutôt que de leur rareté, et est non-seulement essentiellement différente de la cherté occasionnée par des monopoles artificiels, mais encore du prix élevé des produits particuliers de la terre, autres que les subsistances, produits qu'on peut nommer des monopoles naturels et nécessaires ? »

N'y aurait-il pas des circonstances dans lesquelles la fertilité de la terre et l'abondance de ses produits peuvent éprouver une diminution sans en occasionner une pareille dans ce produit net, c'est-à-dire, sans occasionner une diminution des rentes ? Si ce cas peut exister, la proposition de M. Malthus devient beaucoup trop générale ; car il me semble qu'il pose en principe général, que la rente doit hausser par l'augmentation de la fertilité de la terre, et qu'elle doit baisser par la diminution de sa fertilité.

M. Malthus aurait raison sans doute, si, à mesure que la terre rendrait plus de produits, il en était payé une plus forte part au propriétaire ; mais il en arrive tout autrement. Quand il n'y a en culture que les terrains les plus fertiles, le propriétaire n'a que la moindre part de tout le produit, aussi bien que la moindre valeur, et ce n'est que quand on a besoin des terres de qualité inférieure, pour nourrir une population croissante, que la part de tout le produit qui revient au propriétaire, ainsi que sa valeur, augmentent progressivement.

Supposons que la demande soit de un million de quarters de blé, et que ce soit le produit des terres actuellement en culture ; supposons encore que la fertilité de ces terres soit tellement diminuée, qu'elles ne rendent plus que neuf cent mille muids, la demande étant de un million de muids, le prix du blé hausserait, et il faudrait avoir recours à des terrains d'une qualité inférieure plus tôt qu'on ne l'aurait fait si les bonnes terres avaient continué à produire un million de quarters.

C'est cette nécessité de mettre des terres d'une qualité inférieure en culture, qui est la cause de l'augmentation de la rente. La rente n'est pas, il faut se le rappeler, en proportion de la fertilité *absolue* des terres en culture, mais en proportion de leur fertilité *relative*. Toute cause qui portera les capitaux vers la culture des terrains ingrats doit la faire hausser, puisque la *rareté comparative des terrains les plus fertiles* est la source de la rente, ainsi que M. Malthus l'a annoncé dans sa troisième proposition. Le prix du blé doit naturellement s'élever par suite de la difficulté qu'on éprouve d'en obtenir les dernières portions ; cependant, comme les frais de production ne s'accroîtront pas sur les terres les plus fertiles, que le salaire et les profits, pris ensemble, conserveront la même valeur, il est clair que l'excédant du prix par delà les frais de production, ou, en d'autres termes, la rente, doit monter par suite de la diminution de fertilité de la terre, à moins qu'une grande réduction de capital, de population et de demande ne s'y oppose.

Il ne parait donc pas que la proposition de M. Malthus soit exacte ; la rente ne monte ni ne baisse d'une manière immédiate et nécessaire à proportion de l'augmentation ou de la diminution de la fertilité de la terre ; mais l'augmentation de sa fertilité la rend susceptible de payer à la longue un: rente plus forte. Des terres très-peu fertiles ne peuvent jamais fournir une rente ; des terres médiocrement fertiles peuvent supporter de payer une rente modique lorsque la population s'accroît.; et, dans ce même cas, les terres très-fertiles peuvent payer une grosse rente, mais ce n'est pas la même chose de *pouvoir supporter* une forte rente, et de la supporter effectivement. Les rentes peuvent être plus basses dans un pays dont les terres sont entièrement fertiles, que dans un autre où elles ne sont que d'un rapport médiocre ; car la rente est en raison de la fertilité relative plutôt que de la fertilité absolue, en raison de la valeur des produits plutôt que de leur abondance. M. Malthus dit que « la cause qui fait que des choses nécessaires à la vie donnent un produit net, tient plutôt à l'abondance de ces denrées qu'à leur rareté, et diffère essentiellement à la fois de l'élévation des prix occasionnée par des monopoles artificiels et du haut prix de certains produits naturels, autres que les subsistances, et que l'on peut nommer des monopoles naturels et nécessaires. »

N'arrive-t-il donc jamais que la fertilité de la terre et la richesse de ses produits diminuent sans diminuer nécessairement le produit net ou la rente ? Si ce fait n'est pas sans exemple, la proposition de M. Malthus prend donc un caractère trop absolu : car il parait avoir établi avec l'inflexibilité d'un principe, que la rente s'élève ou s'abaisse toujours lorsque s'élève ou s'abaisse la fertilité de la terre.

M. Malthus aurait incontestablement raison, si la part du propriétaire se grossissait proportionnellement à l'abondance croissante des récoltes sur tout domaine : mais c'est dans le contraire précisément qu'il faut aller chercher la vérité. Lorsque les terres d'une fertilité supérieure sont seules livrées à la culture, la part du propriétaire, en quantité et en valeur, est à son *minimum* ; et c'est seulement lorsque les besoins d'une population croissante ont provoqué le défrichement des sols moins riches, qu'augmente progressivement cette part.

Supposons que les nécessités de la situation fassent demander un million de quarters de blé, et que ce million soit récolté sur la superficie de terrain actuellement cultivée ; supposons encore que la fertilité de ce territoire s'altère au point de ne plus donner que 900,000 quarters : la demande restant toujours d'un million de quarters, le prix du blé s'élèverait, et on devancera ainsi le moment où l'on aurait défriché les terrains inférieurs, si la fertilité de l'ancien sol était restée la même. Mais c'est précisément l'indispensable, l'implacable nécessité du recours à dès terrains moins riches qui crée et élève la rente, et qui l'élève alors même que le blé reçu par le propriétaire se trouve réduit en quantité. La rente, il faut bien se le rappeler, n'est pas en proportion de la fertilité absolue des terres cultivées, mais en proportion de leur fertilité relative. Toute cause qui fait aller le capital sur un sol pauvre accroît la rente sur les qualités supérieures, - l'origine, la source de la rente était, comme l'a établi M. Malthus dans la troisième proposition, « la rareté comparative des sols fertiles. »

Le prix du blé s'élèvera naturellement à mesure que grandiront les difficultés de la production, et, quoique la quantité récoltée sur une ferme ait diminué, la valeur de cette récolte aura augmenté. Mais comme le coût de la production ne croîtra pas sur les terres les plus fertiles, comme les salaires et les profits, pris ensemble, conserveront toujours la même valeur, il est évident que l'excédant du prix sur des frais de production, en d'autres termes, que la rente, à moins d'être entravée par une grande réduction de capital, de population et de demande, croîtra parallèlement à l'épuisement des terres. La proposition de M. Malthus ne me paraît donc pas parfaitement exacte. La rente ne s'élève pas et ne s'abaisse pas immédiatement, nécessairement lorsque grandit ou diminue la fertilité de la terre : mais en gagnant en fertilité, la terre peut supporter et supporte un loyer plus considérable. Des terres d'une richesse très-médiocre ne peuvent jamais donner de rentes ; celles d'une fertilisés moyenne peuvent, grâce au mouvement ascendant de la population, donner une rente modérée ; enfin, celles des catégories supérieures donneront de forts loyers, mais il y a une grande différence entrer l'aptitude à payer une rente et le paiement actuel, effectif de cette rente. La rente peut être plus basse dans un pays où les terres sont excessivement fécondes, que dans un territoire d'une richesse moyenne ; car elle se proportionne à la fertilité relative plutôt qu'à la fertilité absolue, à la *valeur* du produit plutôt qu'à son *abondance*.

M. Malthus suppose que la rente provenant des terres qui produisent ces denrées spéciales, qu'on a pu appeler des monopoles naturels et nécessaires, est réglée par un principe différent de celui qui régit la rente de ces terres qui produisent des subsistances. Il croit que c'est la rareté de ces produits privilégiés qui créent une forte rente, et que, pour les subsistances, c'est leur multiplicité au contraire qui amène ce résultat.

Cette distinction ne me parait pas fondée : car vous élèverez tout aussi immédiatement la rente des terres qui donnent les vins précieux que celle des terres à blé, en accroissant le produit. Il va sans dire que la demande de blé se sera accrue, car autrement, un afflux de céréales sur le marché abaisserait, au lieu de l'augmenter, la rente des terres à blé. Quelle que soit d'ailleurs la nature de la terre, une rente élevée dépend du haut prix du produit ; mais ce haut prix une fois acquis, la rente s'élèvera dans le rapport de l'abondance et non de la rareté de ces denrées.

Il n'y a nul besoin de produire constamment une denrée dans une quantité plus grande que la demande ne l'exige. Si, par hasard, la production excédait la demande, cette denrée tomberait au-dessous de son prix naturel, et par conséquent elle ne rapporterait pas ses frais de production, en y joignant les profits courants et ordinaires du capital ; l'approvisionnement en serait diminué jusqu'à ce qu'il se trouvât en rapport avec la demande, et que le prix courant atteignit le niveau du prix naturel.

DE L'OPINION DE M. MALTHUS SUR LA RENTE

M. Malthus me parait trop disposé à croire que la population n'augmente que par l'effet d'un surcroît dans la quantité des subsistances ; « que les subsistances se créent d'elles-mêmes une demande ; » que c'est en fournissant d'abord des aliments au peuple qu'on encourage les mariages, au lieu de remarquer que le progrès général de la population est affecté par l'accroissement des capitaux, et par la plus forte demande de bras, et la hausse des salaires qui en sont la suite, enfin que la production des subsistances n'est que l'effet de cette demande.

C'est en donnant à l'ouvrier pulls d'argent, ou une plus grande quantité de toute autre marchandise, moyennant laquelle on paie son travail, que le sort de l'ouvrier devient meilleur. L'accroissement de la population et l'augmentation des subsistances seront presque toujours un effet, mais non un effet nécessaire de la hausse des salaires. Le sort de l'ouvrier, amélioré par l'excédant de valeur qu'il reçoit en paiement de son travail, ne lai *impose* pas l'obligation de se marier et de se charger du soin d'une famille ; il peut, si cela lui plait, échanger son salaire augmenté contre des objets qui puissent contribuer à augmenter ses jouissances, comme des chaises, des tables, de la quincaillerie, ou de meilleures hardes, du sucre et du tabac. Dans ce cas l'augmentation de son salaire n'aura d'autre effet que d'augmenter la demande de quelques-unes de ces marchandises ; et comme le nombre des ouvriers ne se sera pas beaucoup augmenté, leurs salaires se conserveront toujours élevés. Mais quoique telle pût être la suite de l'augmentation des salaires, cependant il est tant de douceurs dans la famille, qu'on voit constamment dans le fait l'accroissement de population suivre l'amélioration du sort de l'ouvrier ; et c'est uniquement parce que cela est ainsi qu'il survient une nouvelle et plus forte demande de subsistances. Cette demande est donc l'effet de l'augmentation de population, mais elle n'en est pas la cause ; c'est uniquement parce que les dépenses du peuple prennent cette direction, que le prix courant des objets de première nécessité excède leur prix naturels et que la quantité de subsistances requise est produite ; et c'est parce que la population s'accroît que les salaires tombent de nouveau.

Quel motif un fermier peut-il avoir pour produire plus de blé qu'on n'en demande, quand il sait que cela fera tomber le prix courant au-dessous de son prix naturel, et le privera par conséquent d'une partie de ses profits, en les réduisant au-dessous du taux général ?

« Si les objets de première nécessité, dit M. Malthus, les produits les plus précieux de la terre, n'avaient pas la propriété de faire naître un surcroît de demande proportionné à l'augmentation de leur quantité, une telle augmentation occasionnerait une baisse dans leur valeur échangeable [1]. Quelque abondants que soient les produits d'un pays, sa population peut rester stationnaire ; or, cette abondance qui ne serait pas accompagnée d'une demande proportionnée, mais qui élèverait considérablement le prix des salaires du travail estimé en blé, pourrait réduire le prix des produits de la terre, ainsi que celui des produits manufacturés, aux simples frais de production. »

« Pourrait-on réduire le prix des produits de la terre aux frais de production ? Ce prix reste-t-il donc jamais bien longtemps au-dessus, ou au-dessous des frais de production ? M. Malthus lui-même ne convient-il pas que cela ne peut jamais avoir lieu ? « J'espère, dit-il., qu'on m'excusera si je m'étends un peu en présentant aux lecteurs, sous diverses formes, la doctrine qui pose en principe que le blé, selon la quantité qui en est actuellement produite, se vend à son prix nécessaire, de même que les produits manufacturées ; c'est que cette vérité, que je regarde comme étant de la plus haute importance, n'a été connue ni des économistes, ni d'Adam Smith, ni de tous les auteurs qui ont avancé que les produits de la terre se vendaient toujours à un prix de monopole.

« Tout pays d'une certaine tendue peut donc être considéré comme possédant une gradation de machines servant à la production du blé et des matières premières, en comprenant dans cette gradation non-seulement toutes les différentes qualités de mauvais terrains, dont il existe en général dans tous les pays une assez grande quantité, mais aussi les machines moins parfaites dont on peut dire qu'on fait usage quand on force de bonnes terres à donner un produit toujours croissant. A mesure que le prix des produits agricoles continue à hausser, ces machines moins parfaites sont successivement employées, et à mesure que le prix de ces produits continue à baisser, on met successivement ces machines de côté. Cette application démontre à la fois le rapport nécessaire qui existe entre le prix actuel du blé et sa production actuelle, et l'effet tout différent qu'auraient une grande réduction dans le prix des produits manufacturés et une grande réduction dans le prix des

---

1 De quelle augmentations de quantité M. Malthus veut-il parler ? Qui la produira ? Qui peut avoir des motifs poux la produire avant qu'il existe au préalable une demande pour cette quantité additionnelle ? (Note de l'Auteur.)

produits de la terre [1]. »

Comment concilier ces passages avec celui où il est dit que, si les choses de première nécessité n'avaient pas la propriété de faire naître une augmentation de demande proportionnée à l'augmentation de leur quantité, ce surplus de produit aurait alors, et alors seulement, l'effet de réduire le prix des produits agricoles aux simples frais de production ? Si le blé n'est jamais au-dessous de son prix, il n'est jamais plus abondant que ce qu'exige la population existante pour la consommation ; on ne peut en faire un approvisionnement pour d'autres consommateurs ; il ne peut donc jamais, par son abondance et par son bas prix, devenir un encouragement à la population. A proportion que le blé peut être produit à peu de frais, le surhaussement des salaires des ouvriers augmentera les moyens qu'ils ont d'entretenir leurs familles. Aux États-Unis la population s'accroît rapidement, parce que la nourriture y est produite à bas prix, et non parce qu'il y existe des approvisionnements abondants produits à l'avance. En Europe, la population augmente lentement en comparaison, parce que la production des subsistances y est coûteuse. D'après le cours ordinaire des choses, la demande précède toujours l'approvisionnement d'une denrée quelconque. En soutenant que le blé, comme les produits manufacturés, s'il n'avait pas la propriété de faire naître ses consommateurs, tomberait à son prix de production, M. Malthus ne peut pas vouloir dire que toute la rente serait absorbée puisqu'il a lui-même observé avec raison que lors même que les propriétaires renonceraient tout à fait à leur rente, le blé ne baisserait

1 Voyez *Inquiry*, etc. « Dans tous les pays dont la prospérité est progressive, le prix moyen du blé n'est jamais plus haut qu'il ne faut pour maintenir le taux moyen de l'augmentation de production. » Observations, pag. 21.

« Toutes les fois qu'on consacre de nouveau capitaux à la culture de la terre pour en retirer des produits suffisants pour une population croissante, soit qu'on emploie ce capital à défricher de nouveaux terrains, ou à bonifier des terres déjà en culture, le point principal qu'on a en vue, ce sont les retours que l'on attend de ce capital ; c'est pourquoi l'on ne saurait retrancher la moindre portion des profits bruts sans affaiblir les motifs qui peuvent déterminer les capitalistes à employer leurs fonds de cette manière. Toute diminution des prix qui n'est pas en totalité et à l'instant même contre-balancée par une baisse proportionnée dans les dépenses nécessaires d'une ferme, tout impôt foncier, tout impôt sur le capital du fermier, tout impôt sur les denrées de première nécessité pour le fermier, doivent entrer en comptes ; et si, tous ces déboursés calculés, le prix du produit ne laisse pas une rétribution suffisante pour le capital employé, d'après le taux général des profits, et une rente au mains égale à la rente que payait la terre dans son état antérieur, il ne peut y avoir de motifs suffisants pour qu'on entreprenne les améliorations projetées. » Observations, pag. 22. (*Note de l'Auteur.*)

pas de prix pour cela. La rente est l'est et non la cause des hauts prix, car il y a toujours des terres en culture qui ne paient aucune rente, et dont le produit en blé ne rapporte pas un prix sassant pour payer les salaires et les profits.

Dans le passage suivant, M. Malthus a exposé habilement les causes de la hausse du prix des produits agricoles dans les pays riches dont la prospérité est croissante, et je suis là-dessus entièrement d'accord avec lui ; mais il me semble qu'il est en contradiction avec quelques-unes des propositions qu'il a avancées dans différents endroits de son *Essai sur la Rente.*

« J'ose affirmer, dit-il, qu'abstraction faite de variations subies par le système monétaire d'un pays, et d'autres circonstances temporaires et accidentelle, la cause du haut prix comparatif du blé en monnaie, est son haut prix réel comparatif, ou l'excédant de capital et de travail qu'il faut employer pour le produire ; je pense que ce qui fait que le prix réel du blé va toujours en montant dans des pays déjà riches, et dont la prospérité et la population continuent à s'accroître, c'est la nécessité d'avoir constamment recours à des terrains plus ingrats, à des machines dont l'entretien exige plus de dépense, et où chaque nouvelle addition de produits agricoles ne s'obtient qu'avec plus de frais ; en un mot, la cause du fait ci-dessus énoncé dépend de cette importante vérité : que le blé dans un pays qui avance en prospérité se vend au prix convenable pour que l'approvisionnement demandé soit fourni ; et qu'à mesure que cet approvisionnement devient de plus eu plus difficile, le prix hausse à proportion. »

C'est avec raison que dans ce passage on fait dépendre le prix réel d'une denrée du plus ou moins de travail et de capital (c'est-à-dire de travail accumulé) qu'il faut employer pour la produire. Le prix réel ne dépend pas, comme quelques écrivains l'ont prétendu, de la valeur en argent, ni, comme d'autres l'ont avancé, de la valeur estimée en blé, en travail, ou comparée à toute autre denrée prise isolément, ou à toutes les denrées prises collectivement ; ce prix ne dépend, comme M. Malthus le dit avec raison que « de la plus ou moins grande somme de capital et de travail qu'il faut employer pour la production. »

Parmi les causes de la hausse des rentes, M. Malthus compte « un accroissement tel de la population qu'il en résulte une baisse des salaires. » Mais si à mesure que les salaires baissent, les profits du capital s'élèvent, et que, .pris ensemble, ils aient toujours une même valeur, aucune baisse des salaires ne pourra faire monter les rentes, car elle ne diminuera ni la part, ni la valeur de la part de produit qui doit appartenir au fermier et au manouvrier ensemble, et par conséquent elle ne peut point laisser une part plus forte ni une valeur plus considérable pour le propriétaire. A proportion qu'on dépensera moins en salaire, il en restera plus pour les profits, *et vice versa*. Ce partage se fera entre le fermier et les travailleurs, sans que le propriétaire s'en mêle ; et dans le fait, c'est une affaire dans laquelle rien ne l'intéresse, si ce n'est la manière dont un certain mode de partage peut plus qu'un autre contribuer à faciliter de nouvelles accumulations, et à augmenter la demande des terres. Si les salaires baissent, ce sont les profits qui monteront et non les rentes. Le surhaussement des fermages et des salaires, et la diminution des profits sont en général les effets inévitables des mêmes causes, et ces causes sont : - la demande croissante de subsistances, la quantité plus considérable de travail nécessaire pour les produire, et conséquemment leur renchérissement. Le propriétaire pourrait renoncer à toute sa rente, sans que les travailleurs en tirassent le moindre profit. Si les travailleurs renonçaient à tout le montant de leurs salaires, les propriétaires n'en retireraient pas non plus le moindre avantage ; mais dans ces deux cas, le fermier recevrait et garderait tout ce qui pourrait être ainsi abandonné. J'ai taché de faire voir, dans cet ouvrage, qu'une baisse dans les salaires n'aurait d'autre effet que de faire monter les profits.

Une autre cause de la hausse de la rente, selon M. Malthus, consiste dans « de telles améliorations en agriculture, ou dans un surcroît d'efforts suffisant pour diminuer le nombre des ouvriers nécessaires pour donner un résultat déterminé. » Cela ne ferait pas hausser la valeur de tous les produits, et n'augmenterait pas par conséquent la rente. Au contraire : si, par suite de ces améliorations, la quantité nécessaire de subsistances pouvait être obtenue en employant moins de bras ou moins de terres, le prix des produits agricoles baisserait, et une partie des capitaux serait retirée de l'agriculture. Rien ne peut faire monter la rente que la demande Le nouveaux terrains moins fertiles ou quelque cause qui puisse occasionner un changement dans la fertilité relative des terrains déjà cultivés [1]. Des améliorations dans l'agriculture et dans

1 Il est inutile de le répéter sans cesse, mais il faut toujours faire attention que le même effet aura lieu, non-seulement par l'emploi de différente portions de capital, mais encore en employant sur les terres déjà cultivées des portions différentes de capital avec

la division du travail, s'étendent à tous les terrains ; elles augmentent la quantité absolue des produits agricoles de chaque fonds de terre, sans peut-être déranger beaucoup les proportions relatives qui existaient auparavant entre les différents terrains.

M. Malthus a relevé avec raison une erreur du docteur Smith. « L'argument du docteur Smith, dit-il, de réduit à ceci : Le blé a cette singulière propriété qu'on ne peut en encourager la production de la même manière que celle de toutes les autres marchandises. »

Il ajoute : « Je ne prétends cependant pas contester la puissante influence que le prix du blé a sur le prix du travail, en prenant le terme moyen d'un nombre considérable d'années ; mais cette influence n'est pas telle qu'elle puisse s'opposer au mouvement des capitaux portés vers l'agriculture ou détournés de cet emploi ; ce qui est le véritable objet de la discussion. Cela paraîtra suffisamment prouvé par un examen rapide de la manière dont le travail est payé et dont il est offert dans le marché, et par l'étude des conséquences qui découleraient inévitablement de la proposition d'Adam Smith, si elle était une fois admise. »

M. Malthus cherche ensuite à prouver que la demande et le haut prix encouragent d'une manière aussi efficace la production des produits agricoles, que la demande et la cherté de toute autre marchandise encouragent leur production. D'après ce que j'ai dit sur les effets des primes, on voit que je suis entièrement de l'opinion de M. Malthus. J'ai cité le passage de son ouvrage intitulé : *Observations relatives aux céréales,* pour montrer combien le sens que cet écrivain, dans cet écrit, attache à l'expression *prix réel,* diffère de celui qu'il lui donne dans sa brochure intitulée : *Motifs d'une Opinion,* etc. Dans ce passage, M. Malthus nous dit que « c'est la hausse du prix réel du blé qui seule peut en encourager la production, et par *prix réel* il est clair qu'il veut désigner l'augmentation de sa valeur relativement à toutes les autres choses, ou, en d'autres termes, la hausse de son prix courant au-dessus de son prix naturel. Si c'est là ce que M. Malthus entend par prix réel, son opinion est certainement fondée ; c'est en effet le surhaussement du prix courant du blé qui seul en encourage la production ; car on peut regarder comme principe infaillible que la seule chose qui puisse encourager l'augmentation de production d'une denrée, c'est l'excès de

des résultats différents, le fermage étant la différence du produit obtenu moyennant un capital et un travail pareils sur une même ou sur différentes qualités de terrains. (Note de l'Auteur.)

sa valeur courante sur sa valeur naturelle ou nécessaire.

Mais cette acception n'est pas celle que, dans d'autres endroits, M. Malthus donne à l'expression *prix réel.* Dans l'*Essai sur la Rente,* il dit : « Par prix réel croissant du blé, j'entends là *quantité* réelle de travail et de capital qui ont été employés pour produire les dernières additions qui ont été faites au produit national. » Dans un autre endroit, il dit que « la cause du prix réel et comparativement élevé du blé, est la plus grande *quantité* de capital et de travail qu'on doit employer pour sa production [1]. » Si, dans le passage précédent, l'on substituait à l'expression de *prix réel* la définition de M. Malthus, n'aurait-il pas le sens suivant ? Il est clair que c'est l'augmentation du travail et du capital qu'il est nécessaire d'employer pour la production du blé qui peut seule en encourager la production. » Il vaudrait autant dire, que c'est évidemment la hausse du prix naturel et nécessaire du blé qui en encourage la production - proposition tout à fait insoutenable. Ce n'est pas le prix auquel on peut produire du blé qui peut influer sur la quantité produite, mais bien le prix auquel on peut le vendre. C'est en raison de l'excédant du prix sur les frais de production, que les capitaux sont attirés vers l'agriculture ou qu'ils en sont détournés. Si cet excédant est tel qu'il donne au capital ainsi employé un plus grand profit que le profit général des capitaux, ces capitaux afflueront vers l'agriculture. Si ce profit est moindre, on les détournera de cet emploi.

Ce n'est donc pas par un changement dans le prix réel du blé que sa production est encouragée, mais bien par un changement dans son prix courant. Car ce n'est point « parce qu'il faut employer une plus grande quantité de capital et de travail pour produire le blé, » - telle est la définition exacte que M. Malthus donne du prix réel, - qu'il y a plus de capitaux et plus de bras attirés vers l'agriculture ; cela vient uniquement de ce que le prix courant est monté au-dessus de ce prix réel, et que, malgré le surcroît des charges, la culture des terres présente encore l'emploi le plus profitable pour les capitaux.

Rien n'est mieux fondé que les observations suivantes de M. Malthus

1 En montrant ce passage à M. Malthus, au moment où ces feuilles allaient être livrées à l'impression, il observa que « dans ces deux passages, il avait, par inadvertance, employé l'expression prix réel au lieu de *frais de production.* » D'après ce que j'ai déjà dit, l'on verra, que je pense, au contraire, que dans ces deux cas il a employé l'expression de *prix réel* dans son acception vraie et exacte, et que ce n'est que dans le passage cité plus haut que cette expression est inexacte. (*Note de l'Auteur.*)

sur la mesure de la valeur adoptée par Adam Smith. « Il est clair qu'Adam Smith a été conduit à raisonner de la sorte à ce sujet, par l'habitude où il était de considérer *le travail comme la mesure constante de la valeur*, et le blé comme la mesure du travail. Mais l'histoire de notre pays démontre pleinement combien le blé est une mesure inexacte de la valeur ; on y voit combien la main-d'œuvre, comparée au blé, a éprouvé de variations très-grandes et remarquables, non-seulement d'une année, mais d'un siècle à l'autre, et pendant dix, vingt et trente ans consécutifs. Que ni le travail ni aucune autre denrée ne peuvent servir de mesure exacte de la valeur réelle d'échange, c'est là un des principes rangés aujourd'hui en Économie politique parmi les mieux établis ; et en effet, il découle de la définition même de la valeur échangeable. »

Si, ni le blé, ni le travail ne sont des mesures exactes de la valeur réelle échangeable, et il est clair qu'ils ne le sont pas, quelle autre chose peut donc servir de mesure ? - Aucune assurément. Dans ce cas, si l'expression de *prix réel des choses* a un sens, ce doit être celui que lui donne M. Malthus, dans son *Essai sur la Rente* : ce prix doit se mesurer par la quantité proportionnelle de capital et de travail nécessaire pour la production de ces choses.

Dans ses *Recherches sur la nature de la Rente* M. Malthus dit : « qu'abstraction faite des variations dans la monnaie d'un pays, et d'autres circonstances temporaires et accidentelles, la cause du prix en argent comparativement haut du blé, est son haut prix réel comparatif, ou la plus grande quantité de capital et de travail qu'il faut employer pour sa production. »

Voilà, je pense, l'explication exacte de toutes les variations permanentes du prix du blé, aussi bien que du prix de tous les autres produits. Une marchandise ne saurait éprouver une hausse permanente de prix que par une de ces deux causes, ou parce qu'il faut plus de capital et de travail pour sa production, ou parce que la monnaie à baissé de valeur ; et, au contraire, une chose ne saurait baisser de prix à moins qu'il ne faille moins de capital et de travail pour la produire, ou que la monnaie n'ait haussé de valeur.

Une variation causée par un changement de valeur dans la monnaie agit à la fois sur toutes les marchandises ; mais une variation causée par le plus ou moins de capital et de travail nécessaires à la production d'une chose, est bornée, dans ses effets, à cette chose même. L'importation libre du blé, ou des perfectionnements en agriculture, feraient baisser le prix des produits agricoles, mais n'influeraient sur le prix des autres marchandises, qu'en proportion de la diminution de valeur réelle ou de fiais de production des produits agricoles qui pourraient servir à fabriquer ces marchandises.

M. Malthus a admis ce principe, et, pour être convoquent, il ne peut pas, ce me semble, soutenir que la totalité de la valeur en monnaie de toutes les marchandises d'un pays doit diminuer exactement à proportion de la baisse du prix du blé. Si le blé consommé annuellement dans le pays était de la valeur de dix millions, et si les marchandises manufacturées et étrangères consommées pendant le même temps valaient 20 millions, - faisant ainsi un total de 30 millions, - on aurait tort de conclure que la dépense annuelle serait réduite à 15 millions, parce que le blé aurait baissé de 50 pour cent, ou de 10 à 5 millions.

La valeur des produits immédiats de la terre qui entreraient dans la composition de ces marchandises manufacturées, pourrait ne pas excéder 20 pour cent de leur valeur totale, et, par conséquent, la valeur des produits manufacturés, au lieu de baisser de 20 millions à dix, ne tomberait que de 20 millions à 18. Après la baisse de 50 pour cent dans le prix du blé, la somme totale de toute la dépense actuelle, au lieu de tomber de 30 millions à 15, descendrait de 30 millions à 23 [1].

Au lieu de considérer sous ce point de vue l'effet d'une baisse dans la valeur des produits agricoles, comme M. Malthus devait le faire d'après le principe qu'il venait d'admettre, il la regarde comme équivalant précisément à une hausse de 100 pour cent dans la valeur de la monnaie, et il raisonne en conséquence comme si toutes les marchandises devaient tomber à la moitié de leur ancien prix.

« Pendant les vingt années qui se sont écoulées depuis 1794, dit-il, jusqu'à 1813, le prix moyen du blé, en Angleterre, était d'environ 83 shillings le *quarter* ; pendant les dix dernières années de cette période, il a été de 92 shillings, et pendant les cinq dernières de ces vingt aimées, de 108 shillings. Dans le cours de ces vingt ans, le gouvernement emprunta près de 500 millions st. desquels, abstraction faite du fonds

1 Les ouvrages manufacturés ne pourraient pas même baisser dans cette proportion, car, dans le cas supposé, il y aurait une nouvelle distribution des métaux précieux dans chaque pays. Ceux de nos produite qui seraient à bon marché seraient exportés pour être échangés contre du blé et de l'or, jusqu'à ce que l'accumulation de l'or 1e fit baisser de valeur, et fit hausser en même temps le prix en argent des denrées. (*Note de l'Auteur.*)

d'amortissement, il s'engagea à payer environ 5 pour cent, selon un terme moyen approximatif. Mais si le blé baissait à 50 shillings le *quarter,* et toutes les autres choses à proportion, le gouvernement, au lieu d'un intérêt de 5 pour cent, se trouvait en payer un de 7, 8, 9, et même de 10 pour les derniers 200 millions.

« Je ne trouverais peut-être rien à redire à une générosité si extraordinaire envers les rentiers de l'Etat, s'il ne fallait pas considérer aux dépens de qui elle est faite ; et un moment de réflexion suffira pour nous faire apercevoir que ce ne peut être qu'aux dépens des classes industrieuses de la société et des propriétaires, c'est-à-dire aux dépens de tous ceux dont le revenu nominal est sujet à varier par suite des variations dans la mesure de la valeur. Le revenu nominal de cette partie de la société, comparé avec le terme moyen du prix des cinq dernières années de cette période, se trouvera réduit de moitié, et sur ce revenu, ainsi réduit nominalement, ils auront à payer le même montant nominal d'impôts. »

D'abord, que j'ai déjà fait voir que le revenu nominal ne sera pas réduit dans la proportion que M. Malthus cherche à établir ; il ne s'ensuivrait pas de ce que le blé aurait baissé de 50 pour cent, que la valeur du devenu de chaque particulier se trouvât réduite de 50 pour cent [1].

En second lieu, je crois que le lecteur conviendra avec moi que ce fardeau, en admettant qu'il existe, ne pèserait pas exclusivement sur « les propriétaires et les classes industrieuses de la société. » Le créancier de l'État, dans la dépense qu'il fait, paie sa part, pour subvenir aux dépenses de l'État, de la même manière que les autres classes de la société. Dans le cas donc où l'argent augmenterait de valeur réelle, quoiqu'il reçoive une valeur plus forte, il en paiera également une plus grande en impôts. Il ne peut donc être vrai de dire que toute l'addition à la valeur réelle de l'intérêt, doit être payée *par les propriétaires et par les classes industrieuses.*

Mais tout l'argument de M. Malthus repose sur une base peu solide. Il suppose que, parce que le revenu brut du pays est diminué, il faut, par conséquent, que le revenu net le soit également, et dans la même proportion. Un des objets que j'ai eus envie dans cet ouvrage a été de montrer que, par suite de toute baisse dans la valeur des choses de

1 M. Malthus, dans un autre endroit de son ouvrage, suppose que les denrées varient de 25 ou de 20 pour cent, pendant que le blé de 23 ⅓ pour cent. (*Note de l'Auteur.*)

première nécessité, les salaires du travail doivent baisser, et les profits du capital s'élever, ou, en d'autres mots, que, sur une valeur annuelle déterminée, une moindre portion serait donnée en paiement à la classe ouvrière, et une plus considérable reviendrait à ceux dont les capitaux ont servi à payer le travail de cette classe. Supposons que la valeur des produits d'un genre particulier d'industrie soit de 1000 1. st., et qu'elle soit partagée entre le maître et ses ouvriers ; de telle sorte que 800 1. appartiennent aux ouvriers, et 200 livres au martre ; si la valeur de ces produits tombait à 900 livres, et qu'on épargnât 100 1. sur les salaires des ouvriers par suite de la baisse des objets de première nécessité, le retenu net du fabricant n'en souffrirait nullement, et par conséquent il pourrait aussi aisément payer le même montant d'impôts après cette réduction de prix [1].

Il est essentiel d'établir nettement la différence qui existe entre le revenu net et le revenu brut, car c'est au moyen du revenu net de la société que s'acquittent les taxes. Supposons que toutes les marchandises du pays, tout le blé, les produits agricoles les produits manufacturés qui peuvent être jetés sur la marché dans le cours de l'année, aient une valeur de vingt millions ; supposons que le travail d'un certain nombre d'hommes soit nécessaire pour créer cette valeur, et qu'enfin le strict nécessaire de ces ouvriers exige une dépense de 10 millions : je dirai, dans ce cas, que le revenu brut de la société est de vingt millions et son revenu net de dix millions. Il ne résulte pas cependant de cette hypothèse que les ouvriers ne doivent recevoir que dix millions pour leur travail : ils pourraient recevoir 12, 14 ou même 15 millions et entrer ainsi en partage du revenu net pour une somme de 2, 4 ou 5 millions. Le reste se diviserait entre propriétaires et capitalistes ; mais la totalité du revenu net n'excéderait pas dix millions. En admettant maintenant que la société, dont nous analysons ici les ressources, supporte un impôt de deux millions, son revenu net tomberait à 8 millions.

Supposons maintenant que la valeur de la monnaie hausse d'un dixième, toutes les marchandises baisseraient à la fois, entraînant avec elles le salaire. En effet, comme les objets nécessaires à l'ouvrier forment une portion intégrante de ces marchandises, le revenu brut descendrait à 18 millions et le revenu net à 9 millions. Si les taxes diminuaient dans

1 Dans le chapitre XXVI, j'ai observé que les ressources réelles d'un pays et ses facultés pour payer des impôts, dépendent de son revenu net, et non de son revenu brut. (*Note de l'Auteur.*)

la même proportion, et qu'au lieu de 2 millions on ne prélevât plus que 1,800,000, 1. le revenu net descendrait à 7 millions 200,000 1. qui auraient une valeur égale à celle des 8 millions primitifs, et la société n'aurait ni perdu ni gagné à ces événements. Mais supposons que, malgré la hausse de la monnaie, on maintint les taxes à deux millions, la société serait évidemment plus pauvre de 200,000 1. par an, car en réalité les contributions se seraient accrues d'un neuvième. Et en effet, altérer la valeur pécuniaire des marchandises en altérant la valeur de la monnaie et en continuant de lever la même somme d'impôts, n'est-ce pas accroître incontestablement les charges de la société ?

Mais supposons que, sur ces dix millions de revenu net, les propriétaires reçoivent cinq millions à titre de rente, et que par la facilité de la production, ou par l'importation du blé, le prix naturel de cet article descendit d'un million, la rente baisserait immédiatement d'un million, et les prix de l'ensemble des marchandises subiraient une dépression pareille ; mais le revenu net resterait invariable. Le revenu brut serait, il est vrai, de 19 millions seulement, et les frais nécessaires pour l'obtenir de 9 millions, mais le revenu net se maintiendrait à 10 millions. Maintenant supposons qu'on prélève deux millions comme taxes sur ce revenu amoindri, la société en serait-elle plus riche ou plus pauvre ? Plus riche, dirons-nous sans hésiter : car après le paiement de leurs taxes, elle aurait comme toujours un revenu libre de 8 millions à dépenser en marchandises, dont la quantité se sera accrue et dont la valeur aura fléchi dans la proportion de 20 à 19. Et on pourrait non-seulement conserver alors la même taxe, mais encore l'aggraver tout en voyant s'accroître le bien-être de la classe ouvrière.

Si le revenu net de la société, après qu'on aura payé les mêmes taxes en argent, est aussi grand qu'auparavant, et si la classe des propriétaires perd un million par l'abaissement de la rente, les autres classes productives, en dépit de la chute des prix, devront avoir des revenus en argent plus considérables. Le capitaliste jouira alors d'un double bénéfice : le blé et la viande de boucherie que lui et sa famille consomment baissera de prix, et d'un autre côte, il pourra diminuer le salaire de ses domestiques, jardiniers, ouvriers de tout genre. Ses chevaux et ses bestiaux lui coûteront aussi beaucoup moins à acheter et à nourrir ; et il en sera de même pour toutes les marchandises où les produits naturels entrent comme partie principale. On le voit donc : cette série d'économies faites sur ses dépenses, jointe à l'accroissement de valeur de son revenu, doit lui profiter doublement et lui permettre non-seulement d'augmenter la somme de ses jouissances, mais encore de supporter, s'il le fallait, des taxes supplémentaires. Ces mêmes observations s'appliquent aux fermiers et à toutes les classes de commerçants.

« Mais, dira-t-on, le revenu du capitaliste ne se trouve nullement accru et le million enlevé à la rente du propriétaire sera payé aux ouvriers sous forme d'un excédant de salaires. Soit, je l'admets ; mais cela même ne change rien à mon argument. La situation de la société se sera améliorée et elle pourra supporter avec bien plus de facilité les mêmes taxes en argent. Seulement, - ce qui est infiniment désirable et heureux,- la situation de la classe la plus importante, la plus utile de la société, sera précisément celle qui s'améliorera le plus sous l'influence de cette nouvelle distribution. Tout ce qu'elle reçoit au-dessus de 9 millions, forme une partie du revenu net du pays et ne peut être dépensé sans ajouter à son revenu, son bonheur ou sa puissance. Distribuez donc sans soucis le revenu net. Donnez-en un peu plus à une classe, un peu moins à une autre, et vous ne l'aurez cependant pas diminué : car la même somme de travail n'en aura pas moins produit une plus grande somme de marchandises, parce que la valeur en argent de ces marchandises aura fléchi. Mais le revenu net du pays, ce fonds qui défraie les budgets et les jouissances du pays ; le revendu net, dis-je, sera bien plus apte que jamais à entretenir la population actuelle, à supporter les taxes nationales, à répandre de toutes parts le bien-être et le luxe.

Il est hors de doute que le rentier de l'État gagne beaucoup à une forte baisse du blé ; mais si personne ne soufre de cette baisse, ce n'est pas une raisons qui puisse engager à prendre des mesures pour faire renchérir le blé ; car le gain du rentier est un gain national, et, ainsi que tout autre gain, il augmente la richesse et la puissance réelles du pays. S'il fait un profit indu, il faut examiner exactement jusqu'à quel point cela est, et c'est alors à la législature à en chercher le remède ; mais rien ne peut être plus impolitique que de nous priver entièrement de tous les avantages qui résultent du bas prix du blé et d'une grande abondance de produits, par le seul motif que le rentier de l'État en tire un avantage qui ne lui serait pas dû.

Jusqu'à ce jour on n'a jamais essayé de régler les dividendes des fonds publics d'après la valeur en argent du blé. Si l'équité et la bonne foi exigeaient un pareil règlement, les possesseurs des vieilles rentes auraient une grande somme à réclamer ; car ils ont, depuis un siècle, reçu toujours les mêmes dividendes en argent, quoique pendant cette époque le blé ait peut-être doublé ou triplé de prix.

M. Malthus dit : « Il est vrai que les dernières additions que l'on fait aux produits agricoles d'un pays dont la prospérité est croissante, ne sont pas accompagnées d'une grande augmentation de rente ; et c'est précisément cela qui doit décider un pays riche à importer une partie du blé qu'il consomme, s'il peut être assuré d'en obtenir un approvisionnement uniforme. Mais dans tous les cas, l'importation du blé étranger ne peut convenir à une nation, à moins qu'il ne soit moins cher que le blé récolté dans le pays, d'une valeur égale à celle des profits et de la rente que rapporte le blé du cru, qui est ainsi remplacé. » Voyez *Grounds*, etc.

page 36.

De même que la rente est l'effet de la cherté du blé, l'extinction de la rente est la suite d'un prix très-bas. Le blé étranger n'entre jamais en concurrence avec le blé du cru qui ne paie aucun fermage ; la baisse du prix est toujours supportée par le propriétaire, jusqu'à ce que tout son fermage soit absorbé ; si le prix baisse encore davantage, le capital ne rapportera plus les profits ordinaires, il sera détourné de la culture de la terre pour être employé autrement, et le blé qui était récolté sur cette terre, sera alors, et pas avant, remplacé par du blé importé. L'extinction du fermage occasionnera une perte de valeur estimée en argent, mais il y aura augmentation de richesse. La somme totale des produits de l'agriculture et autres se trouvera augmentée par la plus grande facilité de leur production : et, quoique augmentés en quantité, ils auront diminué de valeur.

Deux hommes emploient des capitaux égaux, l'un à l'agriculture, l'autre aux manufactures. Le premier capital rapporte un revenu annuel net de 1200 l. st., dont 1000 l. restent pour les profits, et 200 sont payées pour la rente : le capital employé dans l'industrie ne rapporte qu'une valeur de 1000 l. par an. Supposons qu'au moyen de l'importation l'on puisse obtenir la même quantité de blé en échange de marchandises lui coûtent 950 l., et qu'en conséquence le capital de l'agriculteur soit détourné vers les manufactures, où il peut produire une valeur de 1000 l. ; dans ce cas, le revenu net de la nation aura perdu en valeur, se trouvant réduit de 2200 l. à 2000 l. ; mais il y aura non-seulement la même quantité de produits et de blé pour la consommation du pays, mais encore un surcroît égal à la quantité de produits qu'on pourra acheter avec 50 1., montant de la différence entre la valeur que les produits manufacturés rapportaient de l'étranger, et la valeur du blé qu'on y achetait [1].

M. Malthus dit : « Adam Smith a observé avec raison, que jamais des quantités égales de travail employées en industrie ne sauraient reproduire autant qu'en agriculture. » Si Adam Smith veut parler de valeurs, il à raison ; mais s'il parle de richesse, ce qui est le point important, il se trompe ; car il a lui-même défini la richesse en disant qu'elle consistait dans les choses nécessaires, utiles ou agréables à la vie. Des choses nécessaires ou utiles d'une espèce ne peuvent pas être comparées avec celles d'une autre espèce ; la valeur d'utilité ne peut être estimée d'après aucune mesure connue ; chacun l'estime à sa manière.

(Notes de fin)

1 Les cent quatre-vingts quarters de blé se partageraient dans les proportions suivantes entre le propriétaire, le fermier et les ouvriers, par l'effet des variations supposées dans la valeur du blé.

Prix du quarter			Fermage en blé.	Profit en blé.	Salaires en blé.	Total.
l.	s.	d.				
4	0	0	point.	120 quarters.	60 quarters.	180
4	4	8	10 quarters.	117. 7	58. 3	
4	10	0	20 quarters.	103. 4	56. 6	
4	16	0	30 quarters.	95.	55.	
5	2	10	40 quarters.	76. 7	53. 3	

Et dans ces mêmes circonstances, les fermages en argent, les salaires et les profits seraient :

Prix du quarter.			Fermage.			Profit.			Salaires.			Total.		
l.	s.	d.	l.	s.	d.	l.	s.	d.	l.	s.	d.	l.	s.	d.
4	0	0	point			480	0	0	240	0	0	720	0	0
4	4	8	42	7	6	473	0	0	247	0	0	762	7	6
4	10	0	90	0	0	465	0	0	255	0	0	810	0	0
4	16	0	144	0	0	456	0	0	264	0	0	864	0	0
5	2	10	205	13	7	445	15	0	274	5	0	925	13	4

ISBN : 978-1511897648

1 Or, voilà précisément la question à résoudre relativement aux avantages relatifs que l'on trouve à importer ou à faire croître du blé. On n'importera jamais de blé jusqu'à ce que la quantité obtenue au dehors par l'emploi d'un certain capital, excède la quantité que ce même capital créerait dans le pays, et excède non-seulement la portion qui appartient au fermier, mais encore celle qui va au propriétaire à titre de rente.

www.ingramcontent.com/pod-product-compliance
Lightning Source LLC
Chambersburg PA
CBHW071029290526
45795CB00004B/1158

9781511897648